三峡库区可持续发展研究丛书

国家哲学社会科学重大招标项目"三峡库区独特地理单元'环境-经济-社会'发展变化研究"（11Z&D161） 教育部人文社科重点研究基地重庆工商大学长江上游经济研究中心2014年自主招标项目 "三峡库区百万移民安稳致富国家战略"服务国家特殊需求博士人才培养项目 中央财政支持地方高校发展专项资金应用经济学学科建设项目	共同资助

三峡库区基本公共服务均等化研究

马文斌　曹军辉　文传浩　著

科学出版社

北　京

图书在版编目（CIP）数据

三峡库区基本公共服务均等化研究/马文斌，曹军辉，文传浩著. —北京：科学出版社，2016.4
（三峡库区可持续发展研究丛书）
ISBN 978-7-03-047745-3

Ⅰ. ①三… Ⅱ. ①马… ②曹… ③文… Ⅲ. ①三峡水利工程–社会服务–研究 Ⅳ. ①D625.63

中国版本图书馆 CIP 数据核字（2016）第 051235 号

丛书策划：侯俊琳　杨婵娟
责任编辑：杨婵娟　刘巧巧/责任校对：贾娜娜
责任印制：徐晓晨/封面设计：铭轩堂
编辑部电话：010-64035853
E-mail：houjunlin@mail.sciencep.com

科学出版社 出版
北京东黄城根北街16号
邮政编码：100717
http://www.sciencep.com

北京京华虎彩印刷有限公司 印刷
科学出版社发行　各地新华书店经销

*

2016年4月第　一　版　开本：B5（720×1000）
2016年4月第一次印刷　印张：17 1/2
字数：353 000
定价：88.00元
（如有印装质量问题，我社负责调换）

重庆工商大学"三峡库区百万移民安稳致富国家战略"服务国家特殊需求博士人才培养项目实施指导委员会

主 任 委 员：
  孙芳城（重庆工商大学校长、教授）

副主任委员：
  刘　卡（国务院三峡工程建设委员会办公室经济技术合作司司长）
  袁　卫（国务院学位委员会学科评议组专家、中国人民大学教授）
  彭　亮（重庆市移民局副局长）

委　　员：
  陶景良（国务院三峡工程建设委员会办公室教授级高级工程师）
  袁　烨（国务院三峡工程建设委员会办公室经济技术合作司处长）
  徐俊新（中国长江三峡集团公司办公厅主任）
  余棋林（重庆市移民局移民发展扶持处处长）
  杨继瑞（重庆工商大学教授）
  王崇举（重庆工商大学教授）
  何勇平（重庆工商大学副校长、教授）
  廖元和（重庆工商大学教授）
  文传浩（重庆工商大学教授）
  余兴厚（重庆工商大学教授）

项目办公室主任：余兴厚（重庆工商大学教授）
项目办公室副主任：文传浩（重庆工商大学教授）
       任　毅（重庆工商大学副教授）

重庆工商大学"三峡库区百万移民安稳致富国家战略"服务国家特殊需求博士人才培养项目专家委员会

主 任 委 员：

  王崇举（重庆工商大学教授）

副主任委员：

  陶景良（国务院三峡工程建设委员会办公室教授级高级工程师）

  黄志亮（重庆工商大学教授）

委 　 员：

  戴思锐（西南大学教授）

  向书坚（中南财经政法大学教授）

  余棋林（重庆市移民局移民发展扶持处处长）

  廖元和（重庆工商大学教授）

  文传浩（重庆工商大学教授）

培养办公室主任：文传浩（重庆工商大学教授）

培养办公室副主任：杨文举（重庆工商大学教授）

"三峡库区可持续发展研究丛书"编委会

顾　　问：王崇举　汪同三　杨继瑞
主　　编：孙芳城
副 主 编：文传浩　杨文举
委　　员：杨云彦　宋小川　张宗益　陈泽明
　　　　　陈新力　郝寿义　荆林波　段　钢
　　　　　左学金　史晋川　刘　灿　齐建国
　　　　　廖元和　魏后凯

丛 书 序

　　三峡工程是世界上规模最大的水电工程，也是中国有史以来建设的最大的工程项目。三峡工程1992年获得全国人民代表大会批准建设，1994年正式动工兴建，2003年6月1日下午开始蓄水发电，2009年全部完工，2012年7月4日已成为全世界最大的水力发电站和清洁能源生产基地。三峡工程的主要功能是防汛、航运和发电，工程建成至今，它在这三个方面所发挥的巨大作用和获得的效益有目共睹。

　　毋庸置疑，三峡工程从开始筹建的那一刻起，便引发了移民搬迁、环境保护等一系列事关可持续发展的问题，始终与巨大的争议相伴。三峡工程的最终成败，可能不在于它业已取得的防洪、发电和利航等不可否认的巨大成效，而将取决于库区百万移民是否能安稳致富？库区的生态涵养是否能确保浩大的库区永远会有碧水青山？库区内经济社会发展与环境保护之间的矛盾能否有效解决？

　　持续18年的三峡工程大移民，涉及重庆、湖北两地20多个区县的139万余人，其中16万多人离乡背土，远赴十几个省市重新安家。三峡移民工作的复杂性和困难性不止在于涉及近140万移民20多个区县，还与移民安置政策、三峡库区环境保护、产业发展等问题紧密相关，细究起来有三点。

　　一是三峡库区经济社会发展相对落后，且各种移民安置政策较为保守。受长期论证三峡工程何时建设、建设的规模和工程的影响，新中国成立后的几十年内国家在三峡库区没有大的基础设施建设和大型工业企业投资，三峡库区的经济社会发展不仅在全国，即使在西部也处在相对落后的水平。以重庆库区为例，1992 年，库区人均地区生产总值仅 992 元，三次产业结构为 42.3∶34.5∶23.2，农业占比最高，财政收入仅 9.67 亿元①。而 1993 年开始的移民工作，执行的是"原规模、原标准或者恢复原功能"（简称"三原"）的补偿及复建政策，1999 年制定并实施了"两个调整"，农村移民从单纯就地后靠安置调整为部分外迁出库区安置，工矿企业则从单纯的搬迁复建调整为结构调整，相当部分关停并转，仅库区 1632 家搬迁企业就规划关破 1102 家，占总数的 67.5%②。这样的移民安置政策给移民的安稳致富工作提出了严峻的挑战。

二是三峡百万移民工程波及面远远超过百万移民本身，是一项区域性、系统性的宏大工程。我们通常所指的三峡库区移民工作，着重考虑的是淹没区 175 米水位以下，所涉及的湖北省夷陵、秭归、兴山、巴东，重庆市的巫溪、巫山、奉节、云阳、万州、开县、忠县、石柱、丰都、涪陵、武隆、长寿、渝北、巴南、重庆市区、江津等 20 多个区县的 277 个乡（镇）、1680 个村、6301 个组的农村需搬迁居民，以及两座城市、11 个县城、116 个集镇需要全部或部分重建所涉及的需要动迁的城镇居民。而事实上，受到三峡工程影响的不仅仅是这 20 多个区县中需要搬迁和安置的近 140 万居民，还应该包含上述区县、乡镇、村组中的全部城乡居民，甚至包括毗邻这些区县、受流域生态波及的库区的其他区县的居民，这里实际涉及了一个较为广义的移民概念。真正要在库区提振民生福祉、实现移民安稳致富，必须把三峡库区和准库区、百万移民和全体居民的工作都做好。

三是三峡库区百万移民的安稳致富，既要兼顾移民的就业和发展，做好三峡库区产业发展，又要落实好库区的生态涵养和环境保护。三峡库区农民人均耕地只有 1.1 亩③，低于全国人均 1.4 亩的水平，而且其中 1/3 左右的耕地处于 25 度左右的斜坡上，土质较差，移民安置只能按人均 0.8 亩考虑。整个库区的河谷平坝仅占总面积的 4.3%，丘陵占 21.7%，山地占 74%。三峡库区是古滑坡、坍塌和岩崩多发区，仅在三峡工程实施过程中，就规划治理了崩滑体 617

---

① 参见重庆市移民局 2012 年 8 月发布的《三峡工程重庆库区移民工作阶段性总结研究》。
② 梁福庆.2011.三峡工程移民问题研究.武汉：华中科技大学出版社.
③ 1 亩≈666.7m²。

处。在这样的条件下，我们不仅要转移、安置好库区的百万移民，还必须保护好三峡 660 余公里长的库区的青山绿水。如何同时保证库区的百万移民安稳致富、库区的生态涵养和环境保护是一项十分艰巨的工作。

国家对三峡库区的可持续发展问题一直高度关注。对于移民工作，国家就提出"开发性移民"的思路，强调移民工作的标准是"搬得出、稳得住、逐步能致富"。在 20 世纪 90 年代，国家财力相对薄弱，当时全国，尤其是中西部地区的经济社会发展水平也不高，因此对移民工作实行了"三原"原则下较低的搬迁补助标准。但就在 2001 年国务院颁发的《长江三峡工程建设移民条例》这个移民政策大纲中，就提出了移民安置"采取前期补偿、补助与后期扶持相结合"的原则。在此之前的 1992 年，国务院还颁发了《关于开展对三峡工程库区移民工作对口支援的通知》（国办发〔1992〕14 号），具体安排了东中部各省市对库区各区县的对口支援任务，这项工作，由于有国务院三峡工程建设委员会办公室（简称国务院三建办）的存在，至今仍在大力推进和持续。2011 年 5 月，国务院常务会议审议批准了《三峡后续工作规划》（简称《规划》），这是在特定时期、针对特定目标、解决特定问题的一项综合规划。《规划》锁定在 2020 年之前必须解决的六大重点问题之首，是移民安稳致富和促进库区经济社会发展。其主要目标是，到 2020 年，移民生活水平达到重庆市和湖北省同期平均水平，覆盖城乡居民的社会保障体系建立，库区经济结构战略性调整取得重大进展，交通、水利及城镇等基础设施进一步完善，移民安置区社会公共服务均等化基本实现。显然，三峡工程移民的安稳致富工作是一个需要较长时间实施的浩大系统工程，它需要全国人民，尤其是库区所在的湖北、重庆两省（市）能够为这项事业奉献智力、财力和人力的人们持续的关注和参与。它既要有经济学的规划和谋略，又要有生态学的视野和管理学的实践，还要有社会学的独特思维和运作，以及众多不同的、各有侧重的工程学科贡献特别的力量。

重庆工商大学身处库区，一直高度关注三峡库区的移民和移民安稳致富工作，并为此作了大量的研究和实践。早在 1993 年，重庆工商大学的前身之———原重庆商学院，就成立了"三峡经济研究所"，承担国家社会科学基金、重庆市政府和各级移民工作管理部门关于移民工作问题的委托研究。2004 年，经教育部批准，学校成立了教育部人文社会科学重点研究基地——长江上游经济研究中心。从成立伊始，该中心即整合全校经济学、管理学各学院的资源，以及生态、环境、工程、社会等各大学科门类的众多学者，齐心协力、协同攻关，为三峡库区移民和移民后续工作做出特殊的努力。

2011年，国务院学位委员会第二十八次会议审议通过了《关于开展"服务国家特殊需求人才培养项目"试点工作的意见》，在全国范围内开展了硕士学位授予单位培养博士专业学位研究生试点工作。因为三峡工程后续工作，尤其是库区移民安稳致富工作的极端重要性、系统性和紧迫性，由国务院三建办推荐、重庆工商大学申请的应用经济学"三峡库区百万移民安稳致富国家战略"的博士项目最终获批，成为"服务国家特殊需求人才培养项目"的30个首批博士项目之一，并从2013年开始招生和项目实施。近三年来，该项目紧密结合培养三峡库区后续移民安稳致富中对应用经济学及多学科高端复合型人才的迫切需求，结合博士人才培养的具体过程，致力于库区移民安稳致富的模式、路径、方法、政策等方面的具体研究和探索。

重庆工商大学牢记推动三峡库区可持续发展的历史使命，紧紧围绕着"服务国家特殊需求人才培养项目"这个学科"高原"，不断开展"政产学研用"合作，并由此孵化出一系列紧扣三峡库区实情、旨在推动库区可持续发展的科学研究成果。当前，国家进入经济社会发展的"新常态"，资源约束、市场需求、生态目标、发展模式等均发生了很大的变化。国家实施长江经济带发展战略，意在使长江流域11省市依托长江协同和协调发展，使其成为新时期国家发展新的增长极，并支撑国家"一带一路"新的开放发展战略。湖北省推出了以长江经济带为轴心，一主（武汉城市群）两副（宜昌和襄樊为副中心）的区域发展战略。重庆则重点实施五大功能区域规划，将三峡库区的广大区域作为生态涵养发展区与社会经济同步规划发展。值此之际，重庆工商大学组织以服务国家特殊需求博士项目博士生导师为主的专家、学者推出"三峡库区可持续发展研究丛书"，服务国家重大战略、结合三峡库区区情、应对"新常态"下长江经济带实际，面对三峡库区紧迫难题、贴近三峡库区可持续发展的实际问题，创新提出许多理论联系实际的新观点、新探索。将其结集出版，意在引起库区干部群众，以及关心三峡移民工作的专家、学者对该类问题的持续关注。这些著作由科学出版社统一出版发行，将为现有的有关三峡工程工作的学术成果增添一抹亮色，它们开辟了新的视野和学术领域，将会进一步丰富和创新国内外解决库区可持续发展问题的理论和实践。

最后，借此机会，要向长期以来给予重庆工商大学"三峡库区百万移民安稳致富国家战略"博士项目指导、关心和帮助的国务院学位办、三峡办，重庆市委、市政府及相关部门的领导表达诚挚的感谢！

王崇举

2015 年 8 月于重庆

改革开放30多年以来,中国已经形成以东、中、西三大地带为主的区域经济框架结构,区域发展差距问题成为中国经济社会发展面临的重大问题。其中,促进西部地区提升是缩小区域发展差距的重要内容。三峡库区是中国有史以来最大的水电库区之一,跨湖北、重庆两地,对西南地区影响深远。

三峡库区具有大山区、连片的贫困地区、多元文化聚集、水电工程形成众多库区移民四大特殊性,该特殊性会影响区域内城乡居民的生存基础和社会稳定。同时,三峡库区开发建设与运行过程中可能会出现的一切不良后果还会直接影响长江流域中下游及相关水电工程的可持续运行,更会直接或间接影响长江上游以大城市为中心的城市经济圈的可持续发展。在这样大型水电工程的建设与运行过程中,切实保障该区域城乡居民的基本公共服务均等化状况,可以有效地缓解出现在经济和社会层面的不良后果。

从目前来看,三峡工程建设虽然取得了举世瞩目的成就,正在发挥巨大的经济与社会效益,但是在今后一段较长的时期内,三峡库区依然存在生态债务沉重、经济发展难度大、社会发展协调度不高等问题。因此,加快做好三峡库区基本公共服务均等化的落实与推进工作迫在眉睫,这对于促进三峡库区后续建设中的经济快速发展、促进三峡库区社会和谐稳定至关重要。

三峡库区移民已经基本安置完毕,但三峡库区基本公共服务均等化是否建立有效实现机制?其调查与分析面临哪些困难?三峡库区居民怎样才能享有城乡均等的公共服务?解决好这三个问题最根本的一点就是进行三峡库区基本公共服务均等化调查、分析与比较。正是基于这样的认识,本书通过对三峡库区基本公共服务均等化的现状调研与分析,以及不同区域典型库区基本公共服务均等化进程的比较研究，对三峡库区社会发展现状及社会协调度进行了评价，并得出相应对策与建议，以期实现以下几点应用价值。

首先，本书科学地探寻出影响基本公共服务均等化实现的经济与社会因素，并找出促进三峡库区基本公共服务均等化的最优对策与措施。

其次，本书既可以为三峡库区基本公共服务均等化的有效推进提供现实依据，又可以为相关决策部门提供决策依据，对构建和谐库区有一定的参考价值。

最后，本书通过三峡库区基本公共服务均等化的数据统计与比较分析，可以系统全面地展示三峡库区基本公共服务均等化现状，并为其他地区基本公共服务均等化的推进提供一定的借鉴。

本书以三峡库区基本公共服务均等化问题为突破口，并对其进行全面文献梳理的基础上，运用公共行政学、区域经济学、管理学和社会学的学科视野，具体采用文献研究法、定量研究法、比较研究法等，着重分析了影响三峡库区基本公共服务均等化进程的影响因素，构建了三峡库区基本公共服务均等化评价指标体系，分别从教育服务、社会保障服务、公共卫生与医疗服务、公共文化服务等方面选取指标并进行数据统计与分析。此外，通过对三峡库区基本公共服务均等化的现状调研，以及不同区域典型库区基本公共服务均等化进程的比较研究，对三峡库区社会发展现状及社会协调度进行了评价。

本书共分8章，分工如下：全书撰写前言和总体统筹协调由马文斌负责，第1章"公共服务均等化研究综述及三峡库区协调发展理论"由曹军辉、王瑛完成；第2章"三峡库区基本公共服务均等化评价体系构建"、第3章"三峡库区教育服务均等化评价研究"由邱茂莎、马文斌完成；第4章"三峡库区社会保障服务均等化评价研究"、第5章"三峡库区公共卫生与医疗服务均等化评价研究"、第6章"三峡库区公共文化服务均等化评价研究"由马文斌、文传浩完成；第7章"三峡库区社会发展现状及社会协调度评价研究"由赵艳君、马文斌完成；第8章"三峡库区基本公共服务均等化发展变化的综合评价"由马文斌、蒋天哲完成。最后由马文斌负责全书的文字统稿、文献编排和整理。在课题研究和本书的写作过程中，中国社会科学院农村发展研究所潘晨光研究员、张晓山研究员，河海大学水电学院唐德善教授，中国人民大学农业与农村发展学院周立教授，均给予课题研究以大力支持与帮助；同时，重庆工商大学梅哲研究员对本书提出了许多宝贵的意见，在此表示衷心感谢。此外，重庆师范大学王灵芝、魏振磊、杨洋、牛连峰等研究生在资料收集、数据处理等付出辛劳，为本书的完成做出了实质性的贡献；课题研究过程中，还得到重庆市万州区、重庆市奉节县、重庆市云阳县等区县政府办公室、移民局等部门的大力支持和配合，在此一并致谢。

第1章对三峡库区基本公共服务均等化研究进行理论分析，在国内外研究综述梳理及评述的基础上，探讨三峡库区基本公共服务均等化研究的相关理论基础。

第2章分析三峡库区基本公共服务均等化评价的必要性、价值取向、评价方法、指标选取的原则，对三峡库区基本公共服务均等化评价指标进行分析，根据现有研究成果，以及《重庆统计年鉴》等相关统计数据，运用相关统计分析方法对于已初步选取的评价指标进行合理性论证，剔除部分显著性不强的指标，从而构建科学合理的三峡库区基本公共服务均等化评价指标体系。

第3章至第6章为三峡库区基本公共服务均等化发展变化的综合评价。本章分别从教育服务、社会保障服务、公共卫生与医疗服务、公共文化等方面对三峡库区基本公共服务总体状况进行分析评价，并分别针对各个基本公共服务领域提出相关政策建议。

第7章为三峡库区社会发展现状及社会协调度评价研究。本章在三峡库区农村社会发展现状与问题分析的基础上，对三峡库区农村社会发展协调度进行评价，并以重庆市万州区为例，在实际调查和数据收集的基础上，对三峡库区农村社会协调度进行测算与综合评价，最后提出三峡库区农村社会协调发展应坚持的原则，以及相关可行的促进库区社会协调发展的对策与建议。

第8章为三峡库区基本公共服务均等化发展变化的综合评价分析。本章主要研究三峡库区基本公共服务均等化的区域差异评价，三峡库区基本公共服务区域差异的影响因素论证，三峡库区区县基本公共服务支出评价及效应分析，三峡库区区县基本公共服务支出的影响因素分析等。

本书是笔者及学科团队多年来从事三峡库区社会、经济发展研究积累形成的，部分成果曾在国内外公开发表，当书稿行将付梓时，除有一丝如释重负的轻松外，更多是感到有些不安。尽管我们在收集最新国内外前沿文献，对三峡库区基本公共服务均等化研究进行多种形式的调研，或者是在研究写作过程中，都努力做到真诚、客观，但由于面对的研究对象是一个复杂多变的社会经济系统，更重要的是掌握的基本公共服务均等化理论与实践的分析框架与分析方法还不是很成熟，当面对重点、难点、关键问题时，常常感到力不从心，而且由于时间仓促和水平所限，本书研究深度也还有待进一步加强，不仅难以满足读者的要求，连自己都深感留下了些许遗憾，故本书所遗存的不足之处，敬请读者批评、指正和鞭策。

马文斌

2016 年 3 月

丛书序 ··· i
前言 ·· vii

1 公共服务均等化研究综述及三峡库区协调发展理论 ············ 1
1.1 国外研究综述 ·· 1
1.1.1 社会基本公共服务 ··· 1
1.1.2 社会保障 ··· 2
1.1.3 财政转移支付 ·· 2
1.2 国内研究综述 ·· 3
1.2.1 中国农村社会发展 ··· 3
1.2.2 三峡库区社会发展 ··· 4
1.2.3 社会协调发展 ·· 5
1.3 三峡库区协调发展理论 ··· 6
1.3.1 社会协调发展理论 ··· 6
1.3.2 公共服务理论 ·· 8
1.3.3 公共服务均等化的理论基础 ·· 11

2 三峡库区基本公共服务均等化评价体系构建 ························ 13
2.1 三峡库区基本公共服务均等化评价的价值取向 ································ 13
2.2 三峡库区基本公共服务均等化评价体系构建原则 ···························· 14
2.3 三峡库区基本公共服务均等化评价方法 ·· 16
2.4 三峡库区基本公共服务均等化评价标准 ·· 17
2.5 三峡库区教育服务均等化评价指标选取分析 ···································· 19
2.5.1 教育资源配置 ··· 20
2.5.2 教育质量均衡 ··· 21
2.6 社会保障服务均等化评价指标选取分析 ·· 21
2.6.1 三峡库区区县社会保障服务均等化投入角度 ·························· 21
2.6.2 三峡库区区县社会保障服务均等化产出角度 ·························· 22

2.7 公共卫生医疗服务均等化评价指标选取分析 ……………………………22
    2.7.1 医疗卫生费用支出 …………………………………………………22
    2.7.2 居民医疗卫生资源 …………………………………………………23
2.8 就业服务均等化评价指标选取分析 …………………………………………23
2.9 公共文化服务均等化评价指标选取分析 ……………………………………24

3 三峡库区教育服务均等化评价研究 …………………………………………26

3.1 基本公共服务均等化分析标准 ………………………………………………26
3.2 教育服务均等化评价指标的选取 ……………………………………………27
    3.2.1 评价指标的选取 ……………………………………………………27
    3.2.2 评价指标论证分析 …………………………………………………28
3.3 三峡库区教育服务均等化评价 ………………………………………………29
    3.3.1 学校数量指标分析 …………………………………………………29
    3.3.2 小学学校数量指标分析 ……………………………………………35
    3.3.3 中学学校数量指标分析 ……………………………………………41
    3.3.4 在校学生数量指标分析 ……………………………………………47
    3.3.5 小学在校学生数量指标分析 ………………………………………54
    3.3.6 中学在校学生数量指标分析 ………………………………………60
    3.3.7 专任教师数量指标分析 ……………………………………………66
    3.3.8 小学专任教师数量指标分析 ………………………………………72
    3.3.9 中学专任教师数量指标分析 ………………………………………78
    3.3.10 小学生师比指标分析 ……………………………………………83
    3.3.11 中学生师比指标分析 ……………………………………………88
    3.3.12 教育经费支出指标分析 …………………………………………94
    3.3.13 生均教育经费支出指标分析 ……………………………………100
    3.3.14 教育经费支出占GDP的比重指标分析 ………………………105
    3.3.15 教育经费支出占财政支出的比重指标分析 ……………………111
3.4 三峡库区教育服务评价结论与政策建议 ……………………………………117
    3.4.1 基本结论 ……………………………………………………………117
    3.4.2 政策建议 ……………………………………………………………117

4 三峡库区社会保障服务均等化评价研究 ……………………………………119

4.1 评价指标的选取与论证 ………………………………………………………119
4.2 三峡库区社会保障服务均等化评价 …………………………………………120

4.2.1　社会保障和就业支出指标分析……………………………………121
　　　4.2.2　人均社会保障支出指标分析……………………………………125
　　　4.2.3　政府社会保障支出占财政支出比重指标分析…………………129
　　　4.2.4　社会保障支出占GDP比重指标分析……………………………134
　　　4.2.5　城镇居民最低生活保障人数指标分析…………………………138
　　　4.2.6　社会福利收养单位指标分析……………………………………143
　　　4.2.7　社会福利收养单位床位数指标分析……………………………148
　　　4.2.8　城镇社区服务设施数指标分析…………………………………152
　4.3　三峡库区社会保障服务评价结论与政策建议…………………………157
　　　4.3.1　基本结论……………………………………………………………157
　　　4.3.2　政策建议……………………………………………………………157

5　三峡库区公共卫生与医疗服务均等化评价研究………………159

　5.1　评价指标的选取与论证…………………………………………………159
　5.2　三峡库区公共卫生与医疗服务均等化评价……………………………160
　　　5.2.1　医疗费用支出指标分析……………………………………………160
　　　5.2.2　医疗卫生费用人均支出指标分析…………………………………164
　　　5.2.3　医疗卫生支出占财政支出比重指标分析…………………………169
　　　5.2.4　医疗卫生支出占GDP比重指标分析………………………………173
　　　5.2.5　医疗卫生机构数指标分析…………………………………………177
　　　5.2.6　医疗卫生机构床位数指标分析……………………………………182
　　　5.2.7　卫生技术人员指标分析……………………………………………187
　　　5.2.8　执业（助理）医师数指标分析……………………………………193
　5.3　三峡库区公共卫生与医疗服务评价结论与政策建议…………………197
　　　5.3.1　基本结论……………………………………………………………197
　　　5.3.2　政策建议……………………………………………………………197

6　三峡库区公共文化服务均等化评价研究……………………………200

　6.1　评价指标的选取与论证…………………………………………………200
　6.2　三峡库区公共文化服务均等化评价……………………………………201
　　　6.2.1　公共图书馆指标分析………………………………………………201
　　　6.2.2　公共图书馆藏书指标分析…………………………………………202
　　　6.2.3　广播覆盖率指标分析………………………………………………205
　　　6.2.4　电视覆盖率指标分析………………………………………………206

6.3 三峡库区公共文化服务评价结论与政策建议 ·············· 208
　　6.3.1 基本结论 ·············· 208
　　6.3.2 政策建议 ·············· 208

7 三峡库区社会发展现状及社会协调度评价研究 ·············· 210

7.1 社会发展现状 ·············· 210
　　7.1.1 国内农村社会发展现状 ·············· 210
　　7.1.2 三峡库区经济社会发展现状 ·············· 212
7.2 三峡库区协调过程的问题及协调原则 ·············· 214
　　7.2.1 社会协调基本原则 ·············· 214
　　7.2.2 三峡库区协调发展过程中需重视与探讨的问题 ·············· 215
7.3 社会发展协调度评价方法 ·············· 217
　　7.3.1 主观赋权评价法 ·············· 217
　　7.3.2 客观赋权评价法 ·············· 218
　　7.3.3 三峡库区社会协调发展定量评价理论模型 ·············· 218
7.4 协调度评价指标体系构建原则 ·············· 221
7.5 三峡库区协调度测算模型构建 ·············· 222
　　7.5.1 三峡库区社会发展协调度指标确定 ·············· 222
　　7.5.2 协调度指标权重的确定方法 ·············· 223
7.6 三峡库区协调度评价 ·············· 224
　　7.6.1 协调度子系统效益评价 ·············· 224
　　7.6.2 协调度综合评价 ·············· 225
7.7 三峡库区农村社会发展实证研究——以重庆市万州区为例 ·············· 225
　　7.7.1 万州区社会发展现状 ·············· 226
　　7.7.2 万州区社会发展协调度各指标体系构建 ·············· 229
　　7.7.3 万州区农村社会发展协调度指标权重 ·············· 230
　　7.7.4 万州区社会发展协调度各系统效益评价 ·············· 232
　　7.7.5 三峡库区万州区社会发展协调度确定 ·············· 233
7.8 万州区社会发展协调度评价结果 ·············· 234
7.9 三峡库区农村社会发展对策研究 ·············· 234
　　7.9.1 推进农业产业化进程 ·············· 234
　　7.9.2 发展特色农业经济 ·············· 235
　　7.9.3 加快农村城镇建设 ·············· 235
　　7.9.4 实施异地开发扶贫战略 ·············· 235

7.9.5　坚持"教育先行"的发展战略 ⋯⋯⋯⋯⋯⋯⋯⋯⋯⋯⋯⋯⋯ 236
　　7.9.6　提高经济资源利用效率，构建三峡库区农业生态旅游带 ⋯⋯ 236
　　7.9.7　要探索多产品组合，创新金融服务方式 ⋯⋯⋯⋯⋯⋯⋯⋯⋯ 237
　　7.9.8　加强服务培育，积极开展农村社区服务 ⋯⋯⋯⋯⋯⋯⋯⋯⋯ 238
　　7.9.9　加强农村社区建设的组织领导和资金保障 ⋯⋯⋯⋯⋯⋯⋯⋯ 238

8　三峡库区基本公共服务均等化发展变化的综合评价 ⋯⋯⋯⋯⋯ 240

8.1　三峡库区区县基本公共服务支出的影响因素分析 ⋯⋯⋯⋯⋯⋯⋯⋯ 240
　　8.1.1　三峡库区区县基本公共服务支出影响因素的理论分析 ⋯⋯⋯ 240
　　8.1.2　三峡库区区县基本公共服务支出影响因素的实证分析 ⋯⋯⋯ 243
8.2　三峡库区区县基本公共服务支出评价及效应分析 ⋯⋯⋯⋯⋯⋯⋯⋯ 245
　　8.2.1　基于 DEA 模型对基本公共服务支出相对效率的评价 ⋯⋯⋯ 245
　　8.2.2　基本公共服务支出的效应分析 ⋯⋯⋯⋯⋯⋯⋯⋯⋯⋯⋯⋯⋯ 248

参考文献 ⋯⋯⋯⋯⋯⋯⋯⋯⋯⋯⋯⋯⋯⋯⋯⋯⋯⋯⋯⋯⋯⋯⋯⋯⋯⋯⋯ 251

1 公共服务均等化研究综述及三峡库区协调发展理论

当今,无论发达国家还是发展中国家都已清醒地认识到,经济必须与社会协调发展,只有实现经济社会协调发展,才能实现社会全面发展。如何提高人与人、组织与组织的协调乃至整个社会的协调发展,是当今社会所要面临的一个重要课题,社会发展是否协调也越来越受到社会的关注和研究。基本公共服务均等化水平的提升成为有效解决这一问题的重要突破口。

1.1 国外研究综述

国外对公共服务均等化方面的研究大多集中在社会基本公共服务分配机制、社会保障、财政转移支付、教育、文化、卫生等方面,下面主要就社会基本公共服务、社会保障、财政转移支付三个方面进行阐述。

1.1.1 社会基本公共服务

西方发达国家在基本公共服务均等化方面的研究和实践主要是基于公共服务分配的机制,以公平分配原则为导向,建立相应的财政扶助政策和法律法规,扶持相对落后地区的发展,实现社会福利、公共基础设施等基本公共服务的全社会共享。

基本公共服务分配的方式不仅是政府与其他社会组织相互关系的问题,也关系到社会政治民主的价值导向。美国大力推行公共服务供给 PPP(public-private-partnership)模式,该模式支持政府与私营部门之间建立长期的合作伙伴关系,以"契约约束机制"督促私营部门按政府规定的质量标准进行公共服务的生产,政府则根据私营部门的供给质量分期支付服务费。韩国在促进公共服务均等化方面更强调技术导向,通过完善电子政务和政府流程管理促进公共服务的透明度和分配公正性。德国以政府责任的名义提供各种公共服务,以法律明确界定各级政府在公共服务中的责任,做到明确分工、责任清晰。挪威中央政府通过财政制度推行均等的基本公共服务。加拿大通过制定均等化财政转移支付制度,在测算各省"财政收入能力"的基础上,来分配各省财力,以实现财政均等化目标。丹麦长期坚持"普遍""公平"与"效率"兼顾的原则,各地区之间发展较为平衡。澳大利亚主要通过政府的转移支付手段实现全民的基本公共服务均等化。新西兰各执行部门必须向其负责部长和国库部提供月度监督报告,以供责任部门和国库部及时进行绩效评估。

1.1.2 社会保障

2008 年爆发的全球金融危机并未扭转世界性的社会保障改革潮流,只不过促使世界各国政府更多地采用社会救助手段,并强化"多支柱"的保险方案,以增加整个社会保障体系的弹性(Tapia,2009;Dorfman et al.,2008)。世界上大多数国家和地区,都经历过社会保障覆盖面逐步扩大的历史进程。政府公务员社会保障最先建立,然后才有公共部门中其他就业群体(军人、警察、教师、国企职工等)的社会保险,再次是覆盖私企工人的社会保险计划,社会保障覆盖面最后才扩展到其余居民(Pinheiro,2005)。

新加坡社会保障制度的主体是中央公积金制度,是典型的个人积累模式。其强制所有雇主、雇员依法按工资收入的一定比例缴纳公积金,中央公积金局加上每月应得利息,一并记入每个公积金会员的账户,专户专储。美国的医疗保险体制由私人医疗保险和社会医疗保险两种保险形式构成。私人医疗保险由商业保险公司提供;社会医疗保险由联邦政府设立。德国和法国在养老保险方面是委托民间机构代行职能;丹麦等国则是委托地方政府代行职能。日本在公共服务供给管理方面建立了公共服务改革推进室(Office for the Promotion of Public Service Reform),一方面对政府服务项目进行外包,另一方面则通过法律来检验公共服务项目执行的情况。

1.1.3 财政转移支付

西方发达国家的转移支付规模都比较大,成为地方政府支出的主要来源之一。中央政府可以通过对转移支付制度的改进来减少对地方财政努力的消极影响。1949 年,美国的胡佛委员会(The Hoover Commission)曾推荐以一种宽功能的、合并的转移支付制度替代当时实施的已觉察到的低效率的专项拨款。1996 年《个人责任与工作机会平衡法案》(PRWORA)的颁布是美国 20 世纪 90 年代中后期以来最大的分类拨款改革，分类拨款作为一种政府间转移支付形式已走向稳定成熟。德国的转移支付的系数由立法机构讨论确定，据以计算均等化拨款的税收能力和标准税收需求以及其他一些技术性的比例，用法律的形式加以明确规定。日本政府间财政转移支付的法制化水平也比较高，日本政府间的事权划分有明确的法律界定，它的转移支付的三种类型都有相应的立法。

1.2 国内研究综述

2004 年 9 月 19 日，中国共产党第十六届中央委员会第四次全体会议上正式提出了"构建社会主义和谐社会"的概念。2012 年 8 月 15 日，国家发展和改革委员会与中国人民大学合作成立国家社会发展研究院，针对社会发展领域的重大问题开展全局性和前瞻性的理论和应用研究，以期将政府的政策、职能优势和高校的学术、人才优势融为一体，统筹优化各方资源，形成协同创新的良好局面。

1.2.1 中国农村社会发展

中国自古以来就是一个农业大国，农业文明历史悠久。农村劳动力占全国总劳动力人口比重较高，但是近年来，农村劳动力，尤其是直接从事农业生产的农业劳动力人口下降较快。2011 年，农村劳动力总数为 40 506 万人，从事非农产业的为 22 629 万人，因此，农业生产中的农村劳动力供给为 17 877 万人，占农村劳动力总数的 44.13%（张兴华，2014）。不可否认的是，农村人口在全国总人口中仍然占有较高的比重，根据第六次全国人口普查数据，居住在农村的人口占总人口的比重为 50.32%，农村居民为 6.74 亿人。而根据 2015 年 1 月国家统计局发布的统计公报，2014 年全国城镇常住人口为 74 916 万人，比上年年末增加 1805 万人，农村常住人口 61 866 万人，减少 1095 万人，城镇人口占总人口比重为 54.77%。因此，迄今全国仍然有接近一半的人口依赖仅占国内生产总值（GDP）12.5%的农业为生。与此同时，在中国西部农村人口比重更高，且贫困人口绝大部分分布在西部地区，这说明农村和农民问题仍然是西部地区乃至全国最重要的问题，也说明了促进农村发展在西部传统农区的重要性和迫切性。

温涛等（2003）研究发现，中国与发达国家在技术贡献率上产生差距的根本原因就是中国科学研究转化为生产技术、转化为直接生产力的效率低。林毅夫（2004）认为，农民素质对劳动力转移、产业结构调整等有重要影响，因此农村教育成为农村经济持续发展的一个重要保证。孙敬水和董亚娟（2006）通过卢卡斯人力资本模型，利用面板数据的固定效应模型进行实证发现，农村人力资本是农业经济增长的重要源泉，对农业经济发展有着显著的正向效应。王国升等（2007）从定性和定量两个方面阐述了中国东中西部农村差距的现状，提出缩小农村社会发展差距是促进区域协调发展的重要措施。

1.2.2 三峡库区社会发展

自 2009 年，三峡工程按照设计要求全面竣工，开始转入"后三峡"时期。国家对三峡库区的发展一直高度关注。为促进三峡库区安稳致富，重庆市在《国民经济和社会发展第十二个五年规划纲要》中提到要做好职业教育与技能培训、基础设施和公共服务功能完善以及移民后期扶持等重点工作；加强库区基本公共服务设施建设和社区服务体系建设，增强库区教育、卫生、文化、体育、市政公用等公共服务功能，逐步实现基本公共服务均等化；完善移民后期扶持和社会保障措施，积极解决移民安置遗留问题，维护库区社会稳定。

在三峡库区移民问题上，国内对三峡库区社会发展方面的研究大多是对三峡移民问题的探究。在解决三峡后期遗留问题上，刘琴等（2008）对三峡库区就地后靠移民心理特征及问题进行分析，提出采用社会心理支持系统，通过多种途径对移民心态进行指导、重建。金莹和宋玉波（2010）提出了以整体发展促进差异化需求的满足，建立移民政策的动态监测体系，构建社会心理支持系统的三峡库区的后期扶持政策的建议。孙元明（2010）提出了"后移民时期""库区产业空虚化综合征"和"社会心态环境"的概念，从新的视角来探究三峡移民问题，给库区的社会发展现象赋予新的定义。黄勇等（2010）认为人类总体实践是一个 DNA 分子，人居环境建设和社会变迁则是这个分子的两条核酸链，它们相互环绕成双螺旋形结构，由此互动开来并构成了历史长河中一条完整的"DNA"。

在三峡库区居民社会保障方面，李泉（2010）建议国家在下拨中央社会保障转移支付资金时重点给予倾斜，并将三峡库区农村保险基金缺口纳入国家补助范围，并制订三峡工程移民社会保障规划。陈敏（2011）为解决三峡库区农民工社会保障权缺失问题，提出加快户籍制度的改革，要实现由以城镇为主转向统筹城乡社会保障建设，以农村社会保障为重点，实现城乡一体化社会保障制度的合理衔接。

在库区财政经济发展方面，许多学者和专家都用不同方法从多角度对其进行研究。赵文婷和苏维词（2010）采用主成分分析法和 K-Means 聚类分析法，对三峡库区生态经济区社会经济发展水平进行定量分析。李景国（2007）选用反映重庆三峡库区生态经济区农业和农村经济的 16 个指标，运用主成分分析法，计算出各区县的综合分值。邓广山等（2011）构建了一套重庆农村经济社会发展状况指标评价体系，并通过因子分析和灰色关联分析验证，得出了各区县农村经济社会发展水平综合得分和排名，以及影响农村发展的主要因素。李孝坤等（2008）建构了重庆三峡库区全面建设小康社会的评价指标体系，并采用层次分析法（AHP）对重庆三峡库区全面建设小康社会的实现程度做了分析评价。

在三峡库区生态方面，正如吴良镛和赵万民（1997）所言，三峡库区人居环境的可持续发展"直接关系中国跨世纪的经济发展，也是三峡地域广大范围经济文化发展和社会稳定的关键因素。所以它不仅是一项水利枢纽工程，而且也是一项社会工程和文化程"。雷波等（2012）从空间格局、环境特性、生物特征、服务功能等四大方面（准则层）构建出城市生态环境质量评价体系，剖析区域存在的主要生态环境问题及其产生根源。魏勇和杨刚（2008）通过城市生态环境定量评价体系的构建，动态比较万州区生态环境质量。

三峡工程举世瞩目，是关系千秋万代的大事，要有长远的考虑，当前，三峡工程已经进入后续发展规划阶段。因此，在国内外公共服务、财政政策、社会保障等各方面研究比较的基础上，总结相关成功经验，对三峡库区后期社会发展提供相关政策经验，在当前的社会经济环境下，显得更加重要与必要。

1.2.3　社会协调发展

江红莉和何建敏（2010）基于江苏省1995~2007年的数据，通过采用均方差赋权法来确定各指标的权重，实证研究了江苏省经济与生态环境系统的协调发展状况。申金山和赵瑞（2006）采用层次分析法对指标进行赋权，实证研究南阳市社会、人口、经济、资源与环境复合系统的协调发展问题。高志刚和王垚（2011）采用几何加权平均的方法，对2000~2007年中国协调发展水平进行了评判，结果发现我国协调发展水平呈现出"东强、中弱、西更弱"的格局。柯健和李超（2005）运用数据包络分析（DEA）法分析了中国地区资源、环境与经济的协调发展情况，并依据结果对各地区进行了聚类分析。考虑到传统DEA模型中权重可能不合理，徐婕等（2007）运用改进的DEA模型——交叉效率评价方法对我国各地区的资源、环境与经济协调发展的相对有效性进行了评价，并引入"伪标准指数"将传统的DEA方法评价值与对抗交叉DEA评价值进行比较分析，同时通过构建经济-协调发展二维矩阵进行进一步分析。郭庆军和赛云秀（2011）以陕西省为例，研究西部地区工业化与城市化协调发展水平及趋势，认为陕西省目前尚处于初级协调水平。贺晟晨等（2009）通过建立包括经济子系统和环境子系统的苏州市经济环境协调发展系统动力学模型，得出经济环境协调发展模式是苏州市实现可持续发展的相对最佳方案。

1.3 三峡库区协调发展理论

1.3.1 社会协调发展理论

正像人们亿万次接触商品而在马克思之前没人揭示其本质一样，人类对须臾不能离开的社会本身却缺乏深入的研究，使用的概念也极其混乱。因此，有必要对其加以科学的界定。马克思主义经典作家常常把社会称为发展着的活的有机体，这个有机体是指一切社会要素所构成的、有机统一的、活动着、发展着的特殊物质形态，这一有机体的内在活动，在社会进步的历史趋势中体现出来。这里提到的一切社会要素，不仅包含人类社会的自然前提，如地理环境和人口因素；也包含社会物质生产方式，即生产力和生产关系；还包含社会形态，即经济基础和上层建筑。这是对"社会"这一概念最大包容度的概括，是广义的社会。

1. 协调发展内涵

协调发展是指发展内部结构诸要素之间互为制约、互为渗透、良好互动、能量互补、共同发展的状态和过程。协调发展是强调可持续发展的根本前提和保证，但是可持续发展本身也体现了协调发展，没有协调发展，也就不可能有可持续发展。协调发展的重要标志是大系统、各子系统之间及各自内部都处于良性循环和有序运行状态。协调发展是从横断面上说的，可持续发展则是从时间这一纵向上说的。可持续发展是协调发展在时间上的延续，或者说是动态中的协调发展。如果由于种种原因，在人口、资源、环境、经济、社会之间出现突出的矛盾和严重的不协调状况，导致经济、社会发展缓慢、停滞或倒退，就不会有协调发展，当然也就谈不上可持续发展了。

由上可知，社会协调发展就是指社会各要素以及社会各要素自身体系的各部分在相互开放的条件下，相互依存、相互适应、良性循环、有序运行、共同发展的状态和过程。这里所指的协调发展主要是经济与社会两大系统之间的协调发展。具体地说，经济社会协调发展应该包括三个方面的内容：第一是体现经济与社会之间关系的社会整体发展，即经济发展与政治、思想、文化等社会系统的其他各方面的协调发展；第二是体现经济与自然之间关系的持续发展，即经济发展与环境、资源、生态等自然系统的各个方面的协调发展；第三是指经济发展与人口发展之间的协调发展。因此，经济社会协调发展就是由经济、社会、自然、人口等多元要素的功能互换和组合的整体协调发展。在它们的协调发展过程中，某一领域的发展和变革应以不牺牲其他方面或不给其他方面的发展造成障碍为前提。

2. 社会协调发展的理论基础

马克思关于生产关系适应生产力、上层建筑适应经济基础的基本原理是经济社会协调发展的理论基础。在马克思主义的这一基本原理中，生产力、经济基础是主导因素，生产关系、上层建筑对前者有巨大的反作用。这一客观规律必然要求社会整体协调发展，即生产力决定生产关系，生产关系一定要和生产力发展的性质和要求相适应、相协调；同时，生产关系又反作用于生产力，对生产力的发展起着促进或阻碍作用。决定作用和反作用的矛盾运动，形成了生产关系适合生产力状况的有规律性的运动，这是人类社会发展的根本规律。这一规律也是人们认识社会发展到最高层次的哲学观。考察人类社会发展的内部结构，会看到社会结构内部的各种协调关系都是由生产力与生产关系、经济基础与上层建筑的矛盾运动派生出来的；社会内部从不同角度、不同内涵所确认的各种领域的协调也根源于此。因此，从一定意义上说，生产关系要和生产力发展相协调，是社会协调发展最基本的内涵。在社会这个无比复杂的大系统中，任何一个环节或领域严重失调，都会在生产力与生产关系、上层建筑与经济基础的矛盾运动中找到原因。

3. 协调发展特性表现

某一方面的发展应为其他方面的发展创造更为有利的条件，并且由于各领域的发展而使过去造成的失调趋势得到缓解和消除。通过社会协调发展的基本含义的分析，我们可以看到，社会协调发展具有内在的规定性，主要表现在以下四个方面。

第一，整体性。社会是一个由经济、政治、文化、科技、人口、环境以及其他相关因素统一构成的大系统。作为一个大系统，它要求在认识上必须从整体即全局出发，始终注重认识、掌握系统的整体功能和特征，这种整体的功能大于其各个部门功能的总和。整体对局部起着决定、支配、制约和协调作用，整体的发展为局部开辟了广阔的前景，整体活不了，局部的发展必然受到很大的限制和影响。作为一个大系统，它要求其内部各要素的发展必须服从于整体的发展。因此，社会协调发展的内在要求首先是整体发展，是经济与社会的整体全面发展。

第二，协调性。根据唯物辩证法普遍联系的观点，任何事物都是普遍联系的，一切事物离开了它和周围条件的相互联系和相互作用，就成为不可理解、无从认识的东西。因此，社会协调发展也必然要求社会诸要素之间及其内部诸要素之间的和谐统一；各要素之间相互作用、相互影响，成为一个整体化的组合系统，这个组合系统绝不是各个要素发展的简单拼凑、机械相加，而是有机构成和协调运行，各要素要通盘运筹，求得最佳的群体效应，使社会全面发展。

第三，平衡性。在整个社会结构体系中，每个要素都具有特定的作用，但是任何一种要素不可替代其他要素，某一部分的发展不应以牺牲另一部分的发展为代价，不能认为这个要素是硬任务，那个要素是软任务；这个要素重要，那个要素次要；这要素要先行发展，那个要素要滞后发展，而要以服从系统的整体发展为前提，任何要素都丢不得。因此，在一定的社会历史条件下，经济发展与社会发展目标之间，应该是大体平衡的。虽然，某一方面相对于其他方面来说，在一定时间内可以适度超前发展，但这种适度超前只能保持在一定的幅度之内，每一方面都不可能脱离开其他方面提供的条件而过度超前发展。一旦某个方面出现过度超前发展的情况，从而引起两者之间发展上的重大不平衡，就会出现严重的失衡，甚至会造成恶性循环，最终影响各个方面的发展。

第四，动态性。协调发展是一个动态的发展过程。人们通过采取各种手段和机制达到了协调状态，但动力机制造成的新的量变又会使原有的协调状态出现新的失调，需要通过多方调整使失调变成新的协调状态，这种协调—失调—再协调是动态的、新旧交替的、否定之否定的往复循环，这一往复循环会使发展系统趋于现代化和高级化。

1.3.2 公共服务理论

自 20 世纪 80 年代以来，不同的行政改革理论兴起，新公共管理理论、新公共服务理论、治理理论是其中的典型代表。这些理论为公共服务创新提供了战略思路，推动了西方各国行政改革的实践。

1. 新公共管理理论：以"顾客"为中心的公共服务创新

20 世纪 70 年代末，西方国家经济发展出现了滞胀的局面，而同一时期政府规模一直呈扩张趋势，这就使得各国政府面临着财政上的窘境。同时，各种社会矛盾和问题突出显现，再加上长时期以来政府效率低下、服务意识不足，人们开始对政府在公共服务领域的顾此失彼提出责难，政府遭遇信任危机。传统官僚制公共行政模式的弊端成为人们攻击的对象。面对这样的困境，各国政府不得不通过改革创新来化解危机、谋求发展。在这种背景下，新公共管理理论开始进入人们的视野，它打破了传统的公共行政思维，提出了在政府部门引入市场竞争机制的新理念（张杰，2011）。这种前所未有的公共行政模式在理论和实践上都产生了广泛而深刻的影响。20世纪80年代,西方国家兴起了声势浩大的政府改革运动。在不同学者的眼里,新公共管理的定义不尽相同,但其基本取向是一致的,即它是一种"以采用商业管理的理论、方法及技术,引入市场竞争机制,提高公共管理水平及公共服务质量为特征的管理主义"。新公共管理理论的核心主张是:在政府领域引入工商企业和私营部门的管理手段,引入市场工具,克服传统方式的弊端,提高政府绩效。它打破了传统行政改革以政府为中心的思维习惯,主张用"顾客导向"的理念对政府进行改革。其中,最具影响力的是戴维·奥斯本和特德·盖布勒提出的"企业家政府"理论。该理论提出了重塑政府的十大原则,包括起催化作用的政府、社区拥有的政府、竞争性的政府、有使命感的政府、讲究效果的政府、受顾客驱使的政府、有事业心的政府、有预见的政府、分权的政府、以市场为导向的政府。

新公共管理理论的贡献体现在以下两点。第一,提供更好的公共服务是新公共管理理论的目标追求。新公共管理运动本身是对公共服务面临的现实问题的回应。"一方面,公共服务带来的财政压力使得国家按照传统的方式无法独立承担公共服务的提供,必须寻求社会力量的合作;另一方面,经济全球化的发展加剧了国家之间的全面竞争,国家必须通过改善服务,提供优惠条件等诸多方式来留住国内资本,吸引国际资本。"新公共管理理论为如何实现公共服务创新提供了新的思路。政府不再是公共服务的直接提供者,而是公共服务供给的组织者。政府要动员和发挥社会和市场的作用,调动一切可以调动的资源,形成有活力、有效率的公共服务供给格局。新公共管理理论开发了一系列进行公共服务创新的新方式、新手段。第二,新公共管理理论的本质是政府与公民关系的重塑。新公共管理理论提出了"顾客导向"的理念,要求政府及其工作人员转变理念,由管理者变为服务者。公民不再扮演接受安排和"恩赐"的角色,而是被看作可以对提供服务者提出要求的顾客。在新公共管理理论的倡导者看来,"顾客导向"理念的提出是为了更好地强调公民的重要地位和作用,形成公共服务创新的动力支持,督促政府努力提高公共服务质量和效率。新公共管理理论特别使用了"顾客"这一概念,它并不是如它的批评者所说的那样,要否认公民的主体地位,而是要把以往挂在口头上的主体地位切切实实地落实到实际行动中。它强烈呼吁政府转变自身角色,由凌驾于社会之上的官僚机构转变为负责任的"企业家",公民由被动的接受者转变为享有选择权利的"顾客"或"消费者"。新公共管理理论花费了大量的精力来寻找提高政府效率的方式和手段,尽管批评者认为这都是以管理为中心的思维体现,但不能忽略的是,无论是为提高效率而进行的市场化和社会化改革,还是削减政府开支、压缩政府规模的机构改革,都是为了提高政府部门公共服务的质量和效率,给"顾客"提供更好的服务。这一切都有助于重塑政府与公民的良好关系。

2. 新公共服务理论：重视公民参与的公共服务创新

新公共管理理论的提出，极大地开拓了政府改革的视野，有力地推动了西方的行政改革运动，但同时也暴露出一些缺陷。一些学者对新公共管理理论中的"企业化政府"概念进行了批评，对其市场化的举措提出质疑。例如，他们认为新公共管理理论对效率和工具理性的过分追求，使公共行政可能面临民主价值的缺失；将服务对象比作顾客，可能使公民权利遭到忽视；"从划桨到掌舵"的角色转变很容易使人们几乎淡忘了谁是船的主人。在对新公共管理理论进行批判的基础上，以登哈特为代表的学者提出了新公共服务理论。他们明确提出用基于公民权、民主和公共利益至上的新公共服务模式替代效率主义导向的新公共管理模式。新公共服务理论是"关于公共行政在将公共服务、民主治理和公民参与置于中心地位的治理系统中所扮演角色的一系列思想和理论"。它在对新公共管理理论观点进行批判的基础上提出了自己的七大原则，包括：服务于公民，而不只是顾客；追求公共利益；与企业家精神相比，应该更加重视公民权；思考要有战略性，行动要有民主性；责任并不简单；服务，而不是掌舵；重视人而不只是重视生产效率。

新公共服务理论的贡献体现在以下两点：第一，公共利益是新公共服务理论的基本价值观。公共利益在公共服务创新中居于中心地位。政府不是公共利益的单独主宰者，公民集体的、共同的意志选择是公共利益形成的基础。政府的重要任务不仅仅是要找到快速解决问题的方案，更是要创立公民明确表达意志的舞台，创造公民之间无拘无束地进行真诚对话的条件，帮助公民去发现和明确表达自己的利益需求。第二，新公共服务理论高度重视公民参与。新公共服务理论以"公民"的观念取代新公共管理理论的"顾客"概念，对公民价值给予高度认可，提出政府要把公民的需求和价值放在全部行为的首要位置。在政府与公民的关系中，公民必须首先是享有各种权利的公民，而不是简单地作为服务对象的顾客。政府不是公共服务项目和公共服务资源的所有者，而是多种主张和观点进行博弈过程中的调解者、中介者或裁判者。在倡导积极公民权的公共服务体系中，政府不再充当高高在上的主管，而是要对每个公民个体或群体的价值给予充分的尊重。政府公务员要基于对所有公民的尊重进行管理，培养"公共服务心境"。政府必须主动去理解公民正需要什么、正在关心什么，必须及时地对公民的利益需求做出回应，保证公民权利能够得到更好的实现。

3. 治理理论：政府与公民合作的公共服务创新

20 世纪 90 年代，全球化和分权化的社会趋势改变了公共行政的生态环境，社会关系日趋复杂，相互依存度提高，范围不断扩展。与此同时，西方非政府组织日益壮大，在社会中的地位日益重要，他们要求参与到公共行政过程中，借以表达和实现自己的利益诉求。政府利用其统治地位和政治权威自上而下地对社会进行单向管理的传统公共行政方式已经不能满足社会发展的需要，政府不得不下放权力，倾听社会公民的呼声，与社会公民合作，谋求对公共事务的共同治理。同时，信息技术的发展也强烈地推动着这种共同治理的进程。所谓治理指的是"为了实现与增进公共利益，政府部门与非政府部门（私营部门、第三部门和公民个人）等众多公共行动主体彼此合作，在相互依存的环境中分享公共权力，共同管理公共事务的过程"。"治理是各种公共的或私人的个人和机构管理其共同事务的诸多方式的总和。"不论如何定义治理这个概念，治理的本质特征就是政府与公民等社会力量主体之间的合作。它抛弃了传统的政府与非政府组织、企业及公民分立的思维模式，打破了政府在公共事务治理中的垄断地位，强力主张公共事务治理主体的多元化。

治理理论的贡献体现在以下两点：第一，治理理论重视政府与公民的互动与合作。在传统观念中，公共服务的提供主体只能是政府，但在治理理论看来，包括政府在内的任何力量都无力独自解决公共问题，必须依靠互相合作。政府和其他社会组织或个人甚至企业，都是平等的治理主体，都具有其独特的优势和作用。对政府而言，治理就是由政府单独提供公共服务到依靠与社会力量合作的变化；对公民而言，治理就是从被动接受到主动参与的变化。在治理理论的视野中，包括公共服务创新在内的公共事务的治理不再是以政府为唯一中心的单向管理活动，而是政府与非政府部门、企业以及公民多元主体的协调、合作的过程。政府部门和非政府部门之间通过沟通，交换各自拥有的资源和知识，弥补各自的先天不足之处，实现互惠互助。第二，治理理论强调建立伙伴关系的公民参与。治理实际上就是政府与社会关系的重构、政府权力回归社会的过程。治理理论中所提到的善治状态有赖于政府与公民的合作，有赖于公民对治理过程的认同和支持。这种认同和支持来源于公民的积极参与。按照美国学者谢尔·阿恩斯坦的"公民参与阶梯论"的划分，这属于完全型公民参与形式的一种，即政府与公民结成合作伙伴关系。这个阶段的政府不是将注意力放在如何调动和发动公民上，而是着眼于如何为公民实现自我服务和自主服务创造和提供条件和资源。公民依照法定的程序和规则，积极参与到公共事务的处理中，政府与公民成为公共事务中的合作伙伴。

1.3.3 公共服务均等化的理论基础

1. 政治哲学：基于社会正义理论对基本公共服务均等化的研究

很多学者从正义理论的角度探讨基本公共服务如何实现均等化的分配。陈海威和田侃（2007）从正义理论和社会公正的三个功能性要素出发，分析了基本公共服务均等化的三大原则,即受益均等原则、主体广泛原则和优惠合理原则。陈第华(2008)认为,作为一种"社会基本善",基本公共服务与罗尔斯的正义第二原则存在着内在的契合。基本公共服务体现了对社会最不利者的关照,在链式联系中,这种制度安排又促进了社会其他成员福利的增加。落实这种符合正义性的制度,政府理应承担其职责,通过各种制度安排,保证基本公共服务均等化的实现。韩莹莹(2009)认为,"均等化"是一个与公平、公正、正义等紧密相连的概念,它最早属于经济学和政治哲学的范畴。在政治哲学中,首次明确主张以制度来谋求基本公共服务均等化的人非约翰·罗尔斯莫属,即罗尔斯的"公平的正义理论"。

2. 经济学:福利经济学对基本公共服务均等化研究的贡献

中国财政学会"公共服务均等化问题研究"课题组和阎坤(2007)对基本公共服务均等化的经济学基础的研究比较有代表性。通过对经济学的历史梳理,他们指出,"在德国新历史学派及英国费边社会主义、新自由主义、福利经济学、凯恩斯经济学、新剑桥学派等诸多西方经济学流派的理论主张中,都存留着公共服务均等化的思想印迹,但这些思想比较模糊,还没有形成确定的概念,相比之下,福利经济学和新剑桥学派的主张较为鲜明"。其中,福利经济学是基本公共服务均等化的主要经济学基础,其理论主张以及一系列理论分析工具,为基本公共服务均等化研究提供了丰富的理论资源。

3. 财政学:转移支付制度对基本公共服务均等化的目标追求

财政学对基本公共服务均等化的研究主要集中在如何通过完善财政体制、改革转移支付制度、优化财政支出结构、加大公共财政投入等途径保障基本公共服务均等化改革的顺利推进上。财政学将"基本公共服务均等化"作为公共财政体系改革、财政转移支付制度建设的目标追求。财政学研究中,公共服务均等化对于公共财政具有重要意义,是有助于保证公共财政的"公共性",有助于深化公共财政职能,有助于体现公共财政"一视同仁"特征的重要改革目标。

2 三峡库区基本公共服务均等化评价体系构建

2.1 三峡库区基本公共服务均等化评价的价值取向

构建基本公共服务均等化评价体系即建立均等化取向的基本公共服务绩效评价体系,而构建恰当的评价体系是评价基本公共服务均等化程度和水平的基础,关系到基本公共服务均等化水平评价工作的科学程度和政府工作的有效程度。科学完整的评价体系是一个由评估主体、评估指标、评估方法以及相关的制度安排组成的有机系统。然而,目前对基本公共服务均等化评价体系的探讨大多主要从政府职能的角度进行分析,缺乏对评价指标选择和评价体系构建的系统深入的理论解释和论证,存在就事论事的局限。实际上,如学者郭斌所言,"公共服务评价指标体系应该包括方法论基础,关注用怎样的科学的方法指导理论研究,一是如何建构科学的指标框架和体系问题;二是规范和价值研究,关注于政府绩效的价值导向和政府职能的定位问题,公共服务均等化评价的目标、价值取向和政府的价值目标;三是实证与方法的研究,关注于运用数学的、统计学的还是管理学工具选择恰当指标的问题"。目前,对基本公共服务均等化的评价还没有将评估置放于政府治理转型的重大变革过程进行理解,易陷入对政府职能界限的反复讨论,也无助于通过基本公共服务均等化水平评估为契机寻求改进政府治理从而提升基本公共服务均等化绩效的目的,将基本公共服务均等化评估引向纵深,置放于当前政府绩效评估的制度框架内,并且与当前政府职能转型和服务型政府建设有机结合,成为政府治理转型和建设服务型政府的突破口。

基本公共服务均等化评价指标的设计、评估标准确定、评估主体选择到评估结果应用,不能简单地使用客观的统计计量方法进行评价,而应该加入规范的价值判断。然而，通过梳理目前关于基本公共服务均等化评价的研究文献可以发现，目前的研究多从"投入-产出-结果"的维度对基本公共服务均等化进行评价，即对政府公共部门管理过程中投入、产出、中期成果和最终成果所反映的绩效进行评定划分等级。事实上，基本公共服务均等化评估蕴含的价值远不止于投入与产出的价值。均等化的基本公共服务绩效不仅要体现公众需求的回应力，还要重视管理活动的产出、效率、质量；从关注投入-产出、行政过程经济和效率，到同时兼顾效益与效果、服务质量、回应性和公民满意度等，效率和公平一起成为政府绩效评估的价值基础，政府绩效评估成为实现公共责任、协调社会关系和解决矛盾的重要工具。由于本书主要是探讨三峡库区区县基本公共服务均等化的现状及发展变化，限于数据的可获得性和可操作性，本书主要是从投入-产出-结果的角度探讨基本公共服务均等化评价问题的。

2.2 三峡库区基本公共服务均等化评价体系构建原则

绩效评估指标体系是对于特定对象，按照一定逻辑建立的一个理论解释系统，从评估维度的确立到评估要素设计，再到具体指标的分解，构成一个具有特定结构与功能的完整体系。构建一个合理的绩效评价指标体系对于基本公共服务均等化问题的研究至关重要。它不仅可以评价公共服务均等化水平的现状、程度和变化趋势，而且可以进一步明确造成基本公共服务不均等的主要因素。

而构建合理的绩效评价指标体系的关键在于指标的遴选和确定，指标遴选是一个复杂的筛选过程，其往往要经过初筛、复筛等多道程序。从基本公共服务均等化评价的理论研究来看，基本公共服务均等化评估指标的选取较随意，指标选取存在随意堆砌或简单罗列的现象，指标选取缺乏科学的理论论证和实证检验。因此，在对评估指标选取进行理论论证的基础上，运用数学工具，加强对指标效度、信度、隶属度、相关度以及辨别度的考察，应成为基本公共服务评价指标体系中不可缺少的组成部分。另外，一个完整的指标体系不仅包括指标遴选，还包括指标权重的科学确定，指标权重对指标评估结果具有重要影响。而现有的研究注重指标选择的较多，对指标权重的关注较少。

基本公共服务均等化评估实际上就是基本公共服务绩效评估的公平性和公正性，属于政府绩效管理的范畴，因此，基本公共服务均等化评估同样受到政府职能、政府发展战略和规划、政府绩效评估的价值取向和政府管理的规范化程度，还有地方经济社会发展水平、政治体制、公民参与、文化传统和不同利益主体之间的博弈与整合的因素的影响。在基本公共服务均等化评估指标选取时，要注意以下问题。

1. 细化政府的发展规划

对于三峡库区独特的地理单元而言，三峡库区发展战略主要是"移民安稳致富和库区经济社会协调发展"和"统筹城乡发展"，那么基本公共服务均等化评价指标体系应重点突出这一战略。

2. 找出与实现基本公共服务均等化有关联性的关键绩效指标

只有找出与实现基本公共服务均等化有关联的关键绩效指标（KPI），才不会陷入繁杂的指标筛选与分析之中。评价指标并非越多越好，对本书而言，根据关键绩效指标设计原理，要弄清哪些指标对推进三峡库区基本公共服务均等化和促进三峡库区社会协调发展起到关键的作用，选择能真实反映基本公共服务均等化某方面特征信息的最具代表性的指标。

3. 确定指标在整个指标体系中的地位和作用

在确定每一个单项指标时，应考虑该指标在整个指标体系中的地位和作用，依据它所反映的某一特定对象的性质和特征，确定该指标的名称、含义和口径范围。有时反映一个对象和现象有多种指标可供选择，但究竟确定哪些指标才能科学地对反映和分析研究对象，则必须考虑研究的目的和要求。

4. 指标设计要有相应的评估标准

设计指标时要有相应的评估标准（也就是具体的可量化的目标值），以便于进行客观评估，如财政收入、每万元 GDP 的能耗、失业率、社会保障覆盖率、九年义务教育普及率、高速公路的里程和质量等级等。对一些无法量化的基本公共服务均等化评价指标，可以采用质化指标。所谓质化指标，是指涉及价值判断的指标，以主观感受加以表示，如抱怨程度、满意程度、需求程度等。

绩效评价指标的设计有多种方法，第一种是按照绩效要素结构进行指标设计，政府绩效包含了 3E[①]，以及质量、公平、责任和能力等要素，设计指标时要注意效率指标和效益指标相区分、过程指标和结果指标相结合；第二种是运用关键指标法进行设计；第三种是运用标杆管理进行指标设计；第四种是围绕专题进行指标设计；第五种是根据管理的因果关系进行绩效指标设计；第六种是 QQTC 指标设计方法，Q（quantity）即数量，通常可以用个数、时数、次数、人数、项数以及额度来表示。Q（quality）即质量，比率、评估结果、及时性、满意率、达成率、

---

① 3E 指标，即经济（economy）、效率（efficiency）与效果（effectiveness）。

完成情况、合格率以及周转次数是这种指标的常用说明方法。T（time）即时间，最通用的是完成时间、批准时间、开始时间、结束时间、最早开始时间、最迟开始时间、最早结束时间、最迟开始时间、最早结束时间和最迟结束时间等一次概念。C（cost）即成本，包括费用额、预算控制等内容。

2.3　三峡库区基本公共服务均等化评价方法

目前，学界多采用标准差、变异系数（加权的与未加权的）、相对平均偏差、基尼系数和泰勒指数等方法评价基本公共服务均等化，而本书考虑到三峡库区区县地理单元的特殊性、公共服务本身的复杂多样性、评估的准确性和单一评价方法的局限，主要采用了主成分分析、熵值法、变异系数和聚类分析法的研究方法。

1. 主成分分析

在实际研究中，多指标（变量）问题较为常见，而且在多数情况下，不同指标之间具有一定的相关性，这势必增加问题分析的复杂性，而主成分分析用于多指标变量研究较为普遍。主成分分析就是设法将原来的指标重新组合成一组新的互相无关的几个综合指标来代替原来的指标，同时，根据实际需要从中取几个较少的综合指标，尽可能多地反映原来指标的信息。主成分分析法能浓缩信息，简化指标的结构，使分析问题的过程变得简单、直观、有效。本书采用 SPSS 统计软件，首先对所有数据进行 KMO 及巴特利球形检验（Bartlett Test of Sphericity），再对历年来三峡库区区县基本公共服务均等化评价指标的统计数据进行主成分分析，剔除部分代表性不强的指标，保留累计方差贡献率较高的指标，并据此构建科学的评价指标体系。

2. 熵值法

熵值法提供了一种客观赋权的处理办法，能够获得原始数据提供的信息，克服主观性确定权重带来的随意性，更加科学客观。其基本原理是：通过计算出的熵值大小来度量已知数据所包含的有效信息并确定权重，即根据评价对象指标值的差异程度确定各指标的权重。当各评价对象的某项指标值相差较大时（指标离散程度较大），熵值较小，说明该指标提供的有效信息较多，则该指标对综合评价的影响越大，其权重也较大；反之，当各评价对象的某指标值相差较小时，熵值较大，则该指标提供的有效信息较少，在评价指标体系中该指标的作用也不大，其权重也较小；当各评价指标的某项指标值完全相同时，熵值达到最大，这也意味着该指标不能提供有用的信息，可以从评价指标中剔除。本书采用熵值法对三峡库区区县基本公共服务均等化评估指标的权重进行计算，为后文的统计分析奠定了基础。

3. 变异系数

变异系数是衡量基本公共服务均等化的常用方法，是标准差与其均值的比值，可以用来反映总体分布数列中变量值差异程度。变异系数则是一个相对值，是一个无量纲的绝对值，通过各变量偏离均值的程度来反映区域差异的程度，变异系数越大则说明地区差异越大。但是，变异系数法反映的仍然是变量值偏离某个数值点（平均值）的程度，而在经济理论中，绝对的平均化从来就不是公平性的合理标准，只应用变异系数法评价公平性，仍然具有一定的缺陷，需要和其他评价方法综合使用。因此，本书采用变异系数来分析历年的三峡库区区县基本公共服务均等化指标的统计数据，以了解三峡库区基本公共服务均等化水平的区县差异和三峡库区基本公共服务均等化不同时段的变化。

4. 聚类分析

聚类分析是依据实验数据本身所具有的定性或定量的特征来对大量的数据进行分组归类以了解数据集的内在结构，并且对每一个数据集进行描述的过程。其主要依据是聚到同一个数据集中的样本应该彼此相似，而属于不同组的样本应该足够不相似。采用多变量的统计值，定量地确定相互之间的亲疏关系，考虑对象多因素的联系和主导作用，按它们亲疏差异程度，归入不同的分类中—元，使分类更具客观实际并能反映事物的内在必然联系。也就是说，聚类分析是把研究对象视作多维空间中的许多点，并合理地分成若干类，因此它是一种根据变量域之间的相似性而逐步归群成类的方法，它能客观地反映这些变量或区域之间的内在组合关系。在聚类分析中，通常根据分类对象的不同分为 Q 型聚类分析和 R 型聚类分析两大类。本书采用聚类分析法在于根据库区区县基本公共服务均等化发展状况的相似性对三峡库区区县进行地域分类，目的是了解区域基本公共服务均等化发展水平的高低和基本公共服务资源的区域分布情况，便于政府制定和实施促进区域基本公共服务均等化的政策。

2.4 三峡库区基本公共服务均等化评价标准

实现基本公共服务均等化是党和国家根据当代中国国情提出的一项重大战略决策，是当前理论和实践的重大问题。而理论和实践均表明，"标准是均等化的重要参数"。任何一种公共服务是否实现了均衡，必须建立在某种衡量标准上。因此，厘清公共服务的标准以及均等化目标导向的公共服务标准对于实现基本公共服务均等化至关重要。

对于公共服务标准的内涵，柳成洋等（2009）提出公共服务标准化是通过将标准化的原则和方法运用到公共服务领域，通过对公共服务制定标准并付诸实施，达到服务质量目标化、服务方法规范化、服务过程程序化，从而获得最佳服务秩序和社会效益。有学者将公共服务标准化界定为通过对公共服务标准的制定和实施，以及对标准化原则和方法的运用，以达到公共服务质量目标化、公共服务方法规范化、公共服务过程程序化，从而获得优质公共服务的过程。公共服务标准有基本性、动态性、统一性和效益性等特点。需要注意的是，公共服务标准和公共服务均等化密切相关。通过公共服务标准，促进公共服务能力的提高，为均等化创造条件。公共服务标准的制定要与公共服务能力相适应，标准制定过高或过低都不利于公共服务均等化的实现。

对于基本公共服务均等化标准，学者蔡秀云提出了设计原则和相同相等、缩小差距、扩大覆盖、均衡分布、优质资源共享五个标准。吕新发（2011）提出了城乡一体化原则、平等与均衡相统一原则、机会均等优先原则、防止平均化陷阱原则和防止福利化陷阱原则；明确基本公共服务均等化标准种类上的民生性、数量上的最低性、阶段上的动态性、形式上的多样性以及构成上的多元性。从实施主体角度来看，应包括提供者建设标准、生产者质量标准和消费者效用标准。均等化标准核心思想是调节政府公共服务供给能力，满足公众需求。以均等化为目标，根据确定的公共服务范围和具体的服务内容建立明确统一的服务标准，以此为标杆来比较和衡量区域之间、城乡之间、不同群体之间公共服务的质量和水平。

目前，我国一些地方政府积极开展公共服务标准化的探索，将标准化技术和方法，如标杆管理、标准化管理、质量管理思想运用于公共服务实践。2013年9月13日，重庆市已有200个村试点推行基本公共服务标准化，具体包括一事一议奖补建设基础设施，健全政府购买农村文化服务长效机制，健全农村校舍、活动场所等设施设备的建设、改造、管护长效机制，完善新型农村合作医疗、大病统筹医药费报销、新型农村社会养老保险制度体系，加大财政补助，重点扶持农业机械、生产、营销等专业合作社，发展"一村一品"特色效益农业，结合农村金融机构定向费用补贴政策，健全村级组织运转和村干部补贴经费保障机制，发挥农村党组织战斗堡垒作用。但是，对于地方政府主导的公共服务标准化实践，各地实施标准化的范围、程度和水平要充分考虑到经济发展水平、所在区域广度、人口密度以及需要实施标准化对象对于执政者的重要程度等多种条件的约束。

2.5　三峡库区教育服务均等化评价指标选取分析

党的十八大报告提出要努力办好人民满意的教育，明确指出教育是民族振兴和社会进步的基石，要坚持教育优先发展，把立德树人作为教育的根本任务，同时党的十八大报告还提出，"大力促进教育公平，合理配置教育资源，重点向农村、边远、贫困、民族地区倾斜，支持特殊教育，提高家庭经济困难学生资助水平，积极推动农民工子女平等接受教育，让每个孩子都能成为有用之才"。在促进教育公平方面，党的十八大报告做出了明确的制度安排，提出了新的更高要求。因此，教育公平得到社会各界的高度关注，而义务教育公平问题随着我国教育改革的深入成为关注的焦点。和义务教务公平近似的概念有义务教育均衡发展和义务教育均等化，这些概念之间究竟存在什么样的关联？

根据基本公共服务的内涵，义务教育是公共服务体系的重要组成部分，公共服务均等化包括优劣的均等化、达到基本要求的均等化和达到优质水平的均等化等层次。均等未必优质、有效，但均衡必须既均等又优质、有效，绝不是劣质低效甚至无效，而"义务教育均衡发展"这一概念包含了均等的内涵，指不同地区之间、城乡之间、同一地区不同学校之间、同一学校不同群体之间的教育基本条件、机会、过程和目标、结果等的平等与效率、均等与优质相互促进的关系状态和评价尺度；涉及了受教育者的教育权利保障问题、教育的民主与公平问题。从理论内涵来看，义务教育均衡发展是义务教育均等化的发展目标。鉴于三峡库区这一独特地理单元义务教育的发展现状，本书探讨的是三峡库区义务教育均等化问题。

按照美国20世纪五六十年代要素主义教育哲学的主要代表人物詹姆斯·布赖恩特·科南特的观点，教育均等主要包括三方面的含义："一是起点均等，即就学机会与求学条件均等；二是过程均等，即教学内容与师生互动均等；三是结果均等，即学业成就、最终所获学历及教育对日后生活影响的均等。"

翟博（2006）构建的教育均衡发展评价体系涵盖教育机会、教育资源配置、教育质量和教育成就4个一级指标以及25个二级指标。不少专家也持类似的观点，只不过有的专家的研究主要定位于省级层面，而有的专家的研究主要定位于县域层面而已。还在以问题导向的评价研究方面，部分专家强调对教育公平问题突出的方面进行评价。周金燕（2006）认为，当前我国的教育公平问题表现在城乡、地区、阶层、性别、民族等之间的教育差距上，并构建了教育公平测度指标体系，而义务教育均衡指数只是其中一部分，具体包括小学教育经费城乡公平、小学教育经费区域公平、初中教育经费城乡公平、初中教育经费区域公平；杨晓霞和刘晖（2013）对生均教育经费单一指标进行了讨论。实际上，对于义务教育均等化的测度关注的是涉及教育问题及利益的相关各方（学生、家庭、各级政府、学校）在教育的起点（主要是指受教育机会均等与否）、过程、结果、影响四个阶段上的各种资源配置与各方的参与及其期望与影响（家庭收入、社会经济文化政治背景或政策对学生所受到的教育的质量及数量的影响，教育对社会流动、个人收入、就业等方面的影响），以及对不平等制度的容忍性等方面的分配（对待）平等与否的测度，以及在测度教育公平时所遵循的原则（机会均等、水平公平、垂直公平、财政中立、充足性）。

结合以上分析，本书将以区县为基础构建三峡库区义务教育均等化评价指标体系。对三峡库区义务教育均等化的评价，首先，需要明确三峡库区义务教育均等化提出的背景和要解决的问题，即三峡库区义务教育在县域之间、城乡之间、校际之间和不同群体之间存在着明显差距，儿童受到的教育质量也是存在差异的；其次，要关注三峡库区区域义务教育均等化发展的历时性，即不同时期，地区的义务教育均衡发展的重点不同，所采取的政策举措必然也会不同。因此，要根据不同阶段的均衡发展状况进行阶段性评价，包括依然存在的差距和已经取得的均衡效果，并在不同阶段采用不同的评价方案。评价既要针对目前区域内部的差距，又要关注相关评价造成的一定时间段后的结果及其影响。

本书主要从教育机会均衡、教育资源配置、教育质量均衡三个维度对三峡库区义务教育均等化进行测度。由于我国《义务教育法》的出台和九年制义务教育的实行，加上重庆市政府制定实施了《关于进一步做好进城农民工子女、农村留守儿童接受义务教育工作的通知》，对于三峡库区义务教育均等化评价而言，教育机会均衡在整个指标体系中不占主要作用，主要评测的是教育资源配置和教育质量均衡。

2.5.1 教育资源配置

教育资源配置是关系到教育过程公平性的指标，因为公共教育资源的均衡配置，是实现教育过程公平和受教育者得到同样教育服务的物质保障；生均预算内教育经费，是衡量教育投入差异的有效指标，由于义务教育阶段学校的规模大小不一，使用生均指标能更好地判断每个受教育者享有的公共资源是否均衡和公平，教育投入水平决定着教育发展水平，生均教育经费在某种程度上决定着教育的结果，生均教育经费差异程度为政府对薄弱学校、农村地区、经济落后地区的倾斜投入提供了依据，教育经费的投入水平在短时间内是比较稳定的，而且数据易于收集和处理，可比性强。教育经费占财政支出的比重，同样反映了教育资源配置情况；学校平均规模（人数/校数）适度，可以充分合理地发挥教育资源的利用效率，因此，学校平均规模可以作为衡量办学效益的一个指标；生师比是学生总数与专任教师总数的比率,反映了一个教师要为多少学生服务,教师的数量反映了教育人力资源的配置情况,也直接影响着教育质量。

2.5.2 教育质量均衡

升学率、人均受教育年限属于教育结果类指标,可以衡量教育质量的高低。其中,人均受教育年限是由国民接受各级教育的人数、各级教育相应学制及国民人口三项指标拟合而成的一项综合性指标,是衡量国民教育水平的一项国际通用性指标。人均受教育年限一般指六岁及以上人口的平均接受学历教育年数。计算该指标需要对人口的文化程度进行普查,然后按人口普查结果进行计算。

2.6 社会保障服务均等化评价指标选取分析

社会保障是现代国家一项基本的社会经济制度,是国家和社会依据一定的法律和规定,通过收入的再分配,对社会成员的基本生活权利予以保障的一项重要制度安排。自新中国成立以来,我国社会保障服务制度发生了重大变化,实现了从城镇向农村、从单位福利向统筹互济的社会保障体系的转变。从实践来看,我国长期实行的城乡户籍制度和二元公共服务体制不但没有缩小城乡社会保障水平的差距,反而还使之拉大了。同时,地区经济发展和政府公共服务能力的差异同样也使得各地的社会保障水平存在着较大的差异。尽管学界对社会保障服务均等化问题较为关注,但是如何测评社会保障服务均等化等方面的研究却较为薄弱,目前的研究大多是根据社会保障的构成来构建评价指标体系,然后对社会保障服务均等化进行综合评价,也有部分研究对社会保障支出绩效进行评价。

就社会保障这一方面,本书主要是从投入-产出角度对三峡库区区县社会保障服务均等化进行评价,主要指标包括:社会保障支出占 GDP 比重、人均社会保障支出、城镇居民最低生活保障人数、每万人社会福利收养单位和每万人社会福利收养单位床位数。

2.6.1 三峡库区区县社会保障服务均等化投入角度

政府社会保障支出占财政支出比重反映政府财政对社会保障投入的力度;社会保障支出占 GDP 比重反映了社会保障参与国民收入分配的力度和地区社会保障水平;人均社会保障支出反映了社会保障待遇水平。

2.6.2 三峡库区区县社会保障服务均等化产出角度

城镇居民最低生活保障人数反映的是一定时期城镇社会救济的实际规模和社会救济普及程度;每万人社会福利收养单位数和每万人社会福利收养单位床位数可以反映社会福利情况。

2.7 公共卫生医疗服务均等化评价指标选取分析

自新中国成立以来,我国医疗卫生体制发生了重大变化,但由于体制机制的因素和各地经济社会发展的差异,依然存在着"看病难、看病贵"的问题,表现为不仅存在医疗卫生支出投入不足,还存在着医疗卫生在地区间、城乡之间和群体之间的非均等化问题。因此,缩小医疗卫生服务的差距、促进基本医疗卫生服务均等化进程,是促进地区经济社会协调发展及和谐社会建设的关键。

界定基本医疗卫生服务及其均等化的内涵是理解基本医疗卫生服务均等化的前提。基本医疗卫生服务均等化是指政府要为社会公众提供基本的、在不同阶段具有不同标准的、最终大致均等的公共卫生和医疗服务。世界银行将医疗卫生服务分为三类:第一类是公共卫生服务,属于公共产品,即不论人们的收入水平如何都应该消费或得到的公共卫生保健服务;第二类是基本临床医疗卫生服务,这一类服务如果完全放任市场提供,会危及整个社会的人力资本,政府有责任保证所有人口获得基本临床医疗卫生服务;第三类是随意选择的临床医疗卫生服务,这类服务属于私人产品,应由个人承担。

目前,学术界对于基本医疗卫生服务均等化的评价研究还处于探索中,相关成果并不多见。张丽琴等(2007)从距离可及性、经济可及性、资源可及性三项指标对城乡医疗卫生服务的可及性均等化水平进行衡量;杨宜勇和刘勇涛(2008)从投入-产出的视角构建了公共指标、公共卫生服务均等化指标和基本医疗服务均等化在内的医疗卫生服务均等化指标体系,并从省际差别的视角对基本医疗卫生服务均等化的实现程度进行了评价;张文礼和侯蕊(2013)构建了医疗卫生费用支出、居民医疗卫生资源、居民健康水平和可及性水平为一级指标和12个二级指标的基本医疗卫生服务评价指标体系。本书主要从投入和产出角度对三峡库区区县医疗卫生服务均等化的程度和水平进行定量评价。

2.7.1 医疗卫生费用支出

该指标主要指政府对一个地区基本医疗卫生服务的财政投入状况,这一指标将直接体现人们所享受到的基本医疗公共卫生服务水平；医疗卫生费用人均支出；医疗卫生支出占财政支出的比重，反映政府财政对医疗卫生的投入力度。

2.7.2 居民医疗卫生资源

居民医疗卫生资源包括人均医疗卫生机构数、人均医疗卫生机构床位数和人均医疗卫生人力资源三个方面，可准确反映一个地区占有医疗卫生资源的程度，直接反映该地区公众、特别是患者所能够享受到的基本医疗服务水平。

2.8 就业服务均等化评价指标选取分析

就业是民生之本，安国之策，关系到生产力的发展和和谐社会建设。目前，就业问题已成为我国经济发展必须要解决的首要问题，能否把庞大的人口规模和丰富的劳动力资源转化为经济资源并加以有效利用，将在相当长的时期内决定我国能否保持资源比较优势以及经济增长的可持续性，解决就业问题的一个重要途径在于公共就业服务的供给。公共就业服务是公共服务的重要组成部分，具有公共产品的属性，是以政府为主导，社会各方参与，通过就业服务机构，帮助劳动者获得就业岗位和提升就业能力，帮助用人单位寻找合格劳动力的一系列服务性工作的总称。公共就业服务的内容主要是基本就业服务，国际劳工组织第88号公约第六条将其规定为：职业指导和职业介绍；促进劳动力跨职业、跨地域、暂时性跨地域和跨国流动；收集、分析与发布各种就业信息；协同管理失业保险和失业救济，实施帮助失业者的其他措施；协助其他组织编制促进就业的社会和经济计划等。公共就业服务同样要寻求公平与效率的平衡，要遵循公共资源投入均等原则、就业机会平等原则和公民共同受益原则。

目前，对于医疗卫生服务、社会保障服务、教育和基础设施等的研究较丰硕，而对就业服务均等化的研究则相对较少，对就业服务的探讨集中在就业服务均等化和劳动力转移等方面。在就业服务评价方面，张海枝（2013）从投入-产出-效果的角度共建立了3个一级指标和16个二级指标对我国就业服务均等化水平进行评价；公共就业服务的满意度评价能更好地体现失业人员对就业服务的肯定程度，而满意度评价指标体系的构建则能更好地反映失业人员对各项服务所表现出的需求和期望。张华新等（2010）认为，我国公共就业服务体系主要提供四个功能性服务，即职业介绍服务、职业指导服务、就业培训服务和就业岗位开发服务，并在满意度评价指标中加进了就业服务信息化，得出职业指导的满意程度最高、就业服务信息化满意程度最低的结论。陈小平和卓晓奕（2012）对256位公共就业服务接受者进行问卷调查，并将公共就业服务分解成服务人员素质、服务工作效率、服务工作环境、服务内容价值、服务信息技术5个一级指标以及16个二级指标进行满意度测评，得到服务工作效率较其他方面评价高，而服务信息技术满意度评价最低的结论。

本书主要从效果的角度对三峡库区区县就业服务均等化进行评价，从宏观层面上了解就业服务均等化的发展程度和水平，选用的指标主要是就业服务效果类指标。

2.9　公共文化服务均等化评价指标选取分析

党的十八大将公共文化服务体系建设作为全面建成小康社会的重要内容，明确提出了到2020年"公共文化服务体系基本建成"的战略目标。党的十八届三中全会将构建现代公共文化服务体系、促进基本公共文化服务标准化均等化作为全面深化改革的重点任务之一。紧紧围绕"四个全面"战略布局，加快构建覆盖城乡、便捷高效、保基本、促公平的现代公共文化服务体系，是当前各地各级文化部门的重要战略任务。近年来，我国公共文化服务体系建设成效显著，城乡公共文化服务设施逐步完善，公共文化服务理念和方式不断创新，公共文化服务内容逐渐丰富，但公共文化服务体系建设中还存在问题：公共文化服务投入不均衡、城乡区域公共文化设施、产品和服务不均等、"免费或优惠的"项目不够多。公共文化服务在地区之间、城乡之间和不同群体之间存在显著差异，区域之间存在较大的"地域鸿沟"，城乡居民文化消费数量和结构上存在巨大差异，不同阶层在文化享受方面的明显差异，贫富阶层之间的文化不公平程度较高，阻滞了我国公共文化长远发展。

基本公共文化服务均等化，是指一个国家或地区在现有的资源约束条件下，通过政府公共财政和公共政策的作用，让全体公民公平可及地获得大致均等的基本公共文化服务，其核心是机会均等，而不是简单的平均化和无差异化。基本公共文化服务主要是由政府主导、社会参与形成的普及文化知识、传播先进文化、满足人们精神文化需求，保障人民群众文化权益的各种公益文化机构和服务的总和，包含广播电视、电影、出版物、互联网、演出和哲学社会科学研究等领域。基本公共文化服务的范畴和程度具有广覆盖、保基本、低水平的特征。

基本公共文化服务均等化成为社会关注的焦点，相关研究日益增多，然而对基本文化服务均等化的量化测评的研究却较为缺乏。毛少莹（2007）提出含发展规模、政府投入、运作机制、社会参与、公众满意度5个维度、34个分项的指标体系；陈澍等（2015）从文化体制、文化事业发展、文化产业规模、文化市场体系培育、文化品牌建设等七个方面构建了文化强省（市）的评估指标群。贾旭东（2009）对公共文化服务指数的思路、原理进行了初步分析。蒋建梅（2008）确立了以总体指标、供给指标、保障指标为主的公共文化服务绩效指标体系。王洛忠和李帆（2013）从投入-产出的角度构建评价体系，包括公共文化财政支出占政府财政支出比重、人均文化事业费和公共图书馆人均购书费在内的投入类指标，每万人公共图书馆数量、每万人群艺馆数量和公共图书馆人均藏书量在内的产出类指标。现有研究对公共文化服务指标体系和绩效评价的理论框架没有达成共识，设计的部分指标科学性、操作性性不强；在定量测度方面，多数学者用人均财政收支的方差、标准差等较为简单、粗糙的指标来衡量；在描述公共文化服务区域均等化问题时，较关注省际的不均等，对于省域内的基本文化服务均等化问题探讨不足。

因此，本书主要从产出的角度对三峡库区区县公共文化服务均等化发展现状进行测评，主要包括每万人公共图书馆数量、公共图书馆人均藏书量、广播覆盖率、电视覆盖率。

3 三峡库区教育服务均等化评价研究

3.1 基本公共服务均等化分析标准

1. "均等化"标准

关于"均等化"的概念主要有两类界定方法:一类是绝对的差异水平,如个体之间标准差、方差等统计指标;另一类为个体与平均水平的相对差异。两者对数据的要求也不尽相同,计算个体的绝对差异水平需要进一步获得其内部构成样本特征信息,而相对差异水平则只需要个体总体表征信息。同时,前者反映的是样本个体一种绝对的差异,其对应绝对均等化含义;而后者在一定程度上能够反映出个体在总体样本中所处的相对均等化水平与相对排名状况。

2. 无量纲化处理

各个指标均是同一层次的,需要特别注意两个问题:一是指标量纲的处理;二是年度之间指标的可比性。本书采用标准化处理方式来消除量纲的影响,使得不同单位的单项指标可以加总,同时,各年份得分可以进行纵向比较。计算指标得分的方法如下:

如果该指标与基本公共服务水平呈正向关系,则按照第一个公式

$$第 i 个指标得分 = \frac{S_{i(t)} - S_{\min(0)}}{S_{\max(0)} - S_{\min(0)}} \times 10$$

其中,$S_{\max(0)}$ 是 26 个区县基年中该指标对应原始数据最大的一个,$S_{\min(0)}$ 为最小的一个。如果该指标与基本公共服务水平呈负向关系,则按照第二个公式

$$\text{第}i\text{个指标得分} = \frac{S_{\max(0)} - S_{i(t)}}{S_{\max(0)} - S_{\min(0)}} \times 10$$

通过上述处理，无论正向指标还是逆向指标，各单项指标得分及最后得分都与基本公共服务保障程度正相关，而指标取值处于 0~10 的范围之内。

3. 三峡库区基本公共服务进程分析

通过上述指标合成，得到三峡库区各区县 1996~2012 年有关基本公共服务保障水平得分，但这还不足以评估三峡库区基本公共服务均等化进程的动态变化。因此，将所有区县的均值看做三峡库区基本公共服务的标准值，利用标准差的概念计算三峡库区 1996~2012 年基本公共服务均等化的变化趋势。如果指标标准差较小，说明各区县与三峡库区基本公共服务保障水平均值的总体离散程度较小，该区县基本公共服务均等化水平则较高；反之，如果标准差较大，说明各区县与库区基本公共服务保障水平均值的总体离散程度较大，均等化水平也相对较低。

3.2 教育服务均等化评价指标的选取

3.2.1 评价指标的选取

就我国的基本教育现状来看，基础教育与义务教育并非完全一致，基础教育主要包括学前教育、小学教育、初中教育、高中教育（包括普通高中、职业高中、普通中等专业学校、成人中等专业学校、技工学校）、特殊教育。其中，小学教育六年和初中教育三年是义务教育。本书以义务教育和普通高中教育为主要分析对象，具体包括小学教育、初中教育和普通高中教育三个方面。小学教育是我国义务教育的开始，根据《义务教育法》的规定，适龄儿童从六岁开始必须接受为期六年的小学教育（部分地区是五年制），改革开放 30 多年以来，我国各地区小学适龄儿童的入学率基本已接近 100%。

中学教育指对青少年学生施以培养合格公民的全面素质教育，为他们未来做人和未来的发展奠定基础。中学教育的基础性表现为：一是为中学生成长为合格的劳动者打好基础，即为准备走向社会的高中生和打算升入高中职校的初中学生，打好就业和接受一定职业技术教育训练的基础。二是为初、高中生中准备进入高一级学校的学生打好继续学习的基础。三是为个人的终生学习打好基础。中学教育是提高民族素质的基础工程，对构建社会主义物质文明建设和精神文明建设起着至关重要的作用。

在考虑了我国教育基本情况和指标数据可得性的基础上，三峡库区教育均等化研究选取的指标为：学校数、小学数、中学数、在校学生数、小学在校学生数、中学在校学生数、教师数、小学教师数、中学教师数、教育经费支出、小学生师比、中学生师比、生均预算内经费支出、教育经费支出占财政支出的比重、教育经费支出占GDP的比重。

3.2.2 评价指标论证分析

学校数量是衡量一个地区教育事业发展程度的基本度量单位，故选取衡量学校数量的三个指标：学校数、小学数、中学数。

学校人数是考量一个学校教学规模的基本指标，也是影响教育资源质量的关键因素，故选取衡量学校数量的三个指标：在校学生数、小学在校学生数、中学在校学生数。

老师数量是考察一个学校教学质量的重要指标，也是衡量一个学校的办学师资力量的关键因素，故选取的衡量教师数量的指标为：教师数、小学教师数、中学教师数。

生师比是在校学生与教师的数量比例，反映了社会资源利用率与办学质量的一般关系。在保证教学质量的前提下，生师比越高，社会资源利用率就越高；但过高的生师比，也会导致教学质量难以保证。在我国高等教育大众化的今天，较低的生师比通常意味着较高的教学质量。因此，本书选取衡量生师比的指标为：小学生师比、中学生师比。

教育经费支出是教育得以实施的基础保障，包括财政预算内教育经费、各级政府征收的用于教育的税费、教育事业性收入、社会捐集资办学经费等；其中财政预算内教育经费是基础。

教育经费支出占财政支出的比重及地区GDP反映教育在财政支出中的地位，是一个国家和地区在国民财政支出预算中对教育事业的重视程度的重要的衡量指标，反映了教育在该国家和地区的综合地位。

生均教育经费是学校在一定时期内按在校学生人数平均的教育经费，是确定教育投资的合理性的重要指标，在一个国家和地区内，不同年级、不同类别的学生生均教育经费也不相同。一般而言，高等教育的生均教育经费大于中等教育，中等教育的生均教育经费大于初等教育，其水平随教育级别的提高而上升。

三峡库区教育基本公共服务均等化评价指标如表3.1所示。

表 3.1　三峡库区教育基本公共服务均等化评价指标

一级指标	二级指标	单位
学校数	中学	所
	小学	所
专任教师数	中学	人
	小学	人
在校学生	中学	人
	小学	人
生师比	中学	—
	小学	—
教育经费支出	—	万元
生均教育经费	—	元/人
教育经费支出占财政支出比重	—	%
教育经费支出占 GDP 比重	—	%

3.3　三峡库区教育服务均等化评价

3.3.1　学校数量指标分析

学校数量指标是从地区学校总数规模的角度来衡量该地区社会教育发展水平的。由于三峡库区内湖北省巴东县统计数据缺失，本书只针对数据可得的 25 个区县进行区域划分，将渝中区、大渡口区、江北区等重庆主城九区划为第一个区域，重庆市的其他 22 个区县划为第二个区域，湖北省的夷陵区、兴山县和秭归县划为第三个区域，以下研究划分与此类似。

根据重庆市和湖北省的历年统计年鉴，三峡库区学校数量的原始统计数据见表 3.2～表 3.4。

表 3.2　三峡库区学校数量统计（重庆主城九区）　　（单位：所）

地区 年份	渝中区	大渡口区	江北区	沙坪坝区	九龙坡区	南岸区	北碚区	渝北区	巴南区
1996	115	51	115	203	228	118	236	457	411
1997	106	57	135	184	196	120	230	429	460
1998	106	57	135	184	196	120	230	429	358
1999	87	58	132	165	187	117	216	415	353

续表

地区\年份	渝中区	大渡口区	江北区	沙坪坝区	九龙坡区	南岸区	北碚区	渝北区	巴南区
2000	—	—	—	—	—	—	—	—	—
2001	89	40	118	116	179	114	190	398	303
2002	82	39	107	116	163	110	169	352	251
2003	142	71	188	240	254	214	192	425	271
2004	138	85	181	251	312	212	193	440	281
2005	141	87	186	254	283	204	188	433	253
2006	141	81	179	228	252	183	179	435	247
2007	141	79	177	265	232	178	150	342	248
2008	144	78	204	274	265	172	145	372	213
2009	135	72	168	288	251	154	139	359	203
2010	126	69	152	286	251	147	132	344	205
2011	118	77	150	291	280	176	135	361	211

资料来源：《重庆统计年鉴 1997～2013》

注：由于统计年鉴中所列指标变化，导致统计口径不同，故部分指标数据缺失，未纳入统计分析，下同

表 3.3　三峡库区学校数量统计（重庆其他区县）　　（单位：所）

地区\年份	巫山县	巫溪县	奉节县	云阳县	万州区	开县	忠县	石柱县	丰都县	涪陵区	武隆县	长寿区	江津区
1996	546	570	891	964	1044	1019	779	375	365	497	197	478	832
1997	512	546	840	788	948	990	759	362	329	445	144	358	778
1998	512	546	840	788	948	990	759	362	329	445	144	460	778
1999	440	548	800	788	900	979	736	302	331	455	138	444	758
2000	—	—	—	—	—	—	—	—	—	—	—	—	—
2001	392	474	775	751	801	997	643	194	301	407	146	339	615
2002	379	472	690	658	770	1005	639	205	270	392	146	267	610
2003	411	452	652	538	855	996	662	250	343	471	192	317	742
2004	393	409	652	531	780	944	729	280	344	421	179	296	764
2005	369	367	573	508	683	853	625	311	311	398	172	274	737
2006	356	333	522	498	631	816	621	297	334	345	178	252	761
2007	332	301	528	630	563	749	531	290	318	343	160	216	726
2008	322	285	490	685	544	762	520	318	329	335	151	205	779
2009	327	262	444	736	517	721	498	259	282	316	145	182	833
2010	296	247	521	537	445	709	327	250	299	314	133	172	558
2011	294	255	377	443	446	798	339	261	271	322	134	140	594

资料来源：《重庆统计年鉴 1997～2013》

表 3.4　三峡库区学校数量统计（湖北省各区县）　　（单位：所）

年份\地区	夷陵区	兴山县	秭归县
1996	196	165	359
1997	181	144	343
1998	158	134	305
1999	152	221	271
2000	148	97	239
2001	125	79	181
2002	118	69	153
2003	113	57	116
2004	100	49	94
2005	90	47	82
2006	83	44	80
2007	82	41	73
2008	71	29	73
2009	63	25	45
2010	57	24	59
2011	52	21	56

资料来源：《湖北统计年鉴1997～2013》。

学校数量指标统计数据见表3.2～表3.4，以1996年为基年进行分析。由数据可知，该指标与基本公共服务水平呈正向关系，按照上面提到的第一个公式计算，结果如表3.5～表3.7所示。

表 3.5　三峡库区学校数量指标得分统计（重庆主城九区）

年份\地区	渝中区	大渡口区	江北区	沙坪坝区	九龙坡区	南岸区	北碚区	渝北区	巴南区
1996	0.64	0	0.65	1.53	1.78	0.78	1.86	4.09	3.63
1997	0.55	0.06	0.85	1.34	1.46	0.69	1.80	3.81	4.12
1998	0.55	0.06	0.85	1.34	1.46	0.69	1.80	3.81	3.09
1999	0.36	0.07	0.82	1.15	1.37	0.66	1.66	3.67	3.04
2000	—	—	—	—	—	—	—	—	—
2001	0.38	-0.11	0.67	0.65	1.29	0.63	1.40	3.49	2.54
2002	0.31	-0.12	0.56	0.65	1.13	0.59	1.19	3.03	2.01
2003	0.92	0.20	1.38	1.90	2.04	1.64	1.42	3.77	2.22
2004	0.88	0.34	1.31	2.01	2.63	1.62	1.43	3.92	2.32
2005	0.91	0.36	1.36	2.04	2.34	1.54	1.38	3.85	2.03

续表

地区\年份	渝中区	大渡口区	江北区	沙坪坝区	九龙坡区	南岸区	北碚区	渝北区	巴南区
2006	0.91	0.30	1.29	1.78	2.02	1.33	1.29	3.87	1.97
2007	0.91	0.28	1.27	2.16	1.82	1.28	1.00	2.93	1.98
2008	0.94	0.27	1.54	2.25	2.16	1.22	0.95	3.23	1.63
2009	0.85	0.21	1.18	2.39	2.01	1.04	0.89	3.10	1.53
2010	0.76	0.18	1.02	2.37	2.01	0.97	0.82	2.95	1.55
2011	0.67	0.26	1.00	2.42	2.31	1.26	0.85	3.12	1.61

表 3.6 三峡库区学校数量指标得分统计（重庆其他区县）

地区\年份	巫山县	巫溪县	奉节县	云阳县	万州区	开县	忠县	石柱县	丰都县	涪陵区	武隆县	长寿区	江津区
1996	4.98	5.23	8.46	9.19	10.00	9.75	7.33	3.26	3.16	4.49	1.47	4.30	7.87
1997	4.64	4.98	7.95	7.42	9.03	9.46	7.13	3.13	2.80	3.97	0.94	3.09	7.32
1998	4.64	4.98	7.95	7.42	9.03	9.46	7.13	3.13	2.80	3.97	0.94	4.12	7.32
1999	3.92	5.01	7.54	7.42	8.55	9.35	6.90	2.53	2.82	4.07	0.88	3.96	7.12
2000	—	—	—	—	—	—	—	—	—	—	—	—	—
2001	3.43	4.26	7.29	7.05	7.55	9.53	5.96	1.44	2.52	3.59	0.96	2.90	5.68
2002	3.30	4.24	6.44	6.11	7.24	9.61	5.92	1.55	2.21	3.43	0.96	2.18	5.63
2003	3.63	4.04	6.05	4.90	8.10	9.52	6.15	2.00	2.94	4.23	1.42	2.68	6.96
2004	3.44	3.61	6.05	4.83	7.34	8.99	6.83	2.31	2.95	3.73	1.29	2.47	7.18
2005	3.20	3.18	5.26	4.60	6.36	8.08	5.78	2.62	2.62	3.49	1.22	2.25	6.91
2006	3.07	2.84	4.74	4.50	5.84	7.70	5.74	2.48	2.85	2.96	1.28	2.02	7.15
2007	2.83	2.52	4.80	5.83	5.16	7.03	4.83	2.41	2.69	2.94	1.10	1.66	6.80
2008	2.73	2.36	4.42	6.38	4.96	7.16	4.72	2.69	2.80	2.86	1.01	1.55	7.33
2009	2.78	2.12	3.96	6.90	4.69	6.75	4.50	2.09	2.33	2.67	0.95	1.32	7.88
2010	2.47	1.97	4.73	4.89	3.97	6.63	2.78	2.00	2.50	2.65	0.83	1.22	5.11
2011	2.45	2.05	3.28	3.95	3.98	7.52	2.90	2.11	2.22	2.73	0.84	0.90	5.47

表 3.7 三峡库区学校数量指标得分统计（湖北省各区县）

地区\年份	夷陵区	兴山县	秭归县
1996	1.46	1.15	3.10
1997	1.31	0.94	2.94
1998	1.08	0.84	2.56
1999	1.02	1.71	2.22

续表

年份\地区	夷陵区	兴山县	秭归县
2000	—	—	—
2001	0.75	0.28	1.31
2002	0.67	0.18	1.03
2003	0.62	0.06	0.65
2004	0.49	−0.02	0.43
2005	0.39	−0.04	0.31
2006	0.32	−0.07	0.29
2007	0.31	−0.10	0.22
2008	0.20	−0.22	0.22
2009	0.12	−0.26	−0.06
2010	0.06	−0.27	0.08
2011	0.01	−0.30	0.05

根据上述区县的得分，可以得到三个区域各自的和三峡库区总体平均得分，以及三个区域各自的和三峡库区总体标准差，如图3.1、图3.2 所示。

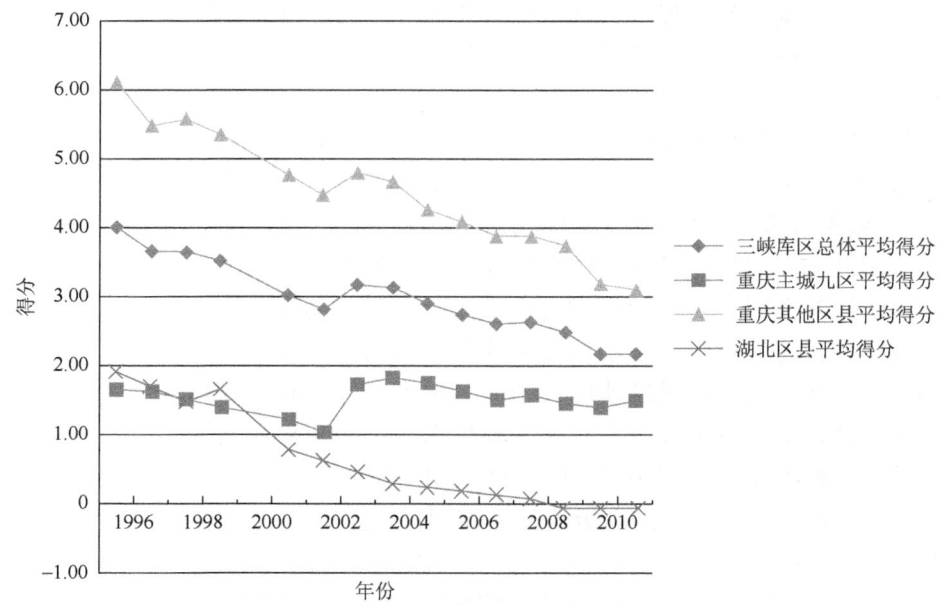

图 3.1　三峡库区学校数量规模水平的分区域显示

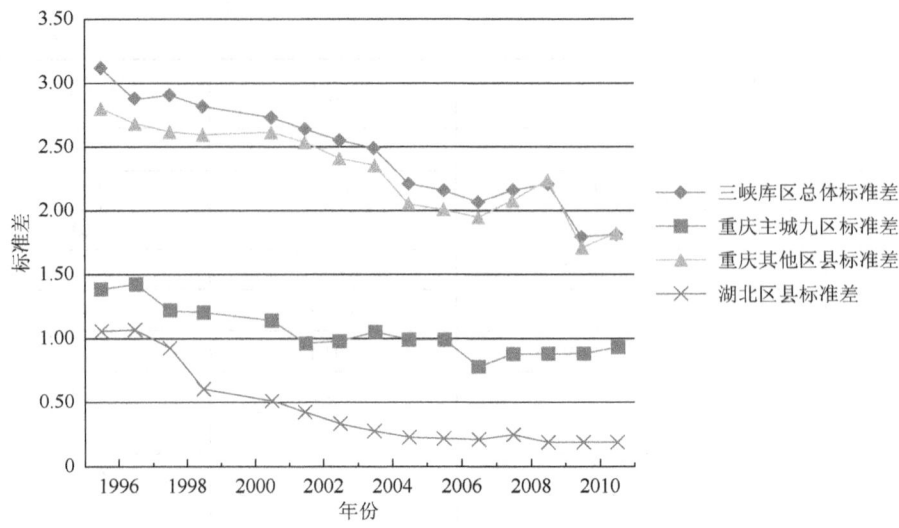

图 3.2　三峡库区学校数量分区域内均等化相对进程

图 3.1 反映的是 1996～2011 年三峡库区和分区域学校数量规模水平变化趋势。可以发现，全库区和分区域的学校数量规模水平得分呈递减趋势，其中，重庆其他区县的学校数量规模水平整体高于三峡库区的平均水平，且与库区有高度正相关的变化趋势，重庆主城九区总体得分略低于全库区的平均得分，其与全库区平均水平基本保持一致；湖北三个区县的学校数量规模与三峡库区总体得分的差距较大，逐年的递减速度较快，且在 2009～2011 年其得分值变为负数。

具体来说，1996～2011 年，全库区的学校数量水平从 4.01 降至 2.05，减小幅度为 48.88%；重庆市主城九区的学校数量水平从 1.66 减至 1.50，减小幅度为 9.64%；重庆市其他区县的学校数量水平从 6.12 减至 3.11，减小幅度为 49.18%；1996～2011 年，湖北省三个区县的学校数量水平从 1.90 减至−0.08，减小幅度为 104.2%。不难发现，关于学校数量水平指标，重庆其他区县高于全库区平均水平，且其递减速度也与库区平均递减速度基本保持一致；重庆主城九区与库区平均水平大体一致，其递减速度慢于库区平均速度，且平均得分变化较小；湖北三区县总体水平得分较低，与库区整体水平差距明显，其递减速度也较快。也就是说，重庆市的 22 个区县对学校数量水平的"存量"贡献最大。所以，三峡库区的学校数量均等化的等级次序由高到低为重庆其他区县、重庆主城九区、湖北省相关区县。

图 3.2 表示的是以标准差形式反映的三峡库区和分区域学校数量均等化进程，可以明显看出，三峡库区整体和三个区域内部的学校数量差异呈现不同程度的递减趋势。1996 年，三峡库区、重庆主城九区、重庆其他区县、湖北区县内部的学

校数量水平平均标准差分别为 3.11、1.39、2.80、1.05；到 2011 年，三峡库区、重庆主城九区和其他区县及湖北县的学校数量标准差分别为 1.80、0.94、1.83、0.19，离散程度都在降低，而且库区整体标准差和重庆其他区县的标准差递减趋势大致吻合，说明重庆其他区县的学校数量水平内部差异对全库区内部差异的"绝对"贡献较大；重庆主城九区的学校数量内部差异基本保持不变，具有时间序列的稳定性。湖北三个区县和库区整体标准差的差距最大，说明湖北三个区县的学校数量水平内部差异对全库区内部差异的"绝对"贡献最小。总体来看，三峡库区各区的标准差是整体都呈现出下降趋势，且各区之间的差异也在缩小，各区之间的学校数量均等化差异在逐步地改善。

3.3.2 小学学校数量指标分析

小学学校数量这一指标是学校数量指标的内在分解分析，是从地区小学学校总数规模的角度来衡量区县的社会教育发展水平的。由于三峡库区内湖北省巴东县统计数据缺失，针对目前数据可得的其他 25 个区县进行区域划分，将渝中区、大渡口区、江北区等重庆主城九区划为第一个区域，重庆市的其他 22 个区县划为第二个区域，湖北省的夷陵区、兴山县和秭归县划为第三个区域，以下划分类似。

根据重庆市和湖北省的历年统计年鉴，三峡库区小学学校数量指标的原始统计数据，如表 3.8～表 3.10 所示。

表 3.8 三峡库区小学学校数量统计（重庆主城九区）　　（单位：所）

地区 年份	渝中区	大渡口区	江北区	沙坪坝区	九龙坡区	南岸区	北碚区	渝北区	巴南区
1996	—	—	—	—	—	—	—	—	—
1997	29	83	111	131	79	169	371	391	680
1998	29	83	111	131	79	169	371	293	680
1999	29	83	98	122	75	161	356	286	653
2000	28	82	93	121	66	155	350	264	623
2001	25	71	57	118	74	141	328	230	532
2002	24	71	57	107	71	127	287	182	527
2003	23	69	59	60	67	109	258	121	510
2004	30	62	82	100	61	109	263	114	488
2005	30	67	81	79	57	102	259	102	458
2006	23	60	67	65	48	84	256	95	492

续表

年份\地区	渝中区	大渡口区	江北区	沙坪坝区	九龙坡区	南岸区	北碚区	渝北区	巴南区
2007	22	61	66	62	47	72	158	120	473
2008	21	59	62	53	47	64	157	60	495
2009	21	55	61	51	42	63	151	59	548
2010	21	41	54	49	35	60	118	61	211
2011	20	41	54	50	35	58	103	60	178
2012	20	37	55	43	36	59	93	53	168

资料来源：《重庆统计年鉴1997～2013》

表3.9 三峡库区小学学校数量统计（重庆其他区县） （单位：所）

年份\地区	巫山县	巫溪县	奉节县	云阳县	万州区	开县	忠县	石柱县	丰都县	涪陵区	武隆县	长寿区	江津区
1996	—	—	—	—	—	—	—	—	—	—	—	—	—
1997	488	530	810	731	850	944	720	337	281	379	100	293	54
1998	488	530	810	731	850	944	720	337	281	379	100	391	54
1999	415	529	772	731	804	926	694	277	281	383	124	378	49
2000	449	524	739	697	818	924	692	355	203	373	123	352	47
2001	368	453	739	707	698	937	605	171	247	338	130	282	48
2002	357	451	654	605	661	936	600	180	219	312	130	218	43
2003	351	417	605	456	625	865	592	204	209	277	131	189	40
2004	339	374	561	449	526	826	566	243	197	231	128	173	39
2005	313	337	496	401	450	740	518	272	175	193	126	156	39
2006	300	303	447	383	333	682	516	263	188	161	126	146	39
2007	282	273	426	515	287	629	437	250	175	151	110	123	39
2008	269	254	384	569	246	565	421	248	179	139	100	103	38
2009	274	233	346	607	244	506	403	211	168	117	97	88	38
2010	240	218	310	395	186	438	226	181	164	108	84	74	34
2011	237	218	302	338	185	447	224	181	143	107	84	36	31
2012	239	218	273	266	158	375	226	168	139	107	80	35	32

资料来源：《重庆统计年鉴1997～2013》

表3.10 三峡库区小学学校数量统计（湖北省各区县）（单位：所）

年份\地区	夷陵区	兴山县	秭归县
1996	152	149	328
1997	141	129	314
1998	117	119	281

续表

年份 \ 地区	夷陵区	兴山县	秭归县
1999	113	206	249
2000	109	82	217
2001	89	64	159
2002	87	55	135
2003	77	43	97
2004	69	36	76
2005	62	36	64
2006	57	33	62
2007	57	26	57
2008	48	19	57
2009	42	15	29
2010	37	14	43
2011	32	14	40
2012	—	—	—

资料来源:《湖北统计年鉴 1997~2013》

由于 1996 年统计数据不完整,在小学学校数量评价指标分析以 1997 年为基年进行分析;且该指标与基本公共服务水平呈正向关系,按照第一个公式计算,计算得分结果如表 3.11~表 3.13 所示。

表 3.11 三峡库区小学学校数量指标得分统计(重庆主城九区)

年份 \ 地区	渝中区	大渡口区	江北区	沙坪坝区	九龙坡区	南岸区	北碚区	渝北区	巴南区
1996	—								
1997	0	0.59	0.90	1.11	0.55	1.53	3.74	3.96	7.11
1998	0	0.59	0.90	1.11	0.55	1.53	3.74	2.89	7.11
1999	0	0.59	0.75	1.02	0.50	1.44	3.57	2.81	6.82
2000	−0.01	0.58	0.70	1.01	0.40	1.38	3.51	2.57	6.49
2001	−0.04	0.46	0.31	0.97	0.49	1.22	3.27	2.20	5.50
2002	−0.05	0.46	0.31	0.85	0.46	1.07	2.82	1.67	5.44
2003	−0.07	0.44	0.33	0.34	0.42	0.87	2.50	1.01	5.26
2004	0.01	0.36	0.58	0.78	0.35	0.87	2.56	0.93	5.02
2005	0.01	0.42	0.57	0.55	0.31	0.80	2.51	0.80	4.69

续表

地区 年份	渝中区	大渡口区	江北区	沙坪坝区	九龙坡区	南岸区	北碚区	渝北区	巴南区
2006	−0.07	0.34	0.42	0.39	0.21	0.60	2.48	0.72	5.06
2007	−0.08	0.35	0.40	0.36	0.20	0.47	1.41	0.99	4.85
2008	−0.09	0.33	0.36	0.26	0.20	0.38	1.40	0.34	5.09
2009	−0.09	0.28	0.35	0.24	0.14	0.37	1.33	0.33	5.67
2010	−0.09	0.13	0.27	0.22	0.07	0.34	0.97	0.35	1.99
2011	−0.10	0.13	0.27	0.23	0.07	0.32	0.81	0.34	1.63
2012	−0.10	0.09	0.28	0.15	0.08	0.33	0.70	0.26	1.52

表 3.12 三峡库区小学学校数量指标得分统计（重庆其他区县）

地区 年份	巫山县	巫溪县	奉节县	云阳县	万州区	开县	忠县	石柱县	丰都县	涪陵区	武隆县	长寿区	江津区
1996	—												
1997	5.02	5.48	8.54	7.67	8.97	10.00	7.55	3.37	2.75	3.83	0.78	2.89	0.27
1998	5.02	5.48	8.54	7.67	8.97	10.00	7.55	3.37	2.75	3.83	0.78	3.96	0.27
1999	4.22	5.46	8.12	7.67	8.47	9.80	7.27	2.71	2.75	3.87	1.04	3.81	0.22
2000	4.59	5.41	7.76	7.30	8.62	9.78	7.25	3.56	1.90	3.76	1.03	3.53	0.20
2001	3.70	4.63	7.76	7.41	7.31	9.92	6.30	1.55	2.38	3.38	1.10	2.77	0.21
2002	3.58	4.61	6.83	6.30	6.91	9.91	6.24	1.65	2.08	3.09	1.10	2.07	0.15
2003	3.52	4.24	6.30	4.67	6.51	9.14	6.15	1.91	1.97	2.71	1.11	1.75	0.12
2004	3.39	3.77	5.81	4.59	5.43	8.71	5.87	2.34	1.84	2.21	1.08	1.57	0.11
2005	3.10	3.37	5.10	4.07	4.60	7.77	5.34	2.66	1.60	1.79	1.06	1.39	0.11
2006	2.96	2.99	4.57	3.87	3.32	7.14	5.32	2.56	1.74	1.44	1.06	1.28	0.11
2007	2.77	2.67	4.34	5.31	2.82	6.56	4.46	2.42	1.60	1.33	0.89	1.03	0.11
2008	2.62	2.46	3.88	5.90	2.37	5.86	4.28	2.39	1.64	1.20	0.78	0.81	0.10
2009	2.68	2.23	3.46	6.32	2.35	5.21	4.09	1.99	1.52	0.96	0.74	0.64	0.10
2010	2.31	2.07	3.07	4.00	1.72	4.47	2.15	1.66	1.48	0.86	0.60	0.49	0.05
2011	2.27	2.07	2.98	3.38	1.70	4.57	2.13	1.66	1.25	0.85	0.60	0.08	0.02
2012	2.30	2.07	2.67	2.59	1.41	3.78	2.15	1.52	1.20	0.85	0.56	0.07	0.03

表 3.13 三峡库区小学学校数量指标得分统计（湖北省各区县）

地区 年份	夷陵区	兴山县	秭归县
1996	1.34	1.31	3.27
1997	1.22	1.09	3.11
1998	0.96	0.98	2.75

续表

年份 地区	夷陵区	兴山县	秭归县
1999	0.92	1.93	2.40
2000	0.87	0.58	2.05
2001	0.66	0.38	1.42
2002	0.63	0.28	1.16
2003	0.52	0.15	0.74
2004	0.44	0.08	0.51
2005	0.36	0.08	0.38
2006	0.31	0.04	0.36
2007	0.31	−0.03	0.31
2008	0.21	−0.11	0.31
2009	0.14	−0.15	0
2010	0.09	−0.16	0.15
2011	0.03	−0.16	0.12
2012	—	—	—

根据上述区县的得分，得到三个区域各自的和库区总体平均得分，以及三个区域各自的和库区总体标准差，如图3.3、图3.4所示。

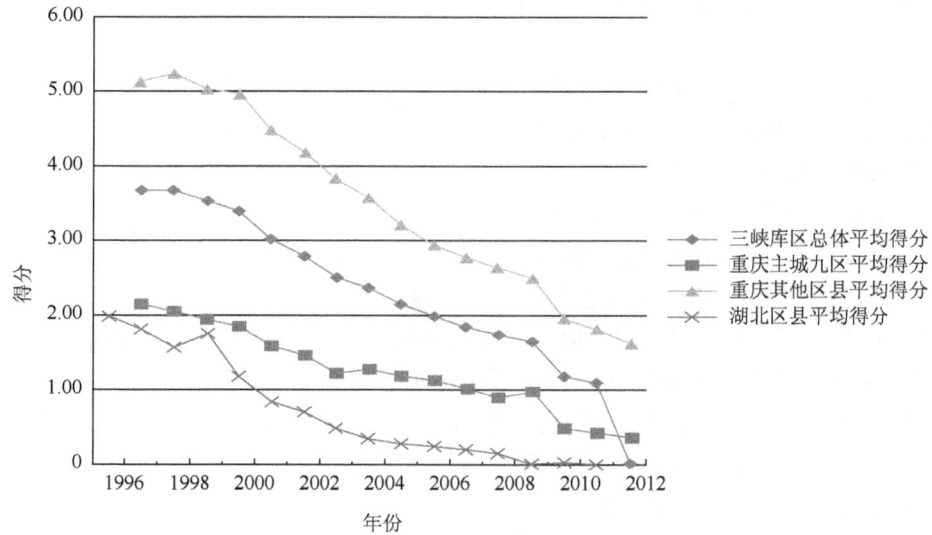

图 3.3　三峡库区小学学校数量规模水平的分区域显示

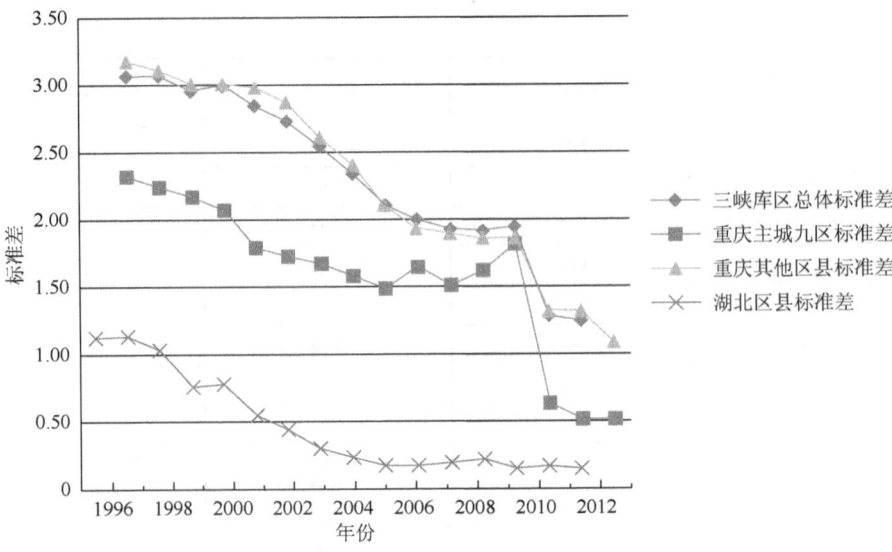

图 3.4 三峡库区小学学校数量分区域内均等化相对进程

图 3.3 反映的是 1996~2012 年三峡库区和分区域小学学校数量平均得分变化趋势。可以发现，三峡库区和分区域的小学学校数量规模水平得分呈递减趋势，其中重庆其他区县的小学学校数量规模水平整体高于库区的平均水平，且与库区有高度正相关的变化趋势，而重庆主城九区总体得分略低于三峡库区的平均得分，其与全库区平均水平基本保持一致；湖北三个区县的小学学校数量规模与库区总体得分的差距较大，逐年的递减速度较快，且在 2008 年以后得分值基本为零。

具体来说，1997~2011 年三峡库区小学学校数量水平从 3.68 降至 1.09，减小幅度为 70.38%；1997~2012 年重庆市主城九区的小学学校数量水平从 2.17 减至 0.37，减小幅度为 82.95%；1997~2012 年重庆市其他区县的小学学校数量水平从 5.16 减至 1.63，减小幅度为 68.41%。1996~2011 年，湖北省三个区县的小学学校数量水平从 1.97 减至 0，减小幅度为 100%。不难发现，重庆其他区县平均得分高于三峡库区平均水平，且其递减速度也与库区平均递减速度基本保持一致；重庆主城九区平均得分低于库区平均水平，但是其年均递减速度高于库区整体年均递减速度；湖北三区县总体水平得分较低，与库区整体水平差距明显，其递减速度在分区域中是最快的。也就是说，重庆市的 22 个区县对小学学校数量水平的"存量"贡献最大。所以，三峡库区的小学学校数量均等化的等级次序由高到低为重庆其他区县、重庆主城九区、湖北的相关区县。

图 3.4 表示的是以标准差形式反映的三峡库区和分区域小学学校数量均等化进程，可以明显看出，三峡库区整体和三个区域内部的小学学校数量差异呈

现不同程度的递减趋势。具体来说，1997年，三峡库区、重庆主城九区、重庆其他区县、湖北区县内部的小学学校数量水平平均标准差分别为3.07，2.32，3.17，1.13。2011年，三峡库区、重庆主城九区和其他区县及湖北区县的小学学校数量标准差分别为1.25，0.52，1.32，0.15。通过分析可知，三峡库区整体标准差和重庆其他区县的标准差递减趋势数值高度吻合，说明重庆其他区县的学校数量水平内部差异不但对全库区内部差异的"绝对"贡献较大，同时对全库区内部差异的"相对"贡献也较大。重庆主城九区的小学学校数量内部差异也在逐渐递减，其变化趋势和库区总体变化趋势大致吻合但离散程度较小，这表明主城九区对整个库区学校均等化的"绝对"贡献程度较重庆其他区县小。湖北三个区县小学学校数量标准差和三峡库区小学学校数量整体标准差的差距最大，说明湖北三个区县的小学学校数量水平内部差异对全库区内部差异的"绝对"贡献最小。总体来说，库区各区的标准差是整体都呈现出下降趋势，且各区之间的差异也在缩小，各区之间的小学学校数量均等化差异在逐步地改善。

3.3.3　中学学校数量指标分析

中学学校数量指标是学校数量指标的内在分解分析，是从地区中学学校总数的规模的角度来衡量社会教育发展水平。由于三峡库区内湖北省巴东县统计数据缺失，本书针对目前数据可得的其他25个区县进行区域划分，将渝中区、大渡口区、江北区等重庆主城九区划为第一个区域，重庆市的其他22个区县划为第二个区域，湖北省的夷陵区、兴山县和秭归县划为第三个区域，以下划分类似。

根据重庆市和湖北省的历年统计年鉴，三峡库区中学学校数量的原始统计数据如表3.14～表3.16所示。

表3.14　三峡库区中学学校数量统计（重庆主城九区）　（单位：所）

地区 年份	渝中区	大渡口区	江北区	沙坪坝区	九龙坡区	南岸区	北碚区	渝北区	巴南区
1996	—	—	—	—	—	—	—	—	—
1997	11	29	44	50	27	40	50	62	92
1998	11	29	44	50	27	40	50	63	92
1999	11	29	45	50	27	37	51	65	85
2000	11	29	41	39	26	36	63	66	85

续表

地区 年份	渝中区	大渡口区	江北区	沙坪坝区	九龙坡区	南岸区	北碚区	渝北区	巴南区
2001	11	30	37	47	26	35	64	63	81
2002	11	25	37	36	26	33	57	60	73
2003	10	23	37	36	25	30	59	57	68
2004	9	18	38	36	25	29	57	56	65
2005	7	19	41	35	23	25	52	55	68
2006	6	18	39	35	23	25	52	54	56
2007	6	17	35	35	24	22	49	49	56
2008	6	19	35	36	24	23	52	49	55
2009	6	20	33	34	23	23	50	48	55
2010	6	20	34	34	23	22	46	43	54
2011	7	18	33	34	23	22	47	39	49
2012	7	18	32	33	23	22	42	38	50

资料来源:《重庆统计年鉴 1997~2013》

表 3.15 三峡库区中学学校数量统计(重庆其他区县) (单位:所)

地区 年份	巫山县	巫溪县	奉节县	云阳县	万州区	开县	忠县	石柱县	丰都县	涪陵区	武隆县	长寿区	江津区
1996	—	—	—	—	—	—	—	—	—	—	—	—	—
1997	20	16	29	51	76	45	34	21	44	48	15	63	29
1998	20	16	29	51	76	45	34	21	44	48	15	62	29
1999	21	16	27	51	76	52	37	21	47	52	14	60	32
2000	20	21	35	39	103	58	37	21	48	55	14	59	31
2001	20	21	35	39	90	59	37	21	53	56	16	52	26
2002	19	19	29	49	91	61	33	23	49	65	14	45	24
2003	18	19	29	54	87	66	33	24	56	63	14	42	21
2004	18	19	30	55	84	66	33	20	56	63	14	38	19
2005	17	20	30	58	71	60	31	23	53	61	14	32	19
2006	17	20	30	64	68	57	31	21	55	60	14	30	19
2007	19	19	37	62	66	64	30	22	54	61	14	27	19
2008	19	19	37	60	63	63	30	20	46	59	14	27	16
2009	20	19	36	59	61	61	30	20	42	58	12	28	16
2010	20	19	34	56	60	59	30	21	45	57	12	28	15
2011	20	19	34	55	60	60	30	21	42	55	12	28	14
2012	20	19	34	55	59	59	30	21	42	55	12	29	14

资料来源:《重庆统计年鉴 1997~2013》

表 3.16　三峡库区中学学校数量统计（湖北省各区县）　（单位：所）

年份 \ 地区	夷陵区	兴山县	秭归县
1996	42	16	31
1997	40	15	29
1998	41	15	24
1999	39	15	22
2000	39	15	22
2001	36	15	22
2002	31	14	18
2003	36	14	19
2004	31	13	18
2005	28	11	18
2006	26	11	18
2007	25	15	16
2008	23	10	16
2009	21	10	16
2010	20	10	16
2011	20	7	16
2012	—	—	—

资料来源：《湖北统计年鉴 1997~2013》

由于 1996 年数据缺失，故以 1997 年为基年进行分析；该指标与基本公共服务水平呈正向关系，计算得分时，按照第一个公式计算，结果如表 3.17~表 3.19 所示。

表 3.17　三峡库区中学学校数量指标得分统计（重庆主城九区）

年份 \ 地区	渝中区	大渡口区	江北区	沙坪坝区	九龙坡区	南岸区	北碚区	渝北区	巴南区
1996	—	—	—	—	—	—	—	—	—
1997	0	2.22	4.07	4.81	1.98	3.58	4.81	6.30	10.00
1998	0	2.22	4.07	4.81	1.98	3.58	4.81	6.42	10.00
1999	0	2.22	4.20	4.81	1.98	3.21	4.94	6.67	9.14
2000	0	2.22	3.70	3.46	1.85	3.09	6.42	6.79	9.14
2001	0	2.35	3.21	4.44	1.85	2.96	6.54	6.42	8.64
2002	0	1.73	3.21	3.09	1.85	2.72	5.68	6.05	7.65
2003	−0.12	1.48	3.21	3.09	1.73	2.35	5.93	5.68	7.04

续表

地区 年份	渝中区	大渡口区	江北区	沙坪坝区	九龙坡区	南岸区	北碚区	渝北区	巴南区
2004	−0.25	0.86	3.33	3.09	1.73	2.22	5.68	5.56	6.67
2005	−0.49	0.99	3.70	2.96	1.48	1.73	5.06	5.43	7.04
2006	−0.62	0.86	3.46	2.96	1.48	1.73	5.06	5.31	5.56
2007	−0.62	0.74	2.96	2.96	1.60	1.36	4.69	4.69	5.56
2008	−0.62	0.99	2.96	3.09	1.60	1.48	5.06	4.69	5.43
2009	−0.62	1.11	2.72	2.84	1.48	1.48	4.81	4.57	5.43
2010	−0.62	1.11	2.84	2.84	1.48	1.36	4.32	3.95	5.31
2011	−0.49	0.86	2.72	2.84	1.48	1.36	4.44	3.46	4.69
2012	−0.49	0.86	2.59	2.72	1.48	1.36	3.83	3.33	4.81

表 3.18　三峡库区中学学校数量指标得分统计（重庆其他区县）

地区 年份	巫山县	巫溪县	奉节县	云阳县	万州区	开县	忠县	石柱县	丰都县	涪陵区	武隆县	长寿区	江津区
1996	—	—	—	—	—	—	—	—	—	—	—	—	—
1997	1.11	0.62	2.22	4.94	8.02	4.20	2.84	1.23	4.07	4.57	0.49	6.42	2.22
1998	1.11	0.62	2.22	4.94	8.02	4.20	2.84	1.23	4.07	4.57	0.49	6.30	2.22
1999	1.23	0.62	1.98	4.94	8.02	5.06	3.21	1.23	4.44	5.06	0.37	6.05	2.59
2000	1.11	1.23	2.96	3.46	11.36	5.80	3.21	1.23	4.57	5.43	0.37	5.93	2.47
2001	1.11	1.23	2.96	3.46	9.75	5.93	3.21	1.23	5.19	5.56	0.62	5.06	1.85
2002	0.99	0.99	2.22	4.69	9.88	6.17	2.72	1.48	4.69	6.67	0.37	4.20	1.60
2003	0.86	0.99	2.22	5.31	9.38	6.79	2.72	1.60	5.56	6.42	0.37	3.83	1.23
2004	0.86	0.99	2.35	5.43	9.01	6.79	2.72	1.11	5.56	6.42	0.37	3.33	0.99
2005	0.74	1.11	2.35	5.80	7.41	6.05	2.47	1.48	5.19	6.17	0.37	2.59	0.99
2006	0.74	1.11	2.35	6.54	7.04	5.68	2.47	1.23	5.43	6.05	0.37	2.35	0.99
2007	0.99	0.99	3.21	6.30	6.79	6.54	2.35	1.36	5.31	6.17	0.37	1.98	0.99
2008	0.99	0.99	3.21	6.05	6.42	6.42	2.35	1.11	4.32	5.93	0.37	1.98	0.62
2009	1.11	0.99	3.09	5.93	6.17	6.17	2.35	1.11	3.83	5.80	0.12	2.10	0.62
2010	1.11	0.99	2.84	5.56	6.05	5.93	2.35	1.23	4.20	5.68	0.12	2.10	0.49
2011	1.11	0.99	2.84	5.43	6.05	6.05	2.35	1.23	3.83	5.43	0.12	2.10	0.37
2012	1.11	0.99	2.84	5.43	5.93	5.93	2.35	1.23	3.83	5.43	0.12	2.22	0.37

表 3.19　三峡库区中学学校数量指标得分统计（湖北省各区县）

年份 \ 地区	夷陵区	兴山县	秭归县
1996	3.83	0.62	2.47
1997	3.58	0.49	2.22
1998	3.70	0.49	1.60
1999	3.46	0.49	1.36
2000	3.46	0.49	1.36
2001	3.09	0.49	1.36
2002	2.47	0.37	0.86
2003	3.09	0.37	0.99
2004	2.47	0.25	0.86
2005	2.10	0	0.86
2006	1.85	0	0.86
2007	1.73	0.49	0.62
2008	1.48	−0.12	0.62
2009	1.23	−0.12	0.62
2010	1.11	−0.12	0.62
2011	1.11	−0.49	0.62
2012	—	—	—

根据上述区县的得分，得到三个区域各自的和三峡库区总体平均得分，以及三个区域各自的和库区总体标准差，如图3.5、图3.6所示。

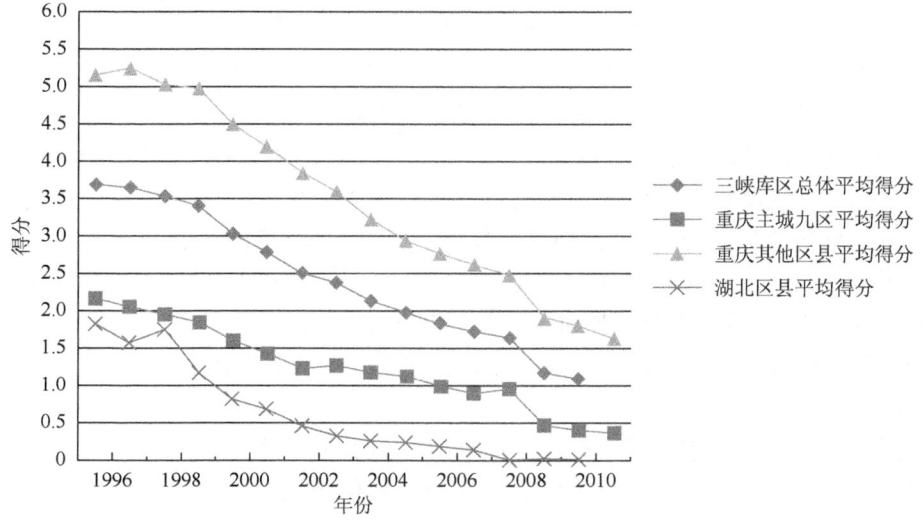

图 3.5　三峡库区中学学校数量规模水平的分区域显示

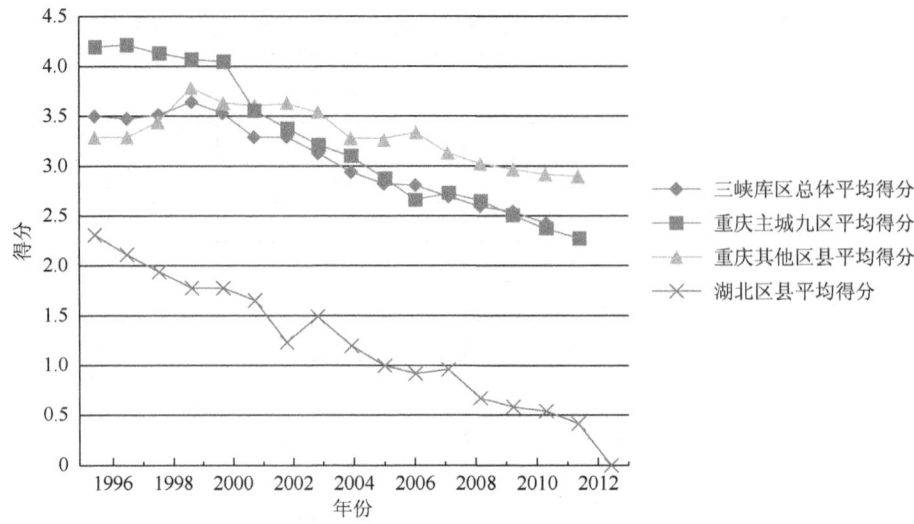

图 3.6 三峡库区中学学校数量分区域内均等化相对进程

图 3.5 反映的是 1996～2012 年全库区和分区域中学学校数量规模水平变化趋势。可以发现，全库区和分区域的中学学校数量平均得分呈递减的趋势。其中，重庆其他区县的中学学校数量平均水平整体高于库区的平均水平，且与库区有高度正相关的变化趋势；而重庆主城九区的总体得分略低于全库区的平均得分；湖北三个区县的中学学校数量规模与库区总体得分的差距较大，逐年递减速度也较快，在 2008 年以后得分值基本为零。

具体来说，1997～2011 年，三峡库区的中学学校数量水平从 3.68 降至为 1.09，减小幅度为 70.38%；1997～2012 年，重庆市主城九区的中学学校数量水平从 2.17 减至 0.37，减小幅度为 82.95%；1997～2012 年，重庆市 13 区县的中学学校数量水平从 5.16 减至 1.63，减小幅度为 68.41%；1997～2011 年，湖北省三个区县的中学学校数量水平从 1.81 减至 0，减小幅度为 100%。

不难发现，关于中学学校数量水平指标，重庆其他区县高于全库区平均水平，且其平均递减速度也与库区平均递减速度相差不大；重庆主城九区整体平均得分低于库区平均得分，但其平均递减速度略高于库区平均递减速度；湖北三区县总体水平得分较低，与库区整体水平差距明显，其递减速度是三个区域中最大的。也就是说，重庆市的 22 个区县对中学学校数量水平的"存量"贡献最大，三峡库区的中学学校数量均等化的等级次序由高到低为：重庆其他区县、重庆主城九区、湖北的相关区县。

图 3.6 是以标准差形式反映的三峡库区和分区域中学学校数量均等化进程，可以看出，1997～2000 年三峡库区整体和重庆其他个区县的差异程度呈现递增趋势，2000 年之后呈现递减趋势；主城九区整体离散程度在递减，只在 2002～2003

年离散程度增大；湖北区县中学学校数量差异整体呈递减趋势，在 2001～2002 年差异迅速降低，2002 年出现了一个明显的低点，2002～2003 年又迅速上升，2003 年之后整体呈现递减趋势。具体来说，在 1997 年，三峡库区、重庆主城九区、重庆其他区县、湖北区县内部的中学学校数量水平平均标准差分别为 3.48、4.20、3.30、2.10，到 2011 年，三峡库区、重庆主城九区和其他区县及湖北区县的学校数量标准差分别为 2.42、2.37、2.92、0.41，离散程度都在降低。1997～1999 年重庆其他区县的中学数量水平差异略低于整个库区中学数量的水平差异，2000 年之后重庆其他区县的中学数量水平差异开始高于整个库区中学数量的水平差异，且两者之间的差异在不断增大；1997～2002 年重庆主城九区的中学学校数量内部差异变化整体高于整个库区中学数量的内部差异，2003～2011 年主城九区和整个库区中学数量的内部差异呈现高度吻合的趋势，说明主城九区的中学学校数量的内部差异对三峡库区中学学校数量的内部差异的"绝对"贡献较大，"相对"贡献也较大；湖北省三个区县的中学学校数量水平内部差异与三峡库区内部差异之间的差距是最大的，说明湖北三个区县的中学学校数量水平内部差异对三峡库区内部差异的"绝对"贡献却是最小的。总体上说，三峡库区各区的标准差整体都呈现出下降趋势，各区之间的差异也在逐步缩小。

3.3.4　在校学生数量指标分析

在校学生数量指标是考量一个学校教学规模的基本指标，也是影响教育资源质量的关键因素，是从地区受教育的人数的角度来衡量区县的社会教育发展水平的。由于三峡库区内湖北省巴东县统计数据缺失，针对目前数据可得的其他 25 个区县进行区域划分，将渝中区、大渡口区、江北区等重庆主城九区划为第一个区域，重庆市的其他 22 个区县划为第二个区域，湖北省的夷陵区、兴山县和秭归县划为第三个区域，以下划分类似。

根据重庆市和湖北省的历年统计年鉴，三峡库区在校学生数量的原始统计数据如表 3.20～表 3.22 所示。

表 3.20　三峡库区在校学生数量统计（重庆主城九区）　（单位：人）

年份\地区	渝中区	大渡口区	江北区	沙坪坝区	九龙坡区	南岸区	北碚区	渝北区	巴南区
1996	29 394	60 318	122 986	96 119	69 220	97 501	93 126	107 320	169 246
1997	42 482	63 482	129 680	105 047	70 755	96 932	100 507	103 764	172 763
1998	42 482	63 482	129 680	105 047	70 755	96 932	100 507	110 226	172 763

续表

年份\地区	渝中区	大渡口区	江北区	沙坪坝区	九龙坡区	南岸区	北碚区	渝北区	巴南区
1999	42 500	59 139	134 677	105 274	69 091	97 761	103 402	113 219	180 040
2000	—								
2001	30 013	57 072	154 922	121 836	88 130	107 312	104 379	159 684	173 127
2002	33 789	71 283	168 873	128 322	96 805	110 257	105 130	111 036	171 805
2003	39 225	70 377	193 170	154 068	123 526	118 517	127 646	121 660	205 241
2004	39 019	71 050	199 640	158 051	130 072	125 109	136 864	123 984	208 994
2005	38 921	71 619	210 235	167 229	139 222	143 995	139 257	120 036	211 724
2006	39 941	76 244	211 171	184 486	146 100	145 706	151 077	121 370	205 026
2007	42 183	78 893	251 331	159 365	150 487	138 595	151 287	143 927	205 676
2008	46 596	90 414	284 213	173 518	161 900	139 041	161 095	148 064	214 683
2009	47 603	96 899	302 645	183 422	174 500	136 360	160 149	138 149	202 277
2010	46 945	98 947	318 767	171 295	177 767	132 444	174 173	139 059	207 086
2011	47 682	100 612	331 805	178 397	189 154	131 790	186 212	141 320	218 502
2012	—	—	—	—	—	—	—	—	—

资料来源：《重庆统计年鉴1997～2013》

表3.21 三峡库区在校学生数量统计（重庆其他区县） （单位：人）

年份\地区	巫山县	巫溪县	奉节县	云阳县	万州区	开县	忠县	石柱县	丰都县	涪陵区	武隆县	长寿区	江津区
1996	73 077	59 626	123 695	155 305	198 292	179 593	123 513	55 836	86 783	125 708	42 741	102 309	87 677
1997	80 037	65 925	142 963	156 524	215 895	229 836	127 078	58 835	95 117	143 453	47 249	110 226	87 020
1998	80 037	65 925	142 963	156 524	215 895	229 836	127 078	58 835	95 117	143 453	47 249	103 764	87 020
1999	82 416	69 186	151 839	166 460	226 091	235 844	130 926	65 637	94 849	151 665	47 411	107 687	75 478
2000	—	—	—	—	—	—	—	—	—	—	—	—	—
2001	88 463	77 706	173 150	186 470	274 538	267 295	135 514	75 258	98 770	164 191	50 831	112 550	79 624
2002	93 491	82 559	177 445	202 289	249 869	276 061	137 380	83 864	102 867	171 231	54 086	113 146	94 515
2003	105 024	90 869	201 117	247 995	291 698	307 870	154 756	95 137	119 074	194 034	64 934	127 084	109 279
2004	106 163	89 199	206 144	244 431	302 471	301 982	150 927	97 183	120 393	189 698	64 960	123 064	117 779
2005	104 850	88 825	203 443	238 375	300 090	297 898	147 382	95 262	119 093	188 911	62 816	120 813	124 385
2006	110 247	86 442	201 073	240 731	312 914	296 881	138 263	95 000	126 537	183 360	63 904	121 515	131 560
2007	108 836	86 009	201 235	238 507	319 947	271 753	133 449	97 784	126 636	186 640	63 552	118 460	134 466
2008	112 155	84 722	194 397	220 226	339 301	281 576	132 988	100 341	131 004	190 808	64 110	117 988	119 428

续表

年份\地区	巫山县	巫溪县	奉节县	云阳县	万州区	开县	忠县	石柱县	丰都县	涪陵区	武隆县	长寿区	江津区
2009	110 161	78 572	181 319	215 213	324 739	265 074	131 818	97 015	128 964	194 405	64 503	115 698	116 004
2010	108 111	73 999	176 752	217 416	305 088	274 526	132 381	97 172	132 515	191 151	64 925	112 909	109 781
2011	108 229	74 655	170 404	207 980	301 565	269 579	135 311	93 712	132 651	196 210	64 649	111 409	109 227
2012	—	—	—	—	—	—	—	—	—	—	—	—	—

资料来源：《重庆统计年鉴 1997～2013》

表 3.22　三峡库区在校学生数量统计（湖北省各区县）　（单位：人）

年份\地区	夷陵区	兴山县	秭归县
1996	89 889	34 275	67 767
1997	89 804	34 167	69 187
1998	64 175	23 033	68 034
1999	84 325	31 134	66 512
2000	89 059	30 195	65 239
2001	80 353	27 629	62 897
2002	77 688	25 506	57 453
2003	38 087	23 646	51 314
2004	67 472	21 462	44 848
2005	61 557	18 881	40 049
2006	57 208	16 334	36 362
2007	53 202	14 905	32 115
2008	49 302	14 859	32 115
2009	46 578	13 305	30 285
2010	43 846	12 779	28 831
2011	41 081	12 112	27 613
2012	—	—	—

资料来源：《湖北统计年鉴 1997～2013》

关于在校学生数量指标，以 1996 年为基年进行分析，由表 3.20～表 3.22 数据可知，该指标与基本公共服务水平呈正向关系，在计算得分时，按照第一个公式，结果如表 3.23～表 3.25 所示。

表 3.23　三峡库区在校学生数量指标得分统计（重庆主城九区）

地区 年份	渝中区	大渡口区	江北区	沙坪坝区	九龙坡区	南岸区	北碚区	渝北区	巴南区
1996	0	1.83	5.54	3.95	2.36	4.03	3.77	4.61	8.28
1997	0.77	2.02	5.94	4.48	2.45	4.00	4.21	4.40	8.49
1998	0.77	2.02	5.94	4.48	2.45	4.00	4.21	4.79	8.49
1999	0.78	1.76	6.23	4.49	2.35	4.05	4.38	4.96	8.92
2000	—	—	—	—	—	—	—	—	—
2001	0.04	1.64	7.43	5.47	3.48	4.61	4.44	7.71	8.51
2002	0.26	2.48	8.26	5.86	3.99	4.79	4.48	4.83	8.43
2003	0.58	2.43	9.70	7.38	5.57	5.28	5.82	5.46	10.41
2004	0.57	2.47	10.08	7.62	5.96	5.67	6.36	5.60	10.63
2005	0.56	2.50	10.71	8.16	6.50	6.79	6.50	5.37	10.80
2006	0.62	2.77	10.76	9.18	6.91	6.89	7.20	5.45	10.40
2007	0.76	2.93	13.14	7.70	7.17	6.47	7.22	6.78	10.44
2008	1.02	3.61	15.09	8.53	7.85	6.49	7.80	7.03	10.97
2009	1.08	4.00	16.18	9.12	8.59	6.33	7.74	6.44	10.24
2010	1.04	4.12	17.13	8.40	8.78	6.10	8.57	6.49	10.52
2011	1.08	4.22	17.90	8.82	9.46	6.06	9.28	6.63	11.20
2012	—	—	—	—	—	—	—	—	—

表 3.24　三峡库区在校学生数量指标得分统计（重庆其他区县）

地区 年份	巫山县	巫溪县	奉节县	云阳县	万州区	开县	忠县	石柱县	丰都县	涪陵区	武隆县	长寿区	江津区
1996	2.59	1.79	5.58	7.45	10.00	8.89	5.57	1.57	3.40	5.70	0.79	4.32	3.45
1997	3.00	2.16	6.72	7.53	11.04	11.87	5.78	1.74	3.89	6.75	1.06	4.79	3.41
1998	3.00	2.16	6.72	7.53	11.04	11.87	5.78	1.74	3.89	6.75	1.06	4.40	3.41
1999	3.14	2.36	7.25	8.12	11.65	12.22	6.01	2.15	3.88	7.24	1.07	4.64	2.73
2000	—	—	—	—	—	—	—	—	—	—	—	—	—
2001	3.50	2.86	8.51	9.30	14.51	14.09	6.28	2.72	4.11	7.98	1.27	4.92	2.97
2002	3.80	3.15	8.77	10.24	13.05	14.60	6.39	3.23	4.35	8.40	1.46	4.96	3.86
2003	4.48	3.64	10.17	12.94	15.53	16.49	7.42	3.89	5.31	9.75	2.10	5.78	4.73
2004	4.55	3.54	10.46	12.73	16.17	16.14	7.20	4.01	5.39	9.49	2.11	5.55	5.23
2005	4.47	3.52	10.30	12.37	16.03	15.90	6.99	3.90	5.31	9.44	1.98	5.41	5.62
2006	4.79	3.38	10.16	12.51	16.79	15.84	6.45	3.88	5.75	9.12	2.04	5.45	6.05
2007	4.70	3.35	10.17	12.38	17.20	14.35	6.16	4.05	5.76	9.31	2.02	5.27	6.22

续表

年份\地区	巫山县	巫溪县	奉节县	云阳县	万州区	开县	忠县	石柱县	丰都县	涪陵区	武隆县	长寿区	江津区
2008	4.90	3.28	9.77	11.30	18.35	14.93	6.13	4.20	6.02	9.56	2.06	5.25	5.33
2009	4.78	2.91	9.00	11.00	17.49	13.95	6.06	4.00	5.90	9.77	2.08	5.11	5.13
2010	4.66	2.64	8.72	11.13	16.32	14.51	6.10	4.01	6.11	9.58	2.10	4.94	4.76
2011	4.67	2.68	8.35	10.57	16.11	14.22	6.27	3.81	6.11	9.88	2.09	4.86	4.73
2012	—	—	—	—	—	—	—	—	—	—	—	—	—

表 3.25 三峡库区在校学生数量指标得分统计（湖北省各区县）

年份\地区	夷陵区	兴山县	秭归县
1996	3.58	0.29	2.27
1997	3.58	0.28	2.36
1998	2.06	−0.38	2.29
1999	3.25	0.10	2.20
2000	3.53	0.05	2.12
2001	3.02	−0.10	1.98
2002	2.86	−0.23	1.66
2003	0.51	−0.34	1.30
2004	2.25	−0.47	0.91
2005	1.90	−0.62	0.63
2006	1.65	−0.77	0.41
2007	1.41	−0.86	0.16
2008	1.18	−0.86	0.16
2009	1.02	−0.95	0.05
2010	0.86	−0.98	−0.03
2011	0.69	−1.02	−0.11
2012	—	—	—

根据上述区县的得分，得到三个区域各自的和三峡库区总体平均得分，以及三个区域各自的和三峡库区总体标准差，如图 3.7、图 3.8 所示。

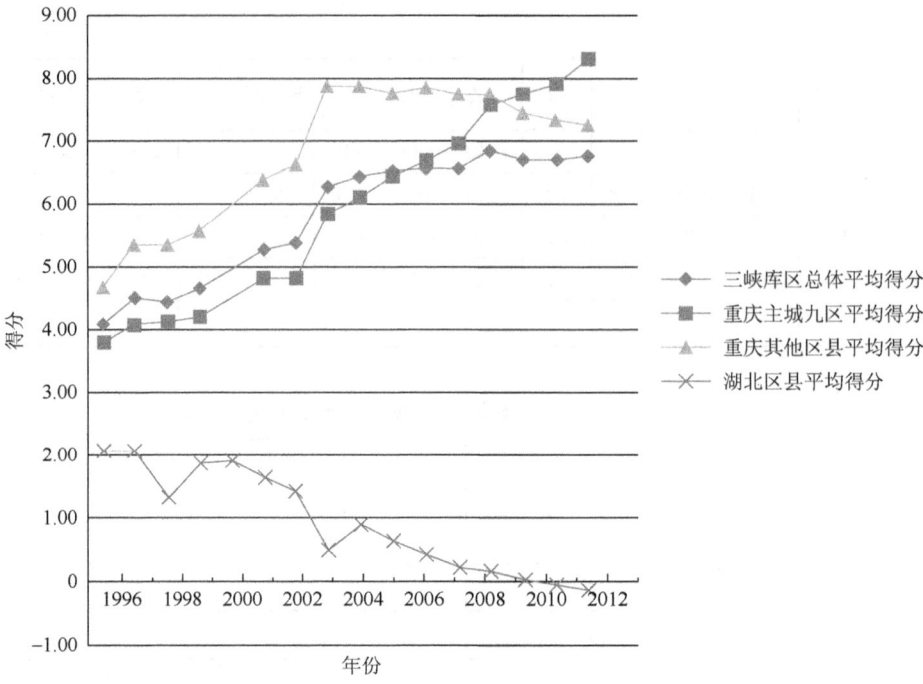

图 3.7 三峡库区在校学生数量规模水平的分区域显示

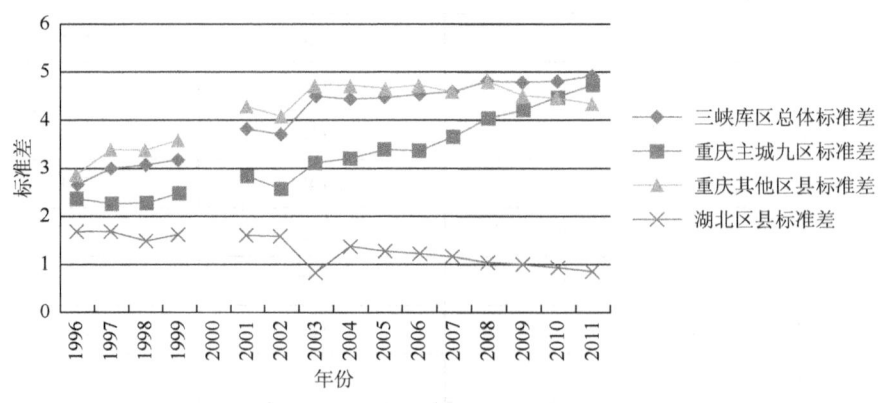

图 3.8 三峡库区在校学生数量分区域内均等化相对进程

图 3.7 反映的是 1996~2012 年三峡库区和分区域在校学生数量平均变化趋势。可以发现,三峡库区以及重庆三峡库区区域的在校学生数量平均得分呈递增的趋势,而三峡库区湖北区域的在校学生平均得分却呈现与总体相反的趋势,其变化趋势为逐年递减,其中重庆其他区县的在校学生数量平均得分整体高于库区的平均水平,且与库区有高度正相关。重庆主城九区的总体得分与三峡库区的平均得分相近,水平基本保持一致;湖北三个区县的在校学生数量规模与库区总体

得分的差距较大，呈现出逐年递减的趋势，且在 2008 年以后得分值基本为零，甚至为负。

具体来说，1996～2003 年，三峡库区的在校学生数量平均得分从 4.07 上升至 6.25，增加幅度为 53.56%；2003～2011 年，三峡库区的在校学生数量水平从 6.25 升至为 6.74，增加幅度为 7.84%。三峡库区总体在校学生数量变化趋势以 2003 年为断点，前后分为两个不同的阶段。1996～2003 年，重庆其他区县的在校学生数量水平从 4.70 升至为 7.86，增加幅度为 67.23%；2003～2011 年，重庆其他库区区县的在校学生数量水平从 7.86 降至为 7.26，减小幅度为 7.63%；1996～2011 年，重庆主城九区的在校学生数量水平从 3.82 增加至 8.30，增加幅度为 1.17 倍；1996～2011 年，湖北省三个区县的在校学生数量水平从 2.05 减至 –0.15，减小幅度为 1.07 倍。关于在校学生数量水平指标，重庆其他区县高于全库区平均水平，且其变化趋势速度也与库区平均变化趋势速度基本保持一致；重庆主城九区与库区平均水平大体持平，处于递增趋势，且重庆主城九区的平均得分持续增加；湖北三区县总体水平得分较低，与库区整体水平差距明显，其递减速度也较快。造成这一结果的主要因素是 1981～1990 年第三个人口高增长阶段，即由于 20 世纪 60 年代初"第二次人口生育高峰"中出生的人口陆续进入生育年龄，加之 20 世纪 80 年代初《婚姻法》的修订，造成许多不到晚婚年龄的人口提前进入婚育行列，人口出生率出现回升。人口出生率由 1980 年的 18.2‰，上升到 1987 年的 23.3‰的峰值，使得在 1981～1990 年全国人口净增 1.43 亿人，平均年增长 1584 万人，1990 年全国总人口达到 11.43 亿人。这样每年新出生的婴儿在递延 6～10 年以后，逐渐进入中小学教育阶段，引起了中小学学生人数在 1996～2003 年的高速增长。在 2003～2011 年，中国教育正经历着大规模的撤点并校，同时，随着中国的计划生育政策的深入开展，每户家庭的小孩的数量由平均的 3.2 人减少到 1.5 人左右，所以入学适龄儿童数量减少，但近几年已趋于稳定。

重庆主城是长江上游地区的经济文化中心，对周边地区具有辐射吸引作用，所以重庆市在校学生数量一直处于递增趋势，重庆市的 22 个区县对在校学生数量水平的"存量"贡献最大。所以，三峡库区的学校数量均等化的等级次序由高到低依次为：重庆其他区县、重庆主城九区、湖北的相关区县。

图 3.8 表示的是以标准差形式反映的三峡库区和分区域在校学生数量均等化进程，可以明显看出，三峡库区整体和重庆三峡库区区域内部的在校学生数量差异呈现不同程度的递增趋势，湖北三峡区域的区域内部在校学生数量差异呈现出递减趋势。具体来说，1996 年，三峡库区、重庆主城九区、重庆其他区县、湖北区县内部的在校学生数量水平平均标准差分别为 2.62，2.35，2.85，1.66。2011 年，三峡库区、重庆主城九区和其他区县及湖北区县的学校数量标准差分别为 4.90，

4.74，4.35，0.86；1996~2007年，重庆其他区县在校生内部离散程度略高于三峡库区在校生内部差异，2008~2011年，重庆其他区县在校生内部离散程度略低于三峡库区在校生内部差异，但总体来说两者相差不大；1996~2011年，重庆主城九区的在校学生数量内部差异虽然一直低于三峡库区整体内部差异，但其内部差异呈现逐年增大的趋势；湖北三个区县的在校学生数量水平内部差异呈现递减趋势，其与整体变化趋势不吻合，主要是由于湖北三峡库区与重庆三峡库区分属于不同的行政主体，导致其变化差异性较大，但湖北三峡库区的内部差异递减，表明其区域的教育均等化程度也是逐年改善的。

3.3.5 小学在校学生数量指标分析

小学在校学生数量指标是在校学生人数的细分，是考量一个小学学校教学规模的基本指标，也是影响教育资源质量的关键因素，是从地区受教育人数的角度来衡量区县社会教育发展水平的。由于三峡库区内湖北省巴东县统计数据缺失，针对目前数据可得的其他25个区县进行区域划分，将渝中区、大渡口区、江北区等重庆主城九区划为第一个区域，重庆市的其他22个区县划为第二个区域，湖北省的夷陵区、兴山县和秭归县划为第三个区域，以下划分类似。

根据重庆市和湖北省的历年统计年鉴，三峡库区小学在校学生数量如表3.26~表3.28所示。

表3.26 三峡库区小学在校学生数量统计（重庆主城九区） （单位：人）

地区 年份	渝中区	大渡口区	江北区	沙坪坝区	九龙坡区	南岸区	北碚区	渝北区	巴南区
1996	—	—	—	—	—	—	—	—	—
1997	15 515	29 976	48 869	49 673	30 010	45 481	65 072	71 296	116 808
1998	15 515	29 976	48 869	49 673	30 010	45 481	65 072	69 225	116 808
1999	15 500	28 343	45 413	45 557	28 388	40 701	59 761	63 862	109 911
2000	13 429	27 051	42 787	47 725	27 688	38 779	58 323	61 247	106 994
2001	13 898	27 827	42 727	47 894	28 091	37 868	58 348	61 123	106 146
2002	14 154	28 584	42 286	47 853	28 489	37 201	58 144	60 285	102 040
2003	14 857	28 486	42 201	47 780	28 550	36 633	57 263	57 828	103 796
2004	15 231	28 201	43 268	48 623	30 214	35 595	57 550	55 148	101 565
2005	15 542	28 882	43 638	48 918	30 707	33 787	56 264	51 479	97 448

续表

地区 年份	渝中区	大渡口区	江北区	沙坪坝区	九龙坡区	南岸区	北碚区	渝北区	巴南区
2006	16 005	29 142	43 681	48 839	31 883	31 532	56 898	48 353	95 823
2007	16 408	29 393	44 496	49 438	32 812	30 227	56 613	45 129	93 048
2008	16 888	29 198	45 267	50 729	33 907	28 667	58 004	42 199	92 151
2009	16 747	29 075	44 964	50 871	34 296	26 827	57 768	39 478	77 420
2010	16 793	29 027	44 828	51 507	35 419	25 650	58 268	39 024	74 880
2011	16 754	28 233	45 148	52 705	36 701	25 156	60 895	39 649	74 287
2012	16 834	27 998	46 411	53 970	37 590	25 228	64 353	40 553	75 344

资料来源：《重庆统计年鉴 1997～2013》

表3.27　三峡库区小学在校学生数量统计（重庆其他区县）　（单位：人）

地区 年份	巫山县	巫溪县	奉节县	云阳县	万州区	开县	忠县	石柱县	丰都县	涪陵区	武隆县	长寿区	江津区
1996	—	—	—	—	—	—	—	—	—	—	—	—	—
1997	65 432	53 851	115 212	123 761	141 689	184 052	95 209	40 958	67 343	97 959	34 670	69 225	36 267
1998	65 432	53 851	115 212	123 761	141 689	184 052	95 209	40 958	67 343	97 959	34 670	71 296	36 267
1999	63 741	53 729	116 932	128 022	139 010	180 048	93 094	46 743	64 960	96 985	34 861	69 836	34 772
2000	64 369	55 877	122 934	127 003	135 912	178 995	88 698	47 177	65 031	95 736	34 863	69 063	33 215
2001	62 567	57 099	124 760	134 125	134 667	179 415	84 895	51 692	64 307	97 344	34 939	70 421	31 961
2002	64 295	58 331	125 740	144 347	133 364	178 614	83 656	57 550	67 918	99 360	35 917	70 723	32 344
2003	64 233	57 651	128 358	151 058	133 631	175 350	81 263	56 787	68 179	97 236	36 618	70 291	32 879
2004	63 972	54 288	127 481	147 102	129 820	170 708	78 467	56 136	68 232	92 202	36 760	67 747	32 893
2005	62 468	52 030	122 913	139 699	124 170	166 029	75 266	53 277	66 544	86 131	35 638	64 347	32 777
2006	63 632	47 670	114 148	139 934	120 122	162 589	71 644	52 466	68 711	78 882	34 014	61 544	32 984
2007	62 082	43 897	108 209	130 999	116 356	142 344	65 957	51 276	66 489	71 778	31 971	57 327	33 111
2008	63 285	41 011	97 139	111 218	110 961	139 238	60 383	48 810	64 849	64 939	29 216	52 256	34 023
2009	57 996	35 763	85 639	102 578	102 195	125 968	56 658	42 353	60 097	59 624	27 016	47 114	33 933
2010	53 638	33 354	77 561	96 137	93 556	123 223	53 852	41 142	62 467	56 352	25 648	44 301	33 599
2011	51 273	32 418	72 562	85 151	88 026	118 657	53 375	40 822	62 829	56 548	25 136	42 513	33 106
2012	44 897	33 012	69 504	71 845	83 567	112 046	56 591	40 332	62 918	59 579	25 674	42 330	31 874

资料来源：《重庆统计年鉴 1997～2013》

表 3.28 三峡库区小学在校学生数量统计（湖北省各区县） （单位：人）

年份\地区	夷陵区	兴山县	秭归县
1996	62 758	24 992	51 297
1997	63 972	23 722	51 708
1998	62 820	22 528	49 018
1999	60 267	20 317	44 422
2000	56 215	17 675	37 565
2001	44 671	15 025	31 355
2002	38 534	12 560	26 297
2003	34 206	10 586	23 473
2004	31 511	9 585	21 150
2005	28 471	8 956	19 247
2006	26 162	8 369	17 731
2007	24 258	7 782	16 055
2008	22 958	7 173	16 055
2009	22 276	6 816	15 012
2010	21 574	6 542	14 225
2011	20 861	6 193	14 106
2012	—	—	—

资料来源：《湖北统计年鉴1997～2013》

由于 1996 年数据缺失，故以 1997 年为基年进行分析；该指标与基本公共服务水平呈正向关系，在计算得分时，按照第一个公式，结果如表 3.29～表 3.31 所示。

表 3.29 三峡库区小学在校学生数量指标得分统计（重庆主城九区）

年份\地区	渝中区	大渡口区	江北区	沙坪坝区	九龙坡区	南岸区	北碚区	渝北区	巴南区
1996	—	—	—	—	—	—	—	—	—
1997	0	0.86	1.98	2.03	0.86	1.78	2.94	3.31	6.01
1998	0	0.86	1.98	2.03	0.86	1.78	2.94	3.19	6.01
1999	0	0.76	1.77	1.78	0.76	1.49	2.63	2.87	5.60
2000	−0.12	0.68	1.62	1.91	0.72	1.38	2.54	2.71	5.43
2001	−0.10	0.73	1.61	1.92	0.75	1.33	2.54	2.71	5.38
2002	−0.08	0.78	1.59	1.92	0.77	1.29	2.53	2.66	5.13
2003	−0.04	0.77	1.58	1.91	0.77	1.25	2.48	2.51	5.24

续表

地区\年份	渝中区	大渡口区	江北区	沙坪坝区	九龙坡区	南岸区	北碚区	渝北区	巴南区
2004	−0.02	0.75	1.65	1.96	0.87	1.19	2.49	2.35	5.11
2005	0	0.79	1.67	1.98	0.90	1.08	2.42	2.13	4.86
2006	0.03	0.81	1.67	1.98	0.97	0.95	2.46	1.95	4.77
2007	0.05	0.82	1.72	2.01	1.03	0.87	2.44	1.76	4.60
2008	0.08	0.81	1.77	2.09	1.09	0.78	2.52	1.58	4.55
2009	0.07	0.80	1.75	2.10	1.11	0.67	2.51	1.42	3.67
2010	0.08	0.80	1.74	2.14	1.18	0.60	2.54	1.39	3.52
2011	0.07	0.75	1.76	2.21	1.26	0.57	2.69	1.43	3.49
2012	0.08	0.74	1.83	2.28	1.31	0.58	2.90	1.49	3.55

表 3.30　三峡库区小学在校学生数量指标得分统计（重庆其他区县）

地区\年份	巫山县	巫溪县	奉节县	云阳县	万州区	开县	忠县	石柱县	丰都县	涪陵区	武隆县	长寿区	江津区
1996	—	—	—	—	—	—	—	—	—	—	—	—	—
1997	2.96	2.27	5.92	6.42	7.49	10.00	4.73	1.51	3.08	4.89	1.14	3.19	1.23
1998	2.96	2.27	5.92	6.42	7.49	10.00	4.73	1.51	3.08	4.89	1.14	3.31	1.23
1999	2.86	2.27	6.02	6.68	7.33	9.76	4.60	1.85	2.93	4.83	1.15	3.22	1.14
2000	2.90	2.39	6.37	6.62	7.14	9.70	4.34	1.88	2.94	4.76	1.15	3.18	1.05
2001	2.79	2.47	6.48	7.04	7.07	9.72	4.12	2.15	2.90	4.86	1.15	3.26	0.98
2002	2.89	2.54	6.54	7.64	6.99	9.68	4.04	2.49	3.11	4.97	1.21	3.28	1.00
2003	2.89	2.50	6.70	8.04	7.01	9.48	3.90	2.45	3.12	4.85	1.25	3.25	1.03
2004	2.88	2.30	6.64	7.81	6.78	9.21	3.74	2.41	3.13	4.55	1.26	3.10	1.03
2005	2.79	2.17	6.37	7.37	6.45	8.93	3.55	2.24	3.03	4.19	1.19	2.90	1.02
2006	2.85	1.91	5.85	7.38	6.21	8.73	3.33	2.19	3.16	3.76	1.10	2.73	1.04
2007	2.76	1.68	5.50	6.85	5.98	7.53	2.99	2.12	3.02	3.34	0.98	2.48	1.04
2008	2.83	1.51	4.84	5.68	5.66	7.34	2.66	1.98	2.93	2.93	0.81	2.18	1.10
2009	2.52	1.20	4.16	5.17	5.14	6.55	2.44	1.59	2.65	2.62	0.68	1.87	1.09
2010	2.26	1.06	3.68	4.78	4.63	6.39	2.27	1.52	2.79	2.42	0.60	1.71	1.07
2011	2.12	1.00	3.38	4.13	4.30	6.12	2.25	1.50	2.81	2.43	0.57	1.60	1.04
2012	1.74	1.04	3.20	3.34	4.04	5.73	2.44	1.47	2.81	2.61	0.60	1.59	0.97

表 3.31　三峡库区小学在校学生数量指标得分统计（湖北省各区县）

地区\年份	夷陵区	兴山县	秭归县
1996	2.80	0.56	2.12
1997	2.88	0.49	2.15
1998	2.81	0.42	1.99
1999	2.66	0.28	1.72

续表

年份\地区	夷陵区	兴山县	秭归县
2000	2.41	0.13	1.31
2001	1.73	−0.03	0.94
2002	1.37	−0.18	0.64
2003	1.11	−0.29	0.47
2004	0.95	−0.35	0.33
2005	0.77	−0.39	0.22
2006	0.63	−0.42	0.13
2007	0.52	−0.46	0.03
2008	0.44	−0.49	0.03
2009	0.40	−0.52	−0.03
2010	0.36	−0.53	−0.08
2011	0.32	−0.55	−0.08
2012	—	—	—

根据上述区县的得分，得到三个区域各自的和三峡库区总体平均得分，以及三个区域各自的和三峡库区总体标准差，如图3.9、图3.10所示。

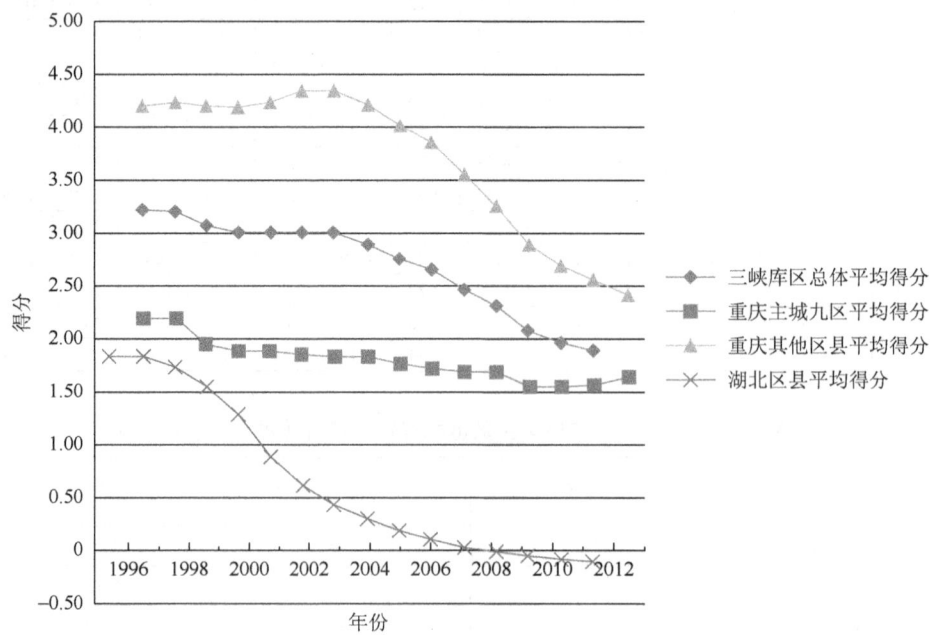

图3.9　三峡库区小学在校学生数量规模水平的分区域显示

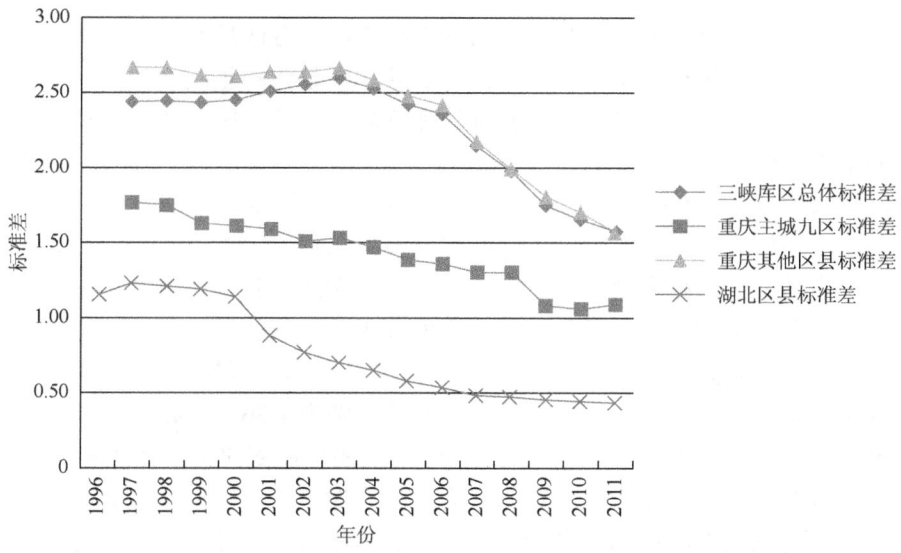

图 3.10　三峡库区小学在校学生数量分区域内均等化相对进程

图 3.9 反映的是 1996～2012 年三峡库区和分区域小学在校学生数量规模水平变化趋势。可以发现，三峡库区的小学在校学生数量规模水平得分呈递减趋势，其中，重庆其他区县小学在校学生数量规模水平整体高于三峡库区的平均水平，且与三峡库区有高度正相关的变化趋势，而重庆主城九区的总体得分小于三峡库区的平均得分，其规模基本保持不变，递减趋势较为平缓；湖北三个区县的小学在校学生数量规模与三峡库区总体得分的差距较大，且呈现出逐年递减的趋势，且在 2008 年以后年期间其得分值基本为负。具体来说，1997～2011 年，三峡库区的小学在校学生数量水平从 2.43 降至至为 1.56，减小幅度为 35.80%；1997～2003 年，重庆其他区县的小学在校学生数量水平从 4.22 升至为 4.34，增加幅度为 2.84%；2003～2012 年，重庆其他库区区县的小学在校学生数量水平从 4.34 降至为 2.43，减小幅度为 44.01%；重庆市主城九区的小学在校学生数量水平从 2.20 减小至 1.64，减小幅度为 25.45%；1996～2011 年，湖北省三个区县的小学在校学生数量水平从 1.83 减至 −0.11，减小幅度为 1.06 倍。不难发现，关于小学在校学生数量水平指标，重庆其他区县高于三峡库区平均水平，且其变化趋势速度也与库区平均变化趋势速度基本保持一致；重庆主城九区基本保持不变；湖北三区县总体水平得分较低，与库区整体水平差距明显，其递减速度也较快。

对于重庆主城九区，由于其是重庆库区的经济文化中心，所以其对周边地区具有辐射吸引作用，所以其小学在校学生数量一直处于递增趋势。也就是说，重庆市的 22 个区县对小学在校学生数量水平的"存量"贡献最大。所以，三峡库区的小学在校学生数量均等化的等级次序由高到低为重庆其他区县、重庆主城九区、湖北的相关区县。

图 3.10 表示的是以标准差形式反映的三峡库区和分区域小学在校学生数量规模水平均等化相对进程,可以明显看出,三峡库区整体和重庆其他库区区县内部的小学在校学生数量差异呈现不同程度的递增趋势,湖北区县的小学在校学生数量差异呈现出递减趋势。

具体来说,在 1996 年,三峡库区、重庆主城九区、重庆其他区县、湖北区县内部的小学在校学生数量水平平均标准差分别为 2.43,1.77,2.68,1.22,由此可知,重庆主城九区的标准差小于重庆其他区县,湖北区县的标准差小于主城九区的标准差,所以重庆主城九区的均等化程度高于重庆其他区县,这也与重庆主城九区和重庆其他区县的经济实力对比相吻合。2011 年,三峡库区、重庆主城九区和其他区县及湖北区县的小学学生数量标准差分别为 1.56,1.08,1.58,0.44,标准差都在减小,所以其均等化程度无论在纵向上还是在横向上都在改善。这说明,重庆其他区县的小学在校学生数量水平内部差异对三峡库区内部差异的"绝对"贡献最大,对三峡库区内部差异的"相对"贡献最大,其差异变化趋势与三峡库区差异变化趋势高度吻合。重庆主城九区的小学在校学生数量内部差异处于递减趋势,其均等化程度越来越高。湖北三个区县的小学在校学生数量水平内部差异呈现递减趋势,其与整体变化趋势不吻合,可能是由于湖北三峡库区与重庆三峡库区分属于不同的行政主体,所以其变化差异性较大,但湖北三峡库区的内部差异递减表明其区域的小学教育均等化程度是逐年改善的。

3.3.6 中学在校学生数量指标分析

中学在校学生数量指标是在校学生数量的细分,是考量一个中学学校教学规模的基本指标,也是影响教育资源质量的关键因素,是从地区受教育的人数的角度来衡量区县的社会教育发展水平的。由于三峡库区内湖北省巴东县统计数据缺失,针对目前数据可得的其他 25 个区县进行区域划分,将渝中区、大渡口区、江北区等重庆主城九区划为第一个区域,重庆市的其他 22 个区县划为第二个区域,湖北省的夷陵区、兴山县和秭归县划为第三个区域,以下划分类似。

根据重庆市和湖北省的历年统计年鉴,三峡库区中学在校学生数量如表 3.32~表 3.34 所示。

表 3.32 三峡库区中学在校学生数量统计(重庆主城九区) (单位:人)

年份\地区	渝中区	大渡口区	江北区	沙坪坝区	九龙坡区	南岸区	北碚区	渝北区	巴南区
1996	—	—	—	—	—	—	—	—	—
1997	9 629	18 640	33 538	36 499	20 031	27 907	33 034	30 810	51 939
1998	9 629	18 640	33 538	36 499	20 031	27 907	33 034	35 934	51 939

续表

地区\年份	渝中区	大渡口区	江北区	沙坪坝区	九龙坡区	南岸区	北碚区	渝北区	巴南区
1999	9 600	20 124	37 315	41 059	22 627	33 305	42 280	44 279	65 163
2000	12 511	21 493	41 324	44 014	24 005	35 813	45 424	49 092	72 157
2001	13 169	21 876	43 094	42 554	23 276	33 427	42 644	47 186	65 423
2002	12 867	20 811	43 522	39 017	22 775	31 283	40 977	44 027	63 035
2003	12 595	19 715	45 042	39 439	23 458	31 120	42 032	43 029	66 166
2004	12 258	19 166	46 635	40 412	24 912	32 226	43 511	43 874	68 218
2005	12 234	19 595	47 575	42 535	26 259	33 274	45 065	44 734	69 040
2006	12 748	20 705	47 686	44 375	27 453	34 132	48 454	45 099	69 241
2007	14 043	21 380	47 912	46 767	28 660	34 225	50 310	45 620	70 331
2008	14 970	28 324	46 627	50 458	31 823	34 570	52 468	45 330	71 438
2009	15 340	35 683	46 476	51 968	34 360	34 465	52 100	43 763	67 375
2010	15 503	36 537	45 513	52 252	36 780	34 570	52 884	41 864	67 410
2011	15 612	37 284	45 519	52 364	37 250	34 496	53 794	39 861	65 449
2012	15 445	37 815	44 919	52 990	36 762	32 773	55 925	38 448	64 480

资料来源：《重庆统计年鉴 1997~2013》

表 3.33 三峡库区中学在校学生数量统计（重庆其他区县）（单位：人）

地区\年份	巫山县	巫溪县	奉节县	云阳县	万州区	开县	忠县	石柱县	丰都县	涪陵区	武隆县	长寿区	江津区
1996	—	—	—	—	—	—	—	—	—	—	—	—	—
1997	13 472	12 074	27 215	31 832	52 340	44 926	31 008	16 799	26 903	32 151	11 785	35 934	27 911
1998	13 472	12 074	27 215	31 832	52 340	44 926	31 008	16 799	26 903	32 151	11 785	30 810	27 911
1999	17 427	15 457	34 204	36 847	64 655	54 727	36 909	17 585	29 016	40 789	12 550	36 531	27 397
2000	22 927	17 486	46 602	42 577	79 225	72 601	45 107	20 445	33 233	51 148	14 635	41 019	27 961
2001	24 585	20 607	47 277	50 090	84 713	86 761	49 957	22 274	34 463	54 151	15 892	41 104	28 733
2002	27 469	20 791	46 880	55 653	89 092	92 273	51 590	24 780	33 991	56 489	17 378	41 080	29 670
2003	30 433	25 257	50 211	68 974	94 056	98 863	53 776	27 059	36 970	57 635	18 333	42 742	30 675
2004	32 969	26 659	56 693	70 026	96 727	100 623	53 960	28 566	38 641	59 619	19 156	44 257	31 479
2005	33 810	30 145	61 165	72 453	98 441	101 868	52 702	29 874	39 130	62 252	19 382	45 104	32 243

续表

年份\地区	巫山县	巫溪县	奉节县	云阳县	万州区	开县	忠县	石柱县	丰都县	涪陵区	武隆县	长寿区	江津区
2006	36 689	32 005	66 617	78 985	102 022	103 433	52 873	32 184	40 973	64 586	20 421	46 045	32 889
2007	36 988	34 156	69 711	84 794	103 201	98 332	52 019	33 986	41 074	68 256	21 263	46 262	31 668
2008	37 592	34 854	72 692	87 042	106 377	103 006	54 141	35 938	44 163	71 018	22 931	48 371	29 693
2009	37 821	33 365	71 547	89 350	105 149	102 686	54 911	37 179	45 598	71 217	23 921	48 847	27 312
2010	39 094	30 841	70 867	92 495	104 912	104 258	54 787	36 972	47 467	69 074	23 986	46 759	27 099
2011	38 305	29 590	66 367	88 558	103 378	100 449	52 436	35 205	46 037	64 707	23 167	43 544	26 185
2012	36 818	27 209	63 165	78 992	102 933	91 031	49 548	32 769	45 683	60 206	20 974	39 978	25 505

资料来源：《重庆统计年鉴 1997～2013》

表 3.34 三峡库区中学在校学生数量统计（湖北省各区县）（单位：人）

年份\地区	夷陵区	兴山县	秭归县
1996	27 131	9 283	16 470
1997	25 832	10 445	17 479
1998	26 705	11 329	19 016
1999	24 058	10 817	22 090
2000	32 844	12 520	27 674
2001	35 682	12 604	31 542
2002	39 154	12 946	31 156
2003	3 881	13 060	27 841
2004	35 961	11 877	23 698
2005	33 086	9 925	20 802
2006	31 046	7 965	18 631
2007	28 944	7 123	16 060
2008	26 344	7 686	16 060
2009	24 302	6 489	15 273
2010	22 272	6 237	14 606
2011	20 220	5 919	13 507
2012	—	—	—

资料来源：《湖北统计年鉴 1997～2013》

由于 1996 年数据缺失,故以 1997 年为基年进行分析;该指标与基本公共服务水平呈正向关系,在计算得分时,按照第一个公式,结果如表 3.35~表 3.37 所示。

表 3.35 三峡库区中学在校学生数量指标得分统计(重庆主城九区)

地区 年份	渝中区	大渡口区	江北区	沙坪坝区	九龙坡区	南岸区	北碚区	渝北区	巴南区
1996	—	—	—	—	—	—	—	—	—
1997	0	2.11	5.60	6.29	2.44	4.28	5.48	4.96	9.91
1998	0	2.11	5.60	6.29	2.44	4.28	5.48	6.16	9.91
1999	−0.01	2.46	6.48	7.36	3.04	5.54	7.64	8.11	13.00
2000	0.67	2.78	7.42	8.05	3.37	6.13	8.38	9.24	14.64
2001	0.83	2.87	7.84	7.71	3.20	5.57	7.73	8.79	13.06
2002	0.76	2.62	7.94	6.88	3.08	5.07	7.34	8.05	12.50
2003	0.69	2.36	8.29	6.98	3.24	5.03	7.59	7.82	13.24
2004	0.62	2.23	8.66	7.21	3.58	5.29	7.93	8.02	13.72
2005	0.61	2.33	8.88	7.70	3.89	5.54	8.30	8.22	13.91
2006	0.73	2.59	8.91	8.14	4.17	5.74	9.09	8.30	13.96
2007	1.03	2.75	8.96	8.70	4.46	5.76	9.52	8.43	14.21
2008	1.25	4.38	8.66	9.56	5.20	5.84	10.03	8.36	14.47
2009	1.34	6.10	8.63	9.91	5.79	5.81	9.94	7.99	13.52
2010	1.38	6.30	8.40	9.98	6.36	5.84	10.13	7.55	13.53
2011	1.40	6.47	8.40	10.01	6.47	5.82	10.34	7.08	13.07
2012	1.36	6.60	8.26	10.15	6.35	5.42	10.84	6.75	12.84

表 3.36 三峡库区中学在校学生数量指标得分统计(重庆其他区县)

地区 年份	巫山县	巫溪县	奉节县	云阳县	万州区	开县	忠县	石柱县	丰都县	涪陵区	武隆县	长寿区	江津区
1996	—	—	—	—	—	—	—	—	—	—	—	—	—
1997	0.90	0.57	4.12	5.20	10.00	8.26	5.01	1.68	4.04	5.27	0.50	6.16	4.28
1998	0.90	0.57	4.12	5.20	10.00	8.26	5.01	1.68	4.04	5.27	0.50	4.96	4.28
1999	1.83	1.36	5.75	6.37	12.88	10.56	6.39	1.86	4.54	7.30	0.68	6.30	4.16
2000	3.11	1.84	8.66	7.71	16.29	14.74	8.31	2.53	5.53	9.72	1.17	7.35	4.29
2001	3.50	2.57	8.81	9.47	17.58	18.06	9.44	2.96	5.81	10.42	1.47	7.37	4.47
2002	4.18	2.61	8.72	10.78	18.60	19.35	9.82	3.55	5.70	10.97	1.81	7.36	4.69
2003	4.87	3.66	9.50	13.89	19.77	20.89	10.34	4.08	6.40	11.24	2.04	7.75	4.93
2004	5.46	3.99	11.02	14.14	20.39	21.30	10.38	4.43	6.79	11.70	2.23	8.11	5.12

续表

地区\年份	巫山县	巫溪县	奉节县	云阳县	万州区	开县	忠县	石柱县	丰都县	涪陵区	武隆县	长寿区	江津区
2005	5.66	4.80	12.07	14.71	20.79	21.60	10.08	4.74	6.91	12.32	2.28	8.31	5.29
2006	6.34	5.24	13.34	16.24	21.63	21.96	10.12	5.28	7.34	12.87	2.53	8.53	5.45
2007	6.41	5.74	14.07	17.60	21.91	20.77	9.92	5.70	7.36	13.73	2.72	8.58	5.16
2008	6.55	5.91	14.77	18.12	22.65	21.86	10.42	6.16	8.09	14.37	3.11	9.07	4.70
2009	6.60	5.56	14.50	18.67	22.36	21.79	10.60	6.45	8.42	14.42	3.35	9.18	4.14
2010	6.90	4.97	14.34	19.40	22.31	22.16	10.57	6.40	8.86	13.92	3.36	8.69	4.09
2011	6.71	4.67	13.28	18.48	21.95	21.26	10.02	5.99	8.52	12.90	3.17	7.94	3.88
2012	6.37	4.12	12.53	16.24	21.85	19.06	9.35	5.42	8.44	11.84	2.66	7.11	3.72

表 3.37 三峡库区中学在校学生数量指标得分统计（湖北省各区县）

地区\年份	夷陵区	兴山县	秭归县
1996	4.10	−0.08	1.60
1997	3.79	0.19	1.84
1998	4.00	0.40	2.20
1999	3.38	0.28	2.92
2000	5.44	0.68	4.22
2001	6.10	0.70	5.13
2002	6.91	0.78	5.04
2003	−1.35	0.80	4.26
2004	6.17	0.53	3.29
2005	5.49	0.07	2.62
2006	5.01	−0.39	2.11
2007	4.52	−0.59	1.51
2008	3.91	−0.45	1.51
2009	3.44	−0.74	1.32
2010	2.96	−0.79	1.17
2011	2.48	−0.87	0.91
2012	—	—	—

根据上述区县的得分，得到三个区域各自的和三峡库区总体平均得分，以及三个区域各自的和三峡库区总体标准差，如图 3.11、图 3.12 所示。

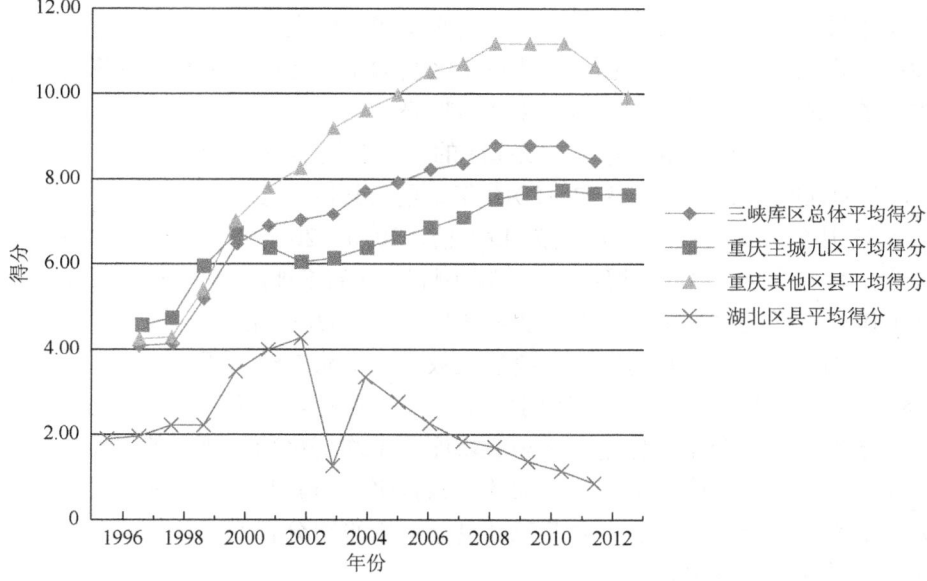

图 3.11　三峡库区中学在校学生数量规模水平的分区域显示

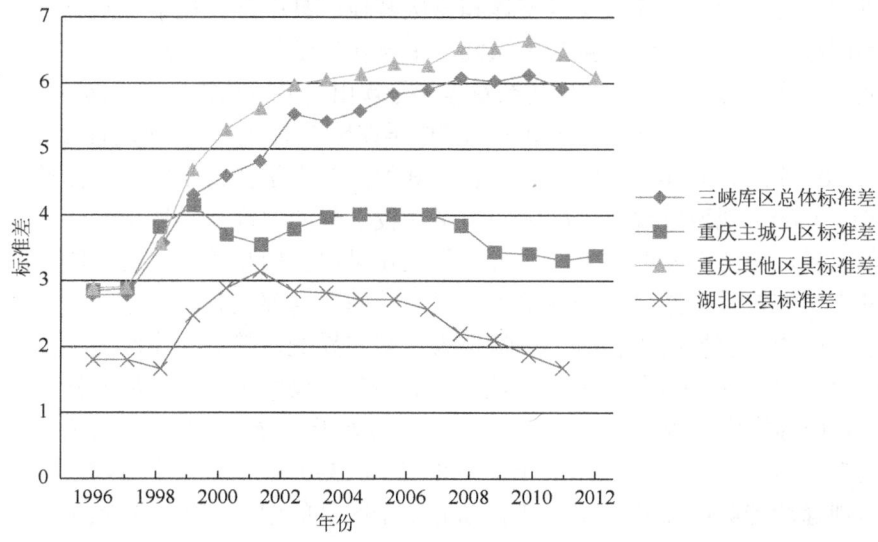

图 3.12　三峡库区中学在校学生数量分区域内均等化相对进程

图 3.11 反映的是 1996~2012 年三峡库区和分区域中学在校学生数量规模水平变化趋势。可以发现，三峡库区和重庆三峡库区区域的中学在校学生数量规模水平得分呈递增趋势，而三峡库区湖北区域的中学在校学生规模水平的得分却呈现与总体相反的趋势，其变化趋势为逐年递减，其中重庆其他区县的中学在校学生数量规模水平整体高于库区的平均水平，且与库区有高度正相关的变化趋势，

而重庆主城九区的总体得分与三峡库区的平均得分的大小关系交叉变化,其与三峡库区平均水平基本保持一致;湖北三个区县的中学在校学生数量规模与库区总体得分的差距较大,且呈现出逐年递减的趋势。

具体来说,1997~2011 年,三峡库区的中学在校学生数量水平从 4.12 升至为 8.41,增加幅度为 1.04 倍;1997~2010 年,重庆其他区县的中学在校学生数量水平从 4.31 升至为 11.23,增加幅度为 1.61 倍,2010~2012 年重庆其他区县的中学在校学生数量水平从 11.23 降到 9.9,减小幅度为 11.84%;1997~2012 年重庆市主城九区的中学在校学生数量水平从 4.56 增加至 7.62,增加幅度为 67.11%;1996~2011 年,湖北省三个区县的中学在校学生数量水平从 1.87 减至 0.84,减小幅度为 55.08%。不难发现,关于中学在校学生数量水平指标,重庆其他区县高于三峡库区平均水平,且其变化趋势速度也与三峡库区平均变化趋势速度基本保持一致;重庆主城九区与三峡库区平均水平大体一致持平,但其基本处于递增趋势,且主城九区的平均得分持续增加;湖北三区县总体水平得分较低,与库区整体水平差距明显,其递减速度也较快。

图 3.12 表示的是以标准差形式反映的三峡库区和分区域中学在校学生数量均等化进程,可以看出,三峡库区整体和重庆其他区县中学在校学生数量内部差异呈现不同程度的递增趋势,重庆主城九区中学在校学生数量先递增后趋于平缓,在湖北三峡区域内部中学在校学生数量差异呈现出先增后减的趋势。具体来说,在 1997 年,三峡库区、重庆其他区县内部的中学在校学生数量水平平均标准差分别为 2.80,2.90,到 2011 年,三峡库区、重庆其他区县中学在校学生数量标准差分别为 5.91,6.09,观察发现整个库区的中学在校学生的内部差异低于重庆其他区县的内部差异,但两个差距不大,两者整体变化呈现正向相关性,这说明重庆其他区县的中学在校学生数量水平内部差异对三峡库区内部差异的"绝对"贡献大,对三峡库区内部差异的"相对"贡献也大,其差异变化趋势与库区差异变化趋势高度吻合。1997~2000 年,重庆主城九区的中学在校学生数量内部差异处于递增趋势,其均等化程度越来越低,但 2000 年之后处于缓慢递减趋势,这说明其均等化程度在缓慢增加。1997~2002 年,湖北三个区县的中学在校学生数量水平内部差异呈现递增趋势;2002~2011 年,湖北三个区县的中学在校学生数量水平内部差异呈现递减趋势,其与整体变化趋势不吻合,但湖北三峡库区的内部差异递减表明其中学教育均等化程度也是逐年改善的。

3.3.7 专任教师数量指标分析

专任教师数量是衡量一个地区教育事业发展水平的重要指标,专任教师数量和质量也是影响教育资源质量的关键因素,专任教师数量的考核是从地区公共资源的角度来衡量区县的社会教育发展水平的。由于三峡库区内湖北省巴东县统计数据缺失,针对目前数据可得的其他 25 个区县进行区域划分,将渝中区、大渡口区、江北区等重庆主城九区划为第一个区域,重庆市的其他 22 个区县划为第二个区域,湖北省的夷陵区、兴山县和秭归县划为第三个区域,以下划分类似。

根据重庆市和湖北省的历年统计年鉴,三峡库区专任教师数量如表 3.38~表 3.40 所示。

表 3.38 三峡库区专任教师数量统计(重庆主城九区) (单位:人)

年份\地区	渝中区	大渡口区	江北区	沙坪坝区	九龙坡区	南岸区	北碚区	渝北区	巴南区
1996	1 885	4 867	9 421	6 226	4 958	7 127	5 293	588	8 690
1997	—	—	—	—	—	—	—	—	—
1998	—	—	—	—	—	—	—	—	—
1999	—	—	—	—	—	—	—	—	—
2000	—	—	—	—	—	—	—	—	—
2001	1 864	4 281	10 106	7 085	5 191	7 245	6 379	6 067	8 564
2002	1 883	4 565	10 406	7 430	5 393	7 130	6 720	6 250	8 368
2003	1 952	4 615	10 981	7 888	6 639	7 316	7 599	6 145	9 525
2004	2 039	4 654	11 311	7 995	7 101	7 108	8 207	6 120	9 525
2005	2 092	4 092	11 530	8 765	7 453	7 327	8 337	6 158	10 072
2006	2 094	4 464	12 005	9 289	7 822	8 052	8 971	6 413	9 705
2007	2 175	4 514	14 394	8 783	8 104	7 679	9 311	7 636	9 768
2008	2 206	5 335	15 948	9 690	8 633	8 345	9 929	8 149	9 921
2009	2 310	5 595	16 729	10 189	8 741	7 949	10 053	7 729	10 151
2010	2 421	5 899	17 894	9 929	9 037	7 990	10 744	7 875	10 741
2011	2 497	5 839	19 204	10 521	9 749	7 960	11 352	8 119	11 281
2012	—	—	—	—	—	—	—	—	—

资料来源:《重庆统计年鉴 1997~2013》

表 3.39 三峡库区专任教师学生数量统计(重庆其他区县)(单位:人)

年份\地区	巫山县	巫溪县	奉节县	云阳县	万州区	开县	忠县	石柱县	丰都县	涪陵区	武隆县	长寿区	江津区
1996	3 964	3 369	8 083	7 024	10 436	8 698	7 226	3 373	4 787	7 121	2 272	6 527	6 926
1997	—	—	—	—	—	—	—	—	—	—	—	—	—
1998	—	—	—	—	—	—	—	—	—	—	—	—	—
1999	—	—	—	—	—	—	—	—	—	—	—	—	—
2000	—	—	—	—	—	—	—	—	—	—	—	—	—
2001	3 555	3 410	6 317	7 342	12 304	9 105	6 321	3 891	5 111	8 827	2 748	5 827	5 693

续表

地区 年份	巫山县	巫溪县	奉节县	云阳县	万州区	开县	忠县	石柱县	丰都县	涪陵区	武隆县	长寿区	江津区
2002	3 785	3 641	6 008	7 473	12 567	9 643	6 528	4 072	5 051	9 295	2 974	5 751	6 045
2003	4 028	3 500	6 177	7 804	13 061	10 449	6 559	4 301	5 313	10 439	3 152	5 765	6 787
2004	4 065	3 696	6 340	7 588	13 415	10 665	6 505	4 443	5 136	10 206	3 223	6 621	7 214
2005	3 921	4 071	6 530	7 661	13 304	10 782	6 457	4 603	5 258	10 122	3 319	6 331	7 599
2006	4 108	4 007	6 823	7 708	14 024	11 058	6 364	4 591	5 410	9 979	3 389	5 931	7 767
2007	4 567	4 627	7 732	8 849	14 276	11 606	6 296	4 792	5 544	10 551	3 526	6 226	7 761
2008	4 685	4 806	7 572	8 703	14 844	12 045	6 259	4 904	5 513	10 613	3 495	6 430	7 079
2009	4 821	4 784	7 459	8 834	14 678	12 412	6 453	4 871	5 711	10 660	3 567	6 306	7 287
2010	5 000	4 716	7 677	8 839	14 720	12 555	6 525	4 941	6 064	10 795	3 565	6 719	7 226
2011	5 064	4 895	7 574	8 954	14 812	13 095	6 471	5 079	6 128	10 705	3 457	6 744	7 165
2012	—	—	—	—	—	—	—	—	—	—	—	—	—

资料来源：《重庆统计年鉴1997～2013》

表3.40　三峡库区专任教师数量统计（湖北省各区县）（单位：人）

地区 年份	夷陵区	兴山县	秭归县
1996	4687	1933	3503
1997	5079	2022	3846
1998	5086	2049	3286
1999	5150	2068	3972
2000	4717	2075	3950
2001	4387	1990	3716
2002	4476	1966	3811
2003	4115	1585	3349
2004	4005	1465	3146
2005	3899	1401	3164
2006	3876	1280	2956
2007	3799	1276	2821
2008	3718	1256	2768
2009	3525	1120	2569
2010	3417	1109	2451
2011	3426	1092	2364
2012	—	—	—

资料来源：《湖北统计年鉴1997～2013》

由于2000年数据缺失，故以2001年为基年进行分析；该指标与基本公共服务水平呈正向关系，在计算得分时，按照第一个公式，结果如表3.41～表3.43所示。

表 3.41 三峡库区专任教师数量指标得分统计（重庆主城九区）

地区 年份	渝中区	大渡口区	江北区	沙坪坝区	九龙坡区	南岸区	北碚区	渝北区	巴南区
1996	0.02	2.88	7.24	4.18	2.96	5.04	3.28	−1.22	6.54
1997	—	—	—	—	—	—	—	—	—
1998	—	—	—	—	—	—	—	—	—
1999	—	—	—	—	—	—	—	—	—
2000	—	—	—	—	—	—	—	—	—
2001	0	2.32	7.89	5.00	3.19	5.15	4.32	4.03	6.42
2002	0.02	2.59	8.18	5.33	3.38	5.04	4.65	4.20	6.23
2003	0.08	2.64	8.73	5.77	4.57	5.22	5.49	4.10	7.34
2004	0.17	2.67	9.05	5.87	5.02	5.02	6.08	4.08	7.34
2005	0.22	2.13	9.26	6.61	5.35	5.23	6.20	4.11	7.86
2006	0.22	2.49	9.71	7.11	5.71	5.93	6.81	4.36	7.51
2007	0.30	2.54	12.00	6.63	5.98	5.57	7.13	5.53	7.57
2008	0.33	3.32	13.49	7.50	6.48	6.21	7.73	6.02	7.72
2009	0.43	3.57	14.24	7.97	6.59	5.83	7.84	5.62	7.94
2010	0.53	3.86	15.35	7.73	6.87	5.87	8.51	5.76	8.50
2011	0.61	3.81	16.61	8.29	7.55	5.84	9.09	5.99	9.02
2012	—	—	—	—	—	—	—	—	—

表 3.42 三峡库区专任教师数量指标得分统计（重庆其他区县）

地区 年份	巫山县	巫溪县	奉节县	云阳县	万州区	开县	忠县	石柱县	丰都县	涪陵区	武隆县	长寿区	江津区
1996	2.01	1.44	5.96	4.94	8.21	6.55	5.14	1.45	2.80	5.04	0.39	4.47	4.85
1997	—	—	—	—	—	—	—	—	—	—	—	—	—
1998	—	—	—	—	—	—	—	—	—	—	—	—	—
1999	—	—	—	—	—	—	—	—	—	—	—	—	—
2000	—	—	—	—	—	—	—	—	—	—	—	—	—
2001	1.62	1.48	4.27	5.25	10.00	6.94	4.27	1.94	3.11	6.67	0.85	3.80	3.67
2002	1.84	1.70	3.97	5.37	10.25	7.45	4.47	2.11	3.05	7.12	1.06	3.72	4.00
2003	2.07	1.57	4.13	5.69	10.73	8.22	4.50	2.33	3.30	8.21	1.23	3.74	4.72
2004	2.11	1.75	4.29	5.48	11.06	8.43	4.45	2.47	3.13	7.99	1.30	4.56	5.12
2005	1.97	2.11	4.47	5.55	10.96	8.54	4.40	2.62	3.25	7.91	1.39	4.28	5.49
2006	2.15	2.05	4.75	5.60	11.65	8.81	4.31	2.61	3.40	7.77	1.46	3.90	5.65
2007	2.59	2.65	5.62	6.69	11.89	9.33	4.25	2.80	3.52	8.32	1.59	4.18	5.65
2008	2.70	2.82	5.47	6.55	12.43	9.75	4.21	2.91	3.50	8.38	1.56	4.37	5.00
2009	2.83	2.80	5.36	6.68	12.27	10.10	4.40	2.88	3.68	8.43	1.63	4.28	5.19
2010	3.00	2.73	5.57	6.68	12.31	10.24	4.46	2.95	4.02	8.55	1.63	4.65	5.14
2011	3.07	2.90	5.47	6.79	12.40	10.76	4.41	3.08	4.08	8.47	1.53	4.67	5.08
2012	—	—	—	—	—	—	—	—	—	—	—	—	—

表 3.43　三峡库区专任教师数量指标得分统计（湖北省各区县）

年份\地区	夷陵区	兴山县	秭归县
1996	2.70	0.07	1.57
1997	3.08	0.15	1.90
1998	3.09	0.18	1.36
1999	3.15	0.20	2.02
2000	2.73	0.20	2.00
2001	2.42	0.12	1.77
2002	2.50	0.10	1.86
2003	2.16	−0.27	1.42
2004	2.05	−0.38	1.23
2005	1.95	−0.44	1.25
2006	1.93	−0.56	1.05
2007	1.85	−0.56	0.92
2008	1.78	−0.58	0.87
2009	1.59	−0.71	0.68
2010	1.49	−0.72	0.56
2011	1.50	−0.74	0.48
2012	—	—	—

根据上述区县的得分，得到三个区域各自的和三峡库区总体平均得分，以及三个区域各自的和三峡库区总体标准差，如图 3.13、图 3.14 所示。

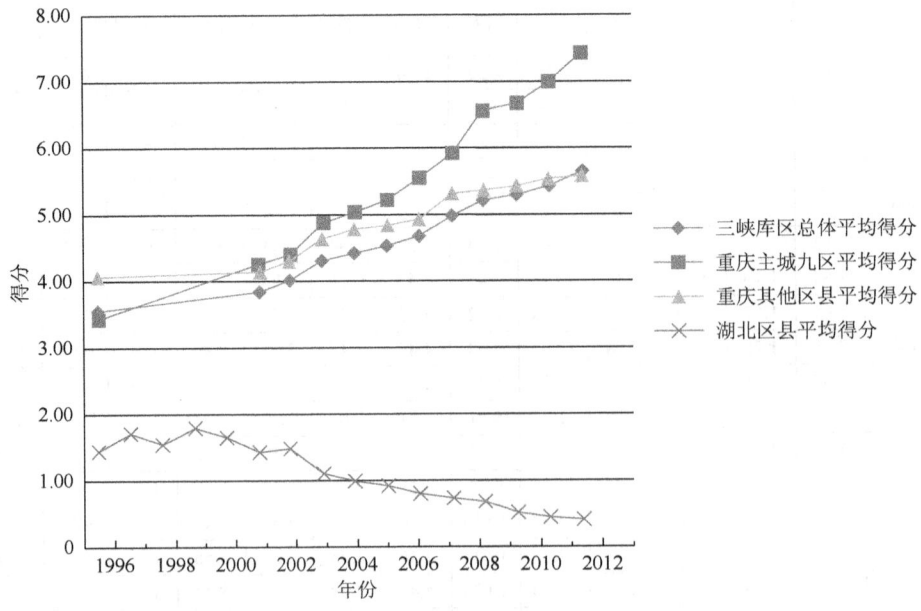

图 3.13　三峡库区专任教师数量规模水平的分区域显示

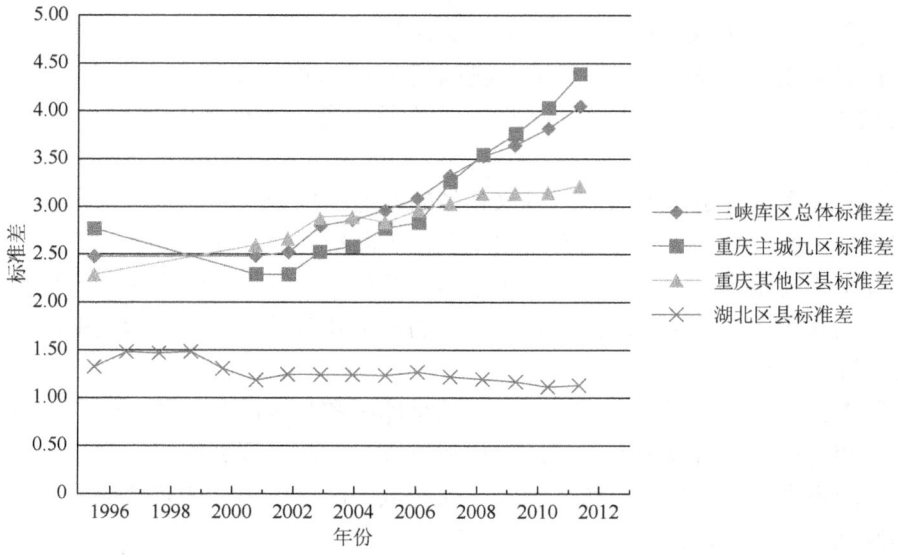

图 3.14 三峡库区专任教师数量分区域内均等化相对进程

图 3.13 反映的是 1996~2012 年三峡库区和分区域专任教师数量规模水平变化趋势。可以发现，三峡库区和重庆三峡库区区域的专任教师数量规模水平得分呈递增趋势，而三峡库区湖北区域的专任教师数量规模水平的得分却呈现与总体相反的趋势，其变化趋势为逐年递减，其中重庆其他区县的专任教师数量规模水平整体高于库区的平均水平，且与库区有高度正相关的变化趋势，而重庆主城九区的总体得分高于三峡库区和重庆其他区县平均水平，且与库区总体的变化趋势正相关；湖北三个区县的专任教师数量规模与库区总体得分的差距较大，且呈现出逐年递减的趋势。

具体来说，1996~2012 年，三峡库区的专任教师数量水平从 3.54 升至为 5.63，增加幅度为 59.03%；1996~2012 年，重庆其他区县库区的专任教师数量水平从 4.09 升至为 5.59，增加幅度为 36.67%；重庆市主城九区的专任教师数量水平从 3.44 增加至 7.42，增加幅度为 1.16 倍；1996~2011 年，湖北省三个区县的专任教师数量水平从 1.45 减至 0.41，减小幅度为 71.72%。不难发现，关于专任教师数量水平指标，重庆区县高于三峡库区平均水平，且其变化趋势速度也与库区平均变化趋势速度基本保持一致；重庆主城九区高于库区平均水平，其基本处于递增趋势，且主城九区的平均得分持续增加；湖北三区县总体水平得分较低，与库区整体水平差距明显，其递减速度也较快。重庆库区的专任教师数量规模水平变化原因可能为：教师数量的变化与在校学生数量的变化呈现一定的正相关性，所以两者的变化趋势的相似度较高。由于计划生育政策，我国人口得到有效控制。随着本轮人口出生高峰的消退，我国人口结构改变，适龄儿童入学数量减少，中小学生人数逐年下降，但到了一定的年限，随着政策的常态化以及政策的深入化，我国的人口结构趋于稳定，适龄儿童入学的数量也趋于稳定，所以相对应的专任教师数量也呈现出先递增后趋于稳定的趋势。

随着高等教育走向大众化，越来越多的普通高校专业的优秀师范毕业生进入到中小学，所以中小学教师的素质水平也在不断地提高，学历的合格率也越来越高，高学历的比重也逐年上升。学历结构、职称结构、学员结构和年龄结构等不尽合理的现象逐步得到相应的改善，教师的水平和质量不能满足学校事业发展需要的情况逐渐得到缓解。

图 3.14 表示的是以标准差形式反映的全库区和分区域专任教师数量规模水平均等化相对进程，可以看出，库区整体和重庆三峡库区区域内部的专任教师数量差异呈现不同程度的递增趋势，湖北三峡区域的区域内部专任教师数量差异呈现出递减基本稳定的趋势。

具体来说，1996 年三峡库区、重庆主城九区、重庆其他区县、湖北区县内部的专任教师数量水平平均标准差分别为 2.46，2.76，2.30，1.32。到 2011 年，三峡库区、重庆主城九区和其他区县及湖北区县的学校数量标准差分别为 4.04，4.40，3.21，1.12。1996~2011 年，重庆其他区县专任教师数量差异变化趋势与三峡库区差异变化趋势高度吻合，这说明重庆其他区县的专任教师数量水平内部差异对全库区内部差异的"绝对"贡献较大，对全库区内部差异的"相对"贡献也较大，其差异变化趋势与库区差异变化趋势高度吻合。重庆主城九区的专任教师数量内部差异处于递增趋势，其均等化程度越来越低。湖北三个区县的专任教师数量水平内部差异呈现稳定递减趋势，其与整体变化趋势不吻合。

3.3.8　小学专任教师数量指标分析

小学专任教师数量指标是专任教师数量指标的细化，是衡量一个地区小学教育事业发展水平的重要指标。小学专任教师数量和质量也是影响教育资源质量的关键因素，其考核是从地区公共资源的角度来衡量社会教育发展水平的。由于三峡库区内湖北省巴东县统计数据缺失，针对目前数据可得的其他 25 个区县进行区域划分，将渝中区、大渡口区、江北区等重庆主城九区划为第一个区域，重庆市的其他 22 个区县划为第二个区域，湖北省的夷陵区、兴山县和秭归县划为第三个区域，以下划分类似。

根据重庆市和湖北省的历年统计年鉴，三峡库区小学专任教师数量如表 3.44~表 3.46 所示。

表 3.44　三峡库区小学专任教师数量统计（重庆主城九区）　（单位：人）

地区 年份	渝中区	大渡口区	江北区	沙坪坝区	九龙坡区	南岸区	北碚区	渝北区	巴南区
2000	862	2084	2443	2726	1746	2406	3188	3245	4579
2001	850	2023	2481	2707	1692	2364	3236	3156	4659
2002	826	1921	2410	2697	1585	2279	3112	3169	4459
2003	769	1936	2089	2397	1501	2237	3076	2883	4234
2004	797	1858	2080	2426	1524	1957	3140	2739	4136
2005	815	1820	2120	2511	1549	1967	3146	2724	4118
2006	797	1804	2220	2581	1575	1955	3296	2704	4218
2007	816	1821	2471	2721	1627	2010	3507	2827	4326
2008	836	1841	2516	2776	1690	2085	3649	2781	4235
2009	843	1839	2548	2838	1735	2074	3663	2670	4181
2010	867	1827	2538	2816	1795	2098	3694	2617	4129
2011	881	1785	2585	2998	1852	2034	3901	2658	4250
2012	906	1785	2569	3089	1948	2045	4108	2634	4245

资料来源：《重庆统计年鉴 1997～2013》

注：由于 1996～1999 年统计年鉴统计口径原因，该指标数据缺失，故未纳入统计分析，下同

表 3.45　三峡库区小学专任教师数量统计（重庆其他区县）　（单位：人）

地区 年份	巫山县	巫溪县	奉节县	云阳县	万州区	开县	忠县	石柱县	丰都县	涪陵区	武隆县	长寿区	江津区
2000	2202	2811	3613	5232	6445	5202	3600	2785	3040	4419	1776	3088	2104
2001	2002	2291	3680	5025	6410	5477	3521	2626	3104	4331	1840	3007	2175
2002	2149	2416	3588	5218	6258	5736	3542	2700	3062	4507	1969	2935	2201
2003	2182	2082	3599	4996	6128	5746	3400	2773	2986	4771	1985	2809	2260
2004	2182	2117	3649	4754	5889	5848	3206	2791	2822	4631	1968	3398	2221
2005	1973	2376	3803	4663	5814	5828	3169	2800	2839	4557	2061	3302	2218
2006	2016	2346	3834	4573	5654	5985	3163	2838	2826	4255	2022	2777	2201
2007	2409	2786	4259	5234	5573	6248	3174	2845	2934	4292	2088	3047	2210
2008	2335	2830	4038	4918	5420	6140	3035	2813	2831	4276	2007	2985	2214
2009	2433	2756	3790	4663	5246	6135	3079	2736	2996	4203	1946	2944	2184
2010	2495	2666	3785	4486	5124	6049	3053	2736	3064	4150	1920	3145	2184
2011	2447	2701	3769	4573	4984	6195	3049	2714	2983	3974	1894	2966	2175
2012	2442	2648	3822	4424	4848	6116	2938	2665	3050	3859	1857	2856	2156

资料来源：《重庆统计年鉴 1997～2013》

表 3.46　三峡库区小学专任教师数量统计（湖北省各区县）　（单位：人）

年份＼地区	夷陵区	兴山县	秭归县
1996	2404	1144	1884
1997	2842	1150	2175
1998	2830	1143	1643
1999	2790	1135	2168
2000	2268	1105	1992
2001	2016	998	1730
2002	1985	975	1649
2003	1911	655	1593
2004	1876	685	1590
2005	1868	640	1681
2006	1847	628	1565
2007	1810	638	1473
2008	1787	653	1473
2009	1631	543	1258
2010	1546	525	1189
2011	1515	508	1127
2012	—	—	—

资料来源：《湖北统计年鉴 1997～2013》

由于数据缺失较多，故以 2001 年为基年进行分析；且该指标与基本公共服务水平呈正向关系，在计算得分时，按照第一个公式，结果如表 3.47～表 3.49 所示。

表 3.47　三峡库区小学专任教师数量指标得分统计（重庆主城九区）

年份＼地区	渝中区	大渡口区	江北区	沙坪坝区	九龙坡区	南岸区	北碚区	渝北区	巴南区
2000	0.02	2.22	2.87	3.37	1.61	2.80	4.21	4.31	6.71
2001	0	2.11	2.93	3.34	1.51	2.72	4.29	4.15	6.85
2002	−0.04	1.93	2.81	3.32	1.32	2.57	4.07	4.17	6.49
2003	−0.15	1.95	2.23	2.78	1.17	2.49	4.00	3.66	6.09
2004	−0.10	1.81	2.21	2.83	1.21	1.99	4.12	3.40	5.91
2005	−0.06	1.74	2.28	2.99	1.26	2.01	4.13	3.37	5.88
2006	−0.10	1.72	2.46	3.11	1.30	1.99	4.40	3.33	6.06
2007	−0.06	1.75	2.92	3.37	1.40	2.09	4.78	3.56	6.25

续表

地区\年份	渝中区	大渡口区	江北区	沙坪坝区	九龙坡区	南岸区	北碚区	渝北区	巴南区
2008	−0.03	1.78	3.00	3.46	1.51	2.22	5.03	3.47	6.09
2009	−0.01	1.78	3.05	3.58	1.59	2.20	5.06	3.27	5.99
2010	0.03	1.76	3.04	3.54	1.70	2.24	5.12	3.18	5.90
2011	0.06	1.68	3.12	3.86	1.80	2.13	5.49	3.25	6.12
2012	0.10	1.68	3.09	4.03	1.97	2.15	5.86	3.21	6.11

表 3.48　三峡库区小学专任教师数量指标得分统计（重庆其他区县）

地区\年份	巫山县	巫溪县	奉节县	云阳县	万州区	开县	忠县	石柱县	丰都县	涪陵区	武隆县	长寿区	江津区
2000	2.43	3.53	4.97	7.88	10.06	7.83	4.95	3.48	3.94	6.42	1.67	4.03	2.26
2001	2.07	2.59	5.09	7.51	10.00	8.32	4.80	3.19	4.05	6.26	1.78	3.88	2.38
2002	2.34	2.82	4.92	7.86	9.73	8.79	4.84	3.33	3.98	6.58	2.01	3.75	2.43
2003	2.40	2.22	4.94	7.46	9.49	8.81	4.59	3.46	3.84	7.05	2.04	3.52	2.54
2004	2.40	2.28	5.03	7.02	9.06	8.99	4.24	3.49	3.55	6.80	2.01	4.58	2.47
2005	2.02	2.74	5.31	6.86	8.93	8.95	4.17	3.51	3.58	6.67	2.18	4.41	2.46
2006	2.10	2.69	5.37	6.70	8.64	9.24	4.16	3.58	3.55	6.12	2.11	3.47	2.43
2007	2.80	3.48	6.13	7.88	8.49	9.71	4.18	3.59	3.75	6.19	2.23	3.95	2.45
2008	2.67	3.56	5.73	7.32	8.22	9.51	3.93	3.53	3.56	6.16	2.08	3.84	2.45
2009	2.85	3.43	5.29	6.86	7.91	9.51	4.01	3.39	3.86	6.03	1.97	3.77	2.40
2010	2.96	3.27	5.28	6.54	7.69	9.35	3.96	3.39	3.98	5.94	1.92	4.13	2.40
2011	2.87	3.33	5.25	6.70	7.44	9.61	3.96	3.35	3.84	5.62	1.88	3.81	2.38
2012	2.86	3.23	5.35	6.43	7.19	9.47	3.76	3.26	3.96	5.41	1.81	3.61	2.35

表 3.49　三峡库区小学专任教师数量指标得分统计（湖北省各区县）

地区\年份	夷陵区	兴山县	秭归县
1996	2.79	0.53	1.86
1997	3.58	0.54	2.38
1998	3.56	0.53	1.43
1999	3.49	0.51	2.37
2000	2.55	0.46	2.05
2001	2.10	0.27	1.58
2002	2.04	0.22	1.44
2003	1.91	−0.35	1.34

续表

年份 \ 地区	夷陵区	兴山县	秭归县
2004	1.85	−0.30	1.33
2005	1.83	−0.38	1.49
2006	1.79	−0.40	1.29
2007	1.73	−0.38	1.12
2008	1.69	−0.35	1.12
2009	1.40	−0.55	0.73
2010	1.25	−0.58	0.61
2011	1.20	−0.62	0.50
2012	—	—	—

根据上述区县的得分，得到三个区域各自的和三峡库区总体平均得分，以及三个区域各自的和三峡库区总体标准差，如图 3.15、图 3.16 所示。

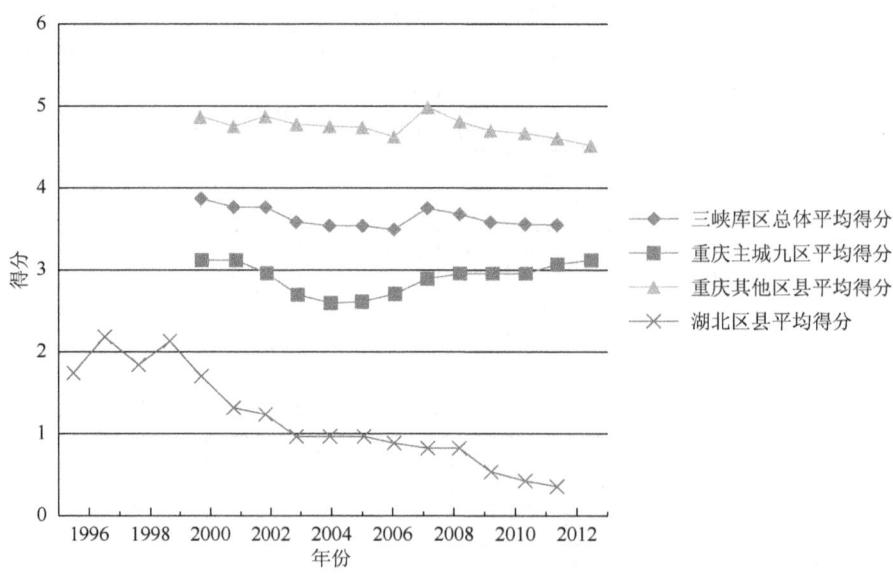

图 3.15　三峡库区小学专任教师数量规模水平的分区域显示

图 3.15 反映的是 1996～2012 年全库区和分区域小学专任教师数量规模水平变化趋势。可以发现，全库区和重庆三峡库区区域的小学专任教师数量规模水平得分呈现水平发展趋势整体变化不大，而三峡库区湖北区域的小学专任教师数量规模水平的得分却呈现出逐年递减的趋势，其中重庆其他区县的小学专任教师数量规模水平整体高于库区的平均水平，且与库区有高度正相关的变化趋势，而重

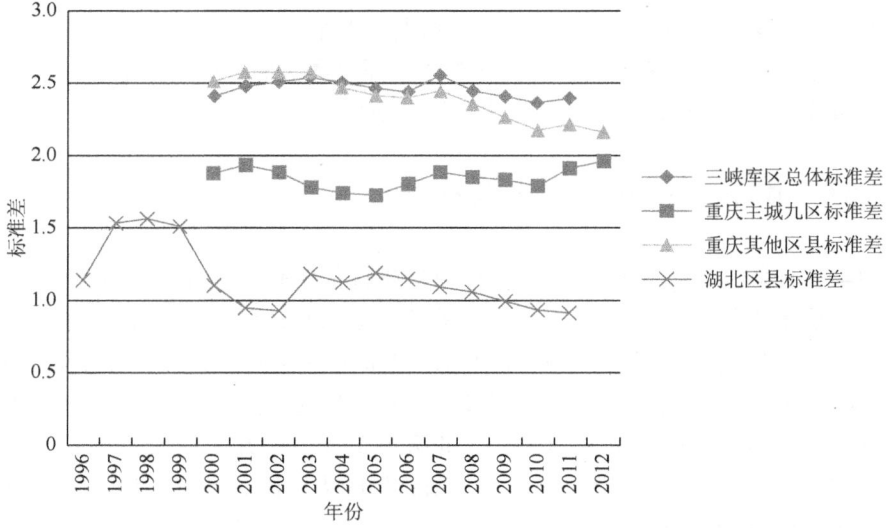

图 3.16 三峡库区小学专任教师数量分区域内均等化相对进程

庆主城九区的总体得分低于全库区平均水平，且与库区总体的变化趋势正相关；湖北三个区县的小学专任教师数量规模与库区总体得分的差距较大，且呈现出逐年递减的趋势。

不难发现，关于小学专任教师数量水平指标，重庆其他区县、主城九区其变化趋势速度与库区平均变化趋势速度基本保持一致，发展平缓；湖北三区县总体水平得分较低，与库区整体水平差距明显，其递减速度也较快。重庆库区的小学专任教师数量规模水平的变化原因可能为：小学教师数量的变化与小学在校学生数量的变化呈现出一定的正相关性，所以两者的变化趋势的相似度较高。

图 3.16 表示的是以标准差形式反映的全库区和分区域小学专任教师数量规模水平均等化进程。可以明显看出，三峡库区整体和重庆三峡库区区域内部的小学专任教师数量差异变化趋势不明显，呈现出基本稳定的趋势，但是库区整体和重庆其他区县的内部差异变化不大，重庆主城九区的内部变化差异整体低于整个库区和重庆其他区县的内部差异；湖北三峡区域的区域内部小学专任教师数量差异波动较为明显，呈现出先递增后再递增再递减的变化趋势。具体来说，2000 年，三峡库区、重庆主城九区、重庆其他区县、湖北区县内部的小学专任教师数量水平平均标准差分别为 2.41，1.88，2.51，1.09，由组间的标准差差异得到主城九区的小学专任教师数量的均等化程度高于重庆其他区县；到 2011 年，三峡库区、重庆主城九区和其他区县及湖北区县的学校数量标准差分别为 2.39，1.91，2.22，0.91。这说明，组内的标准差都在减小，库区的小学专任教师数量均等化程度在改善。重庆其他区县的小学专任教师数量水平内部差异对全库区内部差异的"绝对"贡献最大，其差异变化趋

势与库区差异变化趋势高度吻合。重庆主城九区的小学专任教师数量内部差异一直都处于较低水平。湖北三个区县的小学专任教师数量水平内部差异呈现递增递减再递增再递减的波动趋势，其与整体变化趋势不吻合。

3.3.9　中学专任教师数量指标分析

中学专任教师数量指标是专任教师数量指标的细化，是衡量一个地区中学教育事业发展水平的重要指标。中学专任教师的数量和质量也是影响教育资源质量的关键因素，其考核是从地区公共资源的角度来衡量区县的社会教育发展水平的。由于三峡库区内湖北省巴东县统计数据缺失，针对目前数据可得的其他25个区县进行区域划分，将渝中区、大渡口区、江北区等重庆主城九区划为第一个区域，重庆市的其他22个区县划为第二个区域，湖北省的夷陵区、兴山县和秭归县划为第三个区域，以下划分类似。

根据重庆市和湖北省的历年统计年鉴，三峡库区中学专任教师数量如表3.50~表3.52所示。

表3.50　三峡库区中学专任教师数量统计（重庆主城九区）（单位：人）

年份\地区	渝中区	大渡口区	江北区	沙坪坝区	九龙坡区	南岸区	北碚区	渝北区	巴南区
2000	769	1698	2849	2906	1743	2259	2927	2748	3831
2001	817	1656	2857	2569	1736	2318	2966	2761	3784
2002	825	1591	2801	2624	1708	2234	3031	2688	3558
2003	771	1531	2811	2468	1623	2230	3075	2508	3713
2004	789	1474	2958	2612	1692	2142	3189	2509	3857
2005	799	1427	3083	2739	1752	2144	3204	2511	4138
2006	855	1458	3133	2936	1846	2167	3369	2572	4012
2007	883	1440	3311	3124	1957	2202	3501	2688	4070
2008	904	1875	3437	3574	2042	2227	3624	2722	4067
2009	930	2122	3438	3809	2104	2280	3693	2772	4141
2010	946	2293	3495	3885	2172	2285	3806	2714	4229
2011	986	2272	3624	4038	2278	2363	3852	2831	4295
2012	1017	2370	3825	4178	2336	2223	4027	2785	4234

资料来源：《重庆统计年鉴1997~2013》

表 3.51　三峡库区中学专任教师数量统计（重庆其他区县）（单位：人）

地区 年份	巫山县	巫溪县	奉节县	云阳县	万州区	开县	忠县	石柱县	丰都县	涪陵区	武隆县	长寿区	江津区
2000	1267	1051	1981	1919	4135	3294	2492	1091	1826	3079	864	2659	2011
2001	1361	1119	2605	2040	4420	3569	2731	1159	1979	3368	908	2674	2041
2002	1495	1047	2171	2106	4818	3659	2821	1252	1945	3677	948	2690	2099
2003	1565	1221	2233	2513	4806	3936	2858	1285	2020	3909	1000	2578	2142
2004	1638	1371	2355	2522	4925	4042	2917	1345	1981	3927	1056	2851	2211
2005	1712	1469	2473	2673	4910	4202	2941	1456	2080	3935	1111	2698	2267
2006	1845	1444	2721	2772	5035	4344	2927	1549	2197	3993	1124	2774	2249
2007	1932	1672	3097	3293	5143	4606	2821	1710	2253	4217	1184	2856	2309
2008	2060	1747	3084	3473	5247	4872	2875	1795	2232	4218	1205	2934	2351
2009	2102	1810	3195	3737	5328	5177	3029	1826	2384	4222	1288	2908	2424
2010	2181	1823	3272	3870	5422	5308	3059	1807	2596	4252	1292	3041	2477
2011	2245	1913	3248	3790	5445	5510	2912	1903	2696	4155	1246	3142	2475
2012	2335	1890	3186	3908	5706	5659	2923	1931	2748	4163	1220	3123	2480

资料来源：《重庆统计年鉴 1997～2013》

表 3.52　三峡库区中学专任教师数量统计（湖北省各区县）（单位：人）

地区 年份	夷陵区	兴山县	秭归县
1996	2283	789	1619
1997	2237	872	1671
1998	2256	906	1643
1999	2360	933	1804
2000	2449	970	1958
2001	2371	992	1986
2002	2491	991	2162
2003	2204	930	1756
2004	2129	780	1556
2005	2031	761	1483
2006	2029	652	1391
2007	1989	638	1348
2008	1931	603	1295
2009	1894	577	1311
2010	1871	584	1262
2011	1911	584	1237
2012	—	—	—

资料来源：《重庆统计年鉴 1997～2013》

由于相关数据的缺失，故以 2001 年为基年进行分析；且该指标与基本公共服务水平呈正向关系，在计算得分时，按照第一个公式，结果如表 3.53～表 3.55 所示。

表 3.53　三峡库区中学专任教师数量指标得分统计（重庆主城九区）

年份\地区	渝中区	大渡口区	江北区	沙坪坝区	九龙坡区	南岸区	北碚区	渝北区	巴南区
2000	−0.13	2.45	5.64	5.80	2.57	4.00	5.86	5.36	8.37
2001	0	2.33	5.66	4.86	2.55	4.17	5.96	5.40	8.23
2002	0.02	2.15	5.51	5.02	2.47	3.93	6.14	5.19	7.61
2003	−0.13	1.98	5.53	4.58	2.24	3.92	6.27	4.69	8.04
2004	−0.08	1.82	5.94	4.98	2.43	3.68	6.58	4.70	8.44
2005	−0.05	1.69	6.29	5.33	2.60	3.68	6.63	4.70	9.22
2006	0.11	1.78	6.43	5.88	2.86	3.75	7.08	4.87	8.87
2007	0.18	1.73	6.92	6.40	3.16	3.84	7.45	5.19	9.03
2008	0.24	2.94	7.27	7.65	3.40	3.91	7.79	5.29	9.02
2009	0.31	3.62	7.27	8.30	3.57	4.06	7.98	5.43	9.23
2010	0.36	4.10	7.43	8.52	3.76	4.07	8.30	5.27	9.47
2011	0.47	4.04	7.79	8.94	4.05	4.29	8.42	5.59	9.65
2012	0.56	4.31	8.35	9.33	4.22	3.90	8.91	5.46	9.48

表 3.54　三峡库区中学专任教师数量指标得分统计（重庆其他区县）

年份\地区	巫山县	巫溪县	奉节县	云阳县	万州区	开县	忠县	石柱县	丰都县	涪陵区	武隆县	长寿区	江津区
2000	1.25	0.65	3.23	3.06	9.21	6.87	4.65	0.76	2.80	6.28	0.13	5.11	3.31
2001	1.51	0.84	4.96	3.39	10.00	7.64	5.31	0.95	3.23	7.08	0.25	5.15	3.40
2002	1.88	0.64	3.76	3.58	11.10	7.89	5.56	1.21	3.13	7.94	0.36	5.20	3.56
2003	2.08	1.12	3.93	4.71	11.07	8.66	5.66	1.30	3.34	8.58	0.51	4.89	3.68
2004	2.28	1.54	4.27	4.73	11.40	8.95	5.83	1.47	3.23	8.63	0.66	5.65	3.87
2005	2.48	1.81	4.60	5.15	11.36	9.39	5.90	1.77	3.51	8.65	0.82	5.22	4.02
2006	2.85	1.74	5.28	5.43	11.71	9.79	5.86	2.03	3.83	8.81	0.85	5.43	3.97
2007	3.09	2.37	6.33	6.87	12.01	10.52	5.56	2.48	3.99	9.44	1.02	5.66	4.14
2008	3.45	2.58	6.29	7.37	12.30	11.25	5.71	2.71	3.93	9.44	1.08	5.88	4.26
2009	3.57	2.76	6.60	8.10	12.52	12.10	6.14	2.80	4.35	9.45	1.31	5.80	4.46
2010	3.79	2.79	6.81	8.47	12.78	12.46	6.22	2.75	4.94	9.53	1.32	6.17	4.61
2011	3.96	3.04	6.75	8.25	12.84	13.03	5.81	3.01	5.22	9.26	1.19	6.45	4.60
2012	4.21	2.98	6.58	8.58	13.57	13.44	5.85	3.09	5.36	9.29	1.12	6.40	4.62

表 3.55 三峡库区中学专任教师数量指标得分统计（湖北省各区县）

年份 \ 地区	夷陵区	兴山县	秭归县
1996	4.07	−0.08	2.23
1997	3.94	0.15	2.37
1998	3.99	0.25	2.29
1999	4.28	0.32	2.74
2000	4.53	0.42	3.17
2001	4.31	0.49	3.24
2002	4.65	0.48	3.73
2003	3.85	0.31	2.61
2004	3.64	−0.10	2.05
2005	3.37	−0.16	1.85
2006	3.36	−0.46	1.59
2007	3.25	−0.50	1.47
2008	3.09	−0.59	1.33
2009	2.99	−0.67	1.37
2010	2.93	−0.65	1.24
2011	3.04	−0.65	1.17
2012	—	—	—

根据上述区县的得分，得到三个区域各自的和三峡库区总体平均得分，以及三个区域各自的和三峡库区总体标准差，如图 3.17、图 3.18 所示。

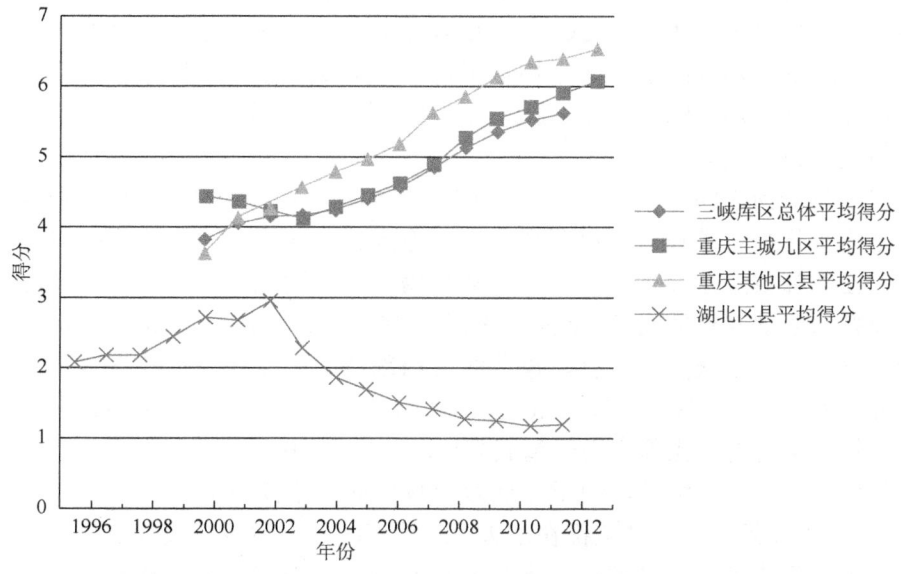

图 3.17 三峡库区中学专任教师数量规模水平的分区域显示

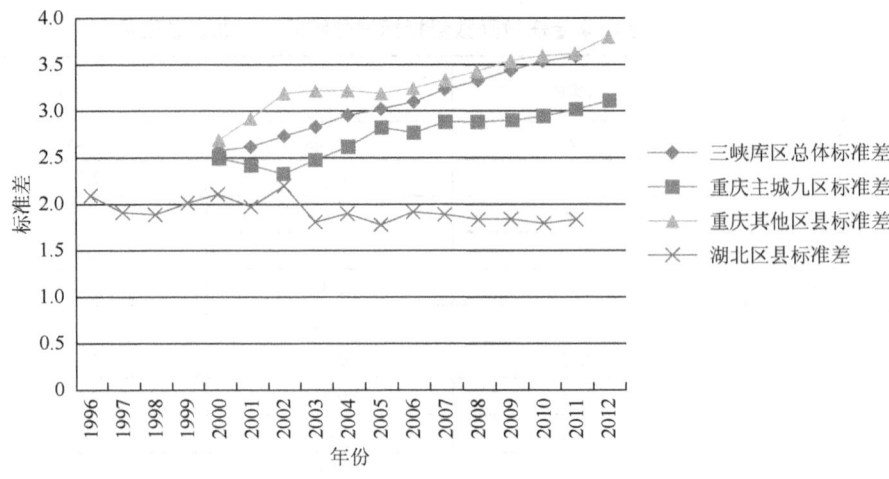

图 3.18　三峡库区中学专任教师数量分区域内均等化相对进程

图 3.17 反映的是 1996~2012 年全库区和分区域中学专任教师数量规模水平变化趋势。可以发现，全库区和重庆三峡库区区域的中学专任教师数量规模水平得分呈递增趋势，而三峡库区湖北区域的中学专任教师规模水平得分的变化趋势为先递增后递减。其中重庆其他区县的中学专任教师数量规模水平整体高于全库区的平均水平，且与全库区有高度正相关的变化趋势，而重庆主城九区的总体得分高于全库区平均水平，且与库区总体的变化趋势正相关；湖北三个区县的中学专任教师数量规模与库区总体得分的差距较大，且呈现出先递增后递减的趋势。不难发现，关于中学专任教师数量水平指标，重庆其他区县高于全库区平均水平，且其变化趋势速度也与库区平均变化趋势速度基本保持一致；重庆的主城九区高于库区平均水平，其基本处于递增趋势，且主城九区的平均得分持续增加；湖北三区县总体水平得分较低，与库区整体水平差距明显，其递减速度也较快。

图 3.18 表示的是以标准差形式反映的全库区和分区域中学专任教师数量规模水平均等化相对进程。可以明显看出，库区整体和重庆三峡库区区域内部的中学专任教师数量差异呈现不同程度的递增趋势，湖北三峡区域的区域内部中学专任教师数量差异呈现出递减基本稳定的趋势。具体来说，2000 年，库区、重庆主城九区、重庆其他区县、湖北区县内部的中学专任教师数量水平平均标准差分别为 2.54，2.50，2.71，2.09，由组间的标准差差异得到主城九区的中学专任教师数量的均等化程度高于重庆其他区县；到 2011 年，库区、重庆主城九区和其他区县及湖北区县的中学专任教师数量标准差分别为 3.57，3.01，3.6，1.84。这说明，组内的标准差都在增大，三峡库区的中学专任教师数量均等化程度在改善。重庆其他区县的中学专任教师数量水平内部差异对全库区内部差异

的"绝对"贡献最大，对全库区内部差异的"相对"贡献最大，其差异变化趋势与库区差异变化趋势高度吻合。重庆主城九区的中学专任教师数量内部差异处于减小趋势，其均等化程度越来越高。湖北三个区县的中学专任教师数量水平内部差异呈现递减稳定趋势。

3.3.10 小学生师比指标分析

生师比是在校学生与教师的数量比例，反映了社会资源利用率与办学质量的一般关系。在保证教学质量的前提下，生师比越高，社会资源利用率就越高；但生师比越高，教学质量就越难保证。在我国高等教育大众化的今天，较低的生师比通常意味着较高的教学质量。由于三峡库区内湖北省巴东县统计数据缺失，针对目前数据可得的其他25个区县进行区域划分，将渝中区、大渡口区、江北区等重庆主城九区划为第一个区域，重庆市的其他22个区县划为第二个区域，湖北省的夷陵区、兴山县和秭归县划为第三个区域，以下划分类似。

根据重庆市和湖北省的历年统计年鉴，三峡库区关于小学生师比数据如表3.56~3.58所示。

表3.56 三峡库区小学生师比统计（重庆主城九区）

地区 年份	渝中区	大渡口区	江北区	沙坪坝区	九龙坡区	南岸区	北碚区	渝北区	巴南区
2000	15.58	12.98	17.51	17.51	15.86	16.12	18.29	18.87	23.37
2001	16.35	13.76	17.22	17.69	16.60	16.02	18.03	19.37	22.78
2002	17.14	14.88	17.55	17.74	17.97	16.32	18.68	19.02	22.88
2003	19.32	14.71	20.20	19.93	19.02	16.38	18.62	20.06	24.51
2004	19.11	15.18	20.80	20.04	19.83	18.19	18.33	20.13	24.56
2005	19.07	15.87	20.58	19.48	19.82	17.18	17.88	18.90	23.66
2006	20.08	16.15	19.68	18.92	20.24	16.13	17.26	17.88	22.72
2007	20.11	16.14	18.01	18.17	20.17	15.04	16.14	15.96	21.51
2008	20.20	15.86	17.99	18.27	20.06	13.75	15.90	15.17	21.76
2009	19.87	15.81	17.65	17.92	19.77	12.93	15.77	14.79	18.52
2010	19.37	15.89	17.66	18.29	19.73	12.23	15.77	14.91	18.14
2011	19.02	15.82	17.47	17.58	19.82	12.37	15.61	14.92	17.48
2012	18.58	15.69	18.07	17.47	19.30	12.34	15.67	15.40	17.75

资料来源：《重庆统计年鉴1997~2013》

表 3.57 三峡库区小学生师比统计（重庆其他区县）

年份\地区	巫山县	巫溪县	奉节县	云阳县	万州区	开县	忠县	石柱县	丰都县	涪陵区	武隆县	长寿区	江津区
2000	29.23	19.88	34.03	24.27	21.09	34.41	24.64	16.94	21.39	21.66	19.63	22.36	15.79
2001	31.25	24.92	33.90	26.69	21.01	32.76	24.11	19.68	20.72	22.48	18.99	23.42	14.69
2002	29.92	24.14	35.04	27.66	21.31	31.14	23.62	21.31	22.18	22.05	18.24	24.10	14.70
2003	29.44	27.69	35.66	30.24	21.81	30.52	23.90	20.48	22.83	20.38	18.45	25.02	14.55
2004	29.32	25.64	34.94	30.94	22.04	29.19	24.48	20.11	24.18	19.91	18.68	19.94	14.81
2005	31.66	21.90	32.32	29.96	21.36	28.49	23.75	19.03	23.44	18.90	17.29	19.49	14.78
2006	31.56	20.32	29.77	30.60	21.25	27.17	22.65	18.49	24.31	18.54	16.82	22.16	14.99
2007	25.77	15.76	25.41	25.03	20.88	22.78	20.78	18.02	22.66	16.72	15.31	18.81	14.98
2008	27.10	14.49	24.06	22.61	20.47	22.68	19.90	17.35	22.91	15.19	14.56	17.51	15.37
2009	23.84	12.98	22.60	22.00	19.48	20.53	18.40	15.48	20.06	14.19	13.88	16.00	15.54
2010	21.50	12.51	20.49	21.43	18.26	20.37	17.64	15.04	20.39	13.58	13.36	14.09	15.38
2011	20.95	12.00	19.25	18.62	17.66	19.15	17.51	15.04	21.06	14.23	13.27	14.33	15.22
2012	18.39	12.47	18.19	16.24	17.24	18.32	19.26	15.13	20.63	15.44	13.83	14.82	14.78

资料来源：《重庆统计年鉴 1997~2013》

表 3.58 三峡库区小学生师比统计（湖北省各区县）

年份\地区	夷陵区	兴山县	秭归县
1996	26.11	21.85	27.23
1997	22.51	20.63	23.77
1998	22.20	19.71	29.83
1999	21.60	17.90	20.49
2000	24.79	16.00	18.86
2001	22.16	15.06	18.12
2002	19.41	12.88	15.95
2003	17.90	16.16	14.74
2004	16.80	13.99	13.30
2005	15.24	13.99	11.45
2006	14.16	13.33	11.33
2007	13.40	12.20	10.90
2008	12.85	10.98	10.90
2009	13.66	12.55	11.93
2010	13.95	12.46	11.96
2011	13.77	12.19	12.52
2012	—	—	—

资料来源：《湖北统计年鉴 1997~2013》

由于相关数据的缺失，故以 2000 年为基年进行分析；且该指标与基本公共服务水平呈反向关系，在计算得分时，按照第一个公式，结果如表 3.59～表 3.61 所示。

表 3.59　三峡库区小学生师比指标得分统计（重庆主城九区）

地区\年份	渝中区	大渡口区	江北区	沙坪坝区	九龙坡区	南岸区	北碚区	渝北区	巴南区
2000	−1.21	0	−2.12	−2.11	−1.34	−1.46	−2.48	−2.75	−4.85
2001	−1.57	−0.36	−1.98	−2.20	−1.69	−1.42	−2.36	−2.98	−4.57
2002	−1.94	−0.89	−2.13	−2.22	−2.33	−1.56	−2.66	−2.82	−4.62
2003	−2.96	−0.81	−3.37	−3.24	−2.82	−1.58	−2.63	−3.30	−5.38
2004	−2.86	−1.03	−3.65	−3.30	−3.19	−2.43	−2.50	−3.34	−5.40
2005	−2.84	−1.35	−3.55	−3.03	−3.19	−1.96	−2.29	−2.76	−4.99
2006	−3.31	−1.48	−3.12	−2.77	−3.39	−1.47	−2.00	−2.29	−4.54
2007	−3.33	−1.48	−2.35	−2.42	−3.35	−0.96	−1.48	−1.39	−3.98
2008	−3.37	−1.34	−2.34	−2.47	−3.31	−0.36	−1.36	−1.02	−4.10
2009	−3.21	−1.32	−2.18	−2.31	−3.17	0.02	−1.30	−0.84	−2.58
2010	−2.98	−1.36	−2.19	−2.48	−3.15	0.35	−1.30	−0.90	−2.41
2011	−2.82	−1.32	−2.09	−2.15	−3.19	0.29	−1.23	−0.90	−2.10
2012	−2.61	−1.26	−2.37	−2.10	−2.95	0.30	−1.25	−1.13	−2.23

表 3.60　三峡库区小学生师比指标得分统计（重庆其他区县）

地区\年份	巫山县	巫溪县	奉节县	云阳县	万州区	开县	忠县	石柱县	丰都县	涪陵区	武隆县	长寿区	江津区
2000	−7.58	−3.22	−9.82	−5.27	−3.78	−10.00	−5.44	−1.85	−3.93	−4.05	−3.10	−4.38	−1.31
2001	−8.53	−5.57	−9.76	−6.40	−3.75	−9.23	−5.19	−3.13	−3.61	−4.43	−2.80	−4.87	−0.80
2002	−7.90	−5.21	−10.30	−6.85	−3.89	−8.47	−4.96	−3.89	−4.29	−4.23	−2.46	−5.19	−0.80
2003	−7.68	−6.86	−10.59	−8.05	−4.12	−8.18	−5.10	−3.50	−4.60	−3.45	−2.55	−5.62	−0.73
2004	−7.62	−5.91	−10.25	−8.38	−4.23	−7.56	−5.36	−3.33	−5.23	−3.23	−2.66	−3.25	−0.85
2005	−8.72	−4.16	−9.03	−7.92	−3.91	−7.24	−5.03	−2.82	−4.88	−2.76	−2.01	−3.04	−0.84
2006	−8.67	−3.43	−7.84	−8.22	−3.86	−6.62	−4.51	−2.57	−5.29	−2.59	−1.79	−4.28	−0.94
2007	−5.97	−1.30	−5.80	−5.62	−3.69	−4.57	−3.64	−2.35	−4.52	−1.75	−1.09	−2.72	−0.93
2008	−6.59	−0.71	−5.17	−4.50	−3.50	−4.53	−3.23	−2.04	−4.63	−1.03	−0.74	−2.11	−1.11
2009	−5.07	0	−4.49	−4.21	−3.03	−3.52	−2.53	−1.17	−3.30	−0.56	−0.42	−1.41	−1.19
2010	−3.98	0.22	−3.51	−3.94	−2.46	−3.45	−2.17	−0.96	−3.46	−0.28	−0.18	−0.52	−1.12
2011	−3.72	0.46	−2.93	−2.63	−2.18	−2.88	−2.11	−0.96	−3.77	−0.58	−0.14	−0.63	−1.05
2012	−2.52	0.24	−2.43	−1.52	−1.99	−2.49	−2.93	−1.01	−3.57	−1.15	−0.39	−0.86	−0.84

表 3.61　三峡库区小学生师比指标得分统计（湖北省各区县）

年份 \ 地区	夷陵区	兴山县	秭归县
1996	−6.13	−4.14	−6.65
1997	−4.45	−3.57	−5.04
1998	−4.30	−3.14	−7.86
1999	−4.02	−2.30	−3.50
2000	−5.51	−1.41	−2.74
2001	−4.28	−0.97	−2.40
2002	−3.00	0.05	−1.39
2003	−2.30	−1.48	−0.82
2004	−1.78	−0.47	−0.15
2005	−1.05	−0.47	0.71
2006	−0.55	−0.16	0.77
2007	−0.20	0.36	0.97
2008	0.06	0.93	0.97
2009	−0.32	0.20	0.49
2010	−0.45	0.24	0.48
2011	−0.37	0.37	0.21
2012	—	—	—

根据上述区县的得分，得到三个区域各自的和三峡库区总体平均得分，以及三个区域各自的和三峡库区总体标准差，如图 3.19、图 3.20 所示。

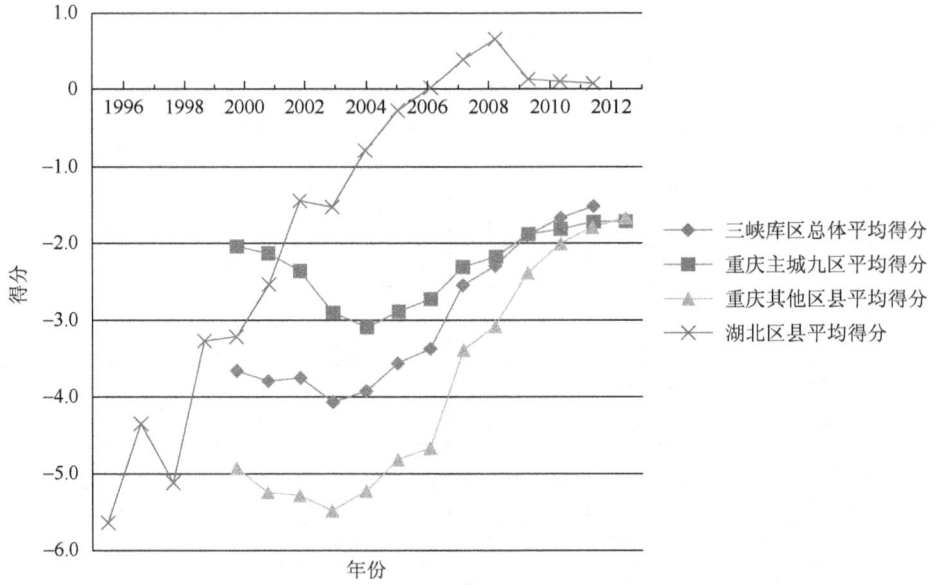

图 3.19　三峡库区小学生师比规模水平的分区域显示

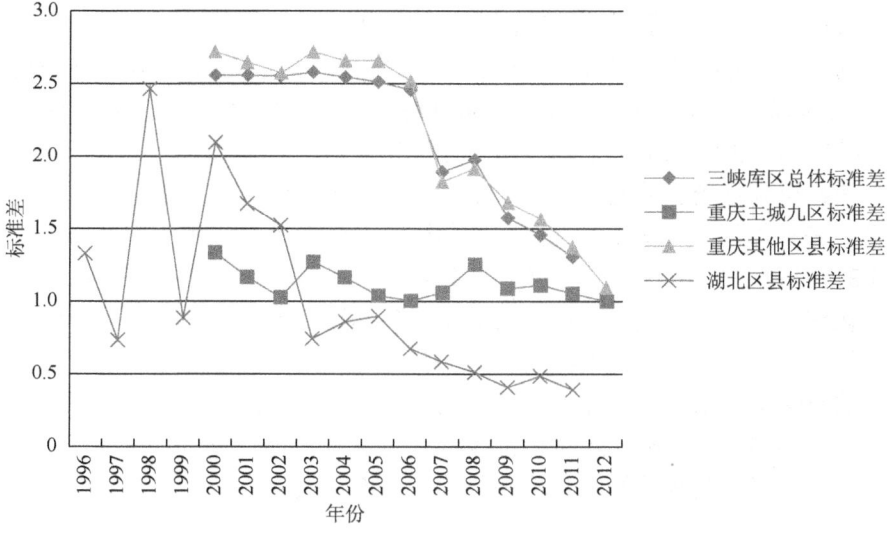

图 3.20 三峡库区小学生师比分区域内均等化相对进程

图 3.19 反映的是 1996～2012 年全库区和分区域小学生师比规模水平变化趋势。可以发现，全库区和重庆三峡库区区域的小学生师比规模水平得分呈递先递减后递增的发展趋势，而三峡库区湖北区域的小学生师比得分的变化趋势为递增，其中重庆其他区县的小学生师比规模水平整体低于库区的平均水平，且与库区有高度正相关的变化趋势，而重庆主城九区的总体得分高于全库区平均水平，且与库区总体的变化趋势正相关；湖北三个区县的小学生师比规模与库区总体得分的差距较大，且呈现递增趋势。

1996～2012 年三峡库区小学生师比得分整体情况是，2000～2003 年三峡库区小学生师比得分从 2000 年的-3.67，减少到 2003 年的-4.07，减少幅度达到 10.90%；2003～2011 年三峡库区小学生师比得分从 2003 年的-4.07 增加到 2011 年的-1.54，增加幅度为 62.16%；1996～2012 年重庆其他区县生师比得分整体情况是，2000～2003 年重庆其他区县小学生师比得分从 2000 年的-4.90，减少到 2003 年的-5.46，减少幅度达到 10.26%；2003～2012 年三峡库区小学生师比得分从 2003 年的-5.46 增加到了 2012 年的-1.65，增加幅度为 69.78%；1996～2012 年重庆主城九区小学生师比得分整体情况是，2000～2004 年重庆主城九区小学生师比得分从 2000 年的-2.04，减少到 2004 年的-3.08，减少幅度达到 50.98%；而 2004～2012 年重庆主城九区的小学生师比呈现出递增的趋势，从 2004 年的-3.08 增长到了 2012 年的-1.73，增加幅度为 43.83%；1996～2012 年湖北区县生师比得分整体情况是，从 1996 年的-5.54，增加到 2011 年的 0.07，增加幅度达到 1.01 倍。这表明三峡库区小学师资整体水平是不断提高的，其教育水平也是不断发展的。

图 3.20 表示的是以标准差形式反映的全库区和分区域小学生师比规模水平均

等化相对进程，可以明显看出，库区整体和重庆三峡库区区域的小学生师比差异呈现不同程度的递减趋势，湖北区县的小学生师比差异呈现出 2000 年前波动较大 2000 年后递减的趋势。具体来说，2000 年库区、重庆主城九区、重庆其他区县、湖北区县的小学生师比水平平均标准差分别为 2.56，1.33，2.73，2.09，由组间的标准差差异得到重庆主城九区的小学生师比的均等化程度高于重庆其他区县，到 2011 年，三峡库区、重庆主城九区和其他区县及湖北区县的小学生师比标准差分别为 1.31，1.00，1.10，0.39。这说明，组内的标准差都在减小，库区的小学生师比均等化程度在改善。重庆其他区县的小学生师比水平内部差异对全库区内部差异的"绝对"贡献最大，其差异变化趋势与库区差异变化趋势高度吻合。重庆主城九区的小学生师比内部差异处于减小趋势，其均等化程度越来越高。2000 年，湖北三个区县的小学生师比水平内部差异呈现递减稳定趋势，其与整体变化趋势基本吻合，这表明其区域的教育均等化程度是逐年改善的。

3.3.11　中学生师比指标分析

生师比是在校学生与教师的数量比例，反映了社会资源利用率与办学质量的一般关系。在保证教学质量的前提下，生师比越高，社会资源利用率就越高；但生师比越高，教学质量就越难保证。在我国高等教育大众化的今天，较低的生师比通常意味着较高的教学质量。由于三峡库区内湖北省巴东县统计数据缺失，针对目前数据可得的其他 25 个区县进行区域划分，将渝中、大渡口、江北区等重庆主城九区划为第一个区域，重庆市的其他 22 个区县划为第二个区域，湖北省的夷陵区、兴山县和秭归县划为第三个区域，以下划分类似。

根据重庆市和湖北省的历年统计年鉴，三峡库区中学生师比数据如表 3.62～表 3.64 所示。

表 3.62　三峡库区中学生师比统计（重庆主城九区）

年份\地区	渝中区	大渡口区	江北区	沙坪坝区	九龙坡区	南岸区	北碚区	渝北区	巴南区
2000	16.27	12.66	14.50	15.15	13.77	15.85	15.52	17.86	18.84
2001	16.12	13.21	15.08	16.56	13.41	14.42	14.38	17.09	17.29
2002	15.60	13.08	15.54	14.87	13.33	14.00	13.52	16.38	17.72
2003	16.34	12.88	16.02	15.98	14.45	13.96	13.67	17.16	17.82
2004	15.54	13.00	15.77	15.47	14.72	15.04	13.64	17.49	17.69
2005	15.31	13.73	15.43	15.53	14.99	15.52	14.07	17.82	16.68
2006	14.91	14.20	15.22	15.11	14.87	15.75	14.38	17.53	17.26

续表

年份\地区	渝中区	大渡口区	江北区	沙坪坝区	九龙坡区	南岸区	北碚区	渝北区	巴南区
2007	15.90	14.85	14.47	14.97	14.64	15.54	14.37	16.97	17.28
2008	16.56	15.11	13.57	14.12	15.58	15.52	14.48	16.65	17.57
2009	16.49	16.82	13.52	13.64	16.33	15.12	14.11	15.79	16.27
2010	16.39	15.93	13.02	13.45	16.93	15.13	13.89	15.43	15.94
2011	15.83	16.41	12.56	12.97	16.35	14.60	13.97	14.08	15.24
2012	15.19	15.96	11.74	12.68	15.74	14.74	13.89	13.81	15.23

资料来源：《重庆统计年鉴1997～2013》

表3.63　三峡库区中学生师比统计（重庆其他区县）

年份\地区	巫山县	巫溪县	奉节县	云阳县	万州区	开县	忠县	石柱县	丰都县	涪陵区	武隆县	长寿区	江津区
2000	18.10	16.64	23.52	22.19	19.16	22.04	18.10	18.74	18.20	16.61	16.94	15.43	13.90
2001	18.06	18.42	18.15	24.55	19.17	24.31	18.29	19.22	17.41	16.08	17.50	15.37	14.08
2002	18.37	19.86	21.59	26.43	18.49	25.22	18.29	19.79	17.48	15.36	18.33	15.27	14.14
2003	19.45	20.69	22.49	27.45	19.57	25.12	18.82	21.06	18.30	14.74	18.33	16.58	14.32
2004	20.13	19.44	24.07	27.77	19.64	24.89	18.50	21.24	19.51	15.18	18.14	15.52	14.24
2005	19.75	20.52	24.73	27.11	20.05	24.24	17.92	20.52	18.81	15.82	17.45	16.72	14.22
2006	19.89	22.16	24.48	28.49	20.26	23.81	18.06	20.78	18.65	16.17	18.17	16.60	14.62
2007	19.14	20.43	22.51	25.75	20.07	21.35	18.44	19.87	18.23	16.19	17.96	16.20	13.72
2008	18.25	19.95	23.57	25.06	20.27	21.14	18.83	20.02	19.79	16.84	19.03	16.49	12.63
2009	17.99	18.43	22.39	23.91	19.74	19.84	18.13	20.36	19.13	16.87	18.57	16.80	11.27
2010	17.92	16.92	21.66	23.90	19.35	19.64	17.91	20.46	18.28	16.25	18.57	15.38	10.94
2011	17.06	15.47	20.43	23.37	18.99	18.23	18.01	18.50	17.08	15.57	18.59	13.86	10.58
2012	15.77	14.40	19.83	20.21	18.04	16.09	16.95	16.97	16.62	14.46	17.19	12.80	10.28

资料来源：《重庆统计年鉴1997～2013》

表3.64　三峡库区中学生师比统计（湖北省各区县）

年份\地区	夷陵区	兴山县	秭归县
1996	11.88	11.77	10.17
1997	11.55	11.98	10.46
1998	11.84	12.50	11.57
1999	10.19	11.59	12.25

续表

年份\地区	夷陵区	兴山县	秭归县
2000	13.41	12.91	14.13
2001	15.05	12.71	15.88
2002	15.72	13.06	14.41
2003	1.76	14.04	15.85
2004	16.89	15.23	15.23
2005	16.29	13.04	14.03
2006	15.30	12.22	13.39
2007	14.55	11.16	11.91
2008	13.64	12.75	12.40
2009	12.83	11.25	11.65
2010	11.90	10.68	11.57
2011	10.58	10.14	10.92
2012	—	—	—

资料来源：《湖北统计年鉴1997~2013》

由于相关数据的缺失，故以2000年为基年进行分析；且该指标与基本公共服务水平呈反向关系，在计算得分时，按照第一个公式，结果如表3.65~表3.67所示。

表3.65　三峡库区中学生师比指标得分统计（重庆主城九区）

年份\地区	渝中区	大渡口区	江北区	沙坪坝区	九龙坡区	南岸区	北碚区	渝北区	巴南区
2000	-3.32	0	-1.70	-2.29	-1.03	-2.94	-2.63	-4.79	-5.68
2001	-3.18	-0.51	-2.23	-3.60	-0.69	-1.62	-1.58	-4.08	-4.26
2002	-2.70	-0.39	-2.65	-2.04	-0.62	-1.24	-0.79	-3.42	-4.66
2003	-3.38	-0.20	-3.10	-3.06	-1.65	-1.19	-0.93	-4.14	-4.75
2004	-2.65	-0.32	-2.86	-2.59	-1.90	-2.20	-0.91	-4.44	-4.63
2005	-2.44	-0.99	-2.55	-2.64	-2.14	-2.63	-1.30	-4.75	-3.71
2006	-2.07	-1.42	-2.36	-2.26	-2.04	-2.85	-1.59	-4.49	-4.23
2007	-2.99	-2.01	-1.67	-2.13	-1.83	-2.65	-1.58	-3.97	-4.25
2008	-3.59	-2.25	-0.84	-1.34	-2.69	-2.64	-1.67	-3.68	-4.52

续表

地区 年份	渝中区	大渡口区	江北区	沙坪坝区	九龙坡区	南岸区	北碚区	渝北区	巴南区
2009	−3.53	−3.83	−0.79	−0.91	−3.38	−2.26	−1.33	−2.88	−3.32
2010	−3.43	−3.02	−0.34	−0.73	−3.93	−2.27	−1.14	−2.55	−3.02
2011	−2.92	−3.45	0.09	−0.29	−3.40	−1.79	−1.20	−1.31	−2.37
2012	−2.33	−3.03	0.84	−0.02	−2.83	−1.92	−1.13	−1.06	−2.37

表 3.66　三峡库区中学生师比指标得分统计（重庆其他区县）

地区 年份	巫山县	巫溪县	奉节县	云阳县	万州区	开县	忠县	石柱县	丰都县	涪陵区	武隆县	长寿区	江津区
2000	−5.00	−3.66	−10.00	−8.77	−5.98	−8.63	−5.01	−5.60	−5.10	−3.64	−3.94	−2.55	−1.15
2001	−4.97	−5.30	−5.05	−10.95	−5.99	−10.72	−5.19	−6.04	−4.38	−3.15	−4.46	−2.50	−1.31
2002	−5.26	−6.63	−8.22	−12.67	−5.37	−11.56	−5.18	−6.57	−4.43	−2.49	−5.22	−2.41	−1.36
2003	−6.25	−7.39	−9.04	−13.61	−6.36	−11.47	−5.67	−7.73	−5.19	−1.92	−5.22	−3.61	−1.53
2004	−6.87	−6.25	−10.51	−13.90	−6.43	−11.26	−5.37	−7.90	−6.30	−2.32	−5.05	−2.64	−1.45
2005	−6.53	−7.24	−11.11	−13.30	−6.80	−10.66	−4.84	−7.23	−5.66	−2.91	−4.41	−3.74	−1.44
2006	−6.65	−8.75	−10.88	−14.57	−7.00	−10.26	−4.97	−7.47	−5.51	−3.24	−5.07	−3.63	−1.81
2007	−5.97	−7.15	−9.07	−12.05	−6.82	−8.00	−5.32	−6.64	−5.13	−3.25	−4.88	−3.26	−0.97
2008	−5.14	−6.71	−10.04	−11.42	−7.01	−7.81	−5.68	−6.78	−6.56	−3.85	−5.86	−3.52	0.03
2009	−4.91	−5.32	−8.96	−10.35	−6.51	−6.60	−5.03	−7.09	−5.95	−3.87	−5.44	−3.81	1.28
2010	−4.85	−3.92	−8.28	−10.35	−6.16	−6.43	−4.83	−7.18	−5.18	−3.30	−5.44	−2.50	1.58
2011	−4.05	−2.59	−7.16	−9.85	−5.82	−5.13	−4.92	−5.38	−4.07	−2.68	−5.46	−1.11	1.91
2012	−2.86	−1.60	−6.60	−6.95	−4.95	−3.15	−3.95	−3.97	−3.65	−1.66	−4.17	−0.13	2.18

表 3.67　三峡库区中学生师比指标得分统计（湖北省各区县）

地区 年份	夷陵区	兴山县	秭归县
1996	0.72	0.82	2.29
1997	1.02	0.62	2.02
1998	0.75	0.15	1.00
1999	2.27	0.98	0.38
2000	−0.69	−0.23	−1.35
2001	−2.20	−0.05	−2.97
2002	−2.82	−0.37	−1.61
2003	10.03	−1.27	−2.94

续表

年份\地区	夷陵区	兴山县	秭归县
2004	−3.89	−2.37	−2.37
2005	−3.34	−0.35	−1.26
2006	−2.43	0.40	−0.67
2007	−1.74	1.38	0.69
2008	−0.90	−0.08	0.24
2009	−0.16	1.30	0.93
2010	0.70	1.82	1.00
2011	1.91	2.32	1.60
2012	—	—	—

根据上述区县的得分，得到三个区域各自的和三峡库区总体平均得分，以及三个区域各自的和三峡库区总体标准差，如图3.21、图3.22所示。

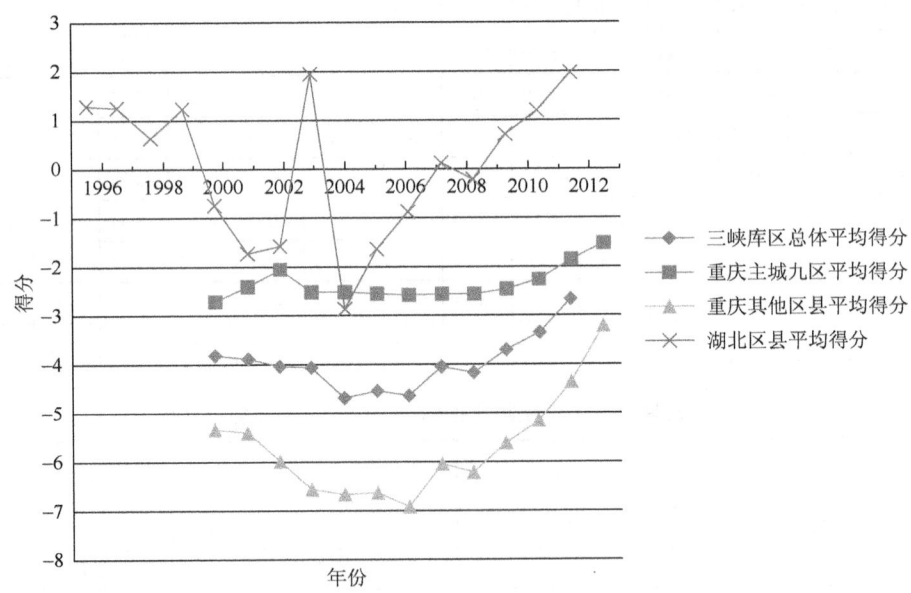

图3.21 三峡库区中学生师比规模水平的分区域显示

图3.21反映的是1996~2012年全库区和各分区域中学生师比规模水平变化趋势。可以发现，全库区和重庆其他区县的中学生师比规模水平得分呈正U形变化趋势，2000~2006年缓慢递减，2006~2011年缓慢递增，重庆主城九区中学生师比规模水平得分变化趋势较为平缓，波动不大。而湖北区县的中学生师比得分

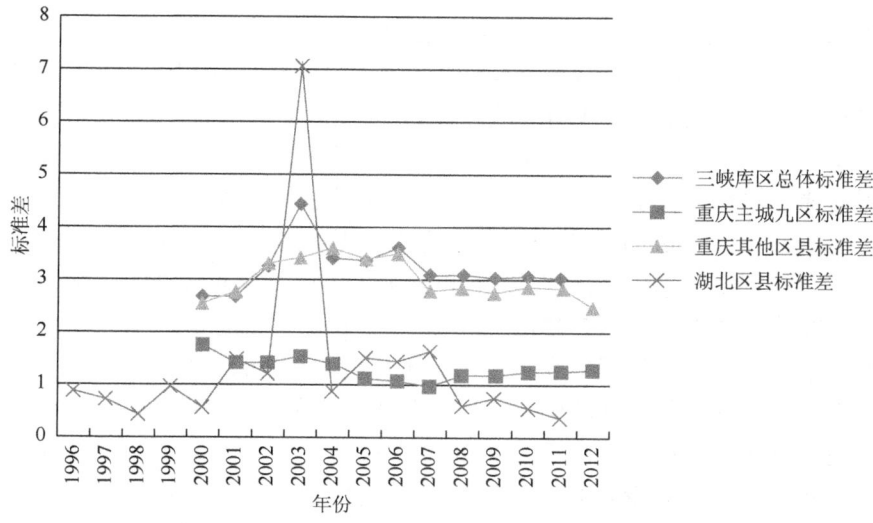

图 3.22 三峡库区中学生师比分区域内均等化相对进程

变化的整体趋势也呈现为正 U 形，但其 2003 年的数据出现较大变异数据激增，呈现一个凸点，2003 年之后恢复正常，所以分析的时候不予考虑 2003 年的情况。其中，重庆其他区县的中学生师比规模水平整体低于库区的平均水平，且与库区有高度正相关的变化趋势，而重庆主城九区的总体得分高于全库区平均水平，且与库区总体的变化趋势呈正相关，但库区整体和重庆三峡库区的得分均为负数；湖北三个区县的中学生师比规模与库区总体得分的差距较大，且其得分明显高于整个库区和重庆三峡库区，其得分多为正值。

1996～2012 年三峡库区生师比得分整体情况是，中学生师比从 2000 年的 –3.83 减少到 2006 年的–4.63，减小幅度为 20.89%；从 2006 年的–4.63 增加到 2011 年的–2.68，增加幅度达到 42.12%。1996～2012 年重庆其他区县中学生师比得分整体情况是，从 2000 年的–5.31 减少到 2006 年的–6.91，减小幅度为 30.13%；从 2006 年的–6.91 增加到 2012 年的–3.19，增加幅度达到 53.84%。1996～2012 年重庆主城九区中学生师比得分整体情况是，2000～2012 年得分整体相差不大，2000～2002 年缓慢递增，2002～2006 年缓慢递减，2006～2012 年缓慢递增。1996～2012 年湖北区县中学生师比得分整体情况是，交替变化，整体呈 U 形。总体来说，近几年三峡库区中学生师比整体得分是在增长的，这说明库区中学师资水平是不断提高的，其教育水平也是不断发展的。不难发现，关于中学生师比指标，重庆其他区县低于全库区平均水平，且其变化趋势速度也与库区平均变化趋势速度基本保持一致；重庆主城九区高于库区平均水平，其基本处于递增趋势，且重庆主城九区的平均得分持续增加；湖北区县总体水平得分较高，与库区整体水平差距明显，其递增速度也较快。

图 3.22 表示的是以标准差形式反映的全库区和分区域中学生师比规模水平均等化进程，可以看出，库区整体呈现变化比较平缓，只在 2003 年出现激增，而后恢复正常。重庆其他区县中学生师比差异变化趋势和库区整体变化趋势相符，两者数值差异不大，且呈现正相关关系。重庆三峡库区区域内主城九区是呈现缓慢递减趋势，而其他区县是呈现缓慢递增趋势。湖北区县的中学生师比差异波动较大，且 2003 年的数据异常，故为奇异点，在分析时不做考虑。具体来说，2000 年库区、重庆主城九区、重庆其他区县、湖北区县的中学生师比水平平均标准差分别为 2.68，1.77，2.55，0.56，由组间的标准差差异得到主城九区的中学生师比的均等化程度高于重庆其他区县，到 2011 年，库区、重庆主城九区和其他区县及湖北区县的中学生师比标准差分别为 3.02，1.29，2.88，0.36。具体来说，重庆其他区县的中学生师比水平内部差异对全库区内部差异的"绝对"贡献最大，其差异变化趋势与库区差异变化趋势高度吻合。重庆主城九区的中学生师比内部差异处于减小趋势，其均等化程度越来越高。湖北三个区县的中学生师比水平内部差异波动较大，其与整体变化趋势不吻合，但湖北三峡库区的内部差异递减表明其教育均等化程度是逐年改善的。

3.3.12　教育经费支出指标分析

教育经费支出是教育得以实施的基础保障，包括财政预算内教育经费、各级政府征收的用于教育的税费、教育事业性收入、社会捐集资办学经费等；其中财政预算内教育经费是基础。教育经费支出是保障教育事业发展的坚定的物质基础。由于三峡库区内湖北省巴东县统计数据缺失，针对目前数据可得的其他 25 个区县进行区域划分，将渝中区、大渡口区、江北区等重庆主城九区划为第一个区域，重庆市的其他 22 个区县划为第二个区域，湖北省的夷陵区、兴山县和秭归县划为第三个区域，以下划分类似。

根据重庆市和湖北省的历年统计年鉴，三峡库区教育经费支出如表 3.68～表 3.70 所示。

表 3.68　三峡库区教育经费支出统计（重庆主城九区）（单位：万元）

年份 地区	渝中区	大渡口区	江北区	沙坪坝区	九龙坡区	南岸区	北碚区	渝北区	巴南区
1996	—	—	—	—	—	—	—	—	—
1997	2 069	3 829	4 029	3 517	3 844	3 704	4 917	4 691	5 989
1998	2 069	3 829	4 029	3 517	3 844	3 704	4 917	4 691	5 989
1999	2 099	4 070	4 891	3 916	4 456	3 908	5 723	5 273	6 384

续表

年份\地区	渝中区	大渡口区	江北区	沙坪坝区	九龙坡区	南岸区	北碚区	渝北区	巴南区
2000	2 394	4 292	6 006	4 388	5 017	4 598	6 827	6 214	7 743
2001	2 550	5 141	7 448	6 500	6 737	5 866	8 682	7 873	10 109
2002	2 976	5 838	9 148	8 093	7 516	6 754	9 295	10 408	11 000
2003	3 362	6 723	9 909	7 049	7 884	6 379	10 311	11 885	11 407
2004	3 509	8 076	11 015	8 523	9 242	7 288	12 148	13 748	15 542
2005	4 492	9 760	15 683	9 657	11 780	7 517	15 838	15 828	17 938
2006	6 284	19 002	21 021	15 269	17 270	10 292	18 995	20 355	25 458
2007	9 167	39 281	35 886	23 089	28 215	21 374	30 675	33 825	37 840
2008	12 941	46 392	42 500	29 299	42 320	28 053	38 578	42 106	45 936
2009	23 391	61 760	55 109	43 865	50 237	38 862	49 820	57 456	61 633
2010	27 051	88 737	65 798	73 788	71 943	47 855	65 558	75 882	73 480
2011	35 093	104 565	66 445	104 655	97 972	61 485	93 936	91 438	100 659
2012	38 656	145 040	142 782	162 941	138 212	87 359	163 903	111 538	129 390

资料来源:《重庆统计年鉴 1997~2013》

表 3.69 三峡库区教育经费支出统计(重庆其他区县)(单位:万元)

年份\地区	巫山县	巫溪县	奉节县	云阳县	万州区	开县	忠县	石柱县	丰都县	涪陵区	武隆县	长寿区	江津区
1996	—	—	—	—	—	—	—	—	—	—	—	—	—
1997	2 986	2 034	3 753	4 610	9 554	5 709	4 540	2 290	3 294	5 889	2 297	4 356	6 295
1998	2 986	2 034	3 753	4 610	9 554	5 709	4 540	2 290	3 294	5 889	2 297	4 356	6 295
1999	3 191	2 473	4 162	5 086	7 682	6 447	5 788	2 721	3 571	7 011	2 363	5 045	7 108
2000	3 960	2 842	5 295	6 225	11 529	7 906	5 506	3 090	4 327	7 842	2 761	5 855	7 898
2001	4 942	4 401	6 804	7 343	15 277	10 392	7 205	4 906	5 145	10 180	3 862	7 477	9 079
2002	7 063	5 053	9 014	9 596	18 535	12 367	7 953	5 701	6 838	13 172	4 763	9 601	9 850
2003	7 402	5 679	8 307	9 736	19 721	13 871	9 056	6 326	6 020	13 911	4 707	9 849	10 731
2004	7 953	7 240	10 380	10 132	23 672	15 171	9 424	6 848	8 308	15 446	5 204	10 835	12 389
2005	11 971	10 419	14 481	15 880	28 303	19 804	15 758	9 458	9 259	16 996	7 372	12 966	15 089
2006	11 297	13 674	18 261	22 564	33 170	29 441	14 201	10 767	11 231	21 151	7 542	18 482	17 407
2007	17 521	18 361	27 916	36 505	45 421	41 598	20 387	14 957	16 282	36 032	11 905	25 852	27 303
2008	22 076	18 496	37 165	34 302	56 548	49 297	27 177	20 709	21 709	45 597	13 358	29 177	35 743
2009	26 420	23 889	44 045	44 639	78 757	62 246	36 480	27 278	31 796	58 810	19 883	40 452	45 686
2010	30 919	26 568	48 636	53 724	82 237	69 701	37 232	35 185	32 115	72 936	22 703	66 441	67 757
2011	41 642	36 902	81 377	69 343	114 191	87 318	51 127	45 651	36 607	90 687	30 822	60 902	75 823
2012	68 976	56 048	111 105	111 467	190 812	133 537	81 391	81 346	77 515	164 573	53 222	100 600	118 328

资料来源:《重庆统计年鉴 1997~2013》

表 3.70 三峡库区教育经费支出统计（湖北省各区县）（单位：万元）

年份\地区	夷陵区	兴山县	秭归县
1996	—	—	—
1997	—	—	—
1998	—	—	—
1999	—	—	—
2000	—	—	—
2001	7 897	2 385	4 637
2002	9 090	5 529	6 667
2003	9 138	3 667	5 882
2004	10 828	4 478	7 630
2005	11 266	4 606	7 843
2006	12 277	4 609	8 043
2007	19 861	7 456	11 274
2008	23 287	9 878	15 027
2009	29 664	10 684	16 020
2010	33 688	13 207	22 265
2011	38 753	14 539	26 946
2012	—	—	—

资料来源：《湖北统计年鉴 1997~2013》

注：由于 1996~2000 年湖北统计年鉴统计口径原因，该指标数据缺失，故未纳入统计分析，下同

由于相关数据的缺失，故以 2001 年为基年进行分析；且该指标与基本公共服务水平呈正向关系，在计算得分时，按照第一个公式，结果如表 3.71~表 3.73 所示。

表 3.71 三峡库区教育经费支出数量指标得分统计（重庆主城九区）

年份\地区	渝中区	大渡口区	江北区	沙坪坝区	九龙坡区	南岸区	北碚区	渝北区	巴南区
1996	—	—	—	—	—	—	—	—	—
1997	−0.25	1.12	1.28	0.88	1.13	1.02	1.96	1.79	2.80
1998	−0.25	1.12	1.28	0.88	1.13	1.02	1.96	1.79	2.80
1999	−0.22	1.31	1.94	1.19	1.61	1.18	2.59	2.24	3.10
2000	0.01	1.48	2.81	1.55	2.04	1.72	3.45	2.97	4.16
2001	0.13	2.14	3.93	3.19	3.38	2.70	4.88	4.26	5.99
2002	0.46	2.68	5.25	4.43	3.98	3.39	5.36	6.22	6.68

续表

地区 年份	渝中区	大渡口区	江北区	沙坪坝区	九龙坡区	南岸区	北碚区	渝北区	巴南区
2003	0.76	3.36	5.84	3.62	4.27	3.10	6.15	7.37	7.00
2004	0.87	4.41	6.69	4.76	5.32	3.80	7.57	8.81	10.21
2005	1.63	5.72	10.31	5.64	7.29	3.98	10.44	10.43	12.06
2006	3.02	12.89	14.46	9.99	11.55	6.13	12.88	13.94	17.90
2007	5.26	28.62	25.99	16.06	20.04	14.73	21.94	24.39	27.50
2008	8.19	34.14	31.12	20.88	30.98	19.91	28.07	30.81	33.78
2009	16.29	46.06	40.90	32.17	37.12	28.29	36.79	42.72	45.96
2010	19.13	66.98	49.19	55.39	53.95	35.27	49.00	57.01	55.15
2011	25.37	79.26	49.69	79.33	74.14	45.84	71.01	69.08	76.23
2012	28.13	110.65	108.90	124.54	105.36	65.91	125.29	84.67	98.51

表3.72 三峡库区教育经费支出数量指标得分统计（重庆其他区县）

项目 年份	巫山县	巫溪县	奉节县	云阳县	万州区	开县	忠县	石柱县	丰都县	涪陵区	武隆县	长寿区	江津区
1996	—	—	—	—	—	—	—	—	—	—	—	—	—
1997	0.47	−0.27	1.06	1.73	5.56	2.58	1.67	-0.07	0.71	2.72	-0.07	1.53	3.03
1998	0.47	−0.27	1.06	1.73	5.56	2.58	1.67	-0.07	0.71	2.72	-0.07	1.53	3.03
1999	0.63	0.07	1.38	2.10	4.11	3.15	2.64	0.26	0.92	3.59	-0.02	2.06	3.66
2000	1.22	0.35	2.26	2.98	7.09	4.28	2.42	0.55	1.51	4.23	0.29	2.69	4.28
2001	1.98	1.56	3.43	3.85	10.00	6.21	3.74	1.96	2.14	6.05	1.15	3.95	5.19
2002	3.63	2.07	5.14	5.59	12.53	7.74	4.32	2.57	3.45	8.37	1.84	5.60	5.79
2003	3.89	2.56	4.59	5.70	13.45	8.91	5.17	3.06	2.82	8.94	1.80	5.79	6.47
2004	4.32	3.77	6.20	6.01	16.51	9.92	5.46	3.46	4.59	10.13	2.19	6.55	7.76
2005	7.44	6.23	9.38	10.47	20.10	13.51	10.37	5.49	5.33	11.33	3.87	8.21	9.85
2006	6.91	8.76	12.31	15.65	23.88	20.99	9.17	6.50	6.86	14.56	4.00	12.49	11.65
2007	11.74	12.39	19.80	26.47	33.38	30.42	13.96	9.75	10.78	26.10	7.38	18.20	19.33
2008	15.27	12.50	26.98	24.76	42.01	36.39	19.23	14.21	14.99	33.52	8.51	20.78	25.87
2009	18.64	16.68	32.31	32.78	59.24	46.43	26.45	19.31	22.43	43.77	13.57	29.53	33.59
2010	22.13	18.76	35.88	39.82	61.94	52.22	27.03	25.44	23.06	54.72	15.76	49.69	50.71
2011	30.45	26.77	61.27	51.94	86.73	65.88	37.81	33.56	26.55	68.49	22.06	45.39	56.96
2012	51.65	41.63	84.33	84.61	146.51	101.73	61.28	61.25	58.28	125.81	39.43	76.18	89.93

表 3.73　三峡库区教育经费支出数量指标得分统计（湖北省各区县）

年份＼项目	夷陵区	兴山县	秭归县
2001	4.28	0	1.75
2002	5.20	2.44	3.32
2003	5.24	0.99	2.71
2004	6.55	1.62	4.07
2005	6.89	1.72	4.23
2006	7.67	1.73	4.39
2007	13.56	3.93	6.89
2008	16.21	5.81	9.81
2009	21.16	6.44	10.58
2010	24.28	8.39	15.42
2011	28.21	9.43	19.05
2012	—	—	—

根据上述区县的得分，得到三个区域各自的和三峡库区总体平均得分，以及三个区域各自的和三峡库区总体标准差，如图 3.23、图 3.24 所示。

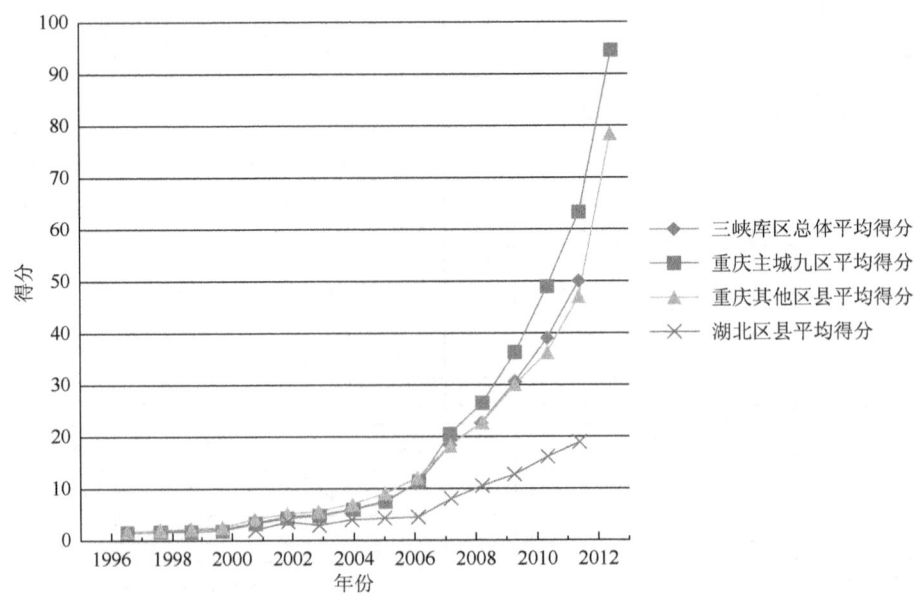

图 3.23　三峡库区教育经费支出规模水平的分区域显示

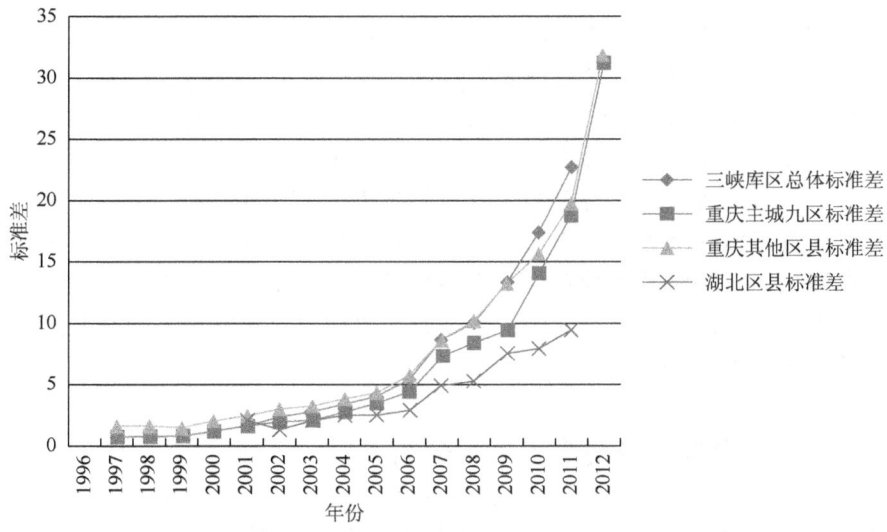

图 3.24 三峡库区教育经费支出分区域内均等化相对进程

图 3.23 反映的是 1996～2012 年全库区和分区域教育经费支出规模水平变化趋势。可以发现，全库区和各个分区域的教育经费支出规模水平得分呈递增趋势。其中，重庆其他区县的教育经费支出规模水平整体基本与库区的平均水平的变化趋势线基本吻合，且与库区有高度正相关的变化趋势，而重庆主城九区的总体得分略微高于全库区平均水平，且与库区总体的变化趋势正相关；湖北三个区县的教育经费支出规模与库区总体得分的差距较大，但也在不断递增。

具体来看，1996～2012 年三峡库区教育经费支出指标得分整体情况是，从 2001 年的 3.51，增加到 2011 年的 49.62，增加幅度达到 13.14 倍。1996～2012 年三峡库区重庆主城九区教育经费支出得分整体情况是，从 1997 年的 1.30，增加到 2012 年的 94.66，增加幅度达到 71.82 倍。1996～2012 年三峡库区重庆其他区县教育经费支出得分整体情况是，从 1997 年的 1.59，增加到 2012 年的 78.64，增加幅度达到 48.46 倍。1996～2012 年三峡库区湖北区县教育经费支出得分整体情况是，从 2001 年的 2.01，增长到 2011 年的 18.90，增长了 8.40 倍。这表明库区教育经费支出整体水平是不断提高的，其教育水平也是不断发展的。不难发现，关于教育支出数量水平指标，重庆其他区县基本和全库区平均水平吻合，且其变化趋势速度也与库区平均变化趋势速度基本保持一致；重庆主城九区高于库区平均水平，其基本处于递增趋势，且主城九区的平均得分持续增加；湖北三区县总体水平得分较低，与库区整体水平差距明显，其递增速度也较快。可知，三峡库区对教育的财力投入是逐年增加的，这说明三峡库区的教育重视程度越来越高。

图 3.24 表示的是以标准差形式反映的全库区和分区域教育经费支出规模水平均等化进程，可以明显看出，库区整体和重庆三峡库区区域的教育经费支出呈现

不同程度的递增趋势，重庆主城九区呈现递增趋势，而重庆其他区县呈现递增趋势。湖北区县教育经费支出呈现出递增趋势。具体来说，2000 年库区、重庆主城九区、重庆其他区县、湖北区县内部的教育经费支出水平平均标准差分别为 2.18，1.69，2.46，2.15，由组间的标准差差异得到重庆主城九区的教育经费支出的均等化程度高于重庆其他区县；到 2011 年，库区、重庆主城九区和其他区县及湖北区县的教育经费支出标准差分别为 22.64，18.77，19.82，9.39。这说明，组内的标准差都在增大，三峡库区的教育经费支出均等化程度在恶化。重庆其他区县的教育经费支出水平内部差异对全库区内部差异的"绝对"贡献最大，其差异变化趋势与库区差异变化趋势高度吻合。

3.3.13　生均教育经费支出指标分析

生均教育经费是学校在一定时期内按在校学生人数平均的教育经费。它是确定教育投资合理性的重要指标，在一个国家地区内，不同年级、不同类别的学生生均教育经费也不相同。一般而言，高等教育的生均教育经费大于中等教育，中等教育的生均教育经费大于初等教育，其水平随教育级别的提高而上升。由于三峡库区内湖北省巴东县统计数据缺失，针对目前数据可得的其他 25 个区县进行区域划分，将渝中区、大渡口区、江北区等重庆主城九区划为第一个区域，重庆市的其他 22 个区县划为第二个区域，湖北省的夷陵区、兴山县和秭归县划为第三个区域，以下划分类似。

根据重庆市和湖北省的历年统计年鉴，三峡库区生均教育经费支出如表 3.74～表 3.76 所示。

表 3.74　三峡库区生均教育经费支出统计（重庆主城九区）（单位：元）

地区 年份	渝中区	大渡口区	江北区	沙坪坝区	九龙坡区	南岸区	北碚区	渝北区	巴南区
1996	—	—	—	—	—	—	—	—	—
1997	487.03	603.16	310.69	334.80	543.28	382.12	489.22	452.08	346.66
1998	487.03	603.16	310.69	334.80	543.28	382.12	489.22	425.58	346.66
1999	493.88	688.21	363.17	371.98	644.95	399.75	553.47	465.73	354.59
2000	—	—	—	—	—	—	—	—	—
2001	849.63	900.79	480.76	533.50	764.44	546.63	831.78	493.04	583.91
2002	880.76	818.99	541.71	630.68	776.41	612.57	884.14	937.35	640.26
2003	857.11	955.28	512.97	457.53	638.25	538.24	807.78	976.90	555.79
2004	899.31	1 136.66	551.74	539.26	710.53	582.53	887.60	1 108.85	743.66
2005	1 154.13	1 362.77	745.97	577.47	846.13	522.03	1 137.32	1 318.60	847.24

续表

地区\年份	渝中区	大渡口区	江北区	沙坪坝区	九龙坡区	南岸区	北碚区	渝北区	巴南区
2006	1 573.32	2 492.26	995.45	827.65	1 182.07	706.35	1 257.31	1 677.10	1 241.70
2007	2 173.15	4 979.02	1 427.84	1 448.81	1 874.91	1 542.19	2 027.60	2 350.15	1 839.79
2008	2 777.28	5 131.06	1 495.36	1 688.53	2 613.96	2 017.61	2 394.74	2 843.77	2 139.71
2009	4 913.77	6 373.65	1 820.91	2 391.48	2 878.91	2 849.96	3 110.85	4 158.99	3 046.96
2010	5 762.28	8 968.13	2 064.14	4 307.66	4 047.04	3 613.23	3 763.96	5 456.82	3 548.28
2011	7 359.80	10 392.90	2 002.53	5 866.41	5 179.48	4 665.38	5 044.57	6 470.28	4 606.78
2012	—	—	—	—	—	—	—	—	—

资料来源：《重庆统计年鉴 1997～2013》

表 3.75　三峡库区生均教育经费支出统计（重庆其他区县）（单位：元）

地区\年份	巫山县	巫溪县	奉节县	云阳县	万州区	开县	忠县	石柱县	丰都县	涪陵区	武隆县	长寿区	江津区
1996	—	—	—	—	—	—	—	—	—	—	—	—	—
1997	373.08	308.53	262.52	294.52	442.53	248.39	357.26	389.22	346.31	410.52	486.15	395.19	723.40
1998	373.08	308.53	262.52	294.52	442.53	248.39	357.26	389.22	346.31	410.52	486.15	419.80	723.40
1999	387.18	357.44	274.11	305.54	339.77	273.36	442.08	414.55	376.49	462.27	498.41	468.49	941.73
2000	—	—	—	—	—	—	—	—	—	—	—	—	—
2001	558.65	566.37	392.95	393.79	556.46	388.78	531.68	651.89	520.91	620.01	759.77	664.33	1140.23
2002	755.47	612.05	507.99	474.37	741.79	447.98	578.91	679.79	664.74	769.25	880.63	848.55	1042.16
2003	704.79	624.97	413.04	392.59	676.08	450.55	585.18	664.94	505.57	716.94	724.89	775.00	981.98
2004	749.13	811.67	503.53	414.51	782.62	502.38	624.41	704.65	690.07	814.24	801.11	880.44	1051.89
2005	1141.73	1172.98	711.80	666.18	943.15	664.79	1069.19	992.84	777.46	899.68	1173.59	1073.23	1213.09
2006	1024.70	1581.87	908.18	937.31	1060.04	991.68	1027.10	1133.37	887.57	1153.52	1180.21	1520.96	1323.12
2007	1609.85	2134.78	1387.23	1530.56	1419.64	1530.73	1527.70	1529.60	1285.73	1930.56	1873.27	2182.34	2030.48
2008	1968.35	2183.14	1911.81	1557.58	1666.60	1750.75	2043.57	2063.86	1657.12	2389.68	2083.61	2472.88	2992.85
2009	2398.31	3040.40	2429.14	2074.18	2425.20	2348.25	2767.45	2811.73	2426.72	3025.13	3082.49	3496.34	3938.31
2010	2859.93	3590.32	2751.65	2471.02	2695.52	2538.96	2812.49	3620.90	2423.50	3815.62	3496.80	5884.47	6172.02
2011	3847.58	4943.00	4775.53	3334.12	3786.51	3239.05	3778.48	4871.41	2759.65	4621.94	4767.59	5466.52	6941.78
2012	—	—	—	—	—	—	—	—	—	—	—	—	—

资料来源：《重庆统计年鉴 1997～2013》

表 3.76　三峡库区生均教育经费支出统计（湖北省各区县）（单位：元）

年份 \ 地区	夷陵区	兴山县	秭归县
2001	982.79	863.22	737.24
2002	1 170.06	2 167.73	1 160.43
2003	2 399.24	1 550.79	1 146.28
2004	1 604.81	2 086.48	1 701.30
2005	1 830.17	2 439.49	1 958.35
2006	2 146.03	2 821.72	2 211.92
2007	3 733.13	5 002.35	3 510.51
2008	4 723.34	6 647.82	4 679.12
2009	6 368.67	8 030.06	5 289.75
2010	7 683.26	10 334.92	7 722.59
2011	9 433.31	12 003.80	9 758.45
2012	—	—	—

资料来源：《湖北统计年鉴 1997~2013》

由于相关数据的缺失，故以 2001 年为基年进行分析；且该指标与基本公共服务水平呈正向关系，在计算得分时，按照第一个公式，结果如表 3.77~表 3.79 所示。

表 3.77　三峡库区生均教育经费支出得分统计（重庆主城九区）

年份 \ 地区	渝中区	大渡口区	江北区	沙坪坝区	九龙坡区	南岸区	北碚区	渝北区	巴南区
1996	—	—	—	—	—	—	—	—	—
1997	1.31	2.85	−1.04	−0.72	2.06	−0.09	1.34	0.84	−0.56
1998	1.31	2.85	−1.04	−0.72	2.06	−0.09	1.34	0.49	−0.56
1999	1.40	3.98	−0.34	−0.22	3.41	0.15	2.19	1.02	−0.46
2000	—	—	—	—	—	—	—	—	—
2001	6.13	6.81	1.22	1.93	5.00	2.10	5.90	1.39	2.60
2002	6.55	5.72	2.04	3.22	5.16	2.98	6.59	7.30	3.35
2003	6.23	7.54	1.65	0.91	3.32	1.99	5.58	7.83	2.22
2004	6.79	9.95	2.17	2.00	4.28	2.58	6.64	9.58	4.72
2005	10.18	12.96	4.75	2.51	6.09	1.77	9.96	12.37	6.10
2006	15.76	27.99	8.07	5.84	10.56	4.23	11.56	17.14	11.35
2007	23.75	61.09	13.83	14.11	19.78	15.35	21.81	26.10	19.31
2008	31.79	63.11	14.73	17.30	29.61	21.68	26.69	32.67	23.30
2009	60.22	79.64	19.06	26.65	33.14	32.75	36.22	50.17	35.37
2010	71.51	114.17	22.29	52.15	48.68	42.91	44.92	67.44	42.05
2011	92.77	133.13	21.48	72.89	63.75	56.91	61.96	80.93	56.13
2012	—	—	—	—	—	—	—	—	—

表 3.78　三峡库区生均教育经费支出得分统计（重庆其他区县）

年份\地区	巫山县	巫溪县	奉节县	云阳县	万州区	开县	忠县	石柱县	丰都县	涪陵区	武隆县	长寿区	江津区
1996	—	—	—	—	—	—	—	—	—	—	—	—	—
1997	−0.21	−1.07	−1.68	−1.25	0.72	−1.87	−0.42	0.01	−0.57	0.29	1.30	0.09	4.45
1998	−0.21	−1.07	−1.68	−1.25	0.72	−1.87	−0.42	0.01	−0.57	0.29	1.30	0.41	4.45
1999	−0.02	−0.42	−1.53	−1.11	−0.65	−1.54	0.71	0.34	−0.16	0.98	1.46	1.06	7.36
2000	—	—	—	—	—	—	—	—	—	—	—	—	—
2001	2.26	2.36	0.06	0.07	2.23	0	1.90	3.50	1.76	3.08	4.94	3.67	10.00
2002	4.88	2.97	1.59	1.14	4.70	0.79	2.53	3.87	3.67	5.06	6.55	6.12	8.69
2003	4.21	3.14	0.32	0.05	3.82	0.82	2.61	3.67	1.55	4.37	4.47	5.14	7.89
2004	4.80	5.63	1.53	0.34	5.24	1.51	3.14	4.20	4.01	5.66	5.49	6.54	8.82
2005	10.02	10.44	4.30	3.69	7.38	3.67	9.05	8.04	5.17	6.80	10.44	9.11	10.97
2006	8.46	15.88	6.91	7.30	8.93	8.02	8.49	9.91	6.64	10.18	10.53	15.07	12.43
2007	16.25	23.23	13.29	15.19	13.72	15.20	15.16	15.18	11.94	20.52	19.75	23.87	21.85
2008	21.02	23.88	20.27	15.55	17.00	18.12	22.02	22.29	16.88	26.63	22.55	27.73	34.65
2009	26.74	35.29	27.15	22.43	27.10	26.08	31.65	32.24	27.12	35.08	35.85	41.35	47.24
2010	32.89	42.60	31.44	27.71	30.70	28.61	32.25	43.01	27.08	45.60	41.36	73.13	76.96
2011	46.03	60.61	58.38	39.20	45.22	37.93	45.11	59.65	31.55	56.33	58.27	67.57	87.20
2012	—	—	—	—	—	—	—	—	—	—	—	—	—

表 3.79　三峡库区生均教育经费支出得分统计（湖北省各区县）

年份\地区	夷陵区	兴山县	秭归县
1999	7.90	6.31	4.64
2000	10.40	23.67	10.27
2001	26.75	15.46	10.08
2002	16.18	22.59	17.47
2003	19.18	27.29	20.89
2004	23.38	32.38	24.26
2005	44.51	61.40	41.54
2006	57.68	83.29	57.09
2007	79.58	101.69	65.22
2008	97.07	132.36	97.60
2009	120.36	154.57	124.69

根据上述区县的得分，得到三个区域各自的和三峡库区总体平均得分，以及三个区域各自的和三峡库区总体标准差，如图 3.25、图 3.26 所示。

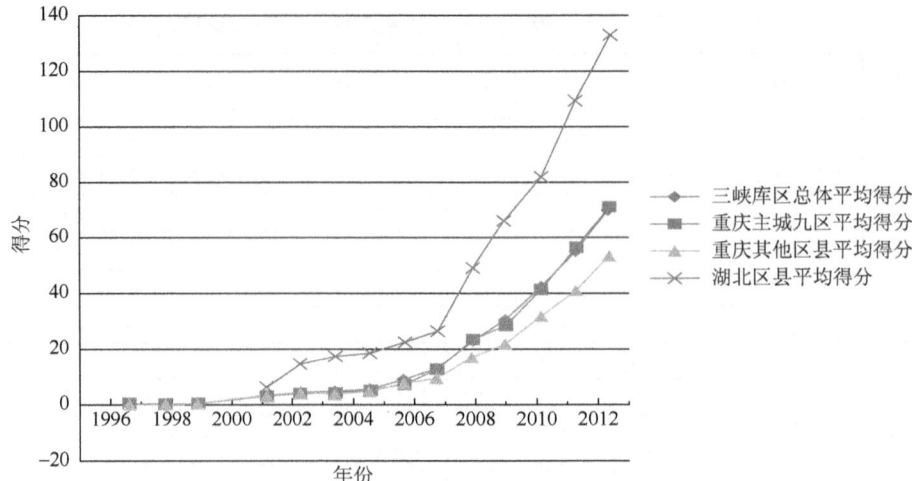

图 3.25　三峡库区生均教育经费支出规模水平的分区域显示

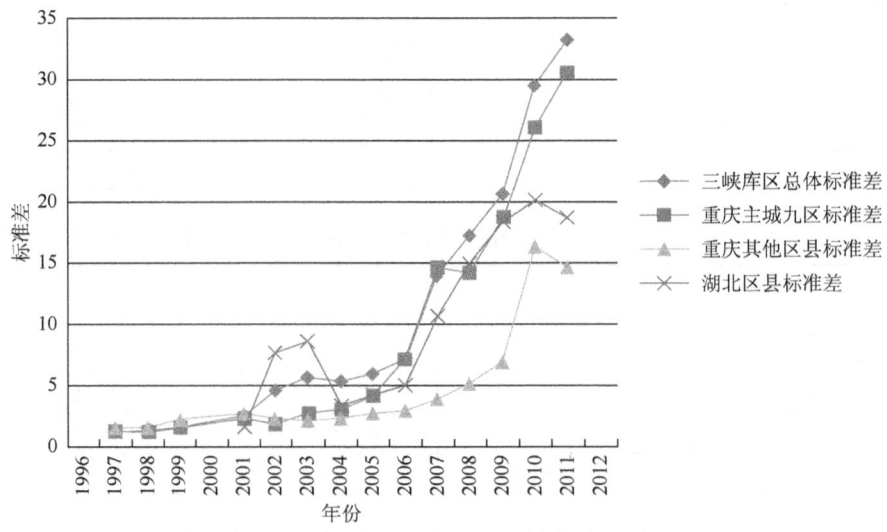

图 3.26　三峡库区生均教育经费支出分区域内均等化相对进程

图 3.25 反映的是 1996～2012 年全库区和分区域生均教育经费支出数量规模水平变化趋势。可以发现，全库区和各分区域的生均教育经费支出规模水平得分呈递增趋势。其中，重庆主城九区的生均教育经费支出规模水平整体基本与库区的平均水平的变化趋势线吻合，且与库区有高度正相关的变化趋势，而重庆其他区县的总体得分低于全库区平均水平，且与库区总体的变化趋势正相关；湖北三区县的生均教育经费支出得分高于全库区和重庆三峡库区的。具体来看，1996～2012 年三峡库区生均教育经费支出得分整体情况是，从 2001 年的 3.51，增加到

2011 年的 69.30，增加幅度达到 18.74 倍。1996~2012 年三峡库区重庆主城九区生均教育经费支出得分整体情况是，从 2001 年的 3.67，增加到 2012 年的 71.11，增加幅度达到 18.38 倍。1996~2012 年重庆其他区县生均教育经费支出得分整体情况是，从 2001 年的 2.76，增加到 2012 年的 53.31，增加幅度达到 18.32 倍。1996~2012 年湖北区县生均教育经费支出得分整体情况是，从 2001 年的 6.29，增长到 2011 年的 133.21，增长了 20.18 倍。这表明三峡库区生均教育经费支出整体水平是不断提高的，其教育水平也在不断发展。

不难发现，关于生均教育经费支出水平指标，重庆主城九区基本和全库区平均水平吻合，且其变化趋势速度也与库区平均变化趋势速度基本保持一致；重庆其他区县略低于库区平均水平，其基本处于递增趋势，且主城九区的平均得分持续增加；湖北三区县总体水平得分较高，其递增速度也较快，究其原因可能是湖北三峡库区的生均教育经费基数较小进而使得其增长较快。可以看出，三峡库区对教育的财力投入是逐年增加的，对地区教育的促进作用也越来越明显。

图 3.26 表示的是以标准差形式反映的全库区和分区域生均教育经费支出规模水平均等化进程，可以明显看出，三峡库区整体和重庆三峡库区区域的生均教育经费支出差异呈现不同程度的递增趋势，重庆主城九区与全库区差异变化趋势基本吻合但略低于库区整体水平，重庆其他区县差异变化趋势低于库区整体水平且差距较为明显。湖北区县的生均教育经费支出差异呈现出递增趋势，但波动幅度较大。

具体来说，2001 年库区、重庆主城九区、重庆其他区县、湖北区县的生均教育经费支出水平平均标准差分别为 2.58，2.25，2.63，1.63，由组间的标准差差异得到重庆主城九区的生均教育经费支出的均等化程度高于重庆其他区县；到 2011 年，库区、重庆主城九区和其他区县及湖北区县的生师比标准差分别为 33.13，30.50，14.72，18.63；这说明，组内的标准差都在增大，三峡库区的教育中的生均教育经费支出均等化程度在恶化。重庆主城九区的生均教育经费支出内部差异对全库区内部差异的"绝对"贡献最大，其差异变化趋势与三峡库区差异变化趋势高度吻合。

3.3.14 教育经费支出占 GDP 的比重指标分析

教育经费支出占 GDP 的比重反映了一个地区在社会事业发展中对教育事业的投入与重视程度，是衡量教育在一个地区重要性的关键指标。由于三峡库区内湖北省巴东县统计数据缺失，针对目前数据可得的其他 25 个区县进行区域划分，将渝中区、大渡口区、江北区等重庆主城九区划为第一个区域，重庆市的其他 22 个区县划为第二个区域，湖北省的夷陵区、兴山县和秭归县划为第三个区域，以下划分类似。

根据重庆市和湖北省的历年统计年鉴,三峡库区教育经费支出占 GDP 的比重如表 3.80～表 3.82 所示。

表 3.80　三峡库区教育经费支出占 GDP 的比重统计(重庆主城九区)(单位:%)

年份\地区	渝中区	大渡口区	江北区	沙坪坝区	九龙坡区	南岸区	北碚区	渝北区	巴南区
1996	—	—	—	—	—	—	—	—	—
1997	0.66	0.77	0.57	0.42	0.86	0.78	1.39	1.13	0.80
1998	0.66	0.77	0.57	0.42	0.86	0.78	1.39	1.13	0.80
1999	0.63	0.89	0.64	0.46	0.90	0.79	1.47	1.18	0.81
2000	0.62	0.85	0.72	0.45	0.89	0.87	1.59	1.29	0.97
2001	0.59	0.91	0.81	0.55	1.09	1.02	1.78	1.49	1.14
2002	0.64	0.85	0.89	0.60	1.09	1.07	1.64	1.73	1.10
2003	0.67	0.78	0.85	0.45	0.97	0.90	1.52	1.68	1.00
2004	0.61	0.85	0.79	0.46	0.97	0.90	1.28	1.67	1.20
2005	0.64	0.73	0.96	0.36	1.02	0.94	1.09	1.57	1.35
2006	0.81	1.25	1.09	0.48	1.33	1.12	1.04	1.75	1.71
2007	0.98	2.18	1.56	0.62	1.80	1.94	1.25	2.37	2.15
2008	0.91	2.12	1.57	0.68	1.87	1.80	1.28	2.40	2.10
2009	1.56	1.90	1.58	0.88	1.67	2.02	1.08	2.36	2.47
2010	1.53	2.27	1.57	1.25	2.05	2.06	1.14	2.46	2.43
2011	2.34	2.02	1.19	1.52	2.26	2.03	1.22	2.31	2.62
2012	3.04	2.75	2.17	2.10	2.97	2.61	1.86	2.65	3.04

资料来源:《重庆统计年鉴 1997～2013》

表 3.81　三峡库区教育经费支出占 GDP 的比重统计(重庆其他区县)(单位:%)

年份\地区	巫山县	巫溪县	奉节县	云阳县	万州区	开县	忠县	石柱县	丰都县	涪陵区	武隆县	长寿区	江津区
1996	—	—	—	—	—	—	—	—	—	—	—	—	—
1997	2.78	2.88	1.90	2.21	1.79	1.64	2.19	2.00	1.81	1.03	2.09	1.09	0.65
1998	2.78	2.88	1.90	2.21	1.79	1.64	2.19	2.00	1.81	1.03	2.09	1.09	0.65
1999	2.84	3.39	2.03	2.41	1.37	1.78	2.72	2.19	1.85	1.10	1.98	1.12	0.68
2000	3.24	3.51	2.39	2.75	1.78	2.06	2.41	2.55	2.08	1.13	1.97	1.16	0.71
2001	3.67	4.93	2.80	3.00	2.09	2.49	2.90	3.71	2.24	1.33	2.42	1.35	0.73
2002	4.64	5.12	3.29	3.46	2.27	2.68	2.86	3.86	2.60	1.54	2.58	1.55	0.72
2003	4.26	5.13	2.75	3.09	2.13	2.63	2.83	3.72	2.01	1.42	2.26	1.47	0.70

续表

年份\地区	巫山县	巫溪县	奉节县	云阳县	万州区	开县	忠县	石柱县	丰都县	涪陵区	武隆县	长寿区	江津区
2004	4.12	5.67	3.06	2.72	2.17	2.48	2.47	3.36	2.45	1.37	2.03	1.39	0.70
2005	5.84	7.07	3.22	3.64	2.12	2.81	3.59	3.75	2.51	1.26	2.47	1.49	0.63
2006	4.99	8.57	3.59	4.83	2.18	3.92	2.84	3.71	2.81	1.37	2.25	1.85	0.72
2007	6.42	9.36	4.50	6.55	2.38	4.55	3.31	4.21	3.39	1.87	2.97	2.06	0.98
2008	6.55	7.85	4.93	5.16	2.21	4.45	3.49	4.71	3.78	1.80	2.68	2.03	1.10
2009	6.30	7.72	5.15	5.98	2.04	5.06	3.89	5.06	4.76	1.66	3.36	2.29	0.98
2010	6.15	7.07	4.72	6.26	1.64	4.67	3.40	5.43	4.16	1.68	3.14	2.91	1.23
2011	6.57	7.80	6.34	6.35	1.83	4.37	3.74	5.70	3.67	1.63	3.56	1.92	1.14
2012	9.80	10.55	7.69	8.80	2.88	5.82	5.19	8.74	6.98	2.61	5.41	2.99	1.54

资料来源：《重庆统计年鉴1997～2013》

表3.82 三峡库区教育经费支出占GDP的比重统计（湖北省各区县）

（单位：%）

年份\地区	夷陵区	兴山县	秭归县
2001	0.97	0.72	2.55
2002	1.01	1.70	3.38
2003	1.00	1.07	2.73
2004	2.06	1.28	3.72
2005	1.78	1.32	3.45
2006	1.64	1.43	3.16
2007	2.26	2.13	3.80
2008	2.09	2.11	4.06
2009	2.11	2.53	4.33
2010	1.85	2.68	5.06
2011	1.47	2.72	5.09
2012	—	—	—

资料来源：《湖北统计年鉴1997～2013》

由于相关数据的缺失，故以2001年为基年进行分析；且该指标与基本公共服务水平呈正向关系，在计算得分时，按照第一个公式，结果如表3.83～表3.85所示。

表 3.83　三峡库区教育经费支出占 GDP 的比重指标得分统计（重庆主城九区）

年份\地区	渝中区	大渡口区	江北区	沙坪坝区	九龙坡区	南岸区	北碚区	渝北区	巴南区
1996	—	—	—	—	—	—	—	—	—
1997	0.26	0.51	0.06	−0.28	0.71	0.54	1.93	1.34	0.58
1998	0.26	0.51	0.06	−0.28	0.71	0.54	1.93	1.34	0.58
1999	0.19	0.79	0.21	−0.21	0.81	0.55	2.11	1.45	0.60
2000	0.16	0.69	0.39	−0.21	0.78	0.74	2.39	1.71	0.96
2001	0.10	0.84	0.60	0	1.25	1.08	2.83	2.16	1.36
2002	0.21	0.69	0.78	0.12	1.25	1.20	2.51	2.71	1.25
2003	0.27	0.53	0.68	−0.21	0.97	0.81	2.23	2.60	1.04
2004	0.15	0.69	0.57	−0.20	0.98	0.81	1.67	2.56	1.49
2005	0.22	0.42	0.95	−0.43	1.08	0.89	1.24	2.33	1.82
2006	0.61	1.62	1.24	−0.14	1.79	1.31	1.12	2.75	2.65
2007	0.98	3.74	2.32	0.16	2.86	3.18	1.61	4.17	3.66
2008	0.83	3.59	2.33	0.30	3.03	2.86	1.67	4.23	3.54
2009	2.32	3.09	2.37	0.76	2.57	3.37	1.23	4.14	4.40
2010	2.24	3.93	2.33	1.61	3.43	3.45	1.36	4.36	4.29
2011	4.10	3.37	1.46	2.21	3.90	3.39	1.55	4.04	4.74
2012	5.70	5.03	3.71	3.54	5.53	4.71	3.01	4.80	5.69

表 3.84　三峡库区教育经费支出占 GDP 的比重指标得分统计（重庆其他区县）

年份\地区	巫山县	巫溪县	奉节县	云阳县	万州区	开县	忠县	石柱县	丰都县	涪陵区	武隆县	长寿区	江津区
1996	—	—	—	—	—	—	—	—	—	—	—	—	—
1997	5.10	5.32	3.10	3.80	2.84	2.50	3.75	3.31	2.88	1.11	3.52	1.23	0.24
1998	5.10	5.32	3.10	3.80	2.84	2.50	3.75	3.31	2.88	1.11	3.52	1.23	0.24
1999	5.23	6.48	3.39	4.26	1.87	2.81	4.97	3.74	2.98	1.26	3.28	1.31	0.30
2000	6.15	6.76	4.21	5.04	2.81	3.45	4.25	4.56	3.50	1.34	3.26	1.39	0.38
2001	7.14	10.00	5.15	5.61	3.52	4.45	5.38	7.23	3.87	1.79	4.29	1.83	0.42
2002	9.35	10.45	6.27	6.65	3.94	4.87	5.29	7.57	4.68	2.28	4.63	2.29	0.38
2003	8.48	10.46	5.04	5.80	3.62	4.75	5.22	7.25	3.34	2.00	3.91	2.11	0.35
2004	8.16	11.70	5.73	4.95	3.70	4.42	4.39	6.43	4.34	1.88	3.38	1.93	0.36
2005	12.09	14.90	6.10	7.07	3.59	5.17	6.95	7.31	4.49	1.63	4.39	2.15	0.18
2006	10.14	18.33	6.95	9.79	3.73	7.70	5.23	7.22	5.17	1.89	3.89	2.97	0.39
2007	13.41	20.12	9.04	13.72	4.20	9.14	6.31	8.37	6.50	3.03	5.54	3.46	0.98
2008	13.70	16.68	10.02	10.53	3.79	8.92	6.73	9.51	7.38	2.86	4.88	3.38	1.25
2009	13.15	16.38	10.50	12.41	3.41	10.30	7.64	10.31	9.63	2.53	6.42	3.99	0.98
2010	12.79	14.89	9.54	13.06	2.51	9.41	6.52	11.15	8.26	2.59	5.91	5.39	1.55
2011	13.74	16.57	13.22	13.24	2.94	8.73	7.28	11.76	7.13	2.47	6.88	3.13	1.35
2012	21.14	22.85	16.30	18.85	5.32	12.03	10.60	18.70	14.69	4.71	11.10	5.58	2.28

表 3.85　三峡库区教育经费支出占 GDP 的比重指标得分统计（湖北省各区县）

年份 \ 地区	夷陵区	兴山县	秭归县
2001	0.97	0.40	4.57
2002	1.06	2.63	6.47
2003	1.04	1.20	4.99
2004	3.46	1.67	7.25
2005	2.82	1.77	6.63
2006	2.50	2.02	5.97
2007	3.91	3.62	7.43
2008	3.52	3.57	8.02
2009	3.57	4.53	8.64
2010	2.98	4.87	10.31
2011	2.11	4.96	10.37
2012	—	—	—

根据上述区县的得分，得到三个区域各自的和三峡库区总体平均得分，以及三个区域各自的和三峡库区总体标准差，如图 3.27、图 3.28 所示。

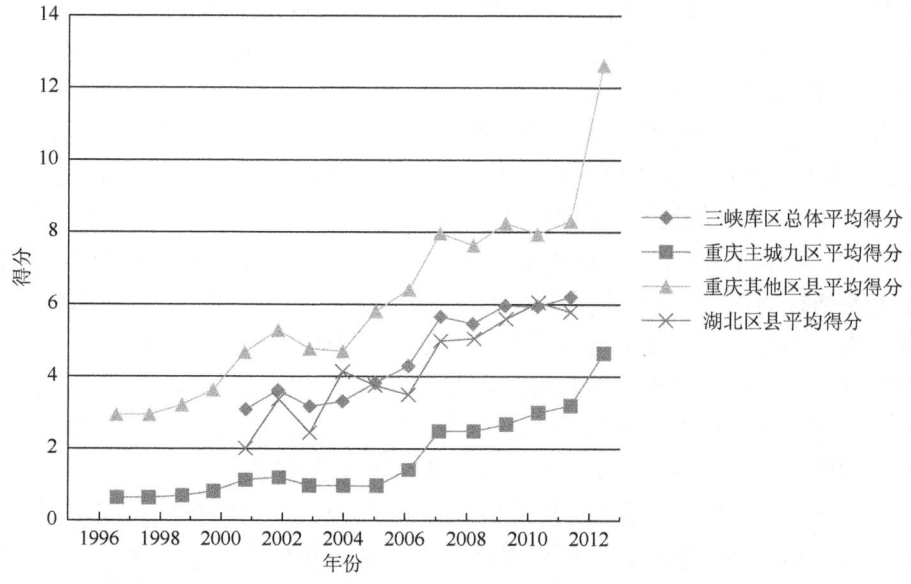

图 3.27　三峡库区教育经费支出占 GDP 的比重规模水平的分区域显示

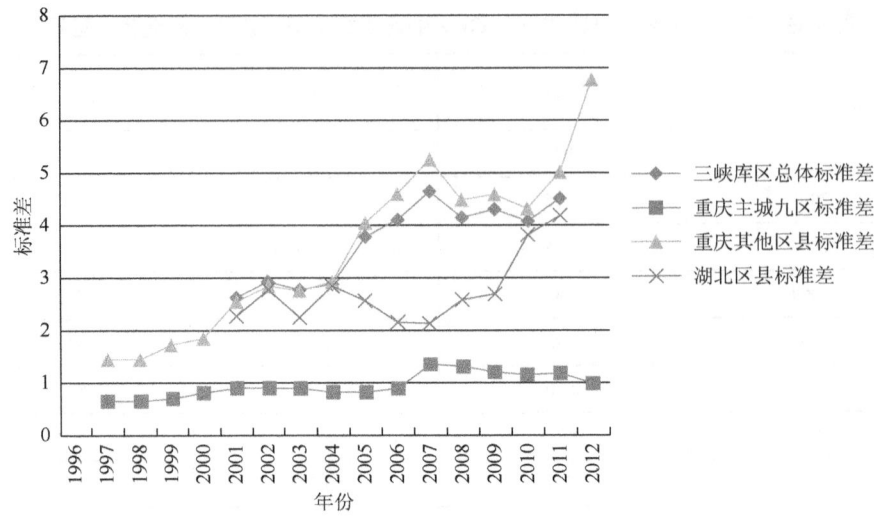

图 3.28　三峡库区教育经费支出占 GDP 的比重分区域内均等化相对进程

图 3.27 反映的是 1996～2012 年全库区和分区域教育经费支出占 GDP 的比重规模水平变化趋势。可以发现，全库区和各分区域的生均教育经费支出占 GDP 的比重得分都呈递增趋势。其中，重庆主城九区的教育经费支出占 GDP 的比重规模水平整体低于库区的平均水平，而重庆其他区县的总体得分高于全库区平均水平；湖北三区县的教育经费支出占 GDP 的比重与库区总体得分的差异性较小，且呈现递增趋势。具体来看，1996～2012 年三峡库区教育经费支出占 GDP 的比重指标得分整体情况是，从 2001 年的 3.07，增加到 2011 年的 6.19，增加幅度达到 1.02 倍。1996～2012 年重庆主城九区教育经费支出占 GDP 的比重指标得分整体情况是，从 2001 年的 1.13，增加到 2011 年的 3.20，增加幅度达到 1.83 倍。1996～2012 年重庆其他区县教育经费支出占 GDP 的比重指标得分整体情况是，从 2001 年的 4.67，增加到 2011 年的 8.34，增加幅度达到 78.59%。1996～2012 年湖北区县教育经费支出占 GDP 的比重指标得分整体情况是，从 2001 年的 1.98，增长到 2011 年的 5.82，增长了 1.94 倍。这表明，三峡库区教育经费支出占 GDP 的比重整体水平是不断提高的，其教育水平也不断发展。不难发现，关于教育经费支出占 GDP 的比重水平指标，重庆主城九区基本低于全库区平均水平；重庆其他区县高于库区平均水平，其基本处于递增趋势；湖北三区县总体水平得分较高，与库区整体水平相关性大，其递增速度也较快。总体来说，三峡库区在教育经费的投入上是不断增加的，而且越往后，教育经费支出的增长趋势越快。

图 3.28 表示的是以标准差形式反映的全库区和分区域教育经费支出占 GDP 的比重规模水平均等化进程。可以看出，库区整体和重庆其他区县的教育经费支出占 GDP 的比重差异呈现不同程度的递增趋势，重庆主城九区的内部差异变化程

度不大,变化趋势平缓;湖北区县在教育经费支出占 GDP 的比重差异变化程度较大,波动较大,不过整体呈现递增趋势。

具体来说,2001 年库区、重庆主城九区、重庆其他区县、湖北区县的教育经费支出占 GDP 的比重平均标准差分别为 2.64,0.92,2.57,2.27,由组间的标准差差异得到重庆主城九区的教育经费支出占 GDP 的比重的均等化程度高于重庆其他区县;到 2011 年,库区、重庆主城九区和其他区县及湖北区县的教育经费支出占 GDP 的比重标准差分别为 4.51,1.18,5.01,4.20。这说明,组内的标准差都在增大,库区的教育中的教育经费支出占 GDP 的比重均等化程度在恶化。重庆其他区县的教育经费支出占 GDP 的比重水平内部差异对全库区内部差异的"绝对"贡献最大,其差异变化趋势与库区差异变化趋势高度吻合,而重庆主城九区的差异性变化具有稳定的趋势,具有时间序列的稳定性。

3.3.15 教育经费支出占财政支出的比重指标分析

教育经费支出占财政支出的比重反映教育在财政支出中的地位,是一个国家和地区在国民财政支出预算中对教育事业重视程度的重要衡量指标,反映了教育在一个国家和地区的综合地位。由于三峡库区内湖北省巴东县统计数据缺失,针对目前数据可得的其他 25 个区县进行区域划分,将渝中区、大渡口区、江北区等重庆主城九区划为第一个区域,重庆市的其他 22 个县划为第二个区域,湖北省的夷陵区、兴山县和秭归县划为第三个区域,以下划分类似。

根据重庆市和湖北省的历年统计年鉴,三峡库区教育经费支出占财政支出的比重如表 3.86～表 3.88 所示。

表 3.86 三峡库区教育经费支出占财政支出的比重统计(重庆主城九区)

(单位:%)

年份\地区	渝中区	大渡口区	江北区	沙坪坝区	九龙坡区	南岸区	北碚区	渝北区	巴南区
1996	—	—	—	—	—	—	—	—	—
1997	24.82	16.71	17.29	10.41	10.90	19.85	22.49	23.53	22.12
1998	24.82	16.71	17.29	10.41	10.90	19.85	22.49	23.53	44.89
1999	22.29	15.03	18.18	8.39	7.45	17.96	21.09	25.28	18.35
2000	22.36	13.17	14.79	8.22	10.15	18.15	16.68	26.62	21.13
2001	18.25	13.31	13.23	8.24	9.72	18.13	15.53	22.98	19.50
2002	16.62	9.05	14.41	6.39	9.21	15.97	15.96	22.82	15.89
2003	14.69	8.64	11.94	9.42	10.61	13.68	12.14	21.91	13.87
2004	9.06	6.53	7.38	6.89	7.83	12.03	9.92	14.41	15.09

续表

地区\年份	渝中区	大渡口区	江北区	沙坪坝区	九龙坡区	南岸区	北碚区	渝北区	巴南区
2005	7.76	6.62	8.58	6.87	7.32	10.89	9.59	15.39	14.66
2006	7.26	8.95	8.41	7.91	7.45	10.59	8.39	11.83	16.73
2007	9.30	11.58	10.81	8.88	9.25	16.52	9.60	17.64	16.17
2008	10.10	11.30	11.18	11.68	12.32	14.46	9.52	16.10	13.70
2009	12.87	10.02	11.23	11.13	12.49	14.58	11.23	17.70	14.07
2010	15.80	12.47	11.38	12.82	10.55	12.57	9.28	18.47	11.23
2011	14.86	10.97	9.42	12.49	11.22	13.99	5.23	15.76	9.96
2012	—	—	—	—	—	—	—	—	—

资料来源:《重庆统计年鉴 1997~2013》

表 3.87 三峡库区教育经费支出占财政支出的比重统计(重庆其他区县)

(单位:%)

地区\年份	巫山县	巫溪县	奉节县	云阳县	万州区	开县	忠县	石柱县	丰都县	涪陵区	武隆县	长寿区	江津区
1996	—	—	—	—	—	—	—	—	—	—	—	—	—
1997	20.14	18.37	23.14	23.54	14.46	28.77	24.49	14.99	21.12	9.08	15.14	18.88	13.96
1998	20.14	18.37	23.14	23.54	14.46	28.77	24.49	14.99	21.12	9.08	15.14	18.88	13.96
1999	21.88	17.57	23.45	25.46	10.61	26.20	30.95	16.02	17.83	9.77	15.59	20.66	13.60
2000	20.98	15.29	25.04	25.25	13.65	26.74	22.41	14.14	21.43	9.26	17.13	19.63	12.74
2001	17.72	18.29	18.57	20.48	13.92	22.34	23.82	17.67	17.70	9.63	13.10	20.94	11.73
2002	11.99	17.96	9.98	14.46	11.24	19.70	16.51	18.15	15.49	10.08	12.11	17.53	10.39
2003	11.17	14.25	10.06	15.99	10.44	21.83	14.21	17.06	12.86	9.62	11.76	16.39	9.72
2004	16.00	20.42	19.55	15.65	14.49	19.22	16.70	17.34	19.16	10.76	13.04	15.07	7.34
2005	20.84	23.41	20.74	20.00	15.75	24.20	24.02	19.90	17.73	10.95	14.73	14.09	6.68
2006	15.23	24.28	16.38	15.15	14.04	23.24	16.27	18.79	15.22	10.40	10.85	15.15	7.94
2007	18.78	25.43	23.68	25.30	17.07	24.28	17.17	19.11	15.78	13.76	14.26	15.21	10.86
2008	18.32	19.21	21.37	16.73	13.67	18.98	16.41	17.29	14.86	11.41	10.89	11.53	11.70
2009	18.85	16.55	20.58	17.38	15.27	22.24	16.90	19.04	16.57	11.61	12.13	11.81	10.63
2010	16.13	14.06	17.49	16.09	11.51	17.24	12.95	15.24	13.86	10.53	9.99	11.04	12.65
2011	13.97	14.75	19.55	17.16	10.67	15.28	12.47	15.70	10.99	8.76	9.90	8.23	10.32
2012	—	—	—	—	—	—	—	—	—	—	—	—	—

资料来源:《重庆统计年鉴 1997~2013》

表 3.88 三峡库区教育经费支出占财政支出的比重统计（湖北省各区县）

（单位：%）

年份 \ 地区	夷陵区	兴山县	秭归县
2001	22.13	17.79	23.78
2002	23.05	32.58	34.23
2003	22.82	20.49	26.48
2004	24.85	23.95	31.57
2005	21.29	20.54	26.24
2006	16.95	18.96	22.33
2007	21.65	21.84	23.03
2008	19.32	20.61	22.69
2009	15.65	15.04	15.98
2010	15.70	13.56	16.61
2011	14.52	12.29	17.27
2012	—	—	—

资料来源：《湖北统计年鉴 1997～2013》

由于相关数据的缺失，故以 2001 年为基年进行分析；且该指标与基本公共服务水平呈正向关系，在计算得分时，按照第一个公式，结果如表 3.89～表 3.91 所示。

表 3.89 三峡库区教育经费支出占财政支出的比重指标得分统计（重庆主城九区）

年份 \ 地区	渝中区	大渡口区	江北区	沙坪坝区	九龙坡区	南岸区	北碚区	渝北区	巴南区
1996	—	—	—	—	—	—	—	—	—
1997	10.64	5.44	5.81	1.40	1.71	7.46	9.15	9.82	8.91
1998	10.64	5.44	5.81	1.40	1.71	7.46	9.15	9.82	23.53
1999	9.02	4.36	6.38	0.10	−0.51	6.24	8.25	10.94	6.49
2000	9.06	3.16	4.21	−0.01	1.23	6.36	5.42	11.80	8.28
2001	6.43	3.25	3.21	0	0.95	6.35	4.68	9.46	7.23
2002	5.38	0.52	3.96	−1.19	0.63	4.96	4.96	9.36	4.91
2003	4.14	0.26	2.38	0.76	1.52	3.49	2.50	8.78	3.62

续表

地区\年份	渝中区	大渡口区	江北区	沙坪坝区	九龙坡区	南岸区	北碚区	渝北区	巴南区
2004	0.53	−1.09	−0.55	−0.86	−0.26	2.44	1.08	3.96	4.40
2005	−0.30	−1.04	0.22	−0.88	−0.59	1.70	0.87	4.59	4.12
2006	−0.63	0.46	0.11	−0.21	−0.51	1.51	0.10	2.31	5.45
2007	0.69	2.15	1.65	0.41	0.65	5.32	0.87	6.04	5.10
2008	1.20	1.97	1.89	2.21	2.62	3.99	0.82	5.05	3.51
2009	2.97	1.14	1.92	1.86	2.73	4.07	1.92	6.07	3.74
2010	4.85	2.72	2.02	2.94	1.49	2.78	0.67	6.57	1.92
2011	4.25	1.76	0.76	2.73	1.91	3.69	−1.93	4.83	1.11
2012	—	—	—	—	—	—	—	—	—

表3.90　三峡库区教育经费支出占财政支出的比重指标得分统计（重庆其他区县）

地区\年份	巫山县	巫溪县	奉节县	云阳县	万州区	开县	忠县	石柱县	丰都县	涪陵区	武隆县	长寿区	江津区
1996	—	—	—	—	—	—	—	—	—	—	—	—	—
1997	5.10	5.32	3.10	3.80	2.84	2.50	3.75	3.31	2.88	1.11	3.52	1.23	0.24
1998	5.10	5.32	3.10	3.80	2.84	2.50	3.75	3.31	2.88	1.11	3.52	1.23	0.24
1999	5.23	6.48	3.39	4.26	1.87	2.81	4.97	3.74	2.98	1.26	3.28	1.31	0.30
2000	6.15	6.76	4.21	5.04	2.81	3.45	4.25	4.56	3.50	1.34	3.26	1.39	0.38
2001	7.14	10.00	5.15	5.61	3.52	4.45	5.38	7.23	3.87	1.79	4.29	1.83	0.42
2002	9.35	10.45	6.27	6.65	3.94	4.87	5.29	7.57	4.68	2.28	4.63	2.29	0.38
2003	8.48	10.46	5.04	5.80	3.62	4.75	5.22	7.25	3.34	2.00	3.91	2.11	0.35
2004	8.16	11.70	5.73	4.95	3.70	4.42	4.39	6.43	4.34	1.88	3.38	1.93	0.36
2005	12.09	14.90	6.10	7.07	3.59	5.17	6.95	7.31	4.49	1.63	4.39	2.15	0.18
2006	10.14	18.33	6.95	9.79	3.73	7.70	5.23	7.22	5.17	1.89	3.89	2.97	0.39
2007	13.41	20.12	9.04	13.72	4.20	9.14	6.31	8.37	6.50	3.03	5.54	3.46	0.98
2008	13.70	16.68	10.02	10.53	3.79	8.92	6.73	9.51	7.38	2.86	4.88	3.38	1.25
2009	13.15	16.38	10.50	12.41	3.41	10.30	7.64	10.31	9.63	2.53	6.42	3.99	0.98
2010	12.79	14.89	9.54	13.06	2.51	9.41	6.52	11.15	8.26	2.59	5.91	5.39	1.55
2011	13.74	16.57	13.22	13.24	2.94	8.73	7.28	11.76	7.13	2.47	6.88	3.13	1.35
2012	21.14	22.85	16.30	18.85	5.32	12.03	10.60	18.70	14.69	4.71	11.10	5.58	2.28

表 3.91　三峡库区教育经费支出占财政支出的比重指标得分统计（湖北省各区县）

年份\地区	夷陵区	兴山县	秭归县
2001	8.92	6.13	9.98
2002	9.51	15.63	16.69
2003	9.36	7.87	11.71
2004	10.66	10.09	14.98
2005	8.38	7.90	11.56
2006	5.59	6.88	9.05
2007	8.61	8.73	9.50
2008	7.11	7.94	9.28
2009	4.76	4.37	4.97
2010	4.79	3.42	5.37
2011	4.03	2.60	5.80
2012	—	—	—

根据上述区县的得分，得到三个区域各自的和三峡库区总体平均得分，以及三个区域各自的和三峡库区总体标准差，如图 3.29、图 3.30 所示。

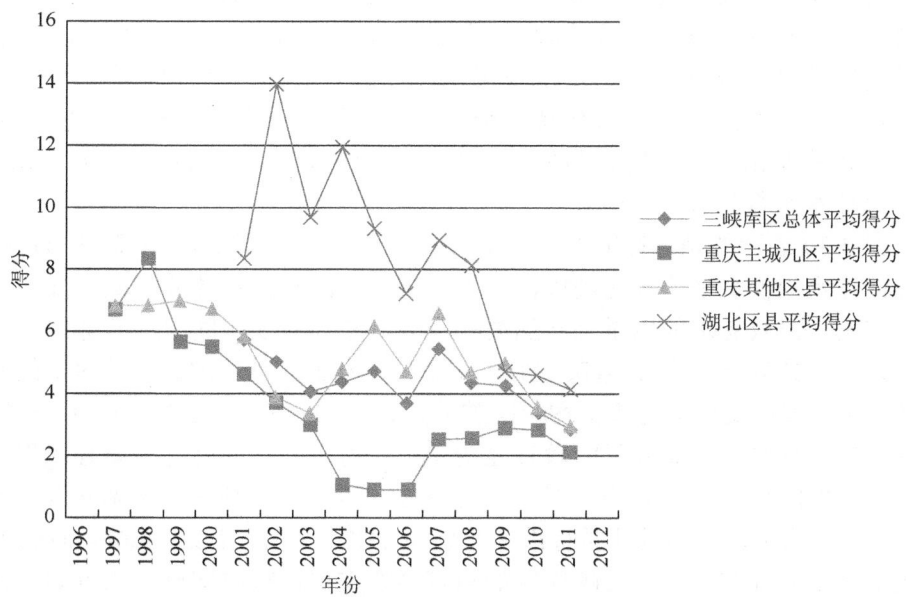

图 3.29　三峡库区教育经费支出占财政支出的比重规模水平的分区域显示

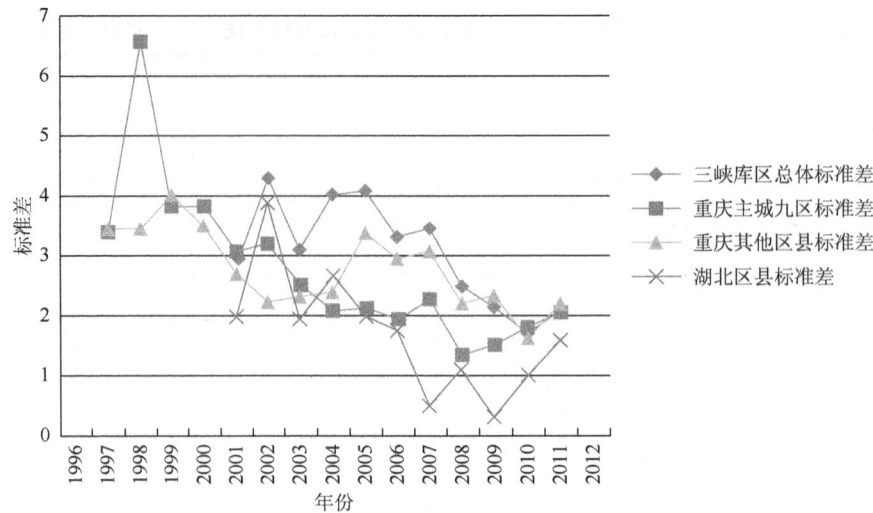

图 3.30　三峡库区教育经费支出占财政支出的比重分区域内均等化相对进程

图 3.29 反映的是 1996~2012 年全库区和分区域教育经费支出占财政支出的比重规模水平变化趋势。可以发现，全库区和各分区域的教育经费支出占财政支出的比重规模水平得分虽都有不同程度的波动但整体呈递减趋势。其中，重庆主城九区的教育经费支出占财政支出的比重规模水平整体低于库区的平均水平，而重庆其他区县的总体得分高于全库区平均水平，且与库区有高度正相关的变化趋势；湖北三区县的教育经费支出占财政支出的比重规模高于库区总体得分，虽波动较大但整体呈现递减趋势。不难发现，关于教育经费支出占财政支出的比重水平指标，重庆主城九区基本低于全库区平均水平，且主城九区的平均得分持续交叉变化；重庆其他区县略高于库区平均水平，且其变化趋势速度也与库区平均变化趋势速度基本保持一致；湖北三区县总体水平得分较高。

图 3.30 表示的是以标准差形式反映的全库区和分区域教育经费支出占财政支出的比重规模水平均等化进程，可以看出，库区整体和各分区域内部的教育经费支出占财政支出的比重差异虽波动较大但整体呈现不同程度的递减趋势。具体来说，2001 年库区、重庆主城九区、重庆其他区县、湖北区县内部的教育经费支出占财政支出的比重平均标准差分别为 2.91，3.07，2.71，1.99，由组间的标准差差异得到主城九区的教育经费支出占财政支出的比重的均等化程度低于重庆其他区县；到 2011 年，库区、重庆主城九区和其他区县及湖北区县的教育经费支出占财政支出的比重标准差分别为 2.13，2.07，2.22，1.60。这说明，组内的标准差都在递减，三峡库区的教育经费支出占财政支出的比重均等化程度在改善。

3.4 三峡库区教育服务评价结论与政策建议

3.4.1 基本结论

三峡库区教育结构不合理,主要体现为教育的单一化,即基本只有"小学、初中、高中"的纵向结构,没有形成多种类+多层次+多形式的教育网络。重点反映在普通教育与职业教育的比例严重失调,具有起步早、发展慢、规模小、效益差等特点。当今世界,经济全球化深入发展,科技进步日新月异,国际竞争日趋激烈,知识越来越成为提高综合国力和国际竞争力的决定性因素,人才资源越来越成为推动经济社会发展的战略性资源,教育的基础性、先导性、全局性地位和作用更加突出。中华民族的伟大复兴,归根结底靠人才,人才培养的基础在教育。教育是提高人民思想道德素质和科学文化素质的基本途径,是发展科学技术和培养人才的基础工程。大力发展教育事业,是发挥我国人力资源优势、建设创新型国家、加快推进社会主义现代化的必然选择,因此解决教育在发展中的问题就尤为重要。

3.4.2 政策建议

1. 加大教育财政投入,以及其他教育资源的投入

增加中央和市财政对三峡库区教育的投入,建立保证三峡库区教育发展的长效机制。三峡库区各区县当中贫困县占比较高,县级财政自给能力很差,基本上只能是"吃饭财政",要从根本上解决欠债和移校、排危资金缺口问题,进而保证库区教育的发展,不拖当地后腿,必须依靠中央和市级财政建立保证三峡库区教育发展的长效机制,并重点扶持。地方政府应协调相关部门,积极出台相关政策措施,保证教育投入的有效性和持续性,并将政策具体化,落实到实处。例如,在教育补偿方面,对于搬迁学校的场坪、堡坎、梯道、绿化、水电气设施等项目均纳入补偿范畴,可以有效地保证在三峡工程实施和运行过程中,学校在搬迁过程中可以得到充分的资金保障,使其不仅搬得了,而且搬迁后还能够快速发展起来。

2. 加大教育对口支援力度

1992年,国务院发出全国对口支援三峡工程库区移民工作的号召。此后,中央国家机关、各省（自治区、直辖市）把对口支援三峡库区视为己任，在库区展开了有声有色的对口支援合作。有资料显示，截至 2003 年年底，全国对口支援三峡库区引入资金仅为 160.95 亿元，其中社会公益类项目到位资金 18.73 亿元，援建希望学校 761 所，培训各类人才 5797 人次。截至 2012 年年底，全国对口支援三峡库区引进资金共为 1321.57 亿元，其中经济建设类项目资金 1272.64 亿元、社会公益类项目资金 48.93 亿元，共安排移民劳务 97 507 人次，培训 48 439 人次，干部交流 1058 人次。全国对口支援三峡工程移民工作，不仅保障了百万移民的按时搬迁安置，促进了三峡库区社会经济的全面发展，帮助改善移民民生，还为支援方带去了良好的经济效益，真正实现了支援方和受援方的合作共赢。

3. 加强教师队伍建设，培养教师人才

加强教师队伍建设，解决教育发展中最关键的人才问题。教师严重缺编，是制约三峡库区教育发展的瓶颈。因此，需要重点支持三峡库区，尤其是三峡库区的贫困县的教师师资问题。可通过政策、经济等方面的支持，在"十三五"期间逐渐配齐各学科教师，解决新增教师的经费问题；出台相关政策，对三峡库区教师薪资涨幅水平予以倾斜，控制教师的不正常减员和流动，不断强化教师队伍素质。教育发展以教师为本，教师素质以师德为本。在推动素质教育过程中，把教师思想政治素质放在首位，以师德建设为突破口，带动教师队伍整体素质的提高，以师德促进教师教书育人责任感的增强，以良好的教风，促进学生良好学风的形成，激发学生学习的原动力。

4. 积极引导社会力量，促进教育事业发展

多方开发社会资源战略。创造条件，积极引导与国外、市内外、学校之间、校企之间进行联合办学，优势互补。同时，在合理的范围内鼓励民间力量办学，使民办学校发挥积极作用，以此促进三峡库区教育事业的快速健康发展。

4 三峡库区社会保障服务均等化评价研究

4.1 评价指标的选取与论证

社会保障是指国家通过立法，积极动员社会各方面资源，保证无收入、低收入以及遭受各种意外灾害的公民能够维持生存，保障劳动者在年老、失业、患病、工伤、生育时的基本生活不受影响，同时根据经济和社会发展状况，逐步增进公共福利水平，提高国民生活质量。中国学者给社会保障下了不同的定义，陈良谨（1990）认为，社会保障是国家和社会通过国民收入的分配与再分配，依法对社会成员的基本生活权利予以保障的社会安全制度。葛寿昌（1990）指出，社会保障是社会（国家）通过立法，采取强制手段对国民收入进行分配和再分配形成社会消费基金，对基本生活遇到困难的社会成员给予物质上的帮助，以保证社会安定的一种有组织的措施、制度和事业的总称。郑功成（2000）认为，社会保障是国家依法强制建立的、具有经济福利性的国民生活保障和社会稳定系统。

遵照我国的社会保障体系内容以及现有的数据资料文献，三峡库区的社会保障指标体系可以保障支出、支出占比、最低生活保障人数以及社会福利收养单位等几个方面来考量。因此，本章选取社会保障和就业支出、人均社会保障支出、政府社会保障支出占财政支出比重、社会保障支出占GDP比重、城镇居民最低生活保障人数、社会福利收养单位、社会福利收养单位床位数、城镇社区服务设施数八个方面来衡量三峡库区的社会保障发展情况，具体如表4.1所示。

表 4.1 社会保障指标的选取

指标名称	单位
社会保障和就业支出	万元
人均社会保障支出	元
政府社会保障支出占财政支出比重	%
社会保障支出占 GDP 比重	%
城镇居民最低生活保障人数	人
社会福利收养单位	个
社会福利收养单位床位数	张
城镇社区服务设施数	个

4.2 三峡库区社会保障服务均等化评价

三峡库区社会保障服务均等化评价原始数据主要来源于重庆和湖北两省市的统计年鉴，关于社会保障服务八个指标的统计数据，各个指标均是同一层次的，需要注意的两个问题：一是指标量纲的处理；二是年度之间指标的可比性。参照相关资料，设定计算指标得分的方法如下：

如果该指标与基本公共服务水平呈正向关系，则按照第一个公式

$$第 i 个指标得分 = \frac{S_{i(t)} - S_{\min(0)}}{S_{\max(0)} - S_{\min(0)}} \times 10$$

其中，$S_{\max(0)}$ 是 26 个区县基年中该指标对应原始数据最大的一个，$S_{\min(0)}$ 为最小的一个。

如果该指标与基本公共服务水平呈负向关系，则按照第二个公式

$$第 i 个指标得分 = \frac{S_{\max(0)} - S_{i(t)}}{S_{\max(0)} - S_{\min(0)}} \times 10$$

上述标准化处理方式可以消除量纲的影响，使得不同单位的单项指标可以加总，同时各年份得分可以进行纵向比较。通过上述处理方式，无论正向指标还是逆向指标，各单项指标得分及最后得分都与基本公共服务保障程度正相关。经过上述处理方式后，基年指标处于 0~10 的区域之内。以后年份某单项指标进一步提高，直至大于基年的最大值，得分大于 10；如果单项指标下降幅度较大，直至小于基年最小值，得分就会小于 0。

关于三峡库区基本公共服务进程问题，可以通过上述指标的分析，得到三峡

库区各区县 1996～2012 年有关基本公共服务保障水平得分，但这还不足以评估库区基本公共服务均等化进程的动态变化。因此，采用的处理方法是将所有区县的均值看做三峡库区基本公共服务的标准，利用标准差的概念计算三峡库区 1996～2012 年基本公共服务均等化的变化趋势。如果指标标准差小，说明各区县与三峡库区基本公共服务保障水平均值的总体离散程度小，均等化水平较高；反之，如果标准差较大，说明各区县与三峡库区基本公共服务保障水平均值的总体离散程度较大，均等化水平较差。

4.2.1 社会保障和就业支出指标分析

社会保障和就业支出指标是从财政支出的角度来衡量区县对当地保障的扶持程度的。由于三峡库区内湖北省巴东县统计数据缺失，将针对目前数据可得的其他 25 个区县进行区域划分，将渝中区、大渡口区、江北区等重庆主城九区划为第一个区域，重庆市的其他 22 个区县划为第二个区域，湖北省的夷陵区、兴山县和秭归县划为第三个区域，以下划分方法类似。

根据重庆市和湖北省的历年统计年鉴，三峡库区社会保障和就业支出的原始统计数据如表 4.2～4.4 所示。

表 4.2　三峡库区社会保障和就业支出统计（重庆主城九区）

（单位：万元）

地区 年份	渝中区	大渡口区	江北区	沙坪坝区	九龙坡区	南岸区	北碚区	渝北区	巴南区
2002	3 040	768	1 785	809	642	1 850	500	60	399
2003	1 205	1 113	2 104	4 554	426	1 170	993	718	797
2004	12 400	4 473	15 188	24 344	15 335	14 266	8 411	1 610	12 162
2005	2 736	2 755	3 109	13 012	2 565	3 230	2 434	2 024	4 129
2006	4 437	3 150	7 071	17 139	3 629	4 821	3 536	2 517	5 723
2007	39 048	14 314	27 080	46 516	25 994	28 388	19 524	27 703	27 668
2008	44 211	15 069	31 264	39 997	30 070	33 365	22 176	32 139	36 480
2009	100 465	47 562	40 182	60 762	77 667	83 782	37 086	41 004	43 764
2010	66 787	22 682	43 968	63 883	54 570	46 560	40 698	47 204	51 012
2011	88 706	26 945	57 854	67 690	68 179	71 830	46 575	76 675	78 976
2012	85 328	26 043	60 574	80 832	73 522	65 573	55 465	77 785	79 698

资料来源：《重庆统计年鉴 1997～2013》

注：由于重庆市 1996～2001 年、湖北省 1996～2000 年统计年鉴统计口径原因，该指标数据缺失，故未纳入统计分析，下同

表 4.3　三峡库区社会保障和就业支出统计（重庆其他区县）

（单位：万元）

年份\地区	巫山县	巫溪县	奉节县	云阳县	万州区	开县	忠县	石柱县	丰都县	涪陵区	武隆县	长寿县	江津区
2002	1 218	597	2 570	1 463	7 680	1 895	1 284	929	668	5 137	1 388	833	1 198
2003	1 000	579	4 049	1 375	10 426	2 132	1 233	1 206	1 101	5 560	1 902	589	1 430
2004	978	816	3 073	1 696	11 275	3 617	1 763	1 224	1 461	5 383	1 986	5 601	5 996
2005	792	673	1 337	1 471	2 940	1 395	1 094	676	1 221	2 870	1 391	2 115	2 575
2006	1 677	1 316	3 512	2 525	5 029	2 950	1 987	1 430	1 598	5 116	1 609	4 423	4 386
2007	16 597	10 606	20 161	20 665	49 791	26 773	17 815	9 771	15 801	35 392	10 372	27 626	37 845
2008	18 410	13 481	26 724	27 102	71 231	33 678	20 549	13 614	21 011	38 622	13 080	34 946	43 183
2009	21 946	24 337	29 046	39 015	86 919	44 201	34 215	16 321	30 415	56 109	17 544	52 317	64 059
2010	25 031	18 984	30 303	38 868	87 214	52 085	32 362	13 559	31 259	53 720	20 938	51 147	60 480
2011	34 334	24 208	45 708	54 294	122 944	75 011	47 709	19 768	38 115	74 278	28 898	60 007	86 827
2012	34 938	26 361	39 392	56 798	125 330	73 029	49 097	21 489	42 260	79 951	30 312	72 816	86 921

资料来源：《重庆统计年鉴 1997~2013》

表 4.4　三峡库区社会保障和就业支出统计（湖北省各区县）

（单位：万元）

年份\地区	夷陵区	兴山县	秭归县
2001	553	276	433
2002	293	74	164
2003	387	246	388
2004	410	188	186
2005	880	1 211	690
2006	6 376	1 139	375
2007	6 637	2 132	5 534
2008	9 968	3 387	7 325
2009	16 819	8 143	13 225
2010	19 089	7 264	15 639
2011	26 227	10 358	19 097
2012	—	—	—

资料来源：《湖北统计年鉴 1997~2013》

根据社会保障和就业支出指标的相关数据，选择以 2002 年为基年进行研究，且该指标数据与基本公共服务水平呈正向关系，在计算得分时，按照第一个公式，结果如表 4.5~表 4.7 所示。

表 4.5 三峡库区社会保障和就业支出指标得分统计（重庆主城九区）

年份\地区	渝中区	大渡口区	江北区	沙坪坝区	九龙坡区	南岸区	北碚区	渝北区	巴南区
2002	3.91	0.93	2.26	0.98	0.76	2.35	0.58	0	0.44
2003	1.50	1.38	2.68	5.90	0.48	1.46	1.22	0.86	0.97
2004	16.19	5.79	19.85	31.87	20.05	18.64	10.96	2.03	15.88
2005	3.51	3.54	4.00	17.00	3.29	4.16	3.12	2.58	5.34
2006	5.74	4.06	9.20	22.41	4.68	6.25	4.56	3.22	7.43
2007	51.17	18.71	35.46	60.97	34.03	37.18	25.54	36.28	36.23
2008	57.94	19.70	40.95	52.41	39.38	43.71	29.02	42.10	47.80
2009	131.77	62.34	52.65	79.66	101.85	109.87	48.59	53.73	57.35
2010	87.57	29.69	57.62	83.76	71.54	61.02	53.33	61.87	66.87
2011	116.33	35.28	75.85	88.75	89.40	94.19	61.04	100.54	103.56
2012	111.90	34.10	79.41	106.00	96.41	85.98	72.71	102.00	104.51

表 4.6 三峡库区社会保障和就业支出指标得分统计（重庆其他区县）

年份\地区	巫山县	巫溪县	奉节县	云阳县	万州区	开县	忠县	石柱县	丰都县	涪陵区	武隆县	长寿县	江津区
2002	1.52	0.70	3.29	1.84	10.00	2.41	1.61	1.14	0.80	6.66	1.74	1.01	1.49
2003	1.23	0.68	5.23	1.73	13.60	2.72	1.54	1.50	1.37	7.22	2.42	0.69	1.80
2004	1.20	0.99	3.95	2.15	14.72	4.67	2.23	1.53	1.84	6.99	2.53	7.27	7.79
2005	0.96	0.80	1.68	1.85	3.78	1.75	1.36	0.81	1.52	3.69	1.75	2.70	3.30
2006	2.12	1.65	4.53	3.23	6.52	3.79	2.53	1.80	2.02	6.64	2.03	5.73	5.68
2007	21.70	13.84	26.38	27.04	65.26	35.06	23.30	12.74	20.66	46.37	13.53	36.18	49.59
2008	24.08	17.61	34.99	35.49	93.40	44.12	26.89	17.79	27.49	50.61	17.09	45.78	56.59
2009	28.72	31.86	38.04	51.12	113.99	57.93	44.82	21.34	39.84	73.56	22.94	68.58	83.99
2010	32.77	24.83	39.69	50.93	114.38	68.27	42.39	17.72	40.94	70.42	27.40	67.04	79.29
2011	44.98	31.69	59.91	71.17	161.27	98.36	62.53	25.86	49.94	97.40	37.85	78.67	113.87
2012	45.77	34.52	51.62	74.46	164.40	95.76	64.35	28.12	55.38	104.84	39.70	95.48	113.99

表 4.7 三峡库区社会保障和就业支出指标得分统计（湖北省各区县）

年份\地区	夷陵区	兴山县	秭归县
2002	0.31	0.02	0.14
2003	0.43	0.24	0.43
2004	0.46	0.17	0.17
2005	1.08	1.51	0.83

续表

年份\地区	夷陵区	兴山县	秭归县
2006	8.29	1.42	0.41
2007	8.63	2.72	7.18
2008	13.00	4.37	9.53
2009	21.99	10.61	17.28
2010	24.97	9.45	20.44
2011	34.34	13.51	24.98
2012	—	—	—

根据上述区县的指标得分，得到三个区域各自的和三峡库区总体平均得分，以及三个区域各自的和三峡库区总体标准差，如图4.1、图4.2所示。

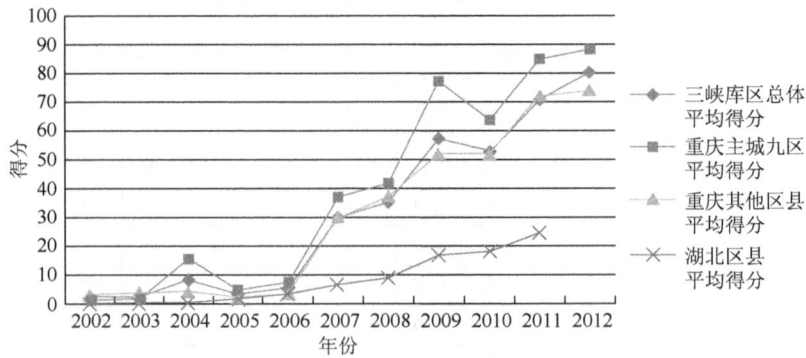

图 4.1 三峡库区社会保障和就业支出投入水平分区域显示

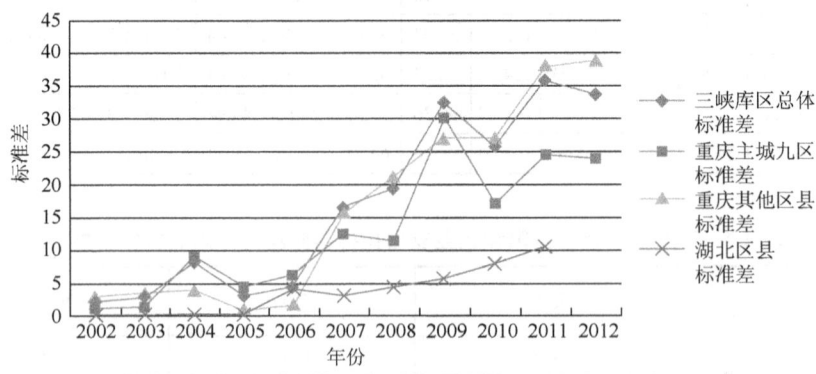

图 4.2 三峡库区社会保障和就业支出投入水平分区域内均等化相对进程

图 4.1 反映的是 2002~2012 年全库区和分区域社会保障和就业支出水平变化趋势。可以发现，全库区和分区域的社会保障和就业支出得分呈上升趋势，其中

重庆主城九区得分最高，湖北三区县排名相对靠后，而重庆其他区县与全库区平均水平基本保持一致。

关于社会保障和就业支出水平指标，重庆主城九区高于全库区平均水平，且其增长速度也快于库区平均速度；重庆其他区县与三峡库区的平均水平大体持平，但其增长速度慢于库区平均速度；湖北三区县尽管总体保障水平得分较低，但是其增长速度较快。也就是说，重庆市的22个区县对三峡库区社会保障和就业支出水平的"存量"贡献最大，而湖北三区县对三峡库区社会保障和就业支出水平的"增量"贡献最大。

图4.2表示以标准差形式反映的全库区和分区域社会保障和就业支出水平均等化进程。可以明显看出，三峡库区整体和三个区域的社会保障和就业支出呈现不同程度的扩大趋势。具体来说，在2002年，三峡库区、重庆主城九区、重庆其他区县、湖北区县的社会保障和就业支出水平平均标准差分别为2.23、1.24、2.71、0.14；到2011年，三峡库区、重庆主城九区和其他区县的社会保障和就业支出标准差分别为35.84、25.53、38.16、10.43。这说明重庆主城九区社会保障和就业支出水平内部差异对全库区内部差异的"绝对"贡献较大，重庆其他区县的社会保障和就业支出水平内部差异对全库区内部差异的"绝对"贡献最大，湖北三区县的社会保障和就业支出水平内部差异对全库区内部差异的"绝对"贡献最小。

4.2.2　人均社会保障支出指标分析

人均社会保障支出数据是由社会保障和就业支出与人口相比得来的，可从人均的角度考量三峡库区各个区县在财政上对当地社会保障的扶持力度。在2002年，人口指标采用的是年鉴中区县的"年末总人口"指标，2003年及以后采用的均为"常住人口"指标，虽分母有所变动，但影响不大，可忽略。具体结果如表4.8~表4.10所示。

表4.8　三峡库区人均社会保障支出统计（重庆主城九区）　（单位：元）

年份\地区	渝中区	大渡口区	江北区	沙坪坝区	九龙坡区	南岸区	北碚区	渝北区	巴南区
2002	50.98	37.30	37.85	11.75	8.76	37.78	7.81	0.74	4.65
2003	17.69	43.77	33.66	54.90	4.69	18.24	15.19	9.08	10.04
2004	180.68	174.05	239.14	289.50	166.29	219.04	127.05	19.66	152.41
2005	39.21	105.03	47.78	150.88	27.10	48.38	36.14	23.49	49.59
2006	63.01	118.51	106.93	195.47	37.60	70.95	51.51	28.01	67.18
2007	549.28	530.93	402.02	522.18	265.38	410.53	278.87	298.17	317.62

续表

年份\地区	渝中区	大渡口区	江北区	沙坪坝区	九龙坡区	南岸区	北碚区	渝北区	巴南区
2008	621.29	553.60	455.21	443.38	302.12	474.14	308.43	335.48	407.42
2009	1398.45	1715.80	577.16	664.65	770.35	1171.45	507.05	420.04	482.04
2010	1059.94	753.55	595.77	638.83	503.23	612.95	598.15	350.85	555.26
2011	1388.20	853.23	744.97	648.68	610.76	909.47	645.98	553.05	844.93
2012	1314.15	797.64	747.64	747.96	640.60	804.97	744.30	542.74	842.30

资料来源:《重庆统计年鉴 1997~2013》

表 4.9 三峡库区人均社会保障支出统计（重庆其他区县）（单位：元）

年份\地区	巫山县	巫溪县	奉节县	云阳县	万州区	开县	忠县	石柱县	丰都县	涪陵区	武隆县	长寿县	江津区
2002	20.69	11.61	26.15	11.62	45.49	12.54	13.27	18.18	8.62	46.09	35.08	9.53	8.20
2003	19.81	12.88	46.65	13.44	68.82	18.36	16.45	27.48	16.91	55.11	54.11	7.91	11.29
2004	19.62	18.44	35.82	16.76	74.83	31.15	23.76	28.23	22.71	53.47	57.35	74.99	47.64
2005	15.81	15.14	15.54	14.46	19.39	12.03	14.65	15.55	18.93	28.33	39.98	28.13	20.35
2006	33.54	29.69	40.95	24.86	33.14	25.49	26.64	32.99	24.84	50.50	46.36	58.84	34.71
2007	334.68	241.70	236.69	204.58	327.77	232.42	240.39	227.60	247.08	348.86	301.34	366.59	299.19
2008	371.69	307.93	314.07	268.10	464.59	292.45	277.65	317.64	328.19	376.62	380.90	458.07	338.66
2009	440.86	553.99	339.84	384.92	563.60	382.76	460.68	378.59	473.98	543.85	508.08	681.21	500.70
2010	505.57	458.44	363.21	425.76	557.96	448.89	430.69	326.64	481.50	503.61	596.52	664.25	490.47
2011	700.84	591.16	557.89	595.92	781.99	646.20	637.65	480.51	596.01	685.47	829.21	766.47	695.01
2012	730.16	652.18	492.28	626.29	791.67	628.69	661.77	521.45	672.29	727.89	866.80	925.00	693.43

资料来源:《重庆统计年鉴 1997~2013》

表 4.10 三峡库区人均社会保障支出统计（湖北省各区县）（单位：元）

年份\地区	夷陵区	兴山县	秭归县
2001	10.75	14.72	10.96
2002	5.69	3.99	4.16
2003	7.52	13.32	9.87
2004	7.93	10.15	4.75
2005	17.04	66.36	17.69

续表

年份\地区	夷陵区	兴山县	秭归县
2006	123.21	62.38	9.66
2007	127.86	116.69	142.89
2008	191.84	187.13	190.06
2009	322.57	449.39	344.85
2010	369.23	411.33	408.86
2011	505.14	588.86	500.05
2012	—	—	—

资料来源：《湖北统计年鉴 1997~2013》

根据人均社会保障支出指标的数据，选择以 2002 年为基年进行研究，且该指标与基本公共服务水平呈正向关系，计算得分时，按照第一个公式，结果如表 4.11~表 4.13 所示。

表 4.11　三峡库区人均社会保障支出指标得分统计（重庆主城九区）

年份\地区	渝中区	大渡口区	江北区	沙坪坝区	九龙坡区	南岸区	北碚区	渝北区	巴南区
2002	10.00	7.28	7.39	2.19	1.60	7.37	1.41	0	0.78
2003	3.37	8.56	6.55	10.78	0.79	3.48	2.88	1.66	1.85
2004	35.82	34.50	47.45	57.48	32.95	43.45	25.14	3.77	30.19
2005	7.66	20.76	9.36	29.88	5.25	9.48	7.05	4.53	9.72
2006	12.39	23.44	21.14	38.76	7.34	13.97	10.11	5.43	13.22
2007	109.18	105.53	79.87	103.79	52.68	81.57	55.36	59.20	63.07
2008	123.52	110.04	90.46	88.11	59.99	94.23	61.24	66.63	80.95
2009	278.21	341.37	114.73	132.15	153.19	233.02	100.78	83.46	95.80
2010	210.83	149.84	118.44	127.01	100.02	121.86	118.91	69.69	110.37
2011	276.17	169.68	148.13	128.97	121.42	180.88	128.43	109.93	168.03
2012	261.43	158.62	148.67	148.73	127.36	160.08	148.00	107.88	167.51

表 4.12　三峡库区人均社会保障支出指标得分统计（重庆其他区县）

年份\地区	巫山县	巫溪县	奉节县	云阳县	万州区	开县	忠县	石柱县	丰都县	涪陵区	武隆县	长寿县	江津区
2002	3.97	2.16	5.06	2.17	8.91	2.35	2.49	3.47	1.57	9.03	6.84	1.75	1.48
2003	3.80	2.42	9.14	2.53	13.55	3.51	3.13	5.32	3.22	10.82	10.62	1.43	2.10
2004	3.76	3.52	6.98	3.19	14.75	6.05	4.58	5.47	4.37	10.50	11.27	14.78	9.34
2005	3.00	2.87	2.95	2.73	3.71	2.25	2.77	2.95	3.62	5.49	7.81	5.45	3.90

续表

地区 年份	巫山县	巫溪县	奉节县	云阳县	万州区	开县	忠县	石柱县	丰都县	涪陵区	武隆县	长寿县	江津区
2006	6.53	5.76	8.00	4.80	6.45	4.93	5.16	6.42	4.80	9.90	9.08	11.56	6.76
2007	66.47	47.96	46.96	40.57	65.09	46.11	47.70	45.16	49.03	69.29	59.83	72.82	59.40
2008	73.84	61.14	62.37	53.22	92.33	58.06	55.12	63.08	65.18	74.82	75.67	91.03	67.26
2009	87.60	110.12	67.50	76.47	112.03	76.04	91.55	75.21	94.20	108.10	100.98	135.44	99.51
2010	100.48	91.10	72.15	84.60	110.91	89.20	85.58	64.87	95.69	100.09	118.59	132.07	97.48
2011	139.35	117.52	110.90	118.47	155.50	128.48	126.77	95.50	118.49	136.29	164.90	152.41	138.19
2012	145.19	129.67	97.84	124.51	157.43	124.99	131.57	103.64	133.67	144.74	172.38	183.97	137.88

表 4.13 三峡库区人均社会保障支出指标得分统计（湖北省各区县）

地区 年份	夷陵区	兴山县	秭归县
2002	0.99	0.65	0.68
2003	1.35	2.50	1.82
2004	1.43	1.87	0.80
2005	3.24	13.06	3.37
2006	24.38	12.27	1.78
2007	25.30	23.08	28.29
2008	38.04	37.10	37.68
2009	64.06	89.30	68.49
2010	73.35	81.73	81.23
2011	100.40	117.06	99.38
2012	—	—	—

根据上述区县得分，得到三个区域各自的和三峡库区总体平均得分，以及三个区域各自的和三峡库区总体标准差，如图 4.3、图 4.4 所示。

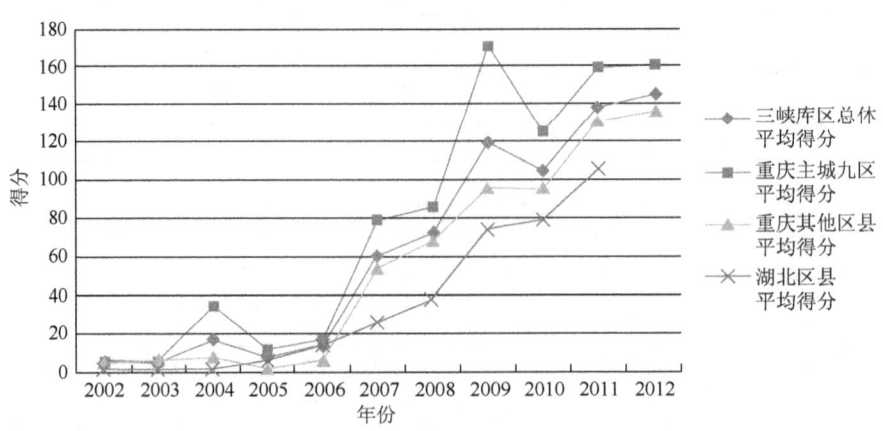

图 4.3 三峡库区人均社会保障支出投入水平分区域显示

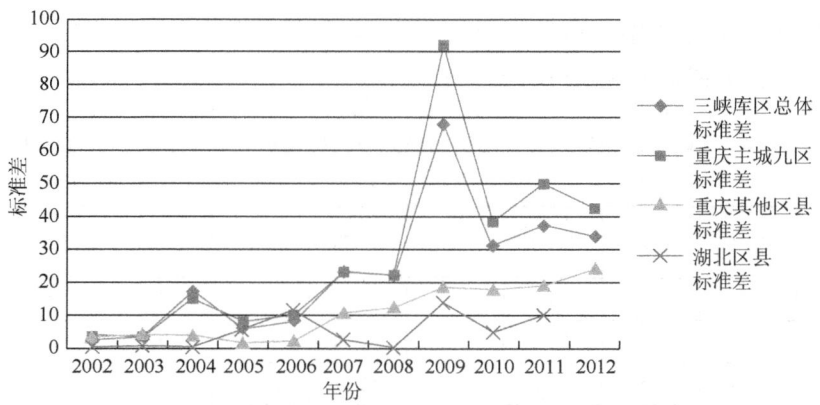

图 4.4　三峡库区人均社会保障支出投入水平分区域内均等化相对进程

　　图 4.3 反映的是 2002~2012 年全库区和分区域人均社会保障支出水平变化趋势。可以发现，全库区和各分区域的人均社会保障支出指标得分都呈上升趋势，其中重庆主城九区排名领先，湖北三区县排名相对靠后，而重庆其他区县与全库区平均水平基本保持一致。关于人均社会保障支出水平指标，重庆主城九区高于全库区平均水平，且其增长速度略低于库区平均速度；重庆其他区县与库区平均水平大体一致持平，但其增长速度慢于库区平均速度；湖北三区县尽管总体保障水平得分较低，但是其增长速度最快。也就是说，重庆市 22 个区县对库区人均社会保障支出水平的"存量"贡献最大，而湖北三区县对库区人均社会保障支出水平的"增量"贡献最大。

　　图 4.4 表示以标准差形式反映的全库区和分区域人均社会保障支出水平均等化进程，可以看出，库区整体和三个区域的人均社会保障支出差异呈现不同程度的扩大趋势，2009 年之前重庆主城九区与库区走势大致重合，2009 年发生一次突增，随后重庆主城九区和库区内部标准差有所回落。具体来说，2002 年，库区、重庆主城九区、重庆其他区县、湖北区县内部的人均社会保障支出水平平均标准差分别为 3.08，3.73，2.70，0.19。2009 年，四条折线均出现不同程度的上升，分别达到 67.56，91.93，18.93，13.48，相对比前一年分别增加了 2.14 倍、3.23 倍、0.52 倍、27.68 倍，随后一年虽有回落，但 2010 年仍高于 2008 年。这说明重庆主城九区人均社会保障支出水平内部差异对全库区内部差异的"绝对"贡献最大，重庆其他区县的人均社会保障支出水平内部差异对全库区内部差异的"绝对"贡献较小，但是其内部差异是不断扩大的。湖北三区县人均社会保障支出水平内部差异对全库区内部差异的"绝对"贡献最小。

4.2.3　政府社会保障支出占财政支出比重指标分析

　　政府社会保障支出占财政支出比重，是由社会保障和就业支出的原始数据比上区县级地方财政支出得来的,该指标也是衡量各区县对当地保障重视程度的有力证明,具体数据如表4.14~表4.16所示。

表4.14 三峡库区政府社会保障支出占财政支出比重统计(重庆主城九区)

(单位:%)

地区 年份	渝中区	大渡口区	江北区	沙坪坝区	九龙坡区	南岸区	北碚区	渝北区	巴南区
2002	3.21	4.29	2.77	1.27	0.51	2.27	1.18	0.10	0.87
2003	1.09	4.86	2.71	5.49	0.57	1.57	2.13	0.85	1.47
2004	7.34	11.55	12.28	16.32	12.40	12.08	13.89	1.32	12.74
2005	1.21	4.76	2.11	7.12	1.82	2.01	3.53	1.23	4.01
2006	2.02	3.64	3.33	6.85	1.88	2.08	3.64	1.11	3.33
2007	15.53	14.53	7.98	14.02	10.00	9.31	15.09	8.67	14.43
2008	14.47	11.76	7.62	10.52	11.99	9.71	11.43	7.93	13.95
2009	23.38	26.17	6.52	12.38	19.71	20.83	13.91	9.24	13.48
2010	12.47	13.25	6.18	11.05	9.48	6.83	10.69	6.68	12.41
2011	12.07	11.41	6.07	9.60	8.14	8.22	10.60	4.27	13.61
2012	—	—	—	—	—	—	—	—	—

资料来源:《重庆统计年鉴1997~2013》

表4.15 三峡库区政府社会保障支出占财政支出比重统计(重庆其他区县)

(单位:%)

地区 年份	巫山县	巫溪县	奉节县	云阳县	万州区	开县	忠县	石柱县	丰都县	涪陵区	武隆县	长寿县	江津区
2002	2.07	2.12	2.85	2.20	4.66	3.02	2.67	2.96	1.51	3.93	3.53	1.52	1.73
2003	1.51	1.45	4.91	2.26	5.52	3.36	1.93	3.25	2.35	3.85	4.75	0.98	1.74
2004	1.97	2.30	5.79	2.62	6.90	4.58	3.12	3.10	3.37	3.75	4.97	7.79	5.82
2005	1.38	1.51	1.91	1.85	1.64	1.70	1.67	1.42	2.34	1.85	2.78	2.30	2.10
2006	2.26	2.34	3.15	1.70	2.13	2.33	2.28	2.50	2.17	2.52	2.32	3.62	2.88
2007	17.79	14.69	17.11	14.32	18.71	15.62	15.00	12.48	15.32	13.52	12.42	16.26	16.18
2008	15.28	14.00	15.37	13.23	17.22	12.96	12.41	11.37	14.38	9.67	10.66	13.81	12.88
2009	15.66	16.86	13.57	15.19	16.85	15.79	15.85	11.39	16.10	11.07	10.70	15.28	14.62
2010	13.06	10.04	10.90	11.64	12.21	12.88	11.25	5.87	13.49	7.75	9.21	8.50	9.24
2011	11.52	9.68	10.98	13.44	11.48	13.13	11.64	6.80	11.44	7.17	9.29	8.11	8.59
2012	—	—	—	—	—	—	—	—	—	—	—	—	—

资料来源:《重庆统计年鉴1997~2013》

表 4.16　三峡库区政府社会保障支出占财政支出比重统计（湖北省各区县）

（单位：%）

年份\地区	夷陵区	兴山县	秭归县
2001	1.55	2.06	2.22
2002	0.74	0.44	0.84
2003	0.97	1.37	1.75
2004	0.94	1.01	0.77
2005	1.66	5.40	2.31
2006	8.80	4.69	1.04
2007	7.23	6.25	11.31
2008	8.27	7.07	11.06
2009	8.87	11.46	13.19
2010	8.89	7.46	11.67
2011	9.83	8.75	12.24
2012	—	—	—

资料来源《湖北统计年鉴 1997~2013》

根据政府社会保障支出占财政支出比重指标的相关数据，选择以 2002 年为基年进行研究，该指标与基本公共服务水平呈正向关系，在计算得分时，按照第一个公式，结果如表 4.17~表 4.19 所示。

表 4.17　三峡库区政府社会保障支出占财政支出比重指标得分统计（重庆主城九区）

年份\地区	渝中区	大渡口区	江北区	沙坪坝区	九龙坡区	南岸区	北碚区	渝北区	巴南区
2002	6.82	9.19	5.86	2.57	0.90	4.76	2.37	0	1.69
2003	2.17	10.44	5.72	11.82	1.03	3.22	4.45	1.64	3.00
2004	15.88	25.11	26.71	35.57	26.97	26.27	30.24	2.68	27.72
2005	2.43	10.22	4.41	15.39	3.77	4.19	7.52	2.48	8.57
2006	4.21	7.76	7.08	14.80	3.90	4.34	7.76	2.21	7.08
2007	33.84	31.64	17.28	30.53	21.71	20.20	32.87	18.79	31.43
2008	31.51	25.57	16.49	22.85	26.07	21.07	24.85	17.17	30.37
2009	51.05	57.17	14.08	26.93	43.00	45.76	30.29	20.04	29.34
2010	27.13	28.84	13.33	24.01	20.57	14.76	23.22	14.43	27.00
2011	26.25	24.80	13.09	20.83	17.63	17.81	23.03	9.14	29.63

表 4.18 三峡库区政府社会保障支出占财政支出比重指标得分统计（重庆其他区县）

年份\地区	巫山县	巫溪县	奉节县	云阳县	万州区	开县	忠县	石柱县	丰都县	涪陵区	武隆县	长寿县	江津区
2002	4.32	4.43	6.03	4.61	10.00	6.40	5.64	6.27	3.09	8.40	7.52	3.11	3.57
2003	3.09	2.96	10.55	4.74	11.89	7.15	4.01	6.91	4.93	8.22	10.20	1.93	3.60
2004	4.10	4.82	12.48	5.53	14.91	9.82	6.62	6.58	7.17	8.00	10.68	16.86	12.54
2005	2.81	3.09	3.97	3.84	3.38	3.51	3.44	2.89	4.91	3.84	5.88	4.82	4.39
2006	4.74	4.91	6.69	3.51	4.45	4.89	4.78	5.26	4.54	5.31	4.87	7.72	6.10
2007	38.79	32.00	37.30	31.18	40.81	34.04	32.68	27.15	33.38	29.43	27.02	35.44	35.26
2008	33.29	30.48	33.49	28.77	37.54	28.20	27.00	24.71	31.32	20.99	23.16	30.07	28.03
2009	34.12	36.75	29.54	33.09	36.75	34.41	34.54	24.76	35.09	24.06	23.25	33.29	31.84
2010	28.42	21.80	23.68	25.31	26.56	28.03	24.45	12.65	29.36	16.78	19.98	18.42	20.04
2011	25.04	21.01	23.86	29.25	24.96	28.57	25.31	14.69	24.87	15.50	20.15	17.57	18.62

表 4.19 三峡库区政府社会保障支出占财政支出比重指标得分统计（湖北省各区县）

年份\地区	夷陵区	兴山县	秭归县
2002	1.40	0.75	1.62
2003	1.91	2.79	3.62
2004	1.84	2.00	1.47
2005	3.42	11.62	4.85
2006	19.08	10.07	2.06
2007	15.64	13.49	24.58
2008	17.92	15.29	24.04
2009	19.23	24.91	28.71
2010	19.28	16.14	25.37
2011	21.34	18.97	26.62

根据上述区县的得分，得到三个区域各自的和三峡库区总体平均得分，以及三个区域各自的和三峡库区总体标准差，如图4.5、图4.6所示。

图4.5反映的是2002~2011年全库区和分区域政府社会保障支出占财政支出比重变化趋势。可以发现，全库区和各分区域的政府社会保障支出占财政支出比重指标得分虽有波动但整体呈上升趋势，重庆主城九区与其他区县的折线变动围绕在库区平均水平折线周围，呈现一上一下之态，在2004年、2007年和2009年有明显转折；而湖北区县的得分则呈不断上涨之势。关于政府社会保障支出占财

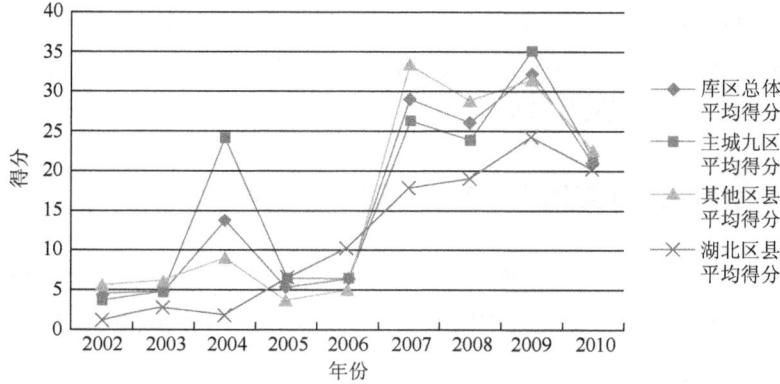

图 4.5　三峡库区政府社会保障支出占财政支出比重水平分区域显示

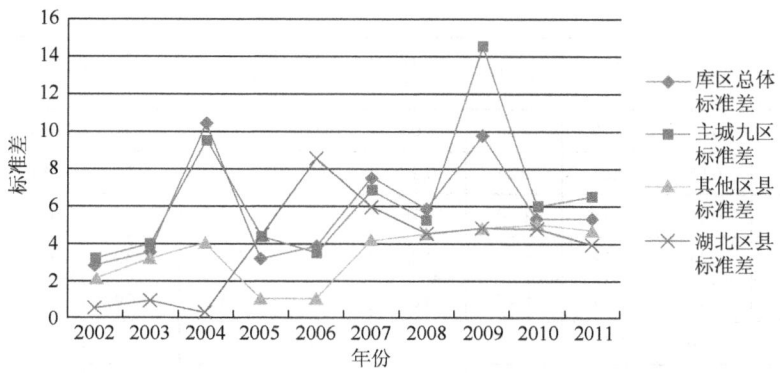

图 4.6　三峡库区政府社会保障支出占财政支出比重水平分区域内均等化相对进程

政支出比重指标，重庆主城九区时而高于库区平均水平，时而低于库区平均水平，但其增长速度略高于库区平均速度；重庆的其他区县也是时而高于库区平均水平，时而低于库区平均水平，但其增长速度慢于库区平均速度 2.69 个百分点；尽管湖北三区县政府社会保障支出占财政支出比重指标得分较低，但是其增长速度最快。

图 4.6 表示以标准差形式反映的全库区和分区域政府社会保障支出占财政支出比重均等化进程，可明显看出，库区整体和三个区域的政府社会保障支出占财政支出比重差异变动是不规律的。2009 年之前，重庆主城九区与库区走势大致重合，2009 年两者均发生一次突增，重庆主城九区的差异远远高于库区平均水平，随后重庆主城九区和库区内部标准差有所回落。在 2002 年，库区、重庆主城九区、重庆其他区县、湖北区县的政府社会保障支出占财政支出比重平均标准差分别为 2.74，3.05，2.10，0.46。2009 年，库区平均差异和重庆主城九区分别增至 9.78，14.59，相比前一年分别增加了 69.79%，180.04%。这说明重庆主城九区政府社会保障支出占财政支出比重内部差异对全库区内部差异的"绝对"贡献最大，重庆

其他区县的政府社会保障支出占财政支出比重水平内部差异对全库区内部差异的"绝对"贡献较小。湖北三区县政府社会保障支出占财政支出比重水平内部差异对全库区内部差异的"绝对"贡献较小。

4.2.4 社会保障支出占 GDP 比重指标分析

社会保障支出占 GDP 比重,是由社会保障和就业支出的原始数据比上 GDP 得来的,该指标通过比重变动来观察政府对社会保障的重视程度。具体如表 4.20~表 4.22 所示。

表 4.20 三峡库区社会保障支出占 GDP 比重统计(重庆主城九区)

(单位:%)

地区 年份	渝中区	大渡口区	江北区	沙坪坝区	九龙坡区	南岸区	北碚区	渝北区	巴南区
2002	0.22	0.16	0.26	0.08	0.05	0.27	0.08	0.01	0.07
2003	0.08	0.22	0.24	0.39	0.03	0.14	0.14	0.11	0.11
2004	0.70	0.78	1.60	1.76	0.83	1.50	1.04	0.17	1.48
2005	0.11	0.39	0.23	0.80	0.09	0.28	0.30	0.14	0.41
2006	0.18	0.41	0.47	0.89	0.12	0.37	0.39	0.14	0.49
2007	1.40	1.52	1.51	2.03	0.69	1.81	1.77	1.13	1.94
2008	1.36	1.06	1.43	1.47	0.70	1.48	1.42	1.06	2.08
2009	2.15	3.18	1.24	1.75	1.55	2.79	1.93	0.89	1.80
2010	1.21	1.28	1.12	1.52	0.93	1.33	1.75	0.82	1.65
2011	1.33	1.80	1.12	1.21	0.99	1.65	1.54	1.00	2.00
2012	1.11	2.05	1.15	1.23	0.95	1.41	1.66	0.88	1.89

资料来源:《重庆统计年鉴 1997~2013》

表 4.21 三峡库区社会保障支出占 GDP 比重统计(重庆其他区县)

(单位:%)

地区 年份	巫山县	巫溪县	奉节县	云阳县	万州区	开县	忠县	石柱县	丰都县	涪陵区	武隆县	长寿县	江津区
2002	0.80	0.61	0.94	0.53	0.94	0.41	0.46	0.63	0.25	0.60	0.75	0.13	0.12
2003	0.58	0.52	1.34	0.44	1.13	0.40	0.39	0.71	0.37	0.57	0.91	0.09	0.13
2004	0.51	0.64	0.91	0.45	1.03	0.59	0.46	0.60	0.43	0.48	0.77	0.72	0.46
2005	0.39	0.46	0.30	0.34	0.22	0.20	0.25	0.27	0.33	0.21	0.47	0.24	0.19

续表

地区\年份	巫山县	巫溪县	奉节县	云阳县	万州区	开县	忠县	石柱县	丰都县	涪陵区	武隆县	长寿县	江津区
2006	0.74	0.83	0.69	0.54	0.33	0.39	0.40	0.49	0.40	0.33	0.48	0.44	0.29
2007	6.08	5.41	3.25	3.71	2.61	2.93	2.89	2.75	3.29	1.84	2.59	2.21	2.15
2008	5.46	5.72	3.55	4.08	2.78	3.04	2.64	3.10	3.66	1.52	2.63	2.43	1.97
2009	5.24	7.86	3.39	5.23	2.25	3.59	3.65	3.03	4.63	1.58	2.96	2.97	2.57
2010	4.98	5.05	2.94	4.53	1.74	3.49	2.96	2.09	4.05	1.24	2.89	2.24	2.00
2011	5.41	5.12	3.56	4.97	1.97	3.75	3.49	2.47	3.82	1.33	3.34	1.89	2.26
2012	4.97	4.96	2.72	4.49	1.89	3.18	3.13	2.31	3.80	1.27	3.08	2.16	2.04

资料来源:《重庆统计年鉴1997～2013》

表 4.22　三峡库区社会保障支出占 GDP 比重统计（湖北省各区县）（单位：%）

地区\年份	夷陵区	兴山县	秭归县
2001	0.07	0.23	0.24
2002	0.03	0.06	0.08
2003	0.04	0.17	0.18
2004	0.08	0.12	0.09
2005	0.14	0.65	0.30
2006	0.85	0.58	0.15
2007	0.75	0.91	1.87
2008	0.90	1.08	1.98
2009	1.20	2.57	3.58
2010	1.05	1.88	3.56
2011	0.99	2.35	3.61
2012	—	—	—

资料来源:《湖北统计年鉴1997～2013》

根据社会保障支出占 GDP 比重指标的相关数据，选择以 2002 年为基年进行研究，且该指标与基本公共服务水平呈正向关系，在计算得分时，按照第一个公式，结果如表 4.23～表 4.25 所示。

表 4.23　三峡库区社会保障支出占 GDP 比重指标得分统计（重庆主城九区）

地区\年份	渝中区	大渡口区	江北区	沙坪坝区	九龙坡区	南岸区	北碚区	渝北区	巴南区
2002	2.26	1.61	2.69	0.75	0.43	2.80	0.75	0	0.65
2003	0.75	2.26	2.47	4.09	0.22	1.40	1.40	1.08	1.08
2004	7.42	8.28	17.10	18.82	8.82	16.02	11.08	1.72	15.81

续表

年份\地区	渝中区	大渡口区	江北区	沙坪坝区	九龙坡区	南岸区	北碚区	渝北区	巴南区
2005	1.08	4.09	2.37	8.49	0.86	2.90	3.12	1.40	4.30
2006	1.83	4.30	4.95	9.46	1.18	3.87	4.09	1.40	5.16
2007	14.95	16.24	16.13	21.72	7.31	19.35	18.92	12.04	20.75
2008	14.52	11.29	15.27	15.70	7.42	15.81	15.16	11.29	22.26
2009	23.01	34.09	13.23	18.71	16.56	29.89	20.65	9.46	19.25
2010	12.90	13.66	11.94	16.24	9.89	14.19	18.71	8.71	17.63
2011	14.19	19.25	11.94	12.90	10.54	17.63	16.45	10.65	21.40
2012	11.83	21.94	12.26	13.12	10.11	15.05	17.74	9.35	20.22

表 4.24　三峡库区社会保障支出占 GDP 比重指标得分统计（重庆其他区县）

年份\地区	巫山县	巫溪县	奉节县	云阳县	万州区	开县	忠县	石柱县	丰都县	涪陵区	武隆县	长寿县	江津区
2002	8.49	6.45	10.00	5.59	10.00	4.30	4.84	6.67	2.58	6.34	7.96	1.29	1.18
2003	6.13	5.48	14.30	4.62	12.04	4.19	4.09	7.53	3.87	6.02	9.68	0.86	1.29
2004	5.38	6.77	9.68	4.73	10.97	6.24	4.84	6.34	4.52	5.05	8.17	7.63	4.84
2005	4.09	4.84	3.12	3.55	2.26	2.04	2.58	2.80	3.44	2.15	4.95	2.47	1.94
2006	7.85	8.82	7.31	5.70	3.44	4.09	4.19	5.16	4.19	3.44	5.05	4.62	3.01
2007	65.27	58.06	34.84	39.78	27.96	31.40	30.97	29.46	35.27	19.68	27.74	23.66	23.01
2008	58.60	61.40	38.06	43.76	29.78	32.58	28.28	33.23	39.25	16.24	28.17	26.02	21.08
2009	56.24	84.41	36.34	56.13	24.09	38.49	39.14	32.47	49.68	16.88	31.72	31.83	27.53
2010	53.44	54.19	31.51	48.60	18.60	37.42	31.72	22.37	43.44	13.23	30.97	23.98	21.40
2011	58.06	54.95	38.17	53.33	21.08	40.22	37.42	26.45	40.97	14.19	35.81	20.22	24.19
2012	53.33	53.23	29.14	48.17	20.22	34.09	33.55	24.73	40.75	13.55	33.01	23.12	21.83

表 4.25　三峡库区社会保障支出占 GDP 比重指标得分统计（湖北省各区县）

年份\地区	夷陵区	兴山县	秭归县
2002	0.22	0.54	0.75
2003	0.32	1.72	1.83
2004	0.75	1.18	0.86
2005	1.40	6.88	3.12
2006	9.03	6.13	1.51

续表

年份 \ 地区	夷陵区	兴山县	秭归县
2007	7.96	9.68	20.00
2008	9.57	11.51	21.18
2009	12.80	27.53	38.39
2010	11.18	20.11	38.17
2011	10.54	25.16	38.71
2012	—	—	—

根据上述区县的得分，得到三个区域各自的和三峡库区总体平均得分，以及三个区域各自的和三峡库区总体标准差，如图 4.7、图 4.8 所示。

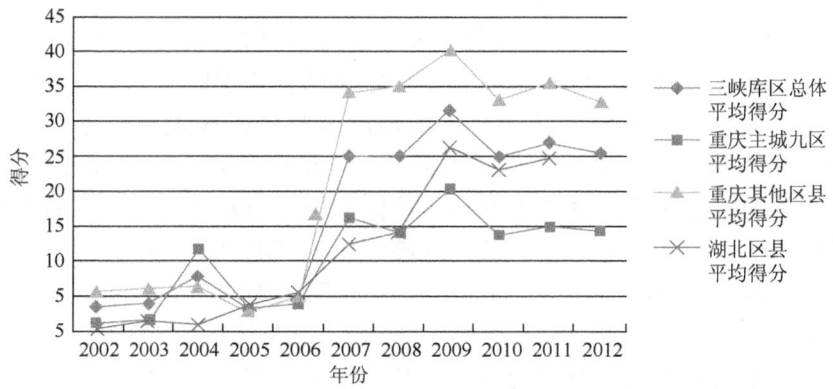

图 4.7　三峡库区社会保障支出占 GDP 比重水平分区域显示

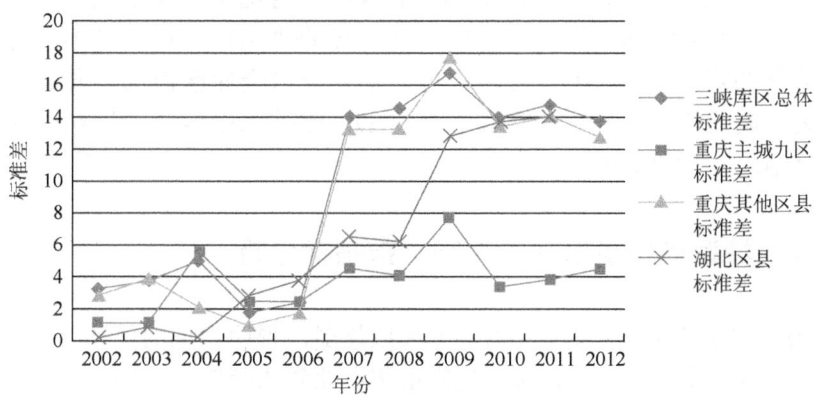

图 4.8　三峡库区社会保障支出占 GDP 比重水平分区域内均等化相对进程

图 4.7 反映的是 2002~2012 年全库区和分区域社会保障支出占 GDP 比重变化趋势。可以发现，全库区和分区域的社会保障支出占 GDP 比重指标得分曲折上升，2006 年之后，四条折线的动态变化相似，重庆其他区县的折线处于领先地位，主城九区反倒落后于湖北省内的区县。关于社会保障支出占 GDP 比重指标，重庆主城九区除了 2004 年以外，均低于库区平均水平，但其平均增长速度高于库区平均速度 5.38 个百分点；重庆其他区县在 2004 年和 2005 年低于库区平均水平，其他年份均远高于库区平均水平，但其增长速度慢于库区平均速度 2.77 个百分点；尽管湖北三区县社会保障支出占 GDP 比重指标得分一般，但是其增长速度最快，平均增长速度高达 54.31%。也就是说，重庆主城九区对库区社会保障支出占 GDP 比重指标得分的"存量"贡献最低，"增量"贡献较高；重庆其他区县对库区社会保障支出占 GDP 比重指标得分的"存量"贡献最高，"增量"贡献最低；湖北三区县对库区社会保障支出占 GDP 比重指标得分的"存量"贡献一般，"增量"贡献最高。

图 4.8 表示以标准差形式反映的全库区和分区域社会保障支出占 GDP 比重均等化进程，可以看出，库区整体和三个区域的社会保障支出占 GDP 比重差异变动是不规律的。重庆其他区县折线与库区整体折线走势位置基本一致，2006 年之后重庆主城九区的折线位置要低于其他区县和库区整体的折线位置，湖北三区县的折线趋势总体是上升的。具体来说，2002 年，库区、重庆主城九区、重庆其他区县、湖北区县的社会保障支出占 GDP 比重指标得分平均标准差分别为 3.24，1.04，2.94，0.27。2007 年，库区平均差异和重庆其他区县分别增至 13.94，13.34，相比前一年分别增加了 5.03 倍、6.37 倍。截止到 2012 年，库区、重庆主城九区及其他区县的社会保障支出占 GDP 比重指标得分平均标准差分别为 13.65，4.45，12.79；截止到 2011 年，湖北三区县的社会保障支出占 GDP 比重指标得分内部标准差为 14.09。这说明重庆主城九区社会保障支出占 GDP 比重内部差异对全库区内部差异的"绝对"贡献最小，重庆其他区县的社会保障支出占 GDP 比重水平内部差异对全库区内部差异的"绝对"贡献最大。湖北三区县社会保障支出占 GDP 比重水平内部差异对全库区内部差异的"绝对"贡献较小。

4.2.5 城镇居民最低生活保障人数指标分析

一个地区的城镇居民最低生活保障人数越多，说明当地的保障能力好，但也说明当地整体的经济能力差。通过重庆市和湖北省历年统计年鉴，得到该指标的相关原始数据，结果如表 4.26~表 4.28 所示。

表 4.26　三峡库区城镇居民最低生活保障人数统计（重庆主城九区）（单位：人）

地区 年份	渝中区	大渡口区	江北区	沙坪坝区	九龙坡区	南岸区	北碚区	渝北区	巴南区
2000	8 418	3 600	5 760	20 357	12 019	11 560	9 186	13 236	17 220
2001	19 458	5 073	13 159	28 794	26 535	22 575	21 978	19 287	34 886
2002	31 510	8 329	21 634	43 974	42 728	36 014	18 903	27 237	30 758
2003	27 834	9 567	24 237	41 878	35 953	32 320	17 507	28 275	35 568
2004	25 366	10 155	20 556	34 128	31 564	30 203	15 703	27 598	35 418
2005	24 657	10 946	19 232	29 734	30 520	33 860	15 278	29 618	38 008
2006	23 854	11 281	20 403	26 090	29 391	36 931	14 452	30 643	36 725
2007	22 834	11 417	22 555	22 787	27 400	34 526	13 440	31 277	33 669
2008	22 030	8 567	20 287	20 628	20 902	25 032	12 582	27 710	11 073
2009	19 963	6 383	17 003	16 632	16 361	17 467	10 674	2 283	9 057
2010	—	—	—	—	—	—	—	—	—
2011	17 692	4 868	16 674	12 636	15 763	15 171	8 661	2 674	10 957
2012	15 607	3 842	14 086	10 348	12 913	13 401	7 038	2 747	10 309

资料来源：《重庆统计年鉴 1997～2013》

表 4.27　三峡库区城镇居民最低生活保障人数统计（重庆其他区县）

（单位：人）

地区 年份	巫山县	巫溪县	奉节县	云阳县	万州区	开县	忠县	石柱县	丰都县	涪陵区	武隆县	长寿县	江津区
2000	450	135	270	477	3 395	1 017	762	136	—	4 071	954	5 514	14 072
2001	2 496	4 529	5 103	11 500	38 801	6 379	7 885	1 761	6 678	19 319	5 685	7 804	25 163
2002	6 754	6 961	10 301	23 945	41 863	13 367	8 361	8 391	9 980	24 657	5 390	12 811	38 538
2003	9 836	10 371	10 820	27 322	50 630	12 798	9 465	9 522	10 195	22 208	5 883	15 131	31 957
2004	10 877	11 920	18 238	23 681	60 767	17 965	12 270	10 240	9 733	22 188	5 686	14 052	30 912
2005	20 271	12 242	21 647	26 163	72 744	18 436	18 224	14 258	15 756	22 930	6 614	17 311	34 730
2006	35 684	14 684	24 381	25 971	82 789	19 665	26 824	16 009	22 575	24 328	7 444	20 655	35 242
2007	33 593	13 873	22 792	27 527	92 163	24 768	25 328	17 946	23 411	27 074	7 082	38 364	34 901
2008	25 748	11 213	22 703	28 504	93 750	29 074	23 691	12 269	28 176	31 067	6 998	50 245	29 047
2009	26 116	10 545	22 534	28 215	83 926	29 505	23 214	12 556	25 996	30 214	8 969	54 317	23 180
2010	—	—	—	—	—	—	—	—	—	—	—	—	—
2011	17 034	6 536	20 754	24 666	74 103	33 426	17 665	8 703	15 400	28 043	6 713	6 363	16 605
2012	15 004	5 488	21 253	17 697	69 912	33 654	12 109	7 854	15 069	23 357	7 857	6 778	16 103

资料来源：《重庆统计年鉴 1997～2013》

表 4.28　三峡库区城镇居民最低生活保障人数统计（湖北省各区县）

（单位：人）

年份＼地区	夷陵区	兴山县	秭归县
2002	9 095	5 077	5 117
2003	11 075	4 917	5 388
2004	12 012	4 819	5 982
2005	12 728	5 209	6 457
2006	12 330	5 244	7 341
2007	11 485	5 302	7 565
2008	10 592	5 159	7 449
2009	13 494	26 479	43 046
2010	8 440	5 485	6 974
2011	8 344	5 932	6 820
2012	—	—	—

资料来源：《湖北统计年鉴 1997～2013》。

根据城镇居民最低生活保障人数指标的相关数据，选择以 2000 年为基年进行研究，同时由于 2010 年重庆 22 个区县该指标数据缺失，故剔除 2010 年。该指标与基本公共服务水平呈正向关系，在计算得分时，按照第一个公式，结果如表 4.29～表 4.31 所示。

表 4.29　三峡库区城镇居民最低生活保障人数指标得分统计（重庆主城九区）

年份＼地区	渝中区	大渡口区	江北区	沙坪坝区	九龙坡区	南岸区	北碚区	渝北区	巴南区
2000	4.10	1.71	2.78	10.00	5.88	5.65	4.48	6.48	8.45
2001	9.56	2.44	6.44	14.17	13.06	11.10	10.80	9.47	17.18
2002	15.52	4.05	10.63	21.68	21.06	17.74	9.28	13.40	15.14
2003	13.70	4.66	11.92	20.64	17.71	15.92	8.59	13.92	17.52
2004	12.48	4.95	10.10	16.81	15.54	14.87	7.70	13.58	17.45
2005	12.13	5.35	9.44	14.64	15.03	16.68	7.49	14.58	18.73
2006	11.73	5.51	10.02	12.84	14.47	18.20	7.08	15.09	18.09
2007	11.22	5.58	11.09	11.20	13.48	17.01	6.58	15.40	16.58
2008	10.83	4.17	9.97	10.13	10.27	12.31	6.16	13.64	5.41
2009	9.81	3.09	8.34	8.16	8.02	8.57	5.21	1.06	4.41
2011	8.68	2.34	8.18	6.18	7.73	7.44	4.22	1.26	5.35
2012	7.65	1.83	6.90	5.05	6.32	6.56	3.41	1.29	5.03

表 4.30　三峡库区城镇居民最低生活保障人数指标得分统计（重庆其他区县）

地区 年份	巫山县	巫溪县	奉节县	云阳县	万州区	开县	忠县	石柱县	丰都县	涪陵区	武隆县	长寿县	江津区
2000	0.16	0	0.07	0.17	1.61	0.44	0.31	0	—	1.95	0.41	2.66	6.89
2001	1.17	2.17	2.46	5.62	19.12	3.09	3.83	0.80	3.24	9.49	2.74	3.79	12.38
2002	3.27	3.38	5.03	11.77	20.63	6.54	4.07	4.08	4.87	12.13	2.60	6.27	18.99
2003	4.80	5.06	5.28	13.44	24.97	6.26	4.61	4.64	4.97	10.92	2.84	7.42	15.74
2004	5.31	5.83	8.95	11.64	29.98	8.82	6.00	5.00	4.75	10.91	2.75	6.88	15.22
2005	9.96	5.99	10.64	12.87	35.91	9.05	8.95	6.98	7.72	11.27	3.20	8.49	17.11
2006	17.58	7.19	11.99	12.78	40.87	9.66	13.20	7.85	11.10	11.96	3.61	10.15	17.36
2007	16.55	6.79	11.20	13.55	45.51	12.18	12.46	8.81	11.51	13.32	3.44	18.90	17.19
2008	12.67	5.48	11.16	14.03	46.29	14.31	11.65	6.00	13.87	15.30	3.39	24.78	14.30
2009	12.85	5.15	11.08	13.89	41.44	14.52	11.41	6.14	12.79	14.87	4.37	26.79	11.40
2011	8.36	3.17	10.20	12.13	36.58	16.46	8.67	3.94	7.55	13.80	3.25	3.08	8.14
2012	7.35	2.65	10.44	8.68	34.51	16.58	5.92	3.82	7.39	11.48	3.82	3.29	7.90

表 4.31　三峡库区城镇居民最低生活保障人数指标得分统计（湖北省各区县）

地区 年份	夷陵区	兴山县	秭归县
2002	4.43	2.44	2.46
2003	5.41	2.36	2.60
2004	5.87	2.32	2.89
2005	6.23	2.51	3.13
2006	6.03	2.53	3.56
2007	5.61	2.56	3.67
2008	5.17	2.48	3.62
2009	6.61	13.03	21.22
2011	4.06	2.87	3.31
2012	—	—	—

根据上述区县的得分，得到三个区域各自的和三峡库区总体平均得分，以及三个区域各自的和三峡库区总体标准差，如图 4.9、图 4.10 所示。

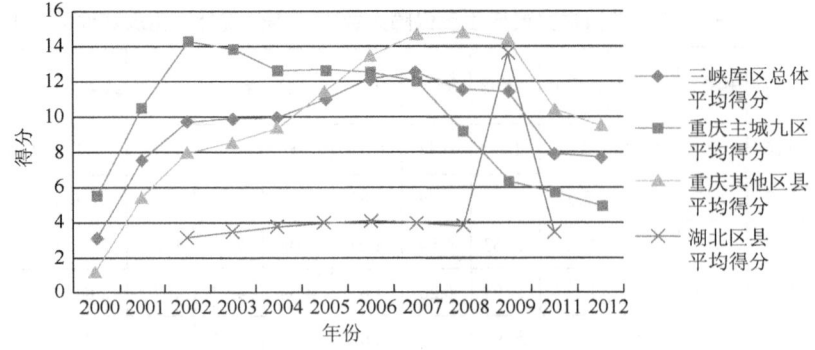

图 4.9　城镇居民最低生活保障人数水平分区域显示

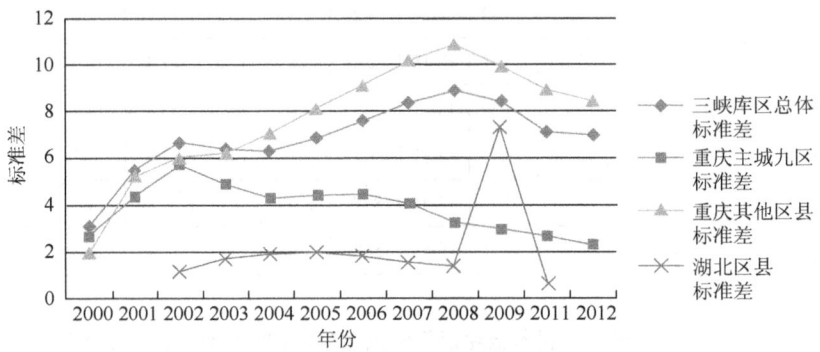

图 4.10　城镇居民最低生活保障人数区域内均等化相对进程

图 4.9 反映的是 2000~2012 年（2010 年除外）全库区和分区域城镇居民最低生活保障人数得分变化趋势。可以发现，全库区和分区域的城镇居民最低生活保障人数得分经历了最高值后又有不同程度的下降，重庆主城九区折线在 2002 年达到峰值之后缓慢下降，重庆其他区县折线在 2005 年越过库区平均得分区县保持较高位置，随后缓慢上升，又于 2008 年缓慢下降，湖北省内的区县在 2009 年猛增后又急速下降到原来位置。不难发现，关于城镇居民最低生活保障人数得分指标，重庆主城九区 2007 年之前高于库区平均水平，之后低于库区平均水平，以至于年均增幅为 -1.06%；重庆其他区县在 2005 年之前低于库区平均水平，之后高于库区平均水平，虽然得分也呈下降趋势，但其平均增长率仍是最高的；湖北三区县的城镇居民最低生活保障人数得分最低，增长速度一般。也就是说，重庆主城九区对库区城镇居民最低生活保障人数得分的"存量"贡献一般，"增量"贡献最低；重庆其他区县对库区城镇居民最低生活保障人数得分的"存量"贡献最高，"增量"贡献最高；湖北三区县对库区城镇居民最低生活保障人数得分的"存量"贡献一般，"增量"贡献一般。

图 4.10 表示以标准差形式反映的全库区和分区域城镇居民最低生活保障人数

均等化进程，可以明显看出，库区整体和三个区域内部的城镇居民最低生活保障人数差异变动是不太一致的。重庆其他区县折线与库区整体折线走势位置基本一致，2003年之后其他区县的折线位置高于库区整体折线位置；重庆主城九区折线在2002年达到最大值后就处于下降状态；湖北三区县的折线在2009年有一拐点，其他年份变动不大。具体来说，2000年，库区、重庆主城九区、重庆其他区县的城镇居民最低生活保障人数得分平均标准差分别为3.10，2.62，1.99，2002年湖北三区县的城镇居民最低生活保障人数得分平均标准差为1.14。2008年，库区平均差异和重庆其他区县分别增至8.84，10.86，达到最大值后又缓慢下降。截止到2012年，库区、重庆主城九区及其他区县的城镇居民最低生活保障人数得分内部标准差分别为6.94，2.26，8.44；截止到2011年，湖北三区县的城镇居民最低生活保障人数得分内部标准差为0.60。这说明重庆主城九区的城镇居民最低生活保障人数内部差异对全库区内部差异的"绝对"贡献较小，重庆其他区县的城镇居民最低生活保障人数水平内部差异对全库区内部差异的"绝对"贡献最大。湖北三区县的城镇居民最低生活保障人数水平内部差异对全库区内部差异的"绝对"贡献较小。

4.2.6 社会福利收养单位指标分析

社会福利收养单位隶属于社会福利事业单位。社会福利事业单位指集中收养社会孤老、残、幼的机构，包括由民政部门管理的社会福利院、儿童福利院、精神病人福利院和城镇集体举办的福利院及农村集体举办的敬老院，以及优抚医院和具有收养能力的社区服务中心等。社会福利收养单位指标从社会福利方面衡量了三峡库区居民的社会保障水平。根据重庆、湖北两地的统计年鉴，整理出该指标的历年数据，如表4.32~表4.34所示。

表4.32　三峡库区社会福利收养单位统计（重庆主城九区）　（单位：个）

地区 年份	渝中区	大渡口区	江北区	沙坪坝区	九龙坡区	南岸区	北碚区	渝北区	巴南区
2001	16	4	12	16	12	8	24	48	42
2002	16	5	16	18	15	8	21	43	43
2003	16	4	9	20	14	6	22	43	42
2004	16	4	10	21	14	14	23	37	37
2005	18	4	10	23	14	17	24	37	36
2006	18	4	10	31	16	17	44	53	38
2007	18	4	10	23	19	18	54	61	38

续表

地区\年份	渝中区	大渡口区	江北区	沙坪坝区	九龙坡区	南岸区	北碚区	渝北区	巴南区
2008	18	4	8	24	14	19	53	69	38
2009	14	4	9	42	15	18	55	63	38
2010	14	2	9	47	15	19	54	61	38
2011	13	13	10	53	15	20	54	60	43
2012	16	13	9	54	16	20	54	62	49

资料来源：《重庆统计年鉴 1997~2013》

表 4.33　三峡库区社会福利收养单位统计（重庆其他区县）　（单位：个）

地区\年份	巫山县	巫溪县	奉节县	云阳县	万州区	开县	忠县	石柱县	丰都县	涪陵区	武隆县	长寿县	江津区
2001	1	17	27	60	45	39	29	16	28	53	25	40	71
2002	13	19	32	64	65	44	28	16	28	51	24	40	52
2003	12	19	30	61	74	47	29	15	27	49	26	33	43
2004	12	19	30	55	74	47	29	15	27	48	18	27	45
2005	20	31	34	58	69	54	43	18	25	48	20	26	44
2006	25	32	69	61	69	131	83	18	40	50	26	25	44
2007	25	32	85	61	114	179	43	23	54	50	26	98	44
2008	26	75	85	60	114	180	41	34	54	50	26	98	47
2009	26	78	83	60	199	184	41	44	55	50	26	101	47
2010	26	60	83	60	166	164	40	30	29	50	26	101	56
2011	26	58	83	60	166	175	40	30	29	50	26	101	57
2012	23	58	83	59	164	175	41	32	31	43	27	93	58

资料来源：《重庆统计年鉴 1997~2013》

表 4.34　三峡库区社会福利收养单位统计（湖北省各区县）　（单位：个）

地区\年份	夷陵区	兴山县	秭归县
1996	—	—	—
1997	0	0	1
1998	0	0	1
1999	0	0	1
2000	1	1	1
2001	—	—	—
2002	1	1	1
2003	0	0	1

续表

年份\地区	夷陵区	兴山县	秭归县
2004	0	0	1
2005	1	1	1
2006	1	1	1
2007	1	1	1
2008	1	1	1
2009	1	1	1
2010	1	1	1
2011	1	1	1
2012	—	—	—

资料来源：《湖北统计年鉴 1997～2013》

根据社会福利收养单位指标的相关数据，以 2001 年为基年进行分析，且该指标与基本公共服务水平呈正向关系，在计算得分时，按照第一个公式，结果如表 4.35～表 4.37 所示。

表 4.35　三峡库区社会福利收养单位指标得分统计（重庆主城九区）

年份\地区	渝中区	大渡口区	江北区	沙坪坝区	九龙坡区	南岸区	北碚区	渝北区	巴南区
2001	2.14	0.43	1.57	2.14	1.57	1.00	3.29	6.71	5.86
2002	2.14	0.57	2.14	2.43	2.00	1.00	2.86	6.00	6.00
2003	2.14	0.43	1.14	2.71	1.86	0.71	3.00	6.00	5.86
2004	2.14	0.43	1.29	2.86	1.86	1.86	3.14	5.14	5.14
2005	2.43	0.43	1.29	3.14	1.86	2.29	3.29	5.14	5.00
2006	2.43	0.43	1.29	4.29	2.14	2.29	6.14	7.43	5.29
2007	2.43	0.43	1.29	3.14	2.57	2.43	7.57	8.57	5.29
2008	2.43	0.43	1.00	3.29	1.86	2.57	7.43	9.71	5.29
2009	1.86	0.43	1.14	5.86	2.00	2.43	7.71	8.86	5.29
2010	1.86	0.14	1.14	6.57	2.00	2.57	7.57	8.57	5.29
2011	1.71	1.71	1.29	7.43	2.00	2.71	7.57	8.43	6.00
2012	2.14	1.71	1.14	7.57	2.14	2.71	7.57	8.71	6.86

表 4.36　三峡库区社会福利收养单位指标得分统计（重庆其他区县）

地区\年份	巫山县	巫溪县	奉节县	云阳县	万州区	开县	忠县	石柱县	丰都县	涪陵区	武隆县	长寿县	江津区
2001	0	2.29	3.71	8.43	6.29	5.43	4.00	2.14	3.86	7.43	3.43	5.57	10.00
2002	1.71	2.57	4.43	9.00	9.14	6.14	3.86	2.14	3.86	7.14	3.29	5.57	7.29
2003	1.57	2.57	4.14	8.57	10.43	6.57	4.00	2.00	3.71	6.86	3.57	4.57	6.00
2004	1.57	2.57	4.14	7.71	10.43	6.57	4.00	2.00	3.71	6.71	2.43	3.71	6.29
2005	2.71	4.29	4.71	8.14	9.71	7.57	6.00	2.43	3.43	6.71	2.71	3.57	6.14
2006	3.43	4.43	9.71	8.57	9.71	18.57	11.71	2.43	5.57	7.00	3.57	3.43	6.14
2007	3.43	4.43	12.00	8.57	16.14	25.43	6.00	3.14	7.57	7.00	3.57	13.86	6.14
2008	3.57	10.57	12.00	8.43	16.14	25.57	5.71	4.71	7.57	7.00	3.57	13.86	6.57
2009	3.57	11.00	11.71	8.43	28.29	26.14	5.71	6.14	7.71	7.00	3.57	14.29	6.57
2010	3.57	8.43	11.71	8.43	23.57	23.29	5.57	4.14	4.00	7.00	3.57	14.29	7.86
2011	3.57	8.14	11.71	8.43	23.57	24.86	5.57	4.14	4.00	7.00	3.57	14.29	8.00
2012	3.14	8.14	11.71	8.29	23.29	24.86	5.71	4.43	4.29	6.00	3.71	13.14	8.14

表 4.37　三峡库区社会福利收养单位指标得分统计（湖北省各区县）

地区\年份	夷陵区	兴山县	秭归县
2001	—	—	—
2002	0	0	0
2003	−0.14	−0.14	0
2004	−0.14	−0.14	0
2005	0	0	0
2006	0	0	0
2007	0	0	0
2008	0	0	0
2009	0	0	0
2010	0	0	0
2011	0	0	0
2012	—	—	—

根据上述区县的得分，得到三个区域各自的和三峡库区总体平均得分，以及三个区域各自的和三峡库区总体标准差，如图 4.11、图 4.12 所示。

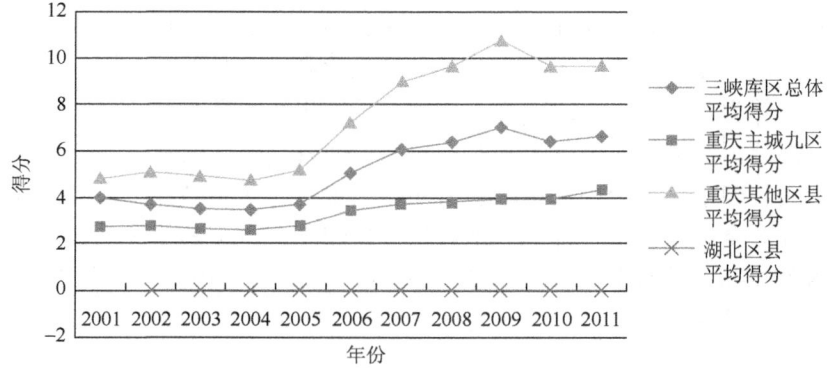

图 4.11　三峡库区社会福利收养单位分区域显示

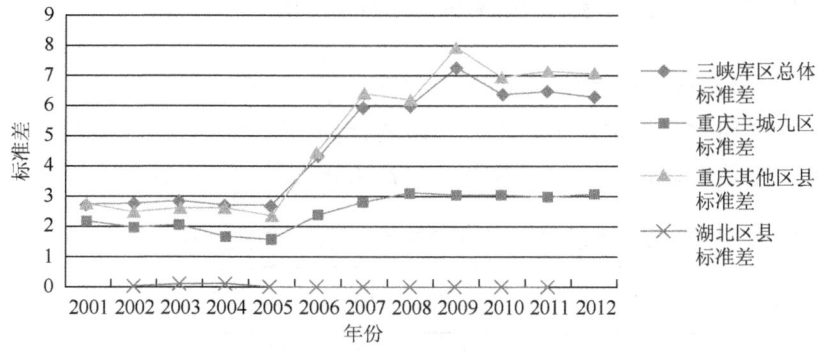

图 4.12　三峡库区社会福利收养单位区域内均等化相对进程

图 4.11 反映的是 2001～2012 年全库区和分区域社会福利收养单位得分变化趋势。可以发现，全库区和重庆市区县的折线均呈不同程度的增加，湖北省内区县的折线基本无变动，持水平状态。关于社会福利收养单位得分指标，重庆主城九区增长变动比较缓慢，一直处于库区平均水平之下；重庆其他区县增长变动比较明显，一直处于库区平均水平之上；湖北三区县的社会福利收养单位得分最低，增长速度也最低。也就是说，重庆主城九区对库区社会福利收养单位得分的"存量"贡献较低，"增量"贡献也较低；重庆其他区县对库区社会福利收养单位得分的"存量"贡献最高，"增量"贡献也最高；湖北三区县对社会福利收养单位得分的"存量"贡献最低，"增量"贡献也是最低。

图 4.12 表示以标准差形式反映的全库区和分区域社会福利收养单位均等化进程，可以明显看出，库区整体和三个区域内部的社会福利收养单位差异变动是不太一致的。重庆其他区县折线与库区整体折线走势位置基本一致，2006 年之后重庆其他区县的折线位置高于库区整体折线位置；重庆主城九区折线一直处于库区整体折线以下，变动比较缓慢；湖北省内区县的折线基本无变动。具体

来说，2001年，库区、重庆主城九区、重庆其他区县的社会福利收养单位得分平均标准差分别为 2.69，2.17，2.76，2002年湖北省内区县的社会福利收养单位得分平均标准差为 0。截止到2012年，库区、重庆主城九区及其他区县的社会福利收养单位得分内部标准差分别为 6.23，3.07，7.09；截止到2011年，湖北三区县的社会福利收养单位得分内部标准差为 0。这说明重庆主城九区社会福利收养单位内部差异对全库区内部差异的"绝对"贡献较小，重庆其他区县的社会福利收养单位水平内部差异对全库区内部差异的"绝对"贡献最大。湖北三区县社会福利收养单位水平内部差异对全库区内部差异的"绝对"贡献最小，基本没有贡献，因为其标准差为 0。

4.2.7 社会福利收养单位床位数指标分析

社会福利收养单位床位数是用来考虑社会福利收养单位规模大小的指标，床位数越多，说明收养单位规模越大，当地的社会保障就越好。根据重庆、湖北两地的年鉴，整理出该指标的历年数据，如表4.38～表4.40所示。

表4.38　三峡库区社会福利收养单位床位数统计（重庆主城九区）（单位：张）

年份\地区	渝中区	大渡口区	江北区	沙坪坝区	九龙坡区	南岸区	北碚区	渝北区	巴南区
2001	702	180	483	983	474	324	1383	1478	2007
2002	566	214	483	1029	767	283	1383	1626	2057
2003	579	204	501	1377	732	229	1363	1734	2009
2004	456	204	482	1392	609	775	1263	1490	1462
2005	1092	214	471	1491	705	1009	1312	1714	1362
2006	985	191	503	2089	919	1123	1542	2142	1561
2007	1050	194	782	1469	1230	1488	1692	3013	1673
2008	1124	194	675	1608	1031	1658	2156	4374	1717
2009	1049	227	756	3479	1104	1825	2384	4037	1980
2010	1056	230	761	4188	1754	2032	2800	3915	2246
2011	1147	734	814	4868	1750	2499	2942	3962	4126
2012	1548	664	743	5178	1890	2479	3202	4288	5501

资料来源：《重庆统计年鉴 1997～2013》

表4.39　三峡库区社会福利收养单位床位数统计（重庆其他区县）（单位：张）

年份\地区	巫山县	巫溪县	奉节县	云阳县	万州区	开县	忠县	石柱县	丰都县	涪陵区	武隆县	长寿县	江津区
2001	50	330	364	1824	530	835	1005	449	852	2349	946	1045	2116
2002	370	370	730	2070	2462	912	1070	361	867	2620	956	1590	2417

续表

地区 年份	巫山县	巫溪县	奉节县	云阳县	万州区	开县	忠县	石柱县	丰都县	涪陵区	武隆县	长寿县	江津区
2003	395	377	735	1937	3376	1145	1096	500	828	2624	950	1042	2183
2004	305	680	735	2412	3264	1100	1056	290	818	2254	671	1042	1811
2005	945	950	1344	2688	3694	1020	1475	400	833	2206	645	855	1781
2006	905	1080	2019	2880	3694	1850	3142	400	1077	1977	1028	840	1946
2007	945	1080	2147	2798	6034	2560	1826	727	1286	2279	918	1482	2076
2008	950	1281	2147	3201	6654	2610	1809	1184	1143	2326	1160	1600	3050
2009	950	1395	2267	3203	7111	2924	2176	1387	1356	2333	1430	1680	3350
2010	950	1509	2620	3817	6758	3006	2206	1284	1548	2769	1430	1920	4661
2011	950	2205	3767	3355	7054	4756	2206	1284	1657	2769	1430	2643	5854
2012	1860	2205	4297	3478	8142	5046	2320	1434	2196	3346	1480	2692	6161

资料来源:《重庆统计年鉴 1997~2013》

表 4.40 三峡库区社会福利收养单位床位数统计(湖北省各区县)(单位:张)

地区 年份	夷陵区	兴山县	秭归县
1996	—	—	—
1997	0	0	60
1998	0	0	60
1999	0	0	60
2000	45	45	80
2001	—	—	—
2002	120	45	100
2003	0	0	90
2004	0	0	90
2005	40	45	90
2006	35	30	89
2007	51	46	105
2008	125	50	89
2009	482	89	69
2010	260	150	140
2011	150	120	260
2012	—	—	—

资料来源:《湖北统计年鉴 1997~2013》

根据社会福利收养单位床位数指标的相关数据，以 2001 年为基年进行研究，且该指标与基本公共服务水平呈正向关系，在计算得分时，按照第一个公式，结果如表 4.41～表 4.43 所示。

表 4.41　三峡库区社会福利收养单位床位数指标得分统计（重庆主城九区）

地区 年份	渝中区	大渡口区	江北区	沙坪坝区	九龙坡区	南岸区	北碚区	渝北区	巴南区
2001	2.84	0.57	1.88	4.06	1.84	1.19	5.80	6.21	8.51
2002	2.24	0.71	1.88	4.26	3.12	1.01	5.80	6.86	8.73
2003	2.30	0.67	1.96	5.77	2.97	0.78	5.71	7.32	8.52
2004	1.77	0.67	1.88	5.84	2.43	3.15	5.28	6.26	6.14
2005	4.53	0.71	1.83	6.27	2.85	4.17	5.49	7.24	5.71
2006	4.07	0.61	1.97	8.87	3.78	4.67	6.49	9.10	6.57
2007	4.35	0.63	3.18	6.17	5.13	6.25	7.14	12.89	7.06
2008	4.67	0.63	2.72	6.78	4.27	6.99	9.16	18.81	7.25
2009	4.35	0.77	3.07	14.92	4.58	7.72	10.15	17.34	8.39
2010	4.38	0.78	3.09	18.00	7.41	8.62	11.96	16.81	9.55
2011	4.77	2.98	3.32	20.96	7.39	10.65	12.58	17.02	17.73
2012	6.52	2.67	3.01	22.31	8.00	10.57	13.71	18.43	23.71

表 4.42　三峡库区社会福利收养单位床位数指标得分统计（重庆其他区县）

地区 年份	巫山县	巫溪县	奉节县	云阳县	万州区	开县	忠县	石柱县	丰都县	涪陵区	武隆县	长寿县	江津区
2001	0	1.22	1.37	7.72	2.09	3.41	4.15	1.74	3.49	10.00	3.90	4.33	8.99
2002	1.39	1.39	2.96	8.79	10.49	3.75	4.44	1.35	3.55	11.18	3.94	6.70	10.30
2003	1.50	1.42	2.98	8.21	14.47	4.76	4.55	1.96	3.38	11.20	3.91	4.31	9.28
2004	1.11	2.74	2.98	10.27	13.98	4.57	4.38	1.04	3.34	9.59	2.70	4.31	7.66
2005	3.89	3.91	5.63	11.47	15.85	4.22	6.20	1.52	3.41	9.38	2.59	3.50	7.53
2006	3.72	4.48	8.56	12.31	15.85	7.83	13.45	1.52	4.47	8.38	4.25	3.44	8.25
2007	3.89	4.48	9.12	11.95	26.03	10.92	7.73	2.94	5.38	9.70	3.78	6.23	8.81
2008	3.91	5.35	9.12	13.71	28.73	11.14	7.65	4.93	4.75	9.90	4.83	6.74	13.05
2009	3.91	5.85	9.64	13.71	30.71	12.50	9.25	5.82	5.68	9.93	6.00	7.09	14.35
2010	3.91	6.35	11.18	16.39	29.18	12.86	9.38	5.37	6.52	11.83	6.00	8.13	20.06
2011	3.91	9.37	16.17	14.38	30.47	20.47	9.38	5.37	6.99	11.83	6.00	11.28	25.25
2012	7.87	9.37	18.47	14.91	35.20	21.73	9.87	6.02	9.33	14.34	6.22	11.49	26.58

表 4.43　三峡库区社会福利收养单位床位数指标得分统计（湖北省各区县）

年份＼地区	夷陵区	兴山县	秭归县
2001	—	—	—
2002	0.30	−0.02	0.22
2003	−0.22	−0.22	0.17
2004	−0.22	−0.22	0.17
2005	−0.04	−0.02	0.17
2006	−0.07	−0.09	0.17
2007	0	−0.02	0.24
2008	0.33	0	0.17
2009	1.88	0.17	0.08
2010	0.91	0.43	0.39
2011	0.43	0.30	0.91
2012	—	—	—

根据上述区县的得分，得到三个区域各自的和三峡库区总体平均得分，以及三个区域各自的和三峡库区总体标准差，如图 4.13、图 4.14 所示。

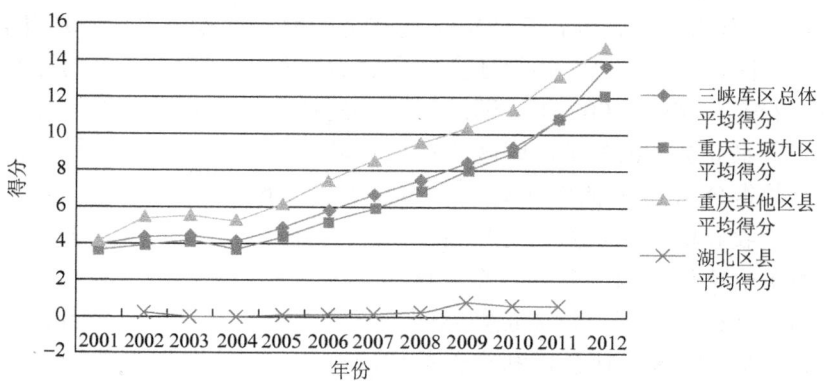

图 4.13　三峡库区社会福利收养单位床位数分区域显示

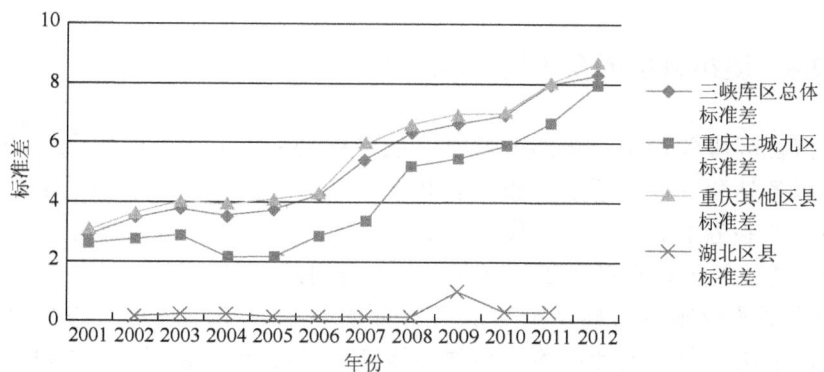

图 4.14　三峡库区社会福利收养单位床位数区域内均等化相对进程

图 4.13 反映的是 2001~2012 年，全库区和分区域社会福利收养单位床位数得分变化趋势。可以发现，全库区和重庆市区县的折线均呈上升趋势，湖北省内区县的折线基本无变动，持水平状态。关于社会福利收养单位床位数得分指标，重庆主城九区、重庆其他区县和库区平均水平变动情况相近，重庆主城九区基本处于库区平均水平之下，重庆其他区县位于库区平均水平之上。湖北三区县的社会福利收养单位床位数得分最低，但增长速度最高。也就是说，重庆主城九区对库区社会福利收养单位床位数得分的"存量"贡献较高，但"增量"贡献最低；重庆其他区县对库区社会福利收养单位床位数得分的"存量"贡献最高，"增量"贡献较高；湖北三区县对社会福利收养单位床位数得分的"存量"贡献最低，"增量"贡献却是最高的。

图 4.14 表示以标准差形式反映的全库区和分区域社会福利收养单位床位数均等化进程，可以明显看出，库区整体和三个区域的社会福利收养单位床位数差异变动是不太一致的。重庆其他区县折线与库区整体折线走势位置基本一致，其他区县的折线位置均高于库区整体折线位置；重庆主城九区折线一直处于库区整体折线以下，总体呈上升状态，过程有些曲折；湖北三区县的折线除了在 2009 年有微小变化外，其他年份基本无变动。具体来说，2001 年，库区、重庆主城九区、重庆其他区县的社会福利收养单位床位数得分平均标准差分别为 2.87，2.68，3.09。2002 年，湖北三区县的社会福利收养单位得分平均标准差为 0.17。截止到 2012 年，库区、重庆主城九区及其他区县的社会福利收养单位床位数得分内部标准差为 8.31，7.93，8.71；截止到 2011 年，湖北三区县的社会福利收养单位床位数得分内部标准差为 0.32。这说明重庆主城九区社会福利收养单位床位数内部差异对全库区内部差异的"绝对"贡献较小；重庆其他区县的社会福利收养单位床位数水平内部差异对全库区内部差异的"绝对"贡献最大；湖北三区县社会福利收养单位床位数水平内部差异对全库区内部差异的"绝对"贡献最小。

4.2.8 城镇社区服务设施数指标分析

城镇社区服务设施分为综合性社区服务中心、街道级社区服务中心、居委会社区服务站和其他社区服务设施。其中，综合性社区服务中心是指具有一定规模的大型服务中心，一般隶属于区、县级政府管理；其他社区服务中心是指除养老、便民等民政业务外的服务中心，如卫生、文化、社保服务中心、站等。城镇社区服务设施数指标从社会服务方面衡量了三峡库区居民的社会保障水平。根据重庆、湖北统计年鉴，整理出该指标的历年数据，如表 4.44~表 4.46 所示。

表 4.44 三峡库区城镇社区服务设施数统计（重庆主城九区） （单位：个）

年份\地区	渝中区	大渡口区	江北区	沙坪坝区	九龙坡区	南岸区	北碚区	渝北区	巴南区
1996	113	194	392	28	31	197	45	1	—
1997	31	188	396	28	31	200	45	5	—
1998	31	188	396	28	31	200	45	5	—
1999	125	130	112	28	31	62	40	5	—
2000	125	130	112		31	62	40	5	—
2001	136	13	140	28	88	236	40	5	5
2002	89	16	203	28	21	239	40	133	29
2003	102	43	159	50	75	99	40	44	38
2004	112	29	134	57	62	110	60	52	39
2005	115	45	134	126	77	109	61	57	39
2006	151	45	56	53	89	125	67	68	39
2007	105	46	45	63	68	125	70	71	49
2008	155	48	81	71	66	54	76	69	60
2009	229	50	161	143	74	68	81	84	78
2010	167	103	157	72	86	56	89	108	94
2011	88	50	88	78	104	91	62	111	105
2012	—	—	—	—	—	—	—	—	—

资料来源：《重庆统计年鉴 1997~2013》

注：由于统计年鉴统计口径原因，部分区县的该指标数据缺失，故未纳入统计分析，下同

表 4.45 三峡库区城镇社区服务设施数统计（重庆其他区县） （单位：个）

年份\地区	巫山县	巫溪县	奉节县	云阳县	万州区	开县	忠县	石柱县	丰都县	涪陵区	武隆县	长寿县	江津区
1996	—	7	85	35	45	69	13	—		32	—	18	12
1997	—	7	3	37	50	18	18	—		126	—	25	12
1998	—	7	3	37	50	18	18	—		126	—	25	12
1999	—	7	3	37	44		20	27		706	16	45	17
2000	—	7	3	37	44		20	27		706	16	45	17
2001	—	—	—	37		15		28		706	20	45	17
2002	—	—	4	66	36	50	3	—	26	1449		45	17
2003	6	5	8	59	54	50	7	5	6	58	12	45	17

续表

地区\年份	巫山县	巫溪县	奉节县	云阳县	万州区	开县	忠县	石柱县	丰都县	涪陵区	武隆县	长寿县	江津区
2004	5	5	10	63	46	56	12	5	12	58	12	10	17
2005	9	9	12	27	50	65	26	9	14	58	12	10	17
2006	9	14	12	66	50	65	31	14	27	58	12	10	24
2007	9	9	18	66	71	65	32	90	28	58	12	13	33
2008	22	25	22	66	71	65	20	19	29	59	12	20	47
2009	29	48	22	66	480	65	40	24	49	59	13	30	63
2010	29	49	22	22	499	64	132	29	23	132	13	47	65
2011	32	49	27	76	101	65	40	29	54	44	13	34	65
2012	—												

资料来源：《重庆统计年鉴 1997～2013》

根据城镇社区服务设施数指标相关数据，以 1996 年为基年进行研究，由于湖北省区县关于该指标统计数据缺失，故该指标分析暂不考虑湖北省内的区县。该指标与基本公共服务水平呈正向关系，在计算得分时，按照第一个公式，结果如表 4.46、表 4.47 所示。

表 4.46　三峡库区城镇社区服务设施数指标得分统计（重庆主城九区）

地区\年份	渝中区	大渡口区	江北区	沙坪坝区	九龙坡区	南岸区	北碚区	渝北区	巴南区
1996	2.86	4.94	10.00	0.69	0.77	5.01	1.13	0	—
1997	0.77	4.78	10.10	0.69	0.77	5.09	1.13	0.10	—
1998	0.77	4.78	10.10	0.69	0.77	5.09	1.13	0.10	—
1999	3.17	3.30	2.84	0.69	0.77	1.56	1.00	0.10	—
2000	3.17	3.30	2.84	0.69	0.77	1.56	1.00	0.10	—
2001	3.45	0.31	3.55	0.69	2.23	6.01	1.00	0.10	0.10
2002	2.25	0.38	5.17	0.69	0.51	6.09	1.00	3.38	0.72
2003	2.58	1.07	4.04	1.25	1.89	2.51	1.00	1.10	0.95
2004	2.84	0.72	3.40	1.43	1.56	2.79	1.51	1.30	0.97
2005	2.92	1.13	3.40	3.20	1.94	2.76	1.53	1.43	0.97
2006	3.84	1.13	1.41	1.33	2.25	3.17	1.69	1.71	0.97
2007	2.66	1.15	1.13	1.59	1.71	3.17	1.76	1.79	1.23

续表

年份\地区	渝中区	大渡口区	江北区	沙坪坝区	九龙坡区	南岸区	北碚区	渝北区	巴南区
2008	3.94	1.20	2.05	1.79	1.66	1.36	1.92	1.74	1.51
2009	5.83	1.25	4.09	3.63	1.87	1.71	2.05	2.12	1.97
2010	4.25	2.61	3.99	1.82	2.17	1.41	2.25	2.74	2.38
2011	2.23	1.25	2.23	1.97	2.63	2.30	1.56	2.81	2.66

表 4.47 三峡库区城镇社区服务设施数指标得分统计（重庆其他区县）

年份\地区	巫山县	巫溪县	奉节县	云阳县	万州区	开县	忠县	石柱县	丰都县	涪陵区	武隆县	长寿县	江津区
1996	—	0.15	2.15	0.87	1.13	1.74	0.31	—	—	0.79	—	0.43	0.28
1997	—	0.15	0.05	0.92	1.25	0.43	0.43	—	—	3.20	—	0.61	0.28
1998	—	0.15	0.05	0.92	1.25	0.43	0.43	—	—	3.20	—	0.61	0.28
1999	—	0.15	0.05	0.92	1.10	—	0.49	0.66	—	18.03	0.38	1.13	0.41
2000	—	0.15	0.05	0.92	1.10	—	0.49	0.66	—	18.03	0.38	1.13	0.41
2001	—	—	—	0.92	0.36	—	—	0.69	—	18.03	0.49	1.13	0.41
2002	—	—	0.08	1.66	0.90	1.25	0.05	—	0.64	37.03	0.28	1.13	0.41
2003	0.13	0.10	0.18	1.48	1.36	1.25	0.15	0.10	0.13	1.46	0.28	1.13	0.41
2004	0.10	0.10	0.23	1.59	1.15	1.41	0.28	0.10	0.28	1.46	0.28	0.23	0.41
2005	0.20	0.10	0.28	0.66	1.25	1.64	0.64	0.10	0.33	1.46	0.28	0.23	0.41
2006	0.20	0.33	0.28	1.66	1.25	1.64	0.77	0.33	0.66	1.46	0.28	0.23	0.59
2007	0.20	0.20	0.43	1.66	1.79	1.64	0.79	2.28	0.69	1.46	0.28	0.31	0.82
2008	0.54	0.61	0.54	1.66	1.79	1.64	0.49	0.46	0.72	1.48	0.28	0.49	1.18
2009	0.72	1.20	0.54	1.66	12.25	1.64	1.00	0.59	1.23	1.48	0.31	0.74	1.59
2010	0.72	1.23	0.54	0.54	12.74	1.61	3.35	0.72	0.56	3.35	0.31	1.18	1.64
2011	0.79	1.23	0.66	1.92	2.56	1.64	1.00	0.72	1.36	1.10	0.31	0.84	1.64

根据上述区县的得分，得到三个区域各自的和三峡库区总体平均得分，以及三个区域各自的和三峡库区总体标准差，如图 4.15、图 4.16 所示。

图 4.15 反映的是 1996～2011 年全库区和分区域城镇社区服务设施数得分变化趋势。可以发现，全库区和重庆其他区县在 2002 年达到一个峰值，重庆其他区县在 2003 年之后处于库区平均水平之下；重庆主城九区变动较为频繁，在 2003 年之后处于库区平均水平之上。关于城镇社区服务设施数得分指标，2003 年之后，

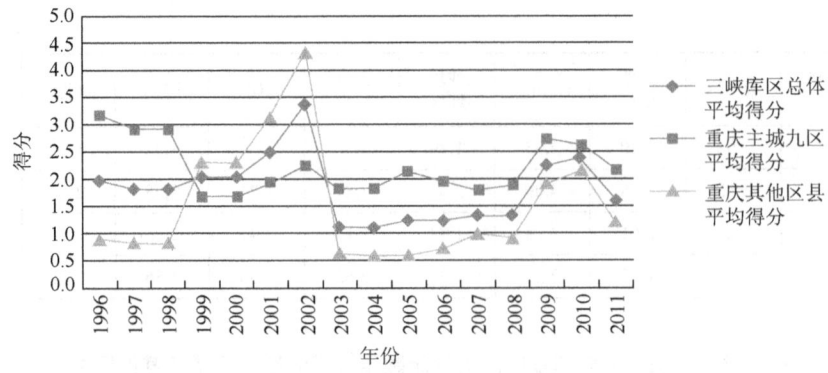

图 4.15　三峡库区城镇社区服务设施数分区域显示

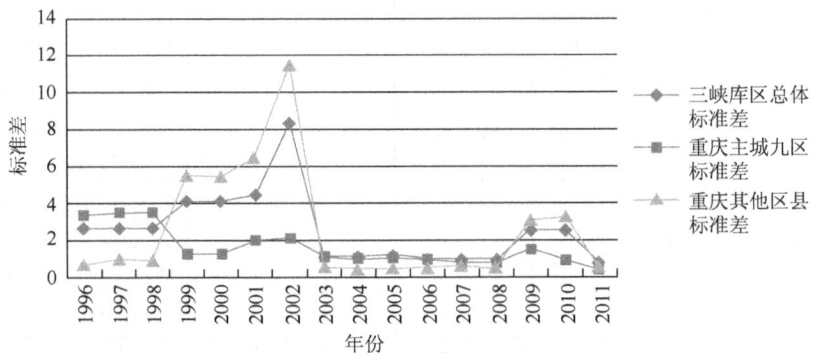

图 4.16　三峡库区城镇社区服务设施数区域内均等化相对进程

重庆主城九区、重庆其他区县和库区平均水平变动情况相近，重庆主城九区处于库区平均水平之上，重庆其他区县位于库区平均水平之下。这说明重庆主城九区对库区城镇社区服务设施数得分的"存量"贡献较高，但"增量"贡献较低；重庆其他区县对库区城镇社区服务设施数得分的"存量"贡献较低，"增量"贡献较高。

图 4.16 表示以标准差形式反映的全库区和分区域城镇社区服务设施数均等化进程，可以明显看出，库区整体和区域内部的城镇社区服务设施数差异变动幅度比较大。重庆其他区县折线和库区整体折线在 2002 年分别达到各自的峰值 11.5 和 8.33 后，两者变动基本一致。重庆主城九区折线变动幅度相对不大，折线位置处于较低水平。具体来说，1996 年，库区、重庆主城九区、重庆其他区县的城镇社区服务设施数得分平均标准差分别为 2.57，3.37，0.69。截止到 2011 年，三峡库区、重庆主城九区及其他区县的城镇社区服务设施数得分内部标准差为 0.74，0.52，0.61。这说明对于城镇社区服务设施数内部差异，库区整体与重庆主城九区、重庆其他区县是在减少的，重庆主城九区城镇社区服务设施数内部差异对全库区内部差异的"绝对"贡献较小，重庆其他区县的城镇社区服务设施数水平内部差异对全库区内部差异的"绝对"贡献较大。

4.3 三峡库区社会保障服务评价结论与政策建议

4.3.1 基本结论

（1）从绝对水平来看，三峡库区社会保障服务各区县、分区域以及总体均得分处于上升趋势。2002~2012 年，全库区的社会保障和就业支出水平年均增幅为 45.52%，人均社会保障支出水平年均增幅为 44.59%，政府社会保障支出占财政支出比重指标得分年均增幅为 19.15%[1]；社会保障支出占 GDP 比重指标得分年均增幅为 21.71%；城镇居民最低生活保障人数得分年均增幅为 8.66%[2]；社会福利收养单位得分年均增幅为 5.98%[3]；社会福利收养单位床位数得分年均增幅为 12.11%[4]；城镇社区服务设施数得分年均减幅为 7.96%[5]。从年均增长率可以看出，社会保障和就业支出的投入水平得分及人均社会保障支出指标得分对三峡库区社会保障服务水平改善的贡献最大，城镇社区服务设施数得分对其改善贡献最小。

（2）从均等化进程来看，三峡库区社会保障各指标在各区县、分区域及全库区的均等化进程是各不相同的。社会保障和就业支出、社会保障支出占 GDP 比重、城镇居民最低生活保障人数、社会福利收养单位、社会福利收养单位床位数、城镇社区服务设施数，在重庆其他区县的差异最为明显，重庆主城九区和湖北三区县的均等化程度较好；人均社会保障支出、政府社会保障支出占财政支出比重在各区域内的差异程度也呈扩大趋势，重庆主城九区内部差异最大，湖北三区县的均等化程度最好。从以上分析可知，三峡库区社会保障服务均等化不明显的原因在于重庆主城九区以及其他区县的内部差异，湖北三区县各指标数据相对差异不大。

4.3.2 政策建议

1. 大力发展城乡经济，夯实社会保障物质基础

建立三峡库区城乡统一的社会保障制度，大力发展城乡经济，特别是加快发

---

[1] 计算期间为 2002~2011 年。
[2] 计算期间为 2000~2012 年（2010 年除外）。
[3] 计算期间为 2001~2012 年。
[4] 计算期间为 2001~2012 年。
[5] 计算期间为 1996~2011 年。

展农村经济，积极促进农业产业化，提高农业产出，为城乡统筹的社会保障体制提供强有力的资金保障和物资保障。只有不断发展城乡经济，促进社会物质财富持续增长，使可供分配的财富不断增加，才能为建立和完善保障创造前提条件，才能使社会保障基金中来自个人的部分持续稳定地增加，逐步缩小城乡居民及社会各阶层收入之间的巨大差距，夯实城乡统筹社会保障的经济和物质基础。

2. 增加中央社保转移支付资金

企业破产关闭，会给社会保险带来冲击，目前社会保险工作中的"两增两减"问题日趋严重，无力缴费，断保现象严重。建议国家在下拨中央社保转移支付资金时重点给予倾斜，并将三峡库区农村保险基金缺口纳入国家补助范围，以保证农村移民待遇正常发放和适当调整。同时将三峡非农搬迁无业居民纳入移民社会保障规划，对参保应缴纳的基本养老保险费给予适当补助，使这类群体能够享受移民优惠政策。

3. 深化行政体制改革，建立统一的社会保障管理机构

在明确现有各主管部门的职责分工基础上，建立统一的社会保障管理机构，将各项社会保险职能统一起来，进行统管，并严格实行政事分开制度。三峡库区各区县可设立社会保障领导小组，负责拟订社会保障的发展规划、改革步伐、制定政策，参与制定社会保障基金管理等有关制度，监督检查社会保障基金的征收、管理、经营和使用情况，策划如何确保社会保障基金的保值和增值。三峡库区加强与工商、税务、保障金管理银行的联系，做好对劳动者的就业情况及其收入的稽查，使保障金的缴纳、分配和使用有可靠的依据。

5 三峡库区公共卫生与医疗服务均等化评价研究

5.1 评价指标的选取与论证

卫生事业发展和人民群众健康状况,历来都是世界各国社会经济发展的重要内在因素,也是社会进步的重要反映。随着社会经济和科技的发展,人们对健康的认识更加深刻,对卫生服务的要求也越来越高。人们对卫生服务的要求是无限的,而卫生资源却是有限的。那么如何度量一个国家或地区的医疗卫生发展情况,进而揭示其存在的问题以及归纳提出相应的对策,度量指标的选取就显得格外重要。从人们的直观感受来看,一个国家或地区内的医疗卫生状况,无外乎涉及卫生机构有多少,成规模有条件的医院、卫生院有多少,以及卫生机构的床位对于区域内的居民来说够不够用;机构内的卫生技术人员的多寡,以及医师、护士等所占的比重等。再从地方财政支出角度来看,卫生支出的多少以及占财政支出的比重及占 GDP 的比重等都影响医疗卫生的发展。

遵照我国的医疗卫生现状以及现有的数据资料文献,三峡库区的公共卫生与医疗服务指标体系可以从医疗费用支出、占相关支出比重、卫生机构、卫生技术人员等几个方面来考量。因此,本章选取医疗费用支出、医疗卫生费用人均支出、医疗卫生支出占财政支出比重、医疗卫生支出占 GDP 比重、医疗卫生机构数、医疗卫生机构床位数、卫生技术人员、执业(助理)医师数八个方面来衡量三峡库区的医疗卫生发展情况,具体如表 5.1 所示。

表 5.1 医疗卫生服务指标的选取

指标名称	单位
医疗费用支出	万元
医疗卫生费用人均支出	元
医疗卫生支出占财政支出比重	%
医疗卫生支出占 GDP 比重	%
医疗卫生机构数	个
医疗卫生机构床位数	张
卫生技术人员	人
执业（助理）医师数	人

5.2 三峡库区公共卫生与医疗服务均等化评价

5.2.1 医疗费用支出指标分析

三峡库区公共卫生与医疗服务均等化评价原始数据主要来源于重庆和湖北两省市的统计年鉴。参照相关资料，设定计算指标得分的方法如下：

如果该指标与基本公共服务水平呈正向关系，则按照第一个公式

$$第i个指标得分 = \frac{S_{i(t)} - S_{\min(0)}}{S_{\max(0)} - S_{\min(0)}} \times 10$$

其中，$S_{\max(0)}$ 是各区县基年中该指标对应原始数据最大的一个，$S_{\min(0)}$ 为最小的一个。

如果该指标与基本公共服务水平呈负向关系，则按照第二个公式

$$第i个指标得分 = \frac{S_{\max(0)} - S_{i(t)}}{S_{\max(0)} - S_{\min(0)}} \times 10$$

上述标准化处理方式可以消除量纲的影响，使得不同单位的单项指标可以加总，同时各年份得分可以进行纵向比较。通过上述处理方式，无论正向指标还是逆向指标，各单项指标得分及最后得分都与基本公共服务保障程度呈正相关。经过上述处理方式后，基年指标处于 0~10 的区域之内。以后年份某单项指标进一步提高，直至大于基年的最大值，得分大于 10；如果单项指标下降幅度较大，直至小于基年最小值，得分就会小于 0。

关于三峡库区基本公共服务进程问题，可以通过上述指标的分析，得到三峡库区各区县 1996~2012 年有关基本公共服务保障水平得分，但这还不足以评估库区基本公共服务均等化进程的动态变化。因此，采用的处理方法是将所有区县的均值看做三峡

库区基本公共服务的标准,利用标准差计算三峡库区 1996~2012 年基本公共服务均等化的变化趋势。如果指标标准差小,说明各区县与三峡库区基本公共服务保障水平均值的总体离散程度小,均等化水平较高;反之,如果标准差较大,说明各区县与三峡库区基本公共服务保障水平均值的总体离散程度较大,均等化水平较差。

公共卫生与医疗服务,是向全体居民提供的、公益性的公共卫生干预措施,起到疾病预防控制治疗的作用。公共卫生与医疗服务的发展需要政府资金支持,医疗卫生费用支出的多寡就从绝对量上衡量出当地的医疗卫生的资金支持。根据重庆市与湖北省统计年鉴,整理出三峡库区各区县医疗费用支出的原始数据,具体如表 5.2~表 5.4 所示。

表 5.2　三峡库区医疗费用支出统计(重庆主城九区)　　(单位:万元)

年份\地区	渝中区	大渡口区	江北区	沙坪坝区	九龙坡区	南岸区	北碚区	渝北区	巴南区
2004	4 998	1 144	2 767	3 703	3 150	2 295	2 069	4 992	2 333
2005	5 849	1 455	3 677	4 398	3 819	3 700	2 199	4 991	2 532
2006	6 265	1 815	6 676	4 796	5 064	4 159	2 102	7 066	3 578
2007	7 785	2 833	10 288	7 805	9 688	9 335	4 868	10 486	7 025
2008	13 026	3 856	13 222	15 597	13 763	13 894	8 887	18 168	11 681
2009	13 588	5 487	17 563	18 575	17 047	18 025	11 515	20 594	12 924
2010	17 528	6 350	18 106	20 660	24 415	23 056	17 031	25 233	16 869
2011	22 636	11 739	23 372	27 856	29 491	46 907	23 678	44 739	29 558
2012	23 232	11 371	28 068	45 195	39 285	50 951	30 559	47 889	33 896

资料来源:《重庆统计年鉴 1997~2013》

注:由于重庆市 1996~2003 年、湖北省 1996~2000 年统计年鉴统计口径原因,该指标数据缺失,故未纳入统计分析,下同。

表 5.3　三峡库区医疗费用支出统计(重庆其他区县)　　(单位:万元)

年份\地区	巫山县	巫溪县	奉节县	云阳县	万州区	开县	忠县	石柱县	丰都县	涪陵区	武隆县	长寿县	江津区
2004	1 304	1 265	1 540	2 506	6 068	1 921	1 928	1 594	1 377	5 406	1 136	3 086	3 546
2005	1 508	1 284	2 440	2 837	5 991	2 557	2 081	1 563	1 869	6 050	1 330	4 557	5 305
2006	1 730	1 514	1 718	3 391	6 986	3 379	2 253	2 115	2 132	6 018	1 684	5 686	5 782
2007	3 735	4 691	5 595	8 722	14 836	10 172	7 271	5 034	6 648	11 501	4 503	9 356	12 441
2008	6 963	6 009	6 466	18 250	26 468	20 938	10 782	6 819	7 689	17 328	6 628	15 486	18 481
2009	9 489	10 838	13 446	21 650	37 244	23 006	13 109	8 906	11 211	23 642	11 604	19 184	27 892
2010	14 450	11 210	23 059	25 092	38 371	32 266	22 049	12 853	15 935	32 475	10 268	25 285	41 516
2011	21 456	18 764	33 067	43 170	60 065	52 978	39 491	20 803	24 622	48 643	16 680	32 569	54 032
2012	26 426	21 522	40 481	52 012	79 503	62 649	41 136	17 087	31 640	62 807	17 913	39 884	59 539

资料来源:《重庆统计年鉴 1997~2013》

表 5.4 三峡库区医疗费用支出统计（湖北省各区县） （单位：万元）

年份\地区	夷陵区	兴山县	秭归县
2001	2 426	1 106	1 362
2002	2 481	1 553	1 814
2003	2 563	1 213	1 651
2004	2 094	1 059	1 100
2005	2 294	975	1 408
2006	2 639	1 134	2 526
2007	5 531	1 955	3 418
2008	7 333	2 551	5 326
2009	15 397	3 796	6 624
2010	12 822	7 964	7 896
2011	22 106	7 653	14 167
2012	—	—	—

资料来源：《湖北统计年鉴 1997～2013》

根据医疗费用支出指标的相关数据，以 2004 年为基年进行研究，且该指标与基本公共服务水平呈正向关系，在计算得分时，按照第一个公式，结果如表 5.5～表 5.7 所示。

表 5.5 三峡库区医疗费用支出指标得分统计（重庆主城九区）

年份\地区	渝中区	大渡口区	江北区	沙坪坝区	九龙坡区	南岸区	北碚区	渝北区	巴南区
2004	7.86	0.17	3.41	5.28	4.17	2.47	2.02	7.85	2.54
2005	9.56	0.79	5.23	6.67	5.51	5.27	2.28	7.85	2.94
2006	10.39	1.51	11.21	7.46	8.00	6.19	2.08	11.99	5.03
2007	13.43	3.54	18.42	13.47	17.23	16.52	7.60	18.82	11.91
2008	23.89	5.58	24.28	29.02	25.36	25.62	15.63	34.16	21.21
2009	25.01	8.84	32.95	34.97	31.92	33.87	20.87	39.00	23.69
2010	32.88	10.56	34.03	39.13	46.63	43.91	31.89	48.26	31.56
2011	43.08	21.32	44.55	53.50	56.76	91.53	45.16	87.20	56.90
2012	44.27	20.59	53.92	88.11	76.31	99.60	58.89	93.49	65.56

表 5.6 三峡库区医疗费用支出指标得分统计（重庆其他区县）

年份\地区	巫山县	巫溪县	奉节县	云阳县	万州区	开县	忠县	石柱县	丰都县	涪陵区	武隆县	长寿县	江津区
2004	0.49	0.41	0.96	2.89	10.00	1.72	1.73	1.07	0.63	8.68	0.15	4.05	4.97
2005	0.90	0.45	2.76	3.55	9.85	2.99	2.04	1.01	1.62	9.96	0.54	6.98	8.48
2006	1.34	0.91	1.32	4.66	11.83	4.63	2.38	2.11	2.14	9.90	1.25	9.24	9.43

续表

地区 年份	巫山县	巫溪县	奉节县	云阳县	万州区	开县	忠县	石柱县	丰都县	涪陵区	武隆县	长寿县	江津区
2007	5.34	7.25	9.06	15.30	27.50	18.19	12.40	7.94	11.16	20.85	6.88	16.56	22.72
2008	11.79	9.88	10.79	34.32	50.73	39.69	19.41	11.50	13.24	32.48	11.12	28.80	34.78
2009	16.83	19.52	24.73	41.11	72.24	43.82	24.06	15.67	20.27	45.08	21.05	36.18	53.57
2010	26.73	20.27	43.92	47.98	74.49	62.30	41.90	23.55	29.70	62.72	18.38	48.36	80.77
2011	40.72	35.35	63.90	84.07	117.80	103.65	76.73	39.42	47.04	95.00	31.19	62.91	105.76
2012	50.64	40.85	78.70	101.72	156.61	122.96	80.01	32.00	61.05	123.27	33.65	77.51	116.75

表 5.7 三峡库区医疗费用支出指标得分统计（湖北省各区县）

地区 年份	夷陵区	兴山县	秭归县
2004	2.07	0	0.08
2005	2.47	−0.17	0.70
2006	3.15	0.15	2.93
2007	8.93	1.79	4.71
2008	12.53	2.98	8.52
2009	28.62	5.46	11.11
2010	23.48	13.79	13.65
2011	42.02	13.16	26.17
2012	—	—	—

根据上述区县的得分，得到三个区域各自的和三峡库区总体平均得分，以及三个区域各自的和三峡库区总体标准差，如图 5.1、图 5.2 所示。

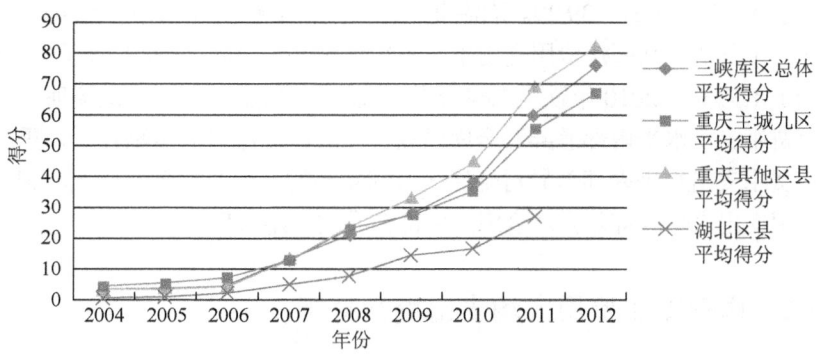

图 5.1　三峡库区医疗费用支出投入水平分区域显示

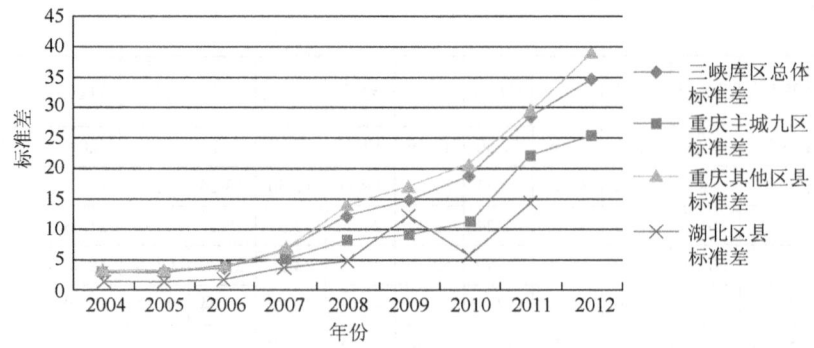

图 5.2　三峡库区医疗费用支出投入水平分区域内均等化相对进程

图 5.1 反映的是 2004~2012 年全库区和各分区域医疗费用支出水平变化趋势。可以发现，全库区和各分区域的医疗费用支出指标得分都呈现上升趋势，其中重庆其他区县处于领先水平，重庆主城九区与全库区平均水平相差不大，湖北省的三区县得分相对靠后。关于医疗费用支出水平指标，重庆主城九区低于全库区平均水平，同时其增长速度也是最慢的，慢于库区整体水平 7.39 个百分点；重庆其他区县高于全库区平均水平，其增长速度也是较高的，高于三峡库区整体水平 2.38 个百分点；湖北三区县尽管得分水平较低，但其增长速度不容小觑，高达 67.93%。也就是说，重庆 22 个区县对库区医疗费用支出水平的"存量"贡献最大，而湖北三区县对三峡库区医疗费用支出水平的"增量"贡献最大。

图 5.2 表示以标准差形式反映的全库区和分区域医疗费用支出水平均等化进程。可以明显看出，库区整体和三个区域内部的医疗费用支出差异呈现不同程度的扩大趋势，重庆其他区县和库区整体处于领先地位，重庆主城九区的折线位置相对靠下一些，湖北三区县在 2009~2011 年出现了明显折点。具体来说，2004 年，库区、重庆主城九区、重庆其他区县、湖北三区县内部的医疗费用支出水平平均标准差分别为 2.93、2.62、3.21、1.17。到 2012 年，库区、重庆主城九区和其他区县的医疗费用支出内部标准差分别达到了 34.57、25.51、39.29。而湖北三区县，在 2009~2011 年，经历了两个明显的峰值和一个谷值，其医疗费用支出水平平均标准差在 2009 年飙升到了 12.08，比前一年增加了 1.52 倍；2010 年跌至 5.64 水平，随后一年涨至 14.54。这说明，重庆主城九区医疗费用支出水平内部差异对全库区内部差异的"绝对"贡献较大，重庆其他区县的医疗费用支出水平内部差异对全库区内部差异的"绝对"贡献最大，湖北三区县的医疗费用支出水平内部差异对全库区内部差异的"绝对"贡献最小。

5.2.2　医疗卫生费用人均支出指标分析

医疗卫生费用人均支出指标是医疗费用支出的派生指标，是由医疗费用支出与人口相比得来的,可从人均的角度考量三峡库区各个区县在财政上对当地医疗卫生的扶持力度。在 2002 年,人口指标采用的是年鉴中区县的"年末总人口"指标,2003 年及以后采用的均为"常住人口"指标,虽分母有所变动,但影响不大,可忽略。该指标具体的数值结果如表 5.8~表 5.10 所示。

表 5.8 三峡库区医疗卫生费用人均支出统计(重庆主城九区) (单位:元)

地区 年份	渝中区	大渡口区	江北区	沙坪坝区	九龙坡区	南岸区	北碚区	渝北区	巴南区
2004	72.83	44.51	43.57	44.04	34.16	35.24	31.25	60.97	29.24
2005	83.82	55.47	56.51	51	40.35	55.42	32.65	57.93	30.41
2006	88.97	68.28	100.95	54.7	52.47	61.21	30.62	78.64	42
2007	109.51	105.08	152.73	87.62	98.91	135	69.53	112.86	80.65
2008	183.05	141.66	192.52	172.9	138.28	197.44	123.6	189.65	130.46
2009	189.14	197.94	252.27	203.18	169.08	252.03	157.44	210.96	142.35
2010	278.18	210.96	245.34	206.6	225.15	303.53	250.31	187.55	183.62
2011	354.24	371.72	300.95	266.95	264.19	593.91	328.4	322.7	316.23
2012	357.8	348.27	346.43	418.2	342.29	625.47	410.08	334.14	358.23

资料来源:《重庆统计年鉴 1997~2013》

表 5.9 三峡库区医疗卫生费用人均支出统计(重庆其他区县) (单位:元)

地区 年份	巫山县	巫溪县	奉节县	云阳县	万州区	开县	忠县	石柱县	丰都县	涪陵区	武隆县	长寿县	江津区
2004	26.16	28.59	17.95	24.76	40.27	16.55	25.98	36.76	21.41	53.7	32.8	41.32	28.17
2005	30.1	28.88	28.36	27.89	39.51	22.05	27.87	35.96	28.98	59.71	38.23	60.61	41.92
2006	34.6	34.15	20.03	33.39	46.04	29.2	30.2	48.8	33.14	59.4	48.52	75.64	45.76
2007	75.32	106.91	65.68	86.35	97.66	88.31	98.11	117.26	103.96	113.37	130.83	124.15	98.36
2008	140.58	137.25	75.99	180.53	172.63	181.82	145.68	159.1	120.1	168.97	193.01	202.99	144.94
2009	190.62	246.71	157.32	213.6	241.5	199.22	176.5	206.59	174.71	229.16	336.06	249.79	218.01
2010	291.86	270.71	276.39	274.86	245.48	278.08	293.44	309.64	245.46	304.44	292.54	328.38	336.68
2011	437.97	458.22	403.6	473.82	382.04	456.95	527.81	505.65	385.02	448.9	478.62	416	432.5
2012	552.27	532.46	505.89	573.51	502.2	539.33	554.47	414.63	503.34	571.8	512.24	506.66	474.98

资料来源:《重庆统计年鉴 1997~2013》

表 5.10 三峡库区医疗卫生费用人均支出统计(湖北省各区县)(单位:元)

地区 年份	夷陵区	兴山县	秭归县
2001	47.15	58.99	34.47
2002	48.17	83.81	46.01
2003	49.82	65.67	41.99
2004	40.48	57.18	28.09

续表

年份 \ 地区	夷陵区	兴山县	秭归县
2005	44.42	53.42	36.1
2006	51	62.1	65.05
2007	106.55	107.01	88.25
2008	141.13	140.94	138.19
2009	295.3	209.49	172.72
2010	248.01	450.96	206.43
2011	425.77	435.08	370.96
2012	—	—	—

资料来源：《湖北统计年鉴 1997~2013》

根据医疗卫生费用人均支出指标的相关数据，以 2004 年为基年进行研究，且该指标与基本公共服务水平呈正向关系，在计算得分时按照第一个公式，结果如表 5.11~表 5.13 所示。

表 5.11　三峡库区医疗卫生费用人均支出指标得分统计（重庆主城九区）

年份 \ 地区	渝中区	大渡口区	江北区	沙坪坝区	九龙坡区	南岸区	北碚区	渝北区	巴南区
2004	10.00	4.97	4.80	4.88	3.13	3.32	2.61	7.89	2.25
2005	11.95	6.92	7.10	6.12	4.23	6.91	2.86	7.35	2.46
2006	12.87	9.19	15.00	6.78	6.38	7.94	2.50	11.03	4.52
2007	16.52	15.73	24.20	12.63	14.63	21.05	9.41	17.11	11.39
2008	29.58	22.23	31.27	27.78	21.63	32.14	19.02	30.76	20.24
2009	30.67	32.23	41.88	33.16	27.10	41.84	25.03	34.54	22.35
2010	46.49	34.54	40.65	33.77	37.06	50.99	41.54	30.38	29.69
2011	60.00	63.11	50.53	44.49	44.00	102.59	55.41	54.40	53.25
2012	60.63	58.94	58.61	71.37	57.88	108.19	69.92	56.43	60.71

表 5.12　三峡库区医疗卫生费用人均支出指标得分统计（重庆其他区县）

年份 \ 地区	巫山县	巫溪县	奉节县	云阳县	万州区	开县	忠县	石柱县	丰都县	涪陵区	武隆县	长寿县	江津区
2004	1.71	2.14	0.25	1.46	4.21	0	1.68	3.59	0.86	6.60	2.89	4.40	2.06
2005	2.41	2.19	2.10	2.01	4.08	0.98	2.01	3.45	2.21	7.67	3.85	7.83	4.51
2006	3.21	3.13	0.62	2.99	5.24	2.25	2.43	5.73	2.95	7.61	5.68	10.50	5.19

续表

地区 年份	巫山县	巫溪县	奉节县	云阳县	万州区	开县	忠县	石柱县	丰都县	涪陵区	武隆县	长寿县	江津区
2007	10.44	16.06	8.73	12.40	14.41	12.75	14.49	17.89	15.53	17.20	20.31	19.12	14.54
2008	22.04	21.45	10.56	29.14	27.73	29.37	22.94	25.33	18.40	27.08	31.35	33.13	22.81
2009	30.93	40.90	25.01	35.01	39.97	32.46	28.42	33.77	28.10	37.78	56.77	41.44	35.80
2010	48.92	45.16	46.17	45.90	40.68	46.47	49.20	52.08	40.67	51.15	49.04	55.41	56.88
2011	74.88	78.48	68.77	81.25	64.94	78.15	90.84	86.91	65.47	76.82	82.10	70.98	73.91
2012	95.19	91.67	86.95	98.96	86.29	92.89	95.58	70.73	86.49	98.66	88.08	87.08	81.46

表 5.13　三峡库区医疗卫生费用人均支出指标得分统计（湖北省各区县）

地区 年份	夷陵区	兴山县	秭归县
2004	4.25	7.22	2.05
2005	4.95	6.55	3.47
2006	6.12	8.09	8.62
2007	15.99	16.07	12.74
2008	22.14	22.10	21.61
2009	49.53	34.28	27.75
2010	41.13	77.19	33.74
2011	72.71	74.37	62.97
2012	—	—	—

根据上述区县的得分，得到三个区域各自的和三峡库区总体平均得分，以及三个区域各自的和三峡库区总体标准差，如图5.3、图5.4所示。

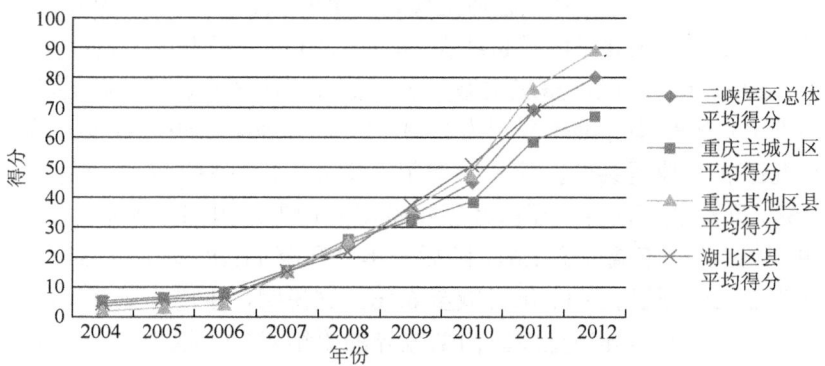

图 5.3　三峡库区医疗卫生费用人均支出投入水平分区域显示

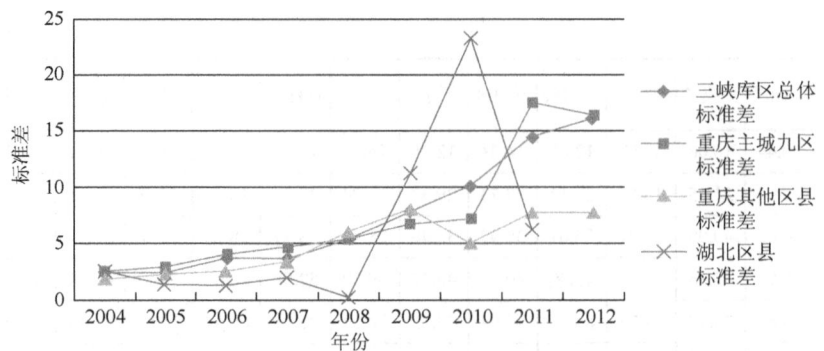

图 5.4　三峡库区医疗卫生费用人均支出投入水平分区域内均等化相对进程

图 5.3 反映的是 2004~2012 年全库区和分区域医疗卫生费用人均支出水平变化趋势。可以发现，全库区和各分区域的医疗卫生费用人均支出指标得分呈上升趋势，其中湖北三区县折线与库区平均水平折线最相近；重庆主城九区折线在 2008 年之后开始向下偏离库区平均水平折线；重庆其他区县折线在 2009 年之后开始向上偏离库区平均水平折线。关于医疗卫生费用人均支出指标，重庆主城九区低于全库区平均水平，同时其增长速度也是最慢的，慢于库区整体水平 8.76 个百分点；重庆其他区县高于全库区平均水平，其增长速度也是最快的，高于库区整体水平 9.20 个百分点；湖北三区县得分与库区平均水平大体相当，增长速度也相差不大。也就是说，重庆主城九区对库区医疗卫生费用人均支出水平的"存量"贡献最小，并且对库区医疗卫生费用人均支出水平的"增量"贡献也是最小；重庆其他区县对库区医疗卫生费用人均支出水平的"存量"贡献最大，并且对库区医疗卫生费用人均支出水平的"增量"贡献也是最大的。湖北省三区县对库区医疗卫生费用人均支出水平的"存量"和"增量"均一般。

图 5.4 表示以标准差形式反映的全库区和分区域医疗卫生费用人均支出水平均等化进程。可以看出，库区整体和三个区域的医疗卫生费用人均支出差异变动比较复杂，重庆主城九区与库区总体呈现趋势上升状态，并在 2009 年之后与重庆其他区县拉开距离，湖北三区县折线在 2008~2011 年出现两个谷值、一个峰值。具体来说，2004 年，库区、重庆主城九区、重庆其他区县、湖北区县的医疗卫生费用人均支出水平平均标准差分别为 2.43，2.57，1.86，2.59。到 2012 年，库区、重庆主城九区和其他区县的医疗卫生费用人均支出内部标准差分别达到 16.15，16.34，7.68。而湖北三区县关于医疗卫生费用人均支出内部标准差，在 2008 年减少至 0.29，相比前一年减少了 1.61，随后一年又升至 11.18，增加了 37.55 倍，2010 年达到峰值 23.25，随后 2011 年又减至 6.16。这说明，重庆主城九区医疗卫生费用人均支出水平内部差异对全库区内部差异的"绝对"贡献最大，重庆其他区县的医疗卫生费用人均支出水平内部差异对全库区内部差异的"绝对"贡献较小，

湖北三区县的医疗卫生费用人均支出内部差异变动起伏很大，对全库区内部差异的"绝对"贡献不易衡量。

5.2.3 医疗卫生支出占财政支出比重指标分析

医疗卫生支出占财政支出比重，是由医疗费用支出的原始数据比上区县级地方财政支出得来的，该指标也是衡量各区县对当地政府对医疗卫生事业重视程度的有力证明，具体数据如表5.14~表5.16所示。

表5.14 三峡库区医疗卫生支出占财政支出比重统计（重庆主城九区）

（单位：%）

地区 年份	渝中区	大渡口区	江北区	沙坪坝区	九龙坡区	南岸区	北碚区	渝北区	巴南区
2004	2.96	2.95	2.24	2.48	2.55	1.94	3.42	4.08	2.44
2005	2.59	2.51	2.49	2.41	2.72	2.3	3.19	3.02	2.46
2006	2.86	2.1	3.14	1.92	2.62	1.79	2.16	3.12	2.08
2007	3.1	2.88	3.03	2.35	3.73	3.06	3.76	3.28	3.66
2008	4.26	3.01	3.22	4.1	5.49	4.04	4.58	4.48	4.47
2009	3.16	3.02	2.85	3.78	4.33	4.48	4.32	4.64	3.98
2010	3.27	3.71	2.55	3.57	4.24	3.38	4.47	3.57	4.11
2011	3.08	4.97	2.45	3.95	3.52	5.37	5.39	2.49	5.09
2012	—	—	—	—	—	—	—	—	—

资料来源：《重庆统计年鉴1997~2013》

表5.15 三峡库区医疗卫生支出占财政支出比重统计（重庆其他区县）

（单位：%）

地区 年份	巫山县	巫溪县	奉节县	云阳县	万州区	开县	忠县	石柱县	丰都县	涪陵区	武隆县	长寿县	江津区
2004	2.62	3.57	2.9	3.87	3.71	2.43	3.42	4.04	3.18	3.77	2.85	4.29	3.44
2005	2.63	2.89	3.49	3.57	3.33	3.13	3.17	3.29	3.58	3.9	2.66	4.95	4.34
2006	2.33	2.69	1.54	2.28	2.96	2.67	2.58	3.69	2.89	2.96	2.42	4.66	3.8
2007	4.00	6.5	4.75	6.05	5.57	5.94	6.12	6.43	6.44	4.39	5.39	5.51	5.32
2008	5.78	6.24	3.72	8.9	6.4	8.06	6.51	5.69	5.26	4.34	5.4	6.12	5.51
2009	6.77	7.51	6.28	8.43	7.22	8.22	6.07	6.22	5.94	4.67	7.08	5.6	6.37
2010	7.54	5.93	8.29	7.52	5.37	7.98	7.67	5.57	6.88	4.69	4.52	4.2	6.34
2011	7.2	7.5	7.94	10.68	5.61	9.27	9.63	7.16	7.39	4.7	5.36	4.4	5.35
2012	—	—	—	—	—	—	—	—	—	—	—	—	—

资料来源：《重庆统计年鉴1997~2013》

表 5.16　三峡库区医疗卫生支出占财政支出比重统计（湖北省各区县）

（单位：%）

年份 \ 地区	夷陵区	兴山县	秭归县
2001	6.8	8.25	6.99
2002	6.29	9.15	9.31
2003	6.4	6.78	7.43
2004	4.81	5.66	4.55
2005	4.33	4.35	4.71
2006	3.64	4.67	7.01
2007	6.03	5.73	6.98
2008	6.08	5.32	8.04
2009	8.12	5.34	6.61
2010	5.97	8.17	5.89
2011	8.28	6.47	9.08
2012	—	—	—

资料来源：《湖北统计年鉴 1997～2013》。

根据医疗卫生支出占财政支出比重指标的相关数据，以 2004 年为基年进行研究，且该指标与基本公共服务水平呈正向关系，在计算得分时按照第一个公式，结果如表 5.17～表 5.19 所示。

表 5.17　三峡库区医疗卫生支出占财政支出比重指标得分统计（重庆主城九区）

年份 \ 地区	渝中区	大渡口区	江北区	沙坪坝区	九龙坡区	南岸区	北碚区	渝北区	巴南区
2004	2.74	2.72	0.81	1.45	1.64	0	3.98	5.75	1.34
2005	1.75	1.53	1.48	1.26	2.10	0.97	3.36	2.90	1.40
2006	2.47	0.43	3.23	−0.05	1.83	−0.40	0.59	3.17	0.38
2007	3.12	2.53	2.93	1.10	4.81	3.01	4.89	3.60	4.62
2008	6.24	2.88	3.44	5.81	9.54	5.65	7.10	6.83	6.80
2009	3.28	2.90	2.45	4.95	6.42	6.83	6.40	7.26	5.48
2010	3.58	4.76	1.64	4.38	6.18	3.87	6.80	4.38	5.83
2011	3.06	8.15	1.37	5.40	4.25	9.22	9.27	1.48	8.47

表 5.18　三峡库区医疗卫生支出占财政支出比重指标得分统计（重庆其他区县）

年份\地区	巫山县	巫溪县	奉节县	云阳县	万州区	开县	忠县	石柱县	丰都县	涪陵区	武隆县	长寿县	江津区
2004	1.83	4.38	2.58	5.19	4.76	1.32	3.98	5.65	3.33	4.92	2.45	6.32	4.03
2005	1.85	2.55	4.17	4.38	3.74	3.20	3.31	3.63	4.41	5.27	1.94	8.09	6.45
2006	1.05	2.02	−1.08	0.91	2.74	1.96	1.72	4.70	2.55	2.74	1.29	7.31	5.00
2007	5.54	12.26	7.55	11.05	9.76	10.75	11.24	12.07	12.10	6.59	9.27	9.60	9.09
2008	10.32	11.56	4.78	18.71	11.99	16.45	12.28	10.08	8.92	6.45	9.30	11.24	9.60
2009	12.98	14.97	11.67	17.45	14.19	16.88	11.10	11.51	10.75	7.34	13.82	9.84	11.91
2010	15.05	10.73	17.07	15.00	9.22	16.24	15.40	9.76	13.28	7.39	6.94	6.08	11.83
2011	14.14	14.95	16.13	23.49	9.87	19.70	20.67	14.03	14.65	7.42	9.19	6.61	9.17

表 5.19　三峡库区医疗卫生支出占财政支出比重指标得分统计（湖北省各区县）

年份\地区	夷陵区	兴山县	秭归县
2004	7.72	10.00	7.02
2005	6.42	6.48	7.45
2006	4.57	7.34	13.63
2007	10.99	10.19	13.55
2008	11.13	9.09	16.40
2009	16.61	9.14	12.55
2010	10.83	16.75	10.62
2011	17.04	12.18	19.19

根据上述区县的得分，得到三个区域各自的和三峡库区总体平均得分，以及三个区域各自的和三峡库区总体标准差，如图5.5、图5.6所示。

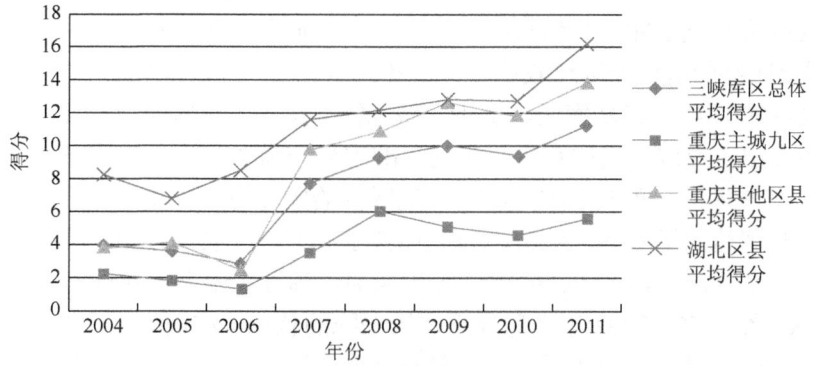

图 5.5　三峡库区医疗卫生支出占财政支出比重水平分区域显示

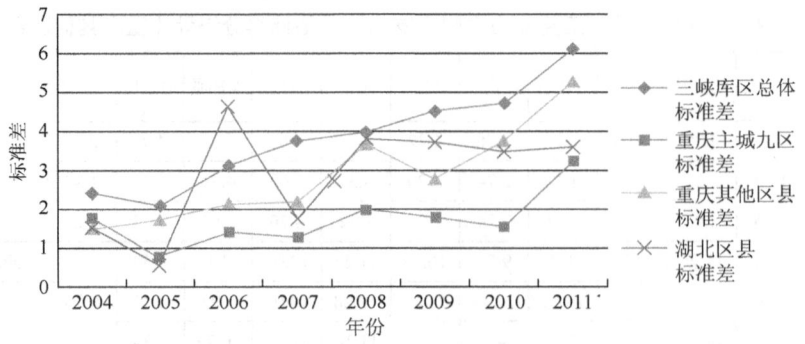

图 5.6 三峡库区医疗卫生支出占财政支出比重水平分区域内均等化相对进程

图 5.5 反映的是 2004~2011 年全库区和各分区域医疗卫生支出占财政支出比重水平变化趋势。可以发现，全库区和各分区域的医疗卫生支出占财政支出比重指标得分呈上升趋势，其中湖北三区县折线和重庆其他区县折线位于库区平均水平折线之上，湖北三区县折线处于最高位置；重庆主城九区位于库区平均水平之下，位置最低。关于医疗卫生支出占财政支出比重指标，重庆主城九区低于全库区平均水平，同时其增长幅度也是比较小的，慢于库区整体水平 2.61 个百分点；重庆其他区县高于全库区平均水平，其增长幅度也是最大的，高于库区整体水平 3.38 个百分点；湖北三区县得分最高，一直处于领先地位，但其增长幅度比较小，比库区整体水平低 6.38 个百分点。也就是说，重庆主城九区对库区医疗卫生支出占财政支出比重水平的"存量"贡献最小，"增量"贡献也是比较小的；重庆其他区县对医疗卫生支出占财政支出比重水平的"存量"贡献较大，"增量"贡献最大；湖北三区县对库区医疗卫生支出占财政支出比重水平的"存量"贡献最大，但"增量"贡献最低。

图 5.6 表示以标准差形式反映的全库区和分区域医疗卫生支出占财政支出比重水平均等化进程。可以看出，三峡库区整体和三个区域的医疗卫生支出占财政支出比重差异变动有一定差异，重庆 22 个区县与库区总体水平变动比较一致，重庆主城九区折线位于库区总体折线之下，重庆其他区县折线位于库区总体折线之上。湖北三区县的折线变动比较曲折，在 2006 年达到峰值后，随之变得比较平坦。具体来说，2004 年，三峡库区、重庆主城九区、重庆其他区县、湖北区县内部的医疗卫生支出占财政支出比重水平平均标准差分别为 2.40，1.76，1.52，1.56。到 2011 年，三峡库区、重庆主城九区和其他区县的医疗卫生支出占财政支出比重内部标准差分别达到了 6.08，3.25，5.28。而关于湖北三区县医疗卫生支出占财政支出比重的内部标准差，在 2006 年猛增至 4.64，远远大于前一年的 0.57，随后在 2007 年减少至 1.75，2007 年之后处于比较平稳的状态。这说明，重庆主城九区医医疗卫生支出占财政支出比重内部差异对全库区内部差异的"绝对"贡献最小；

重庆其他区县的医疗卫生支出占财政支出比重水平内部差异对全库区内部差异的"绝对"贡献较大；湖北三区县的医疗卫生支出占财政支出比重内部差异变动起伏很大，对全库区内部差异的"绝对"贡献不易观察。

5.2.4 医疗卫生支出占 GDP 比重指标分析

医疗卫生支出占 GDP 比重，是由医疗费用支出的原始数据比上 GDP 得来的，该指标的作用也是起到通过比重变动来观察当地政府对医疗卫生事业的重视程度，具体如表 5.20～表 5.22 所示。

表 5.20 三峡库区医疗卫生支出占 GDP 比重统计（重庆主城九区）

（单位：%）

地区 年份	渝中区	大渡口区	江北区	沙坪坝区	九龙坡区	南岸区	北碚区	渝北区	巴南区
2004	0.28	0.2	0.29	0.27	0.17	0.24	0.26	0.52	0.28
2005	0.24	0.21	0.27	0.27	0.14	0.32	0.27	0.34	0.25
2006	0.26	0.23	0.44	0.25	0.16	0.32	0.23	0.39	0.31
2007	0.28	0.3	0.57	0.34	0.26	0.6	0.44	0.43	0.49
2008	0.4	0.27	0.6	0.58	0.32	0.62	0.57	0.6	0.67
2009	0.29	0.37	0.54	0.53	0.34	0.6	0.6	0.45	0.53
2010	0.32	0.36	0.46	0.49	0.41	0.66	0.73	0.44	0.55
2011	0.34	0.78	0.45	0.5	0.43	1.08	0.78	0.58	0.75
2012	0.3	0.89	0.53	0.69	0.51	1.09	0.91	0.54	0.81

资料来源：《重庆统计年鉴 1997～2013》

表 5.21 三峡库区医疗卫生支出占 GDP 比重统计（重庆其他区县）

（单位：%）

地区 年份	巫山县	巫溪县	奉节县	云阳县	万州区	开县	忠县	石柱县	丰都县	涪陵区	武隆县	长寿县	江津区
2004	0.68	0.99	0.45	0.67	0.56	0.31	0.51	0.78	0.41	0.48	0.44	0.40	0.27
2005	0.74	0.87	0.54	0.65	0.45	0.36	0.47	0.62	0.51	0.45	0.45	0.52	0.4
2006	0.76	0.95	0.34	0.73	0.46	0.45	0.45	0.73	0.53	0.39	0.5	0.57	0.39
2007	1.37	2.39	0.90	1.57	0.78	1.11	1.18	1.42	1.39	0.6	1.12	0.75	0.71
2008	2.07	2.55	0.86	2.75	1.03	1.89	1.39	1.55	1.34	0.68	1.33	1.08	0.84
2009	2.26	3.5	1.57	2.9	0.96	1.87	1.4	1.65	1.71	0.67	1.96	1.09	1.12
2010	2.87	2.98	2.24	2.93	0.77	2.16	2.02	1.98	2.07	0.75	1.42	1.11	1.37
2011	3.38	3.97	2.57	3.95	0.96	2.65	2.89	2.6	2.47	0.87	1.93	1.03	1.41
2012	3.76	4.05	2.8	4.11	1.2	2.73	2.62	1.84	2.85	1.00	1.82	1.19	1.40

资料来源：《重庆统计年鉴 1997～2013》

表 5.22　三峡库区医疗卫生支出占 GDP 比重统计（湖北省各区县）

（单位：%）

年份\地区	夷陵区	兴山县	秭归县
2001	0.30	0.93	0.75
2002	0.28	1.21	0.92
2003	0.28	0.84	0.77
2004	0.40	0.65	0.54
2005	0.36	0.53	0.62
2006	0.35	0.57	0.99
2007	0.63	0.83	1.15
2008	0.66	0.81	1.44
2009	1.10	1.20	1.79
2010	0.70	2.07	1.80
2011	0.84	1.74	2.68
2012	—	—	—

资料来源：《湖北统计年鉴 1997～2013》。

根据医疗卫生支出占 GDP 比重指标的相关数据，以 2004 年为基年进行研究，且该指标与基本公共服务水平呈正向关系，在计算得分时按照第一个公式，结果如表 5.23～表 5.25 所示。

表 5.23　三峡库区医疗卫生支出占 GDP 比重指标得分统计（重庆主城九区）

年份\地区	渝中区	大渡口区	江北区	沙坪坝区	九龙坡区	南岸区	北碚区	渝北区	巴南区
2004	1.34	0.37	1.46	1.22	0	0.85	1.10	4.27	1.34
2005	0.85	0.49	1.22	1.22	−0.37	1.83	1.22	2.07	0.98
2006	1.10	0.73	3.29	0.98	−0.12	1.83	0.73	2.68	1.71
2007	1.34	1.59	4.88	2.07	1.10	5.24	3.29	3.17	3.90
2008	2.80	1.22	5.24	5.00	1.83	5.49	4.88	5.24	6.10
2009	1.46	2.44	4.51	4.39	2.07	5.24	5.24	3.41	4.39
2010	1.83	2.32	3.54	3.90	2.93	5.98	6.83	3.29	4.63
2011	2.07	7.44	3.41	4.02	3.17	11.10	7.44	5.00	7.07
2012	1.59	8.78	4.39	6.34	4.15	11.22	9.02	4.51	7.80

表 5.24　三峡库区医疗卫生支出占 GDP 比重指标得分统计（重庆其他区县）

年份\地区	巫山县	巫溪县	奉节县	云阳县	万州区	开县	忠县	石柱县	丰都县	涪陵区	武隆县	长寿县	江津区
2004	6.22	10.00	3.41	6.10	4.76	1.71	4.15	7.44	2.93	3.78	3.29	2.80	1.22
2005	6.95	8.54	4.51	5.85	3.41	2.32	3.66	5.49	4.15	3.41	3.41	4.27	2.80
2006	7.20	9.51	2.07	6.83	3.54	3.41	3.41	6.83	4.39	2.68	4.02	4.88	2.68
2007	14.63	27.07	8.90	17.07	7.44	11.46	12.32	15.24	14.88	5.24	11.59	7.07	6.59
2008	23.17	29.02	8.41	31.46	10.49	20.98	14.88	16.83	14.27	6.22	14.15	11.10	8.17
2009	25.49	40.61	17.07	33.29	9.63	20.73	15.00	18.05	18.78	6.10	21.83	11.22	11.59
2010	32.93	34.27	25.24	33.66	7.32	24.27	22.56	22.07	23.17	7.07	15.24	11.46	14.63
2011	39.15	46.34	29.27	46.10	9.63	30.24	33.17	29.63	28.05	8.54	21.46	10.49	15.12
2012	43.78	47.32	32.07	48.05	12.56	31.22	29.88	20.37	32.68	10.12	20.12	12.44	15.00

表 5.25　三峡库区医疗卫生支出占 GDP 比重指标得分统计（湖北省各区县）

年份\地区	夷陵区	兴山县	秭归县
2004	2.80	5.85	4.51
2005	2.32	4.39	5.49
2006	2.20	4.88	10.00
2007	5.61	8.05	11.95
2008	5.98	7.80	15.49
2009	11.34	12.56	19.76
2010	6.46	23.17	19.88
2011	8.17	19.15	30.61
2012	—	—	—

根据上述区县的得分，得到三个区域各自的和三峡库区总体平均得分，以及三个区域各自的和三峡库区总体标准差，如图 5.7、图 5.8 所示。

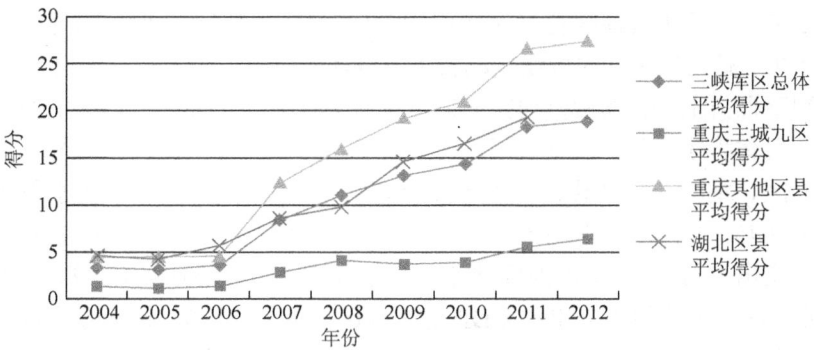

图 5.7　三峡库区医疗卫生支出占 GDP 比重水平分区域显示

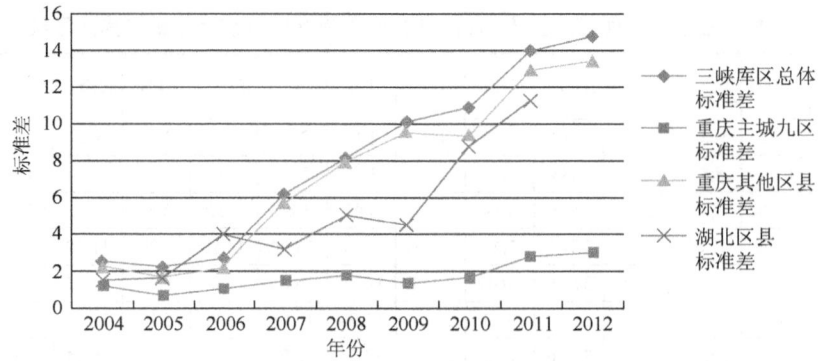

图 5.8　三峡库区医疗卫生支出占 GDP 比重水平分区域内均等化相对进程

图 5.7 反映的是 2004~2012 年全库区和各分区域医疗卫生支出占 GDP 比重水平变化趋势。可以发现，全库区和各分区域的医疗卫生支出占 GDP 比重指标得分呈上升趋势，其中重庆其他区县折线位于库区平均水平折线之上，处于最高位置；湖北三区县折线围绕全库区平均水平折线上下波动，偏离程度不是很大；重庆主城九区折线虽然也呈上升趋势，但上升得比较缓慢，位于库区平均水平折线之下。关于医疗卫生支出占 GDP 比重指标，重庆主城九区低于全库区平均水平，同时其增长幅度也是最小的，小于库区整体水平 2.45 个百分点；重庆其他区县高于全库区平均水平，其增长幅度也是最大的，大于库区整体水平 1.29 个百分点；湖北三区县得分和全库区平均水平旗鼓相当，其增长幅度略小，比库区整体水平低 0.63 个百分点。也就是说，重庆主城九区对库区医疗卫生支出占 GDP 比重水平的"存量"贡献最小，"增量"贡献也是最小的；重庆其他区县对医疗卫生支出占 GDP 比重水平的"存量"贡献最大，"增量"贡献也最大；湖北三区县对库区医疗卫生支出占 GDP 比重水平的"存量"贡献一般，但"增量"贡献也一般。

图 5.8 表示以标准差形式反映的全库区和分区域医疗卫生支出占 GDP 比重水平均等化进程。可以看出，库区整体和三个区域的医疗卫生支出占 GDP 比重差异变动有一定差异，重庆其他区县与库区总体水平变动比较一致，但也仍处于总体水平折线的下方；湖北三区县的折线变动较大，2004~2009 年在与库区总体水平相差较大的情况下曲折上升，随后折线突升向库区总体水平折线靠拢；重庆主城九区折线位于库区总体折线之下，位置最低，变动最为缓慢。具体来说，2004 年，库区、重庆主城九区、重庆其他区县、湖北区县的医疗卫生支出占 GDP 比重水平平均标准差分别为 2.45，1.21，2.44，1.53。到 2012 年，库区、重庆主城九区和其他区县的医疗卫生支出占 GDP 比重内部标准差分别达到了 14.74，3.03，13.42。2004~2011 年，湖北三区县医疗卫生支出占 GDP 比重内部标准差从 1.53 上升到了 11.22。这说明，重庆主城九区医疗卫生支出占 GDP 比重内部差异对全库区内部差异的"绝对"

贡献最小；重庆其他区县的医疗卫生支出占 GDP 比重水平内部差异对全库区内部差异的"绝对"贡献较大；湖北三区县的医疗卫生支出占 GDP 比重内部差异变动起伏很大，对全库区内部差异的"绝对"贡献不易观察。

5.2.5 医疗卫生机构数指标分析

医疗卫生机构是指依法定程序设立的从事疾病诊断、治疗活动的卫生机构的总称。医院、卫生院是我国医疗机构的主要形式，此外，还有疗养院、门诊部、诊所、卫生所（室）以及急救站等，共同构成了我国的医疗卫生机构。一个地区的医疗卫生机构数的多少，与当地居民疾病预防与治疗是否及时有效有着密切的关系。根据重庆市和湖北省的统计年鉴，整理出三峡库区各区县关于医疗卫生机构数的相关数据。由于统计指标统计口径的问题，2000 年及以后年份，该指标包含医院、卫生院以及个体诊所等，2000 年以前的年份只是包含医院、卫生院，具体如表 5.26～表 5.28 所示。

表 5.26 三峡库区医疗卫生机构数统计（重庆主城九区）   （单位：个）

年份\地区	渝中区	大渡口区	江北区	沙坪坝区	九龙坡区	南岸区	北碚区	渝北区	巴南区
1996	466	22	102	131	134	84	71	83	113
1997	22	12	26	39	31	22	48	45	55
1998	22	12	26	39	31	22	48	45	26
1999	22	11	26	39	28	22	47	43	26
2000	167	21	42	123	130	84	65	55	67
2001	167	18	37	119	58	84	59	53	44
2002	313	81	227	211	312	161	120	123	197
2003	311	84	360	209	306	161	120	119	230
2004	362	111	373	219	293	178	107	130	220
2005	401	115	378	219	281	186	103	137	219
2006	431	137	387	218	274	189	151	123	260
2007	397	137	387	219	264	184	182	121	260
2008	366	159	376	188	262	191	180	113	247
2009	378	157	340	192	362	194	169	161	301
2010	344	159	322	234	415	264	247	253	307
2011	352	181	342	344	557	319	438	433	624
2012	359	196	340	350	585	319	427	490	611

资料来源：《重庆统计年鉴 1997～2013》

表 5.27　三峡库区医疗卫生机构数统计（重庆其他区县）　　（单位：个）

地区 年份	巫山县	巫溪县	奉节县	云阳县	万州区	开县	忠县	石柱县	丰都县	涪陵区	武隆县	长寿县	江津区
1996	106	192	160	119	302	190	155	104	125	202	89	91	189
1997	75	80	107	97	128	121	78	66	74	94	56	26	107
1998	75	80	107	97	128	121	78	66	74	94	56	55	107
1999	76	94	107	95	126	121	77	66	74	52	57	55	76
2000	81	89	158	126	165	192	173	78	87	172	70	62	452
2001	80	64	158	115	162	143	142	78	48	65	70	61	307
2002	66	102	151	121	683	172	171	67	132	249	119	197	161
2003	60	105	152	117	678	178	167	70	145	249	120	198	184
2004	84	127	95	117	816	150	167	70	149	249	102	193	174
2005	83	132	96	113	691	149	167	69	113	256	102	172	175
2006	82	132	216	121	699	154	167	69	117	258	102	170	192
2007	82	132	214	121	559	154	167	68	120	219	98	162	173
2008	69	132	106	108	671	153	153	92	118	224	102	150	211
2009	155	153	102	96	682	131	58	100	136	238	125	157	74
2010	68	131	122	126	712	169	176	70	131	240	103	176	174
2011	376	306	479	546	1217	612	950	271	434	629	278	504	624
2012	376	315	484	483	1215	610	945	272	477	595	291	512	773

资料来源：《重庆统计年鉴 1997~2013》

表 5.28　三峡库区医疗卫生机构数统计（湖北省各区县）　　（单位：个）

地区 年份	夷陵区	兴山县	秭归县
1996	110	60	114
1997	105	56	95
1998	101	54	105
1999	112	51	77
2000	90	51	77
2001	93	38	63
2002	—	345	—
2003	73	—	—
2004	139	12	—
2005	159	11	—
2006	165	10	122
2007	134	11	116
2008	128	12	146
2009	341	12	146
2010	401	15	352
2011	335	15	354
2012	351	160	354

资料来源：《湖北统计年鉴 1997~2013》

根据医疗卫生机构数指标的相关数据，以 1996 年为基年进行研究，且该指标与基本公共服务水平呈正向关系，在计算得分时，按照第一个公式，结果如表 5.29～表 5.31 所示。

表 5.29　三峡库区医疗卫生机构数指标得分统计（重庆主城九区）

年份\地区	渝中区	大渡口区	江北区	沙坪坝区	九龙坡区	南岸区	北碚区	渝北区	巴南区
1996	10.00	0.00	1.80	2.45	2.52	1.40	1.10	1.37	2.05
1997	0	−0.23	0.09	0.38	0.20	0	0.59	0.52	0.74
1998	0	−0.23	0.09	0.38	0.20	0	0.59	0.52	0.09
1999	0	−0.25	0.09	0.38	0.14	0	0.56	0.47	0.09
2000	3.27	−0.02	0.45	2.27	2.43	1.40	0.97	0.74	1.01
2001	3.27	−0.09	0.34	2.18	0.81	1.40	0.83	0.70	0.50
2002	6.55	1.33	4.62	4.26	6.53	3.13	2.21	2.27	3.94
2003	6.51	1.40	7.61	4.21	6.40	3.13	2.21	2.18	4.68
2004	7.66	2.00	7.91	4.44	6.10	3.51	1.91	2.43	4.46
2005	8.54	2.09	8.02	4.44	5.83	3.69	1.82	2.59	4.44
2006	9.21	2.59	8.22	4.41	5.68	3.76	2.91	2.27	5.36
2007	8.45	2.59	8.22	4.44	5.45	3.65	3.60	2.23	5.36
2008	7.75	3.09	7.97	3.74	5.41	3.81	3.56	2.05	5.07
2009	8.02	3.04	7.16	3.83	7.66	3.87	3.31	3.13	6.28
2010	7.25	3.09	6.76	4.77	8.85	5.45	5.07	5.20	6.42
2011	7.43	3.58	7.21	7.25	12.05	6.69	9.37	9.26	13.56
2012	7.59	3.92	7.16	7.39	12.68	6.69	9.12	10.54	13.27

表 5.30　三峡库区医疗卫生机构数指标得分统计（重庆其他区县）

年份\地区	巫山县	巫溪县	奉节县	云阳县	万州区	开县	忠县	石柱县	丰都县	涪陵区	武隆县	长寿县	江津区
1996	1.89	3.83	3.11	2.18	6.31	3.78	3.00	1.85	2.32	4.05	1.51	1.55	3.76
1997	1.19	1.31	1.91	1.69	2.39	2.23	1.26	0.99	1.17	1.62	0.77	0.09	1.91
1998	1.19	1.31	1.91	1.69	2.39	2.23	1.26	0.99	1.17	1.62	0.77	0.74	1.91
1999	1.22	1.62	1.91	1.64	2.34	2.23	1.24	0.99	1.17	0.68	0.79	0.74	1.22
2000	1.33	1.51	3.06	2.34	3.22	3.83	3.40	1.26	1.46	3.38	1.08	0.90	9.68
2001	1.31	0.95	3.06	2.09	3.15	2.73	2.70	1.26	0.59	0.97	1.08	0.88	6.42
2002	0.99	1.80	2.91	2.23	14.89	3.38	3.36	1.01	2.48	5.11	2.18	3.94	3.13
2003	0.86	1.87	2.93	2.14	14.77	3.51	3.27	1.08	2.77	5.11	2.21	3.96	3.65
2004	1.40	2.36	1.64	2.14	17.88	2.88	3.27	1.08	2.86	5.11	1.80	3.85	3.42

续表

地区 年份	巫山县	巫溪县	奉节县	云阳县	万州区	开县	忠县	石柱县	丰都县	涪陵区	武隆县	长寿县	江津区
2005	1.37	2.48	1.67	2.05	15.07	2.86	3.27	1.06	2.05	5.27	1.80	3.38	3.45
2006	1.35	2.48	4.37	2.23	15.25	2.97	3.27	1.06	2.14	5.32	1.80	3.33	3.83
2007	1.35	2.48	4.32	2.23	12.09	2.97	3.27	1.04	2.21	4.44	1.71	3.15	3.40
2008	1.06	2.48	1.89	1.94	14.62	2.95	2.95	1.58	2.16	4.55	1.80	2.88	4.26
2009	3.00	2.95	1.80	1.67	14.86	2.45	0.81	1.76	2.57	4.86	2.32	3.04	1.17
2010	1.04	2.45	2.25	2.34	15.54	3.31	3.47	1.08	2.45	4.91	1.82	3.47	3.42
2011	7.97	6.40	10.29	11.80	26.91	13.29	20.90	5.61	9.28	13.67	5.77	10.86	13.56
2012	7.97	6.60	10.41	10.38	26.87	13.24	20.79	5.63	10.25	12.91	6.06	11.04	16.91

表 5.31 三峡库区医疗卫生机构数指标得分统计（湖北省各区县）

地区 年份	夷陵区	兴山县	秭归县
1996	1.98	0.86	2.07
1997	1.87	0.77	1.64
1998	1.78	0.72	1.87
1999	2.03	0.65	1.24
2000	1.53	0.65	1.24
2001	1.60	0.36	0.92
2002	—	7.27	—
2003	1.15	—	—
2004	2.64	−0.23	—
2005	3.09	−0.25	—
2006	3.22	−0.27	2.25
2007	2.52	−0.25	2.12
2008	2.39	−0.23	2.79
2009	7.18	−0.23	2.79
2010	8.54	−0.16	7.43
2011	7.05	−0.16	7.48
2012	7.41	3.11	7.48

根据上述区县的得分，得到三个区域各自的和三峡库区总体平均得分，以及三个区域各自的和三峡库区总体标准差，如图5.9、图5.10所示。

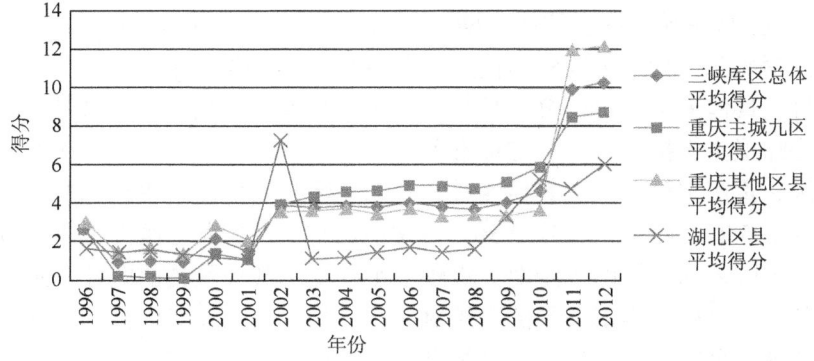

图 5.9　三峡库区医疗卫生机构数水平分区域显示

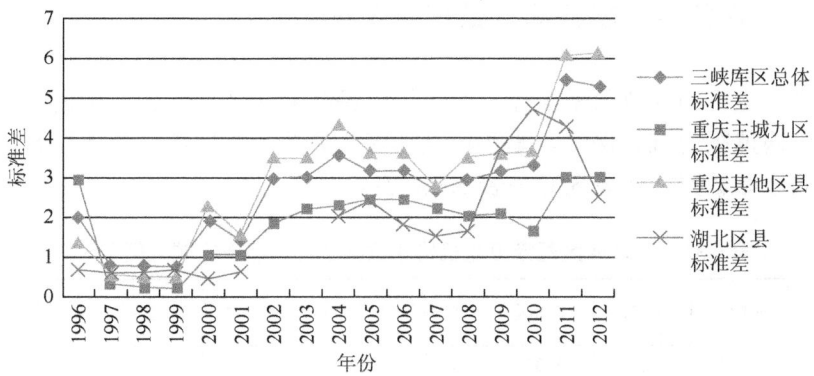

图 5.10　三峡库区医疗卫生机构数水平分区域内均等化相对进程

图 5.9 反映的是 1996~2012 年全库区和各分区域医疗卫生机构数水平变化趋势。可以发现，全库区和各分区域的医疗卫生机构数得分呈上升趋势，其中重庆主城九区和其他区县折线围绕库区平均水平折线波动，呈现彼消此长之势；湖北三区县的折线在 2002 年出现一个峰值拐点后又回落到先前水平，2009 年才开始有所上升。关于医疗卫生机构数指标，重庆主城九区和全库区平均水平大体相当，其增长速度低于库区平均水平；重庆其他区县和全库区平均水平也是比较接近的，其增长速度略高于库区平均水平；湖北三区县得分低于库区平均水平，其增长速度略低。也就是说，重庆主城九区对库区医疗卫生机构数水平的"存量"贡献一般，"增量"贡献最小；重庆其他区县对医疗卫生机构数水平的"存量"贡献一般，"增量"贡献最大；湖北三区县对医疗卫生机构数水平的"存量"贡献最小，"增量"贡献一般。

图 5.10 表示以标准差形式反映的全库区和分区域医疗卫生机构数水平均等化进程。可以看出，库区整体和三个区域的医疗卫生机构数差异变动是呈上升状态的，重庆其他区县与库区总体水平变动比较一致，1999 年之后仍处于总体水平折

线的上方；重庆主城九区折线在 1996 年之后一直位于库区总体折线之下，变动相对平缓；湖北三区县的折线变动较大，在 2005 年和 2010 年出现两个拐点后又呈下降趋势。具体来说，1996 年，库区、重庆主城九区、重庆其他区县、湖北区县内部的医疗卫生机构数水平平均标准差分别为 1.99，2.91，1.35，0.68。到 2012 年，库区、重庆主城九区、其他区县和湖北三区县的医疗卫生机构数内部标准差分别达到了 5.27，3.01，6.15，2.50。这说明，重庆主城九区医疗卫生机构数内部差异对全库区内部差异的"绝对"贡献较小；重庆其他区县的医疗卫生机构数水平内部差异对全库区内部差异的"绝对"贡献最大；湖北三区县的医疗卫生机构数内部差异对全库区内部差异的"绝对"贡献较小。

5.2.6 医疗卫生机构床位数指标分析

医疗卫生机构床位数是医疗卫生机构资源配置是否有效的指标之一，是区域内人民生病就医的有效保障。本章根据重庆、湖北两地历年的统计年鉴，整理出该指标的原始数据，如表 5.32～表 5.34 所示。

表 5.32 三峡库区医疗卫生机构床位数统计（重庆主城九区）（单位：张）

地区 年份	渝中区	大渡口区	江北区	沙坪坝区	九龙坡区	南岸区	北碚区	渝北区	巴南区
1996	5653	961	3433	3886	3275	2400	2338	834	2349
1997	6190	837	3230	3317	2886	1992	1632	792	1934
1998	6190	837	3230	3317	2886	1992	1632	792	2043
1999	6140	805	3058	3341	2855	2116	1632	764	2037
2000	6235	978	3567	3547	3633	2391	2352	824	2217
2001	6075	928	3328	3480	3876	2200	2360	804	2184
2002	5921	866	3526	2826	3636	2586	2649	863	2031
2003	6391	836	3413	2846	3441	2527	2562	992	2038
2004	6452	906	3515	2879	3315	2448	2604	913	2041
2005	6159	885	3272	3084	3535	2263	2487	1049	2343
2006	6558	981	3539	3005	3430	2234	2591	1223	2388
2007	7291	931	3617	2877	3922	2249	2641	1308	2648
2008	7632	1057	3265	3149	3998	2161	2865	1490	2598
2009	7707	979	4001	3442	4375	2193	2881	3144	2700
2010	8112	1092	3966	3779	4594	2321	3172	3270	3393
2011	8835	1148	4436	4626	5374	2413	3480	3492	3961
2012	9423	1440	5156	4686	7048	2882	3669	4130	4293

资料来源：《重庆统计年鉴 1997～2013》

表 5.33　三峡库区医疗卫生机构床位数统计（重庆其他区县）（单位：张）

年份\地区	巫山县	巫溪县	奉节县	云阳县	万州区	开县	忠县	石柱县	丰都县	涪陵区	武隆县	长寿县	江津区
1996	636	582	1255	1424	3228	1506	1594	702	998	2264	684	1759	2570
1997	573	525	1067	1055	2520	1208	1232	693	974	1990	744	2043	2128
1998	573	525	1067	1055	2520	1208	1232	693	974	1990	744	1934	2128
1999	613	525	1055	991	2819	1223	1222	693	1014	2020	763	1986	2051
2000	643	562	1167	1158	3423	1569	1631	746	1001	2293	807	1974	2451
2001	643	542	1190	1148	3535	1386	1609	746	1001	2267	776	1945	2435
2002	602	511	1001	1244	3136	1166	1476	721	936	2185	614	1873	2212
2003	675	510	1016	1252	3514	1167	1360	730	940	2297	648	1908	2412
2004	684	522	1088	1252	3569	1190	1340	766	1045	2375	572	1886	2318
2005	631	534	1091	1229	3486	1274	1392	800	1051	2540	534	1959	2352
2006	774	551	1308	1711	3593	1554	1401	802	1007	2705	561	1916	2549
2007	710	580	1424	1927	4004	1683	1436	792	1208	2905	587	2020	3079
2008	887	714	1688	2278	4612	2207	1642	879	1534	3439	720	2474	3675
2009	1999	2753	730	1902	5036	1674	616	2406	2048	4018	1714	2794	1011
2010	1021	836	2276	2906	5694	3446	2463	1346	1970	4206	926	2981	4369
2011	1154	905	2642	3176	7252	3952	2525	1690	2235	4342	1292	3123	4781
2012	1305	1323	2932	3445	8241	4381	2662	1874	2779	4877	1282	3462	5704

资料来源：《重庆统计年鉴 1997～2013》

表 5.34　三峡库区医疗卫生机构床位数统计（湖北省各区县）（单位：张）

年份\地区	夷陵区	兴山县	秭归县
1996	1127	462	625
1997	1204	456	603
1998	1292	456	563
1999	1334	442	543
2000	1203	403	543
2001	1190	407	559
2002	—	420	—
2003	864	—	—
2004	889	368	—
2005	730	338	—
2006	729	377	720
2007	790	397	793
2008	950	480	851
2009	1020	437	924
2010	1200	589	960
2011	1235	589	960
2012	1594	707	961

资料来源：《重庆统计年鉴 1997～2013》

根据医疗卫生机构床位数指标的相关数据，以 1996 年为基年进行研究，且该指标与基本公共服务水平呈正向关系，在计算得分时，按照第一个公式，结果如表 5.35～表 5.37 所示。

表 5.35　三峡库区医疗卫生机构床位数指标得分统计（重庆主城九区）

地区\年份	渝中区	大渡口区	江北区	沙坪坝区	九龙坡区	南岸区	北碚区	渝北区	巴南区
1996	10.00	0.96	5.72	6.60	5.42	3.73	3.61	0.72	3.64
1997	11.03	0.72	5.33	5.50	4.67	2.95	2.25	0.64	2.84
1998	11.03	0.72	5.33	5.50	4.67	2.95	2.25	0.64	3.05
1999	10.94	0.66	5.00	5.55	4.61	3.19	2.25	0.58	3.03
2000	11.12	0.99	5.98	5.94	6.11	3.72	3.64	0.70	3.38
2001	10.81	0.90	5.52	5.81	6.58	3.35	3.66	0.66	3.32
2002	10.52	0.78	5.90	4.55	6.11	4.09	4.21	0.77	3.02
2003	11.42	0.72	5.68	4.59	5.74	3.98	4.05	1.02	3.04
2004	11.54	0.86	5.88	4.66	5.50	3.83	4.13	0.87	3.04
2005	10.97	0.81	5.41	5.05	5.92	3.47	3.90	1.13	3.62
2006	11.74	1.00	5.93	4.90	5.72	3.41	4.10	1.47	3.71
2007	13.16	0.90	6.08	4.65	6.67	3.44	4.20	1.63	4.21
2008	13.81	1.15	5.40	5.18	6.81	3.27	4.63	1.98	4.11
2009	13.96	1.00	6.82	5.74	7.54	3.33	4.66	5.17	4.31
2010	14.74	1.21	6.75	6.39	7.96	3.58	5.22	5.41	5.65
2011	16.13	1.32	7.66	8.02	9.46	3.76	5.81	5.84	6.74
2012	17.26	1.88	9.04	8.14	12.69	4.66	6.18	7.07	7.38

表 5.36　三峡库区医疗卫生机构床位数指标得分统计（重庆其他区县）

地区\年份	巫山县	巫溪县	奉节县	云阳县	万州区	开县	忠县	石柱县	丰都县	涪陵区	武隆县	长寿县	江津区
1996	0.34	0.23	1.53	1.85	5.33	2.01	2.18	0.46	1.03	3.47	0.43	2.50	4.06
1997	0.21	0.12	1.17	1.14	3.96	1.44	1.48	0.45	0.99	2.94	0.54	3.05	3.21
1998	0.21	0.12	1.17	1.14	3.96	1.44	1.48	0.45	0.99	2.94	0.54	2.84	3.21
1999	0.29	0.12	1.14	1.02	4.54	1.47	1.46	0.45	1.06	3.00	0.58	2.94	3.06
2000	0.35	0.19	1.36	1.34	5.70	2.13	2.25	0.55	1.04	3.53	0.66	2.91	3.83
2001	0.35	0.15	1.40	1.32	5.92	1.78	2.21	0.55	1.04	3.48	0.60	2.86	3.80
2002	0.27	0.09	1.04	1.51	5.15	1.36	1.95	0.50	0.91	3.32	0.29	2.72	3.37
2003	0.41	0.09	1.07	1.52	5.88	1.36	1.73	0.52	0.92	3.53	0.36	2.79	3.76
2004	0.43	0.12	1.21	1.52	5.99	1.40	1.69	0.59	1.12	3.69	0.21	2.74	3.58

续表

地区\年份	巫山县	巫溪县	奉节县	云阳县	万州区	开县	忠县	石柱县	丰都县	涪陵区	武隆县	长寿县	江津区
2005	0.33	0.14	1.21	1.48	5.83	1.56	1.79	0.65	1.13	4.00	0.14	2.88	3.64
2006	0.60	0.17	1.63	2.41	6.03	2.10	1.81	0.65	1.05	4.32	0.19	2.80	4.02
2007	0.48	0.23	1.85	2.82	6.82	2.35	1.88	0.64	1.44	4.71	0.24	3.00	5.04
2008	0.82	0.49	2.36	3.50	7.99	3.36	2.27	0.80	2.07	5.73	0.50	3.88	6.19
2009	2.96	4.41	0.52	2.77	8.81	2.33	0.30	3.74	3.06	6.85	2.41	4.49	1.06
2010	1.08	0.72	3.49	4.71	10.08	5.75	3.85	1.70	2.91	7.21	0.89	4.85	7.53
2011	1.33	0.85	4.20	5.23	13.08	6.72	3.97	2.37	3.42	7.47	1.60	5.13	8.32
2012	1.62	1.66	4.76	5.75	14.99	7.55	4.24	2.72	4.46	8.51	1.58	5.78	10.10

表 5.37 三峡库区医疗卫生机构床位数指标得分统计（湖北省各区县）

地区\年份	夷陵区	兴山县	秭归县
1996	1.28	0	0.31
1997	1.43	−0.01	0.27
1998	1.60	−0.01	0.19
1999	1.68	−0.04	0.16
2000	1.43	−0.11	0.16
2001	1.40	−0.11	0.19
2002	—	−0.08	—
2003	0.77	—	—
2004	0.82	−0.18	—
2005	0.52	−0.24	—
2006	0.51	−0.16	0.50
2007	0.63	−0.13	0.64
2008	0.94	0.03	0.75
2009	1.07	−0.05	0.89
2010	1.42	0.24	0.96
2011	1.49	0.24	0.96
2012	2.18	0.47	0.96

根据上述区县的得分，得到三个区域各自的和三峡库区总体平均得分，以及三个区域各自的和三峡库区总体标准差，如图 5.11、图 5.12 所示。

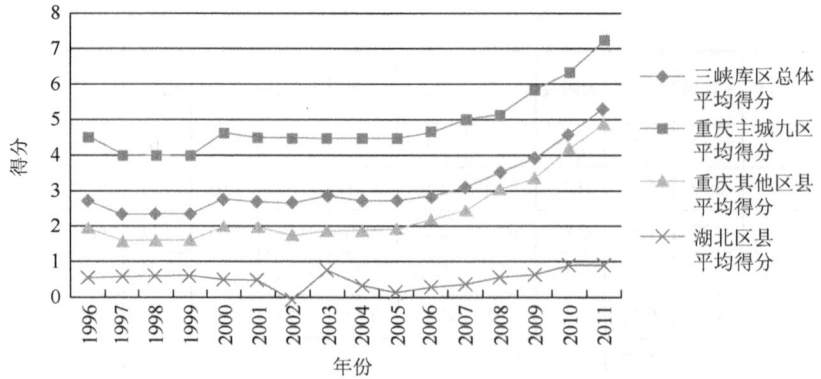

图 5.11　三峡库区医疗卫生机构床位数水平分区域显示

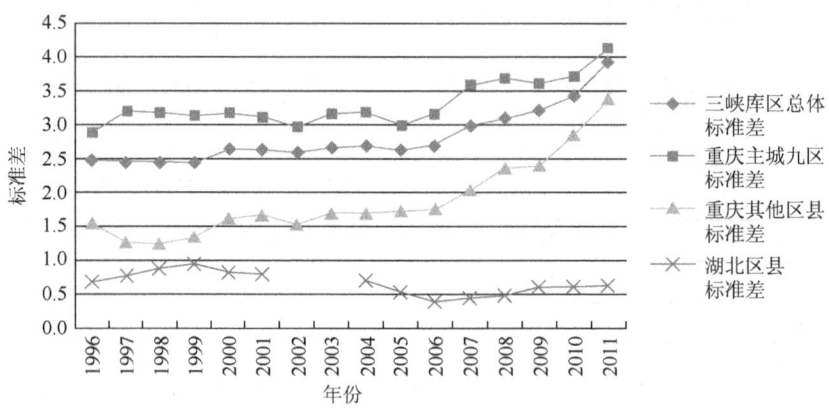

图 5.12　医疗卫生机构床位数水平分区域内均等化相对进程

图 5.11 反映的是 1996~2012 年全库区和各分区域医疗卫生机构床位数水平变化趋势。可以发现，全库区和各分区域的医疗卫生机构床位数得分呈上升趋势，其中重庆主城九区得分最高，一直处于库区平均水平折线的上方，两者间距较大；重庆其他区县折线处于库区平均水平的下方，两者间距有缩小之势；湖北三区县的折线在 2002 年和 2003 年出现两个明显的折点，随后平稳上升，但上升幅度有限。关于医疗卫生机构床位数指标，重庆主城九区得分高于全库区平均水平，但其年均增长速度低于库区平均水平 1.76 个百分点；重庆其他区县得分低于全库区平均水平，但其增长速度高于库区平均水平 2.29 个百分点；湖北三区县得分很低，而且变动幅度也不是很大，但其增长速度略高于库区平均水平。也就是说，重庆主城九区对库区医疗卫生机构床位数水平的"存量"贡献最大，"增量"贡献最小；重庆其他区县对医疗卫生机构床位数水平的"存量"贡献较大；湖北三区县对医疗卫生机构床位数水平的"存量"贡献最小，"增量"贡献一般。

图 5.12 表示以标准差形式反映的全库区和分区域医疗卫生机构床位数水平均等化进程。可以看出，库区整体和三个区域的医疗卫生机构床位数差异变动是有差异的，重庆主城九区与其他区县折线围绕在库区总体水平两侧并且变动一致，均呈上升状态，重庆主城九区位于上方，其他区县位于下方，两者间距有缩小之势。湖北三区县的折线一直位于较低位置，升降起伏的幅度也比较小。具体来说，1996 年，库区、重庆主城九区、重庆其他区县、湖北三区县的医疗卫生机构床位数水平平均标准差分别为 2.47，2.87，1.57，0.67。到 2012 年，库区、重庆主城九区、重庆其他区县和湖北三区县的医疗卫生机构床位数内部标准差分别达到了 4.37，4.49，3.88，0.88。这说明，重庆主城九区医疗卫生机构床位数内部差异对全库区内部差异的"绝对"贡献最大；重庆其他区县的医疗卫生机构床位数水平内部差异对全库区内部差异的"绝对"贡献较大；湖北三区县的医疗卫生机构床位数内部差异对全库区内部差异的"绝对"贡献是最小的。

5.2.7　卫生技术人员指标分析

卫生技术人员又称医务人员或护士，指卫生事业机构支付工资的全部职工中现任职务为卫生技术工作的专业人员，包括中医师、西医师、中西医结合高级医师、护师、中药师、西药师、检验师、其他技师、中医士、西医士、护士、助产士、中药剂士、西药剂士、检验士、其他技士、其他中医、护理员、中药剂员、西药剂员、检验员和其他初级卫生技术人员。卫生技术人员的多少也是衡量一个地区卫生医疗服务的重要指标，根据重庆、湖北两地的统计年鉴，整理出该指标的原始数据，如表 5.38～表 5.40 所示。

表 5.38　三峡库区卫生技术人员统计（重庆主城九区）　（单位：人）

地区 年份	渝中区	大渡口区	江北区	沙坪坝区	九龙坡区	南岸区	北碚区	渝北区	巴南区
1996	9 031	1 219	3 462	3 989	4 602	2 692	2 250	1 524	2 582
1997	8 797	1 125	3 800	3 816	4 406	2 952	2 312	1 696	2 574
1998	8 797	1 125	3 800	3 816	4 406	2 952	2 312	1 696	2 589
1999	8 616	1 090	2 858	3 708	4 113	2 948	2 250	1 767	2 782
2000	8 554	1 097	2 967	3 619	4 038	2 881	2 241	1 749	2 795
2001	8 400	1 067	2 902	3 556	3 784	2 482	2 172	1 707	2 573
2002	7 655	1 124	3 218	3 087	4 473	2 619	2 203	1 753	2 660
2003	7 579	1 109	3 660	2 994	3 965	2 550	2 146	1 607	2 469

续表

年份\地区	渝中区	大渡口区	江北区	沙坪坝区	九龙坡区	南岸区	北碚区	渝北区	巴南区
2004	7 728	1 155	3 528	3 086	3 995	2 572	2 081	1 635	2 527
2005	8 154	1 179	3 557	3 095	3 757	2 698	2 162	1 686	2 557
2006	8 432	1 252	3 552	2 953	3 649	2 808	2 300	1 846	2 747
2007	8 467	1 112	3 896	3 077	4 140	2 816	2 873	1 933	2 993
2008	10 415	1 287	3 841	3 211	4 095	2 858	3 284	2 104	3 061
2009	9 945	1 345	4 459	3 969	5 081	2 990	3 221	3 158	3 272
2010	10 555	1 457	4 330	4 460	5 796	3 505	4 203	4 011	3 578
2011	12 000	1 420	4 503	5 154	6 667	3 876	4 319	4 350	3 925
2012	12 871	1 660	5 102	5 898	7 778	4 139	4 441	4 745	4 240

资料来源：《重庆统计年鉴 1997～2013》

表 5.39　三峡库区卫生技术人员统计（重庆其他区县）　（单位：人）

年份\地区	巫山县	巫溪县	奉节县	云阳县	万州区	开县	忠县	石柱县	丰都县	涪陵区	武隆县	长寿县	江津区
1996	947	914	1468	1871	4941	2872	1945	1212	1328	2908	771	2635	3361
1997	907	891	1446	2349	4346	2575	1867	1238	1283	3149	706	2589	3314
1998	907	891	1446	2349	4346	2575	1867	1238	1283	3149	706	2574	3314
1999	931	860	1445	2283	4390	2576	2037	1297	1312	3133	758	2531	3348
2000	901	884	1417	2189	4190	2678	2127	1206	1315	3176	760	2423	3377
2001	867	865	1417	2123	4075	2470	2130	1200	1154	3209	760	2232	3206
2002	767	884	1028	2114	4886	2436	2022	1236	1193	3417	790	2102	2705
2003	740	1006	1085	1970	4815	2355	1921	1196	1072	3413	783	2073	2627
2004	699	909	1160	2113	4737	2232	1840	1096	1216	3015	744	1878	2655
2005	746	879	1174	2049	5082	2178	1878	1106	1196	3060	759	1929	2658
2006	801	855	1490	1911	5144	2209	1852	1201	1145	3142	731	1975	2616
2007	944	912	1528	1823	5606	2161	1807	1217	1175	3457	702	2153	2981
2008	1023	953	1356	1828	5714	2683	1803	1302	1122	3424	814	2359	3125
2009	1887	2789	825	1708	6635	1358	539	2260	2045	3992	1730	2621	1158
2010	1201	1097	1754	2470	7236	3088	2125	1241	1628	4294	797	2737	3348
2011	1341	1186	2181	2756	8092	3889	2340	1459	1828	4662	955	2940	3595
2012	1484	1319	2488	3004	8837	4302	2572	1604	1992	4885	1008	3057	4150

资料来源：《重庆统计年鉴 1997～2013》

表 5.40 三峡库区卫生技术人员统计（湖北省各区县） （单位：人）

年份\地区	夷陵区	兴山县	秭归县
1996	1571	809	1131
1997	1574	828	1112
1998	1555	836	1120
1999	1608	875	1136
2000	1508	798	1076
2001	1456	756	1039
2002	—	755	—
2003	1227	—	—
2004	1371	675	—
2005	1491	616	—
2006	1469	768	1028
2007	1485	548	1076
2008	1472	535	1099
2009	1731	919	1174
2010	1777	759	1213
2011	1996	770	2292
2012	2073	936	1452

资料来源：《湖北统计年鉴 1997~2013》

根据卫生技术人员指标的相关数据，以 1996 年为基年进行研究，且该指标与基本公共服务水平呈正向关系，在计算得分时，按照第一个公式，结果如表 5.41~表 5.43 所示。

表 5.41 三峡库区卫生技术人员指标得分统计（重庆主城九区）

年份\地区	渝中区	大渡口区	江北区	沙坪坝区	九龙坡区	南岸区	北碚区	渝北区	巴南区
1996	10.00	0.54	3.26	3.90	4.64	2.33	1.79	0.91	2.19
1997	9.72	0.43	3.67	3.69	4.40	2.64	1.87	1.12	2.18
1998	9.72	0.43	3.67	3.69	4.40	2.64	1.87	1.12	2.20
1999	9.50	0.39	2.53	3.56	4.05	2.64	1.79	1.21	2.43
2000	9.42	0.39	2.66	3.45	3.96	2.55	1.78	1.18	2.45
2001	9.24	0.36	2.58	3.37	3.65	2.07	1.70	1.13	2.18
2002	8.33	0.43	2.96	2.80	4.48	2.24	1.73	1.19	2.29
2003	8.24	0.41	3.50	2.69	3.87	2.15	1.66	1.01	2.06

续表

地区\年份	渝中区	大渡口区	江北区	沙坪坝区	九龙坡区	南岸区	北碚区	渝北区	巴南区
2004	8.42	0.46	3.34	2.80	3.90	2.18	1.59	1.05	2.13
2005	8.94	0.49	3.37	2.81	3.62	2.33	1.68	1.11	2.16
2006	9.27	0.58	3.37	2.64	3.48	2.47	1.85	1.30	2.39
2007	9.32	0.41	3.78	2.79	4.08	2.48	2.54	1.41	2.69
2008	11.68	0.62	3.72	2.95	4.02	2.53	3.04	1.61	2.77
2009	11.11	0.69	4.46	3.87	5.22	2.69	2.97	2.89	3.03
2010	11.85	0.83	4.31	4.47	6.08	3.31	4.15	3.92	3.40
2011	13.59	0.79	4.52	5.31	7.14	3.76	4.30	4.33	3.82
2012	14.65	1.08	5.24	6.21	8.48	4.08	4.44	4.81	4.20

表 5.42　三峡库区卫生技术人员指标得分统计（重庆其他区县）

地区\年份	巫山县	巫溪县	奉节县	云阳县	万州区	开县	忠县	石柱县	丰都县	涪陵区	武隆县	长寿县	江津区
1996	0.21	0.17	0.84	1.33	5.05	2.54	1.42	0.53	0.67	2.59	0	2.26	3.14
1997	0.16	0.15	0.82	1.91	4.33	2.18	1.33	0.57	0.62	2.88	−0.08	2.20	3.08
1998	0.16	0.15	0.82	1.91	4.33	2.18	1.33	0.57	0.62	2.88	−0.08	2.18	3.08
1999	0.19	0.11	0.82	1.83	4.38	2.19	1.53	0.64	0.65	2.86	−0.02	2.13	3.12
2000	0.16	0.14	0.78	1.72	4.14	2.31	1.64	0.53	0.66	2.91	−0.01	2.00	3.15
2001	0.12	0.11	0.78	1.64	4.00	2.06	1.65	0.52	0.46	2.95	−0.01	1.77	2.95
2002	0	0.14	0.31	1.63	4.98	2.02	1.51	0.56	0.51	3.20	0.02	1.61	2.34
2003	−0.04	0.28	0.38	1.45	4.90	1.92	1.39	0.51	0.36	3.20	0.01	1.58	2.25
2004	−0.09	0.17	0.47	1.62	4.80	1.77	1.29	0.39	0.54	2.72	−0.03	1.34	2.28
2005	−0.03	0.13	0.49	1.55	5.22	1.70	1.34	0.41	0.51	2.77	−0.01	1.40	2.28
2006	0.04	0.10	0.87	1.38	5.29	1.74	1.31	0.52	0.45	2.87	−0.05	1.46	2.23
2007	0.21	0.17	0.92	1.27	5.85	1.68	1.25	0.54	0.49	3.25	−0.08	1.67	2.68
2008	0.31	0.22	0.71	1.28	5.98	2.31	1.25	0.64	0.42	3.21	0.05	1.92	2.85
2009	1.35	2.44	0.07	1.13	7.10	0.71	−0.28	1.80	1.54	3.90	1.16	2.24	0.47
2010	0.52	0.39	1.19	2.06	7.83	2.81	1.64	0.57	1.04	4.27	0.03	2.38	3.12
2011	0.69	0.50	1.71	2.40	8.86	3.77	1.90	0.83	1.28	4.71	0.22	2.63	3.42
2012	0.86	0.66	2.08	2.70	9.77	4.27	2.18	1.01	1.48	4.98	0.29	2.77	4.09

表 5.43　三峡库区卫生技术人员指标得分统计（湖北省各区县）

年份	地区	夷陵区	兴山县	秭归县
1996		0.97	0.05	0.44
1997		0.97	0.07	0.41
1998		0.95	0.08	0.42
1999		1.01	0.13	0.44
2000		0.89	0.03	0.37
2001		0.83	−0.02	0.32
2002		—	−0.02	—
2003		0.55	—	—
2004		0.73	−0.12	—
2005		0.87	−0.19	—
2006		0.85	0	0.31
2007		0.86	−0.27	0.37
2008		0.85	−0.29	0.40
2009		1.16	0.18	0.49
2010		1.22	−0.01	0.54
2011		1.48	0	1.84
2012		1.58	0.20	0.82

根据上述区县的得分，得到三个区域各自的和三峡库区总体平均得分，以及三个区域各自的和三峡库区总体标准差，如图 5.13、图 5.14 所示。

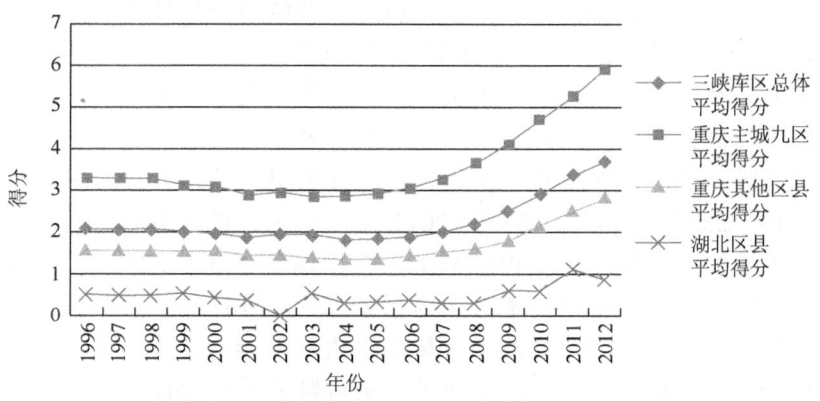

图 5.13　三峡库区卫生技术人员水平分区域显示

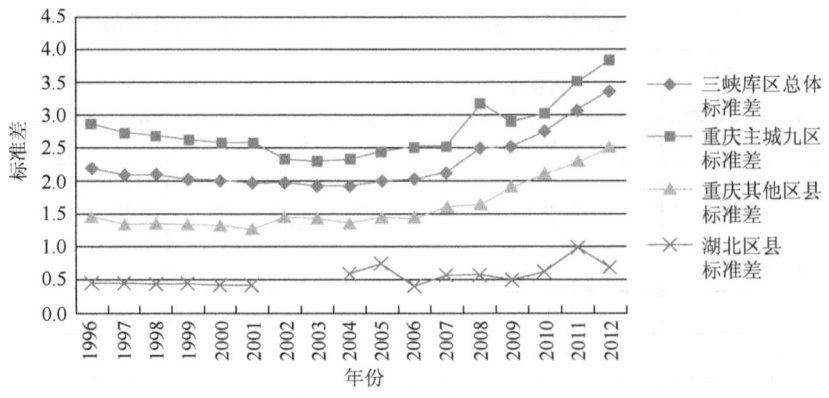

图 5.14　三峡库区卫生技术人员水平分区域内均等化相对进程

图 5.13 反映的是 1996～2012 年全库区和各分区域卫生技术人员水平变化趋势。可以发现，全库区和各分区域的卫生技术人员得分呈不同程度的上升趋势，其中重庆主城九区折线处于领先水平，一直处于库区平均水平折线的上方，两者间距较大；重庆其他区县折线处于库区平均水平的下方；湖北三区县的折线在 2002 年和 2003 年出现两个明显的折点，随后平稳上升，但上升幅度有限。关于卫生技术人员指标，重庆主城九区得分高于全库区平均水平，但其年均增长幅度略高于库区平均水平；重庆其他区县得分低于全库区平均水平，但其增长幅度略低于库区平均水平；湖北三区县得分很低，而且变动幅度也不是很大，但其增长幅度高于库区平均水平。也就是说，重庆主城九区对库区卫生技术人员水平的"存量"贡献最大，"增量"贡献一般；重庆其他区县对卫生技术人员水平的"存量"贡献较大，"增量"贡献较小；湖北三区县对卫生技术人员水平的"存量"贡献最小，"增量"贡献最大。

图 5.14 表示以标准差形式反映的全库区和分区域卫生技术人员水平均等化相对进程。可以明显看出，库区整体和三个区域的卫生技术人员差异变动是不同的，重庆主城九区与其他区县折线围绕在库区总体水平两侧并且变动一致，均呈上升状态，主城九区位于上方，其他区县位于下方。湖北三区县的折线一直位于较低位置，升降起伏的幅度也比较小。具体来说，1996 年，库区、重庆主城九区、重庆其他区县、湖北区县内部的卫生技术人员水平平均标准差分别为 2.19，2.85，1.46，0.46。到 2012 年，库区、重庆主城九区、其他区县和湖北三区县的卫生技术人员内部标准差分别达到了 3.37，3.82，2.54，0.69。这说明，重庆主城九区卫生技术人员内部差异对全库区内部差异的"绝对"贡献最大；重庆其他区县的卫生技术人员水平内部差异对全库区内部差异的"绝对"贡献较大；湖北三区县的卫生技术人员内部差异对全库区内部差异的"绝对"贡献是最小的。

5.2.8 执业（助理）医师数指标分析

执业（助理）医师，是指具有《医师执业证》及其级别为"执业助理医师"且实际从事医疗、预防保健工作的人员，不包括实际从事管理工作的执业助理医师。本章根据重庆、湖北两地的统计年鉴，将该指标的原始数据整理如表5.44～表5.46所示。

表 5.44 三峡库区执业（助理）医师数统计（重庆主城九区）　（单位：人）

地区 年份	渝中区	大渡口区	江北区	沙坪坝区	九龙坡区	南岸区	北碚区	渝北区	巴南区
2002	3357	504	1364	1366	2032	1247	1053	828	1170
2003	3325	525	1572	1301	1847	1189	1025	768	1150
2004	3348	522	1454	1394	1900	1251	1005	730	1155
2005	3627	539	1443	1363	1832	1276	1112	748	1156
2006	3787	600	1371	1335	1671	1302	1119	830	1248
2007	3790	559	1504	1359	1818	1209	1278	867	1256
2008	4024	595	1495	1373	1820	1258	1412	977	1263
2009	3952	631	1751	1621	2202	1272	1289	1318	1310
2010	4047	640	1760	1831	2450	1461	1841	1630	1423
2011	4399	634	1704	2041	2790	1549	1907	1690	1597
2012	4449	732	2097	2259	3002	1653	1850	1845	1628

资料来源：《重庆统计年鉴 1997～2013》

表 5.45 三峡库区执业（助理）医师数统计（重庆其他区县）　（单位：人）

地区 年份	巫山县	巫溪县	奉节县	云阳县	万州区	开县	忠县	石柱县	丰都县	涪陵区	武隆县	长寿县	江津区
2002	375	425	553	1098	2471	1368	891	508	516	1756	403	993	1360
2003	386	375	566	1060	2458	1356	827	525	490	1695	415	981	1312
2004	340	327	605	1006	2540	1309	777	512	569	1463	396	882	1318
2005	344	350	613	1026	2546	1272	821	488	578	1512	404	932	1316
2006	339	353	810	1010	2554	1294	798	522	583	1542	362	907	1339
2007	395	399	839	982	2656	1252	823	553	618	1630	367	972	1360
2008	397	431	716	972	2707	1355	823	607	562	1578	400	997	1358
2009	880	1365	395	859	2841	568	222	1148	967	1732	777	1104	577
2010	450	498	823	1305	2984	1411	901	604	627	1875	363	1091	1500
2011	529	416	947	1362	3565	1842	1077	680	707	2016	414	1174	1566
2012	598	428	954	1471	3644	1933	1130	656	748	2085	438	1144	1826

资料来源：《重庆统计年鉴 1997～2013》

表 5.46 三峡库区执业（助理）医师数统计（湖北省各区县） （单位：人）

年份＼地区	夷陵区	兴山县	秭归县
2004	—	310	—
2005	—	260	—
2006	—	231	493
2007	—	218	492
2008	—	230	482
2009	—	232	483
2010	—	318	722
2011	—	321	574
2012	—	356	650

资料来源：《湖北统计年鉴 1997～2013》

根据执业（助理）医师数指标的相关数据，以 2002 年为基年进行研究，且该指标与基本公共服务水平呈正向关系，在计算得分时，按照第一个公式，结果如表 5.47～表 5.49 所示。

表 5.47 三峡库区执业（助理）医师数指标得分统计（重庆主城九区）

年份＼地区	渝中区	大渡口区	江北区	沙坪坝区	九龙坡区	南岸区	北碚区	渝北区	巴南区
2002	10.00	0.43	3.32	3.32	5.56	2.92	2.27	1.52	2.67
2003	9.89	0.50	4.01	3.11	4.94	2.73	2.18	1.32	2.60
2004	9.97	0.49	3.62	3.42	5.11	2.94	2.11	1.19	2.62
2005	10.91	0.55	3.58	3.31	4.89	3.02	2.47	1.25	2.62
2006	11.44	0.75	3.34	3.22	4.35	3.11	2.49	1.53	2.93
2007	11.45	0.62	3.79	3.30	4.84	2.80	3.03	1.65	2.95
2008	12.24	0.74	3.76	3.35	4.85	2.96	3.48	2.02	2.98
2009	12.00	0.86	4.61	4.18	6.13	3.01	3.07	3.16	3.14
2010	12.31	0.89	4.64	4.88	6.96	3.64	4.92	4.21	3.51
2011	13.49	0.87	4.46	5.59	8.10	3.94	5.14	4.41	4.10
2012	13.66	1.20	5.77	6.32	8.81	4.29	4.95	4.93	4.20

表 5.48 三峡库区执业（助理）医师数指标得分统计（重庆其他区县）

年份＼地区	巫山县	巫溪县	奉节县	云阳县	万州区	开县	忠县	石柱县	丰都县	涪陵区	武隆县	长寿县	江津区
2002	0	0.17	0.60	2.42	7.03	3.33	1.73	0.45	0.47	4.63	0.09	2.07	3.30
2003	0.04	0	0.64	2.30	6.99	3.29	1.52	0.50	0.39	4.43	0.13	2.03	3.14
2004	−0.12	−0.16	0.77	2.12	7.26	3.13	1.35	0.46	0.65	3.65	0.07	1.70	3.16
2005	−0.10	−0.08	0.80	2.18	7.28	3.01	1.50	0.38	0.68	3.81	0.10	1.87	3.16

续表

地区 年份	巫山县	巫溪县	奉节县	云阳县	万州区	开县	忠县	石柱县	丰都县	涪陵区	武隆县	长寿县	江津区
2006	−0.12	−0.07	1.46	2.13	7.31	3.08	1.42	0.49	0.70	3.91	−0.04	1.78	3.23
2007	0.07	0.08	1.56	2.04	7.65	2.94	1.50	0.60	0.81	4.21	−0.03	2.00	3.30
2008	0.07	0.19	1.14	2.00	7.82	3.29	1.50	0.78	0.63	4.03	0.08	2.09	3.30
2009	1.69	3.32	0.07	1.62	8.27	0.65	−0.51	2.59	1.99	4.55	1.35	2.44	0.68
2010	0.25	0.41	1.50	3.12	8.75	3.47	1.76	0.77	0.85	5.03	−0.04	2.40	3.77
2011	0.52	0.14	1.92	3.31	10.70	4.92	2.35	1.02	1.11	5.50	0.13	2.68	3.99
2012	0.75	0.18	1.94	3.68	10.96	5.22	2.53	0.94	1.25	5.73	0.21	2.58	4.87

表 5.49　三峡库区执业（助理）医师数指标得分统计（湖北省各区县）

地区 年份	夷陵区	兴山县	秭归县
2004	—	−0.22	—
2005	—	−0.39	—
2006	—	−0.48	0.40
2007	—	−0.53	0.39
2008	—	−0.49	0.36
2009	—	−0.48	0.36
2010	—	−0.19	1.16
2011	—	−0.18	0.67
2012	—	−0.06	0.92

根据上述区县的得分，得到三个区域各自的和三峡库区总体平均得分，以及三个区域各自的和三峡库区总体标准差，如图 5.15、图 5.16 所示。

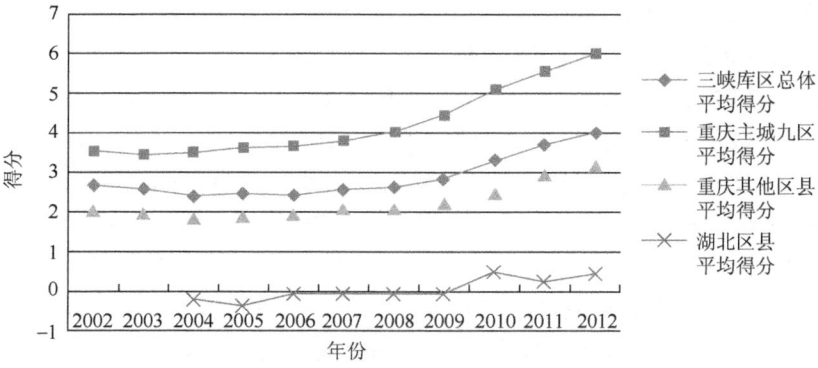

图 5.15　三峡库区执业（助理）医师数水平分区域显示

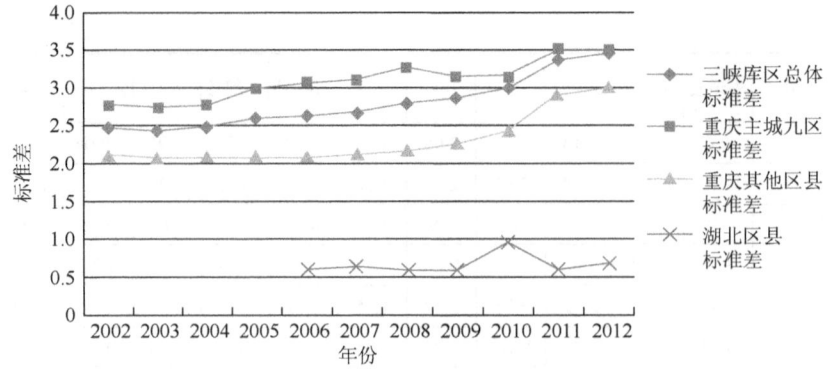

图 5.16 三峡库区执业（助理）医师数分区域内均等化相对进程

图 5.15 反映 2002~2012 年全库区和各分区域执业（助理）医师数水平变化趋势。可以发现，全库区和分区域的执业（助理）医师数得分呈不同程度的上升趋势，其中重庆主城九区折线处于领先水平，一直处于库区平均水平折线的上方，两者间距较大；重庆其他区县折线处于库区平均水平的下方，与库区平均水平间距不大；湖北三区县的折线在 2002~2005 年均处于横轴以下水平，2006 年之后才处于横轴以上，但增长变动不是很大。关于执业（助理）医师数指标，重庆主城九区得分高于全库区平均水平，其年均增长幅度高于库区平均水平 1.20 个百分点；重庆其他区县得分低于全库区平均水平，其增长幅度略高于库区平均水平；湖北三区县得分很低，而且变动幅度也不是很大，但其增长幅度低于库区平均水平。也就是说，重庆主城九区对库区执业（助理）医师数水平的"存量"贡献最大，"增量"贡献也是最大的；重庆其他区县对执业（助理）医师数水平的"存量"贡献较大，"增量"贡献也较大；湖北三区县对执业（助理）医师数水平的"存量"贡献最小，"增量"贡献也是最小的。

图 5.16 表示以标准差形式反映的全库区和分区域执业（助理）医师数水平均等化进程。可以明显看出，库区整体和三个区域的执业（助理）医师数差异变动是不同的，重庆主城九区与其他区县折线围绕在库区总体水平两侧并且变动一致，均呈上升状态，主城九区位于上方，其他区县位于下方，三者的间距有缩小之势。湖北三区县的折线一直位于较低位置，除了在 2010 年有一上升拐点外，其他年份变动平稳。具体来说，2002 年，库区、重庆主城九区、重庆其他区县内部的执业（助理）医师数水平平均标准差分别为 2.47，2.79，2.11。2006 年，湖北三区县的执业（助理）医师数水平平均标准差只有 0.62。到 2012 年，库区、重庆主城九区、其他区县和湖北三区县的执业（助理）医师数标准差分别达到了 3.49，3.50，3.02，0.70。这说明，重庆主城九区执业（助理）医师数内部差异对全库区内部差异的"绝对"贡献最大；重庆其他区县的执业（助理）医师数水平内部差异对全库区内部差异的"绝对"贡献较大；湖北三区县的执业（助理）医师数内部差异对全库区内部差异的"绝对"贡献是最小的。

5.3 三峡库区公共卫生与医疗服务评价结论与政策建议

5.3.1 基本结论

（1）从绝对水平来看，三峡库区公共卫生与医疗服务各区县、分区域以及总体均得分处于上升趋势。单看库区总体得分，2004~2012年，全库区的医疗费用支出指标得分水平年均增幅为49.65%；2004~2012年，全库区的医疗卫生费用人均支出指标得分水平年均增幅为47.53%；2004~2011年，全库区的医疗卫生支出占财政支出比重指标得分水平年均增幅为16.46%；2004~2012年，全库区的医疗卫生支出占GDP比重指标得分水平年均增幅为24.19%；1996~2012年，全库区的医疗卫生机构数得分水平年均增幅为11.84%；1996~2012年，全库区的医疗卫生机构床位数得分水平年均增幅为6.97%；1996~2012年，全库区的卫生技术人员得分水平年均增幅为5.01%；2002~2012年，全库区的执业（助理）医师数得分水平年均增幅为4.18%。从年均增长率可以看出，医疗费用支出的投入水平得分及医疗卫生费用人均支出指标得分对三峡库区公共卫生与医疗服务水平改善的贡献最大，执业（助理）医师数得分对其改善贡献最小。

（2）从均等化进程来看，三峡库区公共卫生与医疗服务各指标在各区县、分区域及全库区的均等化进程是各不相同的。医疗费用支出、卫生机构数，在重庆其他区县内部差异最大，重庆主城九区内部差异较大，湖北三区县内部均等化程度较好；医疗卫生费用人均支出，在重庆主城九区内部差异对全库区内部差异最大，重庆其他区县内部差异较小，湖北三区县内部差异变动起伏很大，不易衡量；医疗卫生支出占财政支出比重、医疗卫生支出占GDP比重，在重庆其他区县内部差异较大，重庆主城九区内部差异最小，湖北三区县内部差异变动起伏很大，不易衡量；卫生机构床位数、卫生技术人员、执业（助理）医师数，在重庆主城九区内部差异对全库区内部差异最大，重庆其他区县内部差异较大，湖北三区县内部均等化程度较好。从以上分析可知，三峡库区公共卫生与医疗服务均等化不明显的原因在于重庆主城九区以及其他区县的内部差异，湖北三区县各指标数据相对差异不大。

5.3.2 政策建议

1. 加大财政投入，以及其他卫生资源的投入

卫生资源是用于卫生保健事业的社会资源，是开展卫生保健活动的人力与物质技术基础，包括卫生机构、床位、卫生人员、卫生经费等。

三峡库区应改进财政对卫生的适宜投入方式，进一步明确财政对医疗卫生的投入原则、投入方向和内容、投入经费的管理等规定，逐步建立与经济社会发展需求相适应的卫生投入保障体系，确保公共卫生、基本医疗和基层医疗卫生服务能力建设投入。三峡库区各区县内的各级政府要按照"卫生事业费增长幅度不低于同级财政经常性支出增长幅度；用于发展农村卫生事业的部分不低于增长部分的70%"的要求，逐年增加卫生投入。积极探索政府购买医疗卫生服务的范围和形式，加大卫生人才培养、医疗卫生科研专项经费投入，加快业务用房改造、医疗设备更新，确保离退休和在职医务人员社会保障有关费用。

重庆市历年统计年鉴显示，虽然医疗卫生机构、床位数和卫生人员均有所增加，但与其他三个直辖市相比，差距还较大。这说明整个三峡库区的卫生资源在数量上和其他地区也有比较大的差距。因此，应继续加大三峡库区卫生资源的投入，保障卫生事业持续、稳定、快速、健康发展。

2. 合理配置卫生资源，构建城市两级医疗服务体系

在卫生资源的配置上，三峡库区所包含的22个区县存在明显的区域差异。应根据本区域经济发展、人口数量和结构、居民的主要卫生问题及卫生资源状况，以满足区域内全体居民的基本卫生服务需求为目标，制定区域卫生资源配置标准，确定卫生资源的总量结构、布局和层次，向全体居民提供公平、有效的卫生服务。

三峡库区应坚持政府主导，鼓励社会力量参与，多渠道发展社区卫生服务。通过社区卫生服务机构与辖区市级医院探索建立双向转诊试点，推行医疗服务社区首诊制，提高社区卫生服务能力，为社区居民提供安全、有效、便捷、经济的公共卫生服务和基本医疗服务，逐步形成"小病在社区、大病到医院、康复回社区"的新型就医格局。

3. 改进和加强对医疗机构的监督管理

1）实施卫生全行业管理

实行卫生属地化全行业管理，打破医疗机构的行政隶属关系和所有制界限，卫生行政主管部门要运用法律、行政、经济等手段加强宏观管理，改变医院管理条块分割、各自为政的局面，加强对部队医疗机构的业务指导及对民营医疗机构的扶持和监管。企事业单位职工医院逐步实现与企事业单位脱钩，其中少部分可移交当地卫生行政部门；大部分可通过产权制度改革，转制为股份制等多种产权形式的营利性或非营利性医疗机构，也可根据医疗机构规划布局的要求，予以撤并。

2) 严格区域卫生规划,优化医疗资源配置

科学制定并严格实施区域卫生规划。按照区域卫生规划和医疗机构设置规划,对医疗机构设置和资源调整进行合理配置和统筹管理。三峡库区新设立的大、中型医疗机构必须符合规划要求,严格控制公立医疗机构盲目扩张。在规划的指导下,按依法、有序的原则,加大医疗资源整合力度。鼓励符合规划要求的民营医疗机构进入和发展,形成多种产权形式的医疗机构公平、有序竞争的格局。

3) 加大对医疗机构国有资产的监管力度

建立适应社会主义市场经济和公共财政要求的公立医疗机构国有资产管理体制,明确政府财政与卫生行政主管部门,公立医疗机构在国有资产管理中的职责与作用。开展公立医院国有资产监管试点工作,在试点的基础上,出台公立医院国有资产管理办法,对资产的配置与使用、处置、产权登记与产权纠纷处理、资产评估与资产清查、资产信息管理与报告、监督检查与法律责任等各方面事项做出明确规定。进一步明确大型医疗设备的配置管理,严格控制大型设备购置。

6 三峡库区公共文化服务均等化评价研究

6.1 评价指标的选取与论证

公共文化服务,是政府公共服务的重要内容。它是指以政府部门为主的公共部门提供的、以保障公民的基本文化生活权利为目的、向公民提供公共文化产品与服务的制度和系统的总称,包括公共文化服务设施、资源和服务内容,以及人才、资金、技术和政策保障机制等方面内容。公共文化服务是在改革开放不断深入的过程中,伴随着政府职能的转变,努力建设服务型政府而提出的,作为政府公共服务的一部分,它主要强调作为人民政府的社会责任、义务和历史使命之所在。回归到三峡库区各个区县的文化服务,各区县政府也必须满足区县人民群众日益增长的文化需求,保证库区全体民众享受到基本的精神文化产品(服务),保障人民群众最基本的文化权益。

三峡库区的公共文化服务指标体系可以从公共图书馆、公共图书馆藏书以及广播、电视覆盖率等方面来考量。因此,本章选取公共图书馆、公共图书馆藏书、广播覆盖率、电视覆盖率四个方面来衡量三峡库区的公共文化服务发展情况,如表 6.1 所示。

表 6.1 公共文化服务指标的选取

指标名称	单位
公共图书馆	个
公共图书馆藏书	万册/百人
广播覆盖率	%
电视覆盖率	%

由于湖北省内的夷陵区、兴山县、巴东县和秭归县关于公共文化服务指标的数据缺失，本章只将重庆 22 个区县作为研究重点。

6.2　三峡库区公共文化服务均等化评价

6.2.1　公共图书馆指标分析

公共图书馆，是指由中央或地方政府管理、资助和支持，免费为社会公共服务的图书馆，一般由政府税收来支持。与专业图书馆不同，公共图书馆的服务对象可以针对所有的普通居民。公共图书馆是公共文化非常重要的载体，公共图书馆建设的规模反映出当地公共文化的一个最直接的指标。根据重庆市历年的统计年鉴，将公共图书馆的原始数据整理如表 6.2 和表 6.3 所示。

表 6.2　三峡库区公共图书馆统计（重庆主城九区）　　（单位：个）

年份＼地区	渝中区	大渡口区	江北区	沙坪坝区	九龙坡区	南岸区	北碚区	渝北区	巴南区
2000	3	1	1	1	1	1	1	1	1
2001	3	1	1	1	1	1	1	1	1
2002	3	1	1	1	1	1	1	1	1
2003	3	1	1	1	1	1	1	1	1
2004	3	1	1	1	1	1	1	1	1
2005	3	1	1	1	1	1	1	1	1
2006	3	1	1	1	1	1	1	1	1
2007	2	1	1	2	1	1	1	1	1
2008	2	1	1	2	1	1	1	1	1
2009	2	1	1	2	1	1	1	1	1
2010	2	1	1	2	1	1	1	1	1
2011	2	1	1	2	1	1	1	1	1
2012	2	1	1	2	1	1	1	1	1

资料来源：《重庆统计年鉴 1997～2013》

注：由于 1996～1999 年统计年鉴统计口径原因，该指标数据缺失，故未纳入统计分析，下同

表 6.3　三峡库区公共图书馆统计（重庆其他区县）　（单位：个）

年份\地区	巫山县	巫溪县	奉节县	云阳县	万州区	开县	忠县	石柱县	丰都县	涪陵区	武隆县	长寿县	江津区
2000	1	1	1	1	2	1	1	1	1	2	1	1	1
2001	1	1	1	1	2	1	1	1	1	2	1	1	1
2002	1	1	1	1	2	1	1	1	1	2	1	1	1
2003	1	1	1	1	2	1	1	1	1	2	1	1	1
2004	1	1	1	1	2	1	1	1	1	2	1	1	1
2005	1	1	1	1	1	1	1	1	1	2	1	1	1
2006	1	1	1	1	1	1	1	1	1	2	1	1	1
2007	1	1	1	1	1	1	1	1	1	2	1	1	1
2008	1	1	1	1	1	1	1	1	1	2	1	1	1
2009	1	1	1	1	1	1	1	1	1	2	1	1	1
2010	1	1	1	1	1	1	1	1	1	2	1	1	1
2011	1	1	1	1	1	1	1	1	1	2	1	1	1
2012	1	1	1	1	1	1	1	1	1	2	1	1	1

资料来源：《重庆统计年鉴 1997～2013》

由上述两表数据可以看出，渝中区在 2006 年及以前有 3 个公共图书馆，随后几年减少为 2 个；沙坪坝区在 2006 年及以前有 1 个图书馆，随后几年增加为 2 个；万州区在 2004 年及以前有 2 个图书馆，随后减少为 1 个；涪陵区的图书馆一直维持在 2 个；其他区县比较稳定，都是保持在 1 个。虽然各个区县图书馆的个数相差不大，但其规模仍然是有差别的，具体可以从公共图书馆藏书量来测量。

6.2.2　公共图书馆藏书指标分析

公共图书馆藏书量的多少是直接反映文化氛围的一个重要因素。本章根据重庆市统计年鉴，将公共图书馆藏书的原始数据整理如表 6.4、表 6.5 所示。

表 6.4　三峡库区公共图书馆藏书统计（重庆主城九区）（单位：万册）

年份\地区	渝中区	大渡口区	江北区	沙坪坝区	九龙坡区	南岸区	北碚区	渝北区	巴南区
2000	435.00	4.21	9.91	14.10	11.56	2.73	79.29	6.70	8.78
2001	441.00	4.30	9.60	15.40	11.80	2.70	79.60	6.90	8.80
2002	294.39	4.36	10.85	16.21	12.12	2.40	80.40	7.10	8.95
2003	306.63	4.56	11.20	17.24	12.52	3.53	81.20	15.47	9.21
2004	316.36	4.71	11.72	18.48	5.76	9.66	82.49	16.12	9.69

续表

地区 年份	渝中区	大渡口区	江北区	沙坪坝区	九龙坡区	南岸区	北碚区	渝北区	巴南区
2005	328.39	5.61	12.24	19.74	6.46	11.86	86.20	16.88	10.35
2006	342.28	5.82	12.78	20.73	7.96	12.57	86.60	17.43	11.55
2007	92.21	6.54	12.48	298.66	8.66	15.25	87.60	33.27	12.73
2008	92.32	7.08	6.70	312.43	9.46	17.00	88.20	34.02	14.44
2009	97.01	8.40	6.92	321.60	11.64	20.20	88.80	34.90	14.38
2010	30.81	16.00	7.13	33.45	13.74	21.52	89.53	35.93	15.71
2011	115.45	14.00	4.61	357.04	21.63	25.55	116.60	37.16	17.75
2012	140.74	50.00	50.05	516.28	60.02	33.37	60.84	40.11	28.64

资料来源：《重庆统计年鉴 1997～2013》

表 6.5　三峡库区公共图书馆藏书统计（重庆其他区县）　（单位：万册）

地区 年份	巫山县	巫溪县	奉节县	云阳县	万州区	开县	忠县	石柱县	丰都县	涪陵区	武隆县	长寿县	江津区
2000	2.50	1.96	5.50	4.50	26.27	21.20	2.90	3.50	4.00	33.50	3.58	8.00	22.98
2001	2.50	1.50	6.20	3.10	24.40	21.30	2.90	4.60	4.40	28.30	3.30	8.70	19.80
2002	0.50	1.82	6.68	3.18	24.61	18.00	2.90	4.64	4.40	33.26	6.72	9.54	20.00
2003	0.50	2.06	7.30	3.23	18.76	18.15	2.95	5.00	4.00	34.58	7.22	9.20	20.39
2004	0.90	2.15	5.50	2.36	18.99	18.29	3.00	5.07	4.50	53.52	6.67	10.00	18.92
2005	0.90	2.29	5.92	2.55	18.68	18.45	3.00	5.30	4.60	57.17	6.97	10.70	19.88
2006	0.50	2.35	6.22	2.35	18.87	18.70	3.04	3.50	4.60	58.41	9.04	12.47	23.80
2007	0.50	2.47	6.16	2.51	19.13	18.98	3.15	4.50	3.90	61.31	8.89	12.10	24.12
2008	5.00	2.52	6.59	2.70	19.39	19.39	3.19	4.50	2.40	68.76	9.19	58.00	24.54
2009	5.78	3.58	6.27	3.30	22.55	19.78	3.81	4.60	2.63	70.60	9.23	59.40	26.80
2010	7.00	3.98	6.32	3.57	25.60	20.14	3.90	4.70	4.18	71.96	9.29	59.65	26.80
2011	7.41	3.78	4.86	4.48	30.45	20.53	4.44	5.00	4.91	74.51	9.63	63.90	26.50
2012	8.00	4.80	5.95	4.48	30.01	20.97	5.20	5.50	20.00	74.76	10.02	65.28	32.50

资料来源：《重庆统计年鉴 1997～2013》

根据公共图书馆藏书指标的相关数据，在 2007 年之前重庆各区县公共图书馆藏书最多的是渝中区，在 2001 年为 441 万册；2007 年及以后，沙坪坝区的公共图书馆藏书量独占鳌头，截止到 2012 年年末，其藏书量高达 516.28 万册；最少的是云阳县，2012 年仅有 4.48 万册。

如果说图书馆藏书只能反映藏书绝对量的话，"每百人拥有公共图书馆藏书"作为相对值可以更准确地反映真实情况。"每百人拥有公共图书馆藏书"最高的是渝中区，2001 年达到 752.43 册/百人，人均 7.52 册；最低的是巫山县，2002 年仅是 0.85 册/百人，人均 0.0085 册。2010～2012 年，最高、最低地区之间的差异总体上呈现不断扩大趋势,从 2010 年的 127.67 册/百人逐步扩大到 2012 年的 472.79 册/百人;而且地区间的差异水平也呈扩大趋势,存在明显的非均等化现象(表 6.6、表 6.7)。

表 6.6　三峡库区每百人拥有公共图书馆藏书统计(重庆主城九区)

(单位:册/百人)

地区 年份	渝中区	大渡口区	江北区	沙坪坝区	九龙坡区	南岸区	北碚区	渝北区	巴南区
2000	747.04	20.76	21.52	21.22	16.23	5.90	125.52	8.35	10.20
2001	752.43	21.07	20.58	22.78	16.35	5.68	125.16	8.54	10.24
2002	493.69	21.18	23.01	23.54	16.54	4.90	125.59	8.70	10.44
2003	450.07	17.93	17.92	20.78	13.79	5.50	124.22	19.56	11.60
2004	460.96	18.33	18.45	21.98	6.25	14.83	124.61	19.69	12.14
2005	470.61	21.39	18.81	22.89	6.83	17.77	127.99	19.59	12.43
2006	486.06	21.90	19.33	23.64	8.25	18.50	126.15	19.40	13.56
2007	129.71	24.26	18.53	335.27	8.84	22.05	125.12	35.81	14.61
2008	129.74	26.01	9.76	346.34	9.50	24.16	122.67	35.51	16.13
2009	135.04	30.30	9.94	351.78	11.55	28.24	121.41	35.75	15.84
2010	48.89	53.16	9.66	33.45	12.67	28.33	131.58	26.71	17.10
2011	180.67	44.33	5.94	342.16	19.38	32.35	161.72	26.80	18.99
2012	216.76	153.14	61.77	477.73	52.29	40.96	81.64	27.99	30.27

资料来源:《重庆统计年鉴 1997~2013》

表 6.7　三峡库区每百人拥有公共图书馆藏书统计(重庆其他区县)

(单位:册/百人)

地区 年份	巫山县	巫溪县	奉节县	云阳县	万州区	开县	忠县	石柱县	丰都县	涪陵区	武隆县	长寿县	江津区
2000	4.23	3.87	5.55	3.54	15.70	14.13	2.96	6.85	5.18	30.25	9.06	9.09	15.79
2001	4.28	2.96	6.32	2.45	14.53	14.17	2.99	9.08	5.69	25.51	8.35	9.91	13.61
2002	0.85	3.54	6.80	2.53	14.58	11.91	3.00	9.08	5.68	29.84	16.98	10.91	13.68
2003	0.99	4.58	8.41	3.16	12.38	15.63	3.93	11.39	6.14	34.28	20.54	12.35	16.10
2004	1.81	4.86	6.41	2.33	12.60	15.75	4.04	11.69	7.00	53.16	19.26	13.39	15.03
2005	1.80	5.15	6.88	2.51	12.32	15.91	4.02	12.19	7.13	56.43	20.03	14.23	15.71
2006	1.00	5.30	7.25	2.31	12.44	16.16	4.08	8.08	7.15	57.65	26.04	16.59	18.84
2007	1.01	5.63	7.23	2.48	12.59	16.48	4.25	10.48	6.10	60.43	25.83	16.06	19.07
2008	10.09	5.76	7.74	2.67	12.65	16.84	4.31	10.50	3.75	67.05	26.76	76.03	19.25
2009	11.61	8.15	7.34	3.26	14.62	17.13	5.13	10.67	4.10	68.43	26.73	77.34	20.95
2010	14.14	9.61	7.58	3.91	16.38	17.36	5.19	11.32	6.43	67.46	26.46	77.47	21.73
2011	15.29	9.23	5.93	4.92	19.37	17.69	5.93	12.15	7.68	68.76	27.63	81.62	21.21
2012	16.72	11.88	7.44	4.94	18.96	18.05	7.01	13.35	31.82	68.06	28.64	82.92	25.93

资料来源:《重庆统计年鉴 1997~2013》

6.2.3　广播覆盖率指标分析

广播是普及科学技术，传播现代文明，丰富人民群众文化、精神、娱乐生活的重要传媒设施，是城乡公共服务体系中的重要组成部分。广播覆盖率表明一个地区广播事业的发展程度。根据重庆市统计年鉴，将公共图书馆藏书的原始数据整理如表 6.8、表 6.9 所示。

表 6.8　三峡库区广播覆盖率统计（重庆主城九区）　（单位：%）

地区 年份	渝中区	大渡口区	江北区	沙坪坝区	九龙坡区	南岸区	北碚区	渝北区	巴南区
2000	100.00	93.00	100.00	100.00	100.00	100.00	98.00	95.50	98.50
2001	100.00	100.00	100.00	100.00	100.00	100.00	98.00	97.00	98.50
2002	100.00	100.00	100.00	100.00	100.00	100.00	99.00	98.00	98.50
2003	100.00	100.00	100.00	100.00	100.00	100.00	99.20	99.00	95.00
2004	100.00	100.00	100.00	100.00	100.00	100.00	99.20	99.20	95.00
2005	100.00	100.00	100.00	100.00	100.00	100.00	99.49	99.00	95.00
2006	100.00	100.00	100.00	100.00	100.00	100.00	99.57	99.00	95.49
2007	100.00	100.00	100.00	100.00	100.00	100.00	99.59	99.00	95.50
2008	100.00	100.00	100.00	100.00	100.00	100.00	99.66	99.00	95.55
2009	100.00	100.00	100.00	100.00	100.00	100.00	99.70	99.01	95.55
2010	100.00	100.00	100.00	100.00	100.00	100.00	100.00	100.00	98.58
2011	100.00	100.00	100.00	100.00	100.00	100.00	100.00	100.00	98.60
2012	100.00	100.00	100.00	100.00	100.00	100.00	100.00	100.00	98.65

资料来源：《重庆统计年鉴 1997～2013》

表 6.9　三峡库区广播覆盖率统计（重庆其他区县）　（单位：%）

地区 年份	巫山县	巫溪县	奉节县	云阳县	万州区	开县	忠县	石柱县	丰都县	涪陵区	武隆县	长寿县	江津区
2000	75.00	76.00	92.00	96.30	89.00	97.00	91.50	61.80	87.00	97.00	85.00	95.00	100.00
2001	80.00	87.00	93.50	90.50	93.00	98.00	93.60	62.30	91.00	98.00	82.10	98.40	100.00
2002	85.00	87.00	89.20	90.50	93.00	98.00	97.60	67.70	91.00	98.50	85.90	99.00	99.00
2003	81.00	87.00	89.20	95.30	93.00	95.00	97.60	62.30	91.40	98.50	86.40	100.00	98.90
2004	82.89	87.01	89.18	95.30	93.16	95.09	97.90	92.29	91.40	98.48	87.10	95.58	98.95
2005	82.89	87.01	89.18	95.30	94.00	95.10	98.15	62.29	91.39	98.48	87.20	99.61	98.95
2006	82.89	87.00	89.19	95.30	94.00	95.01	98.16	64.52	91.40	98.60	87.28	99.80	98.95

续表

地区\年份	巫山县	巫溪县	奉节县	云阳县	万州区	开县	忠县	石柱县	丰都县	涪陵区	武隆县	长寿县	江津区
2007	82.95	88.00	89.00	95.32	94.00	95.01	98.17	66.76	91.62	98.60	86.16	99.82	98.95
2008	86.75	88.00	89.01	95.30	95.50	95.02	98.51	66.75	91.99	98.60	86.24	99.83	98.95
2009	86.99	88.00	89.01	95.30	95.50	95.25	98.51	66.29	92.30	98.89	86.47	99.83	98.95
2010	93.00	87.99	89.01	95.30	95.50	96.00	98.51	92.10	96.99	99.00	98.00	99.82	99.44
2011	95.00	90.00	92.00	96.30	99.50	98.00	98.56	92.29	97.09	99.30	98.01	99.90	99.55
2012	95.99	90.00	92.00	96.30	99.50	98.00	99.05	93.96	97.22	99.39	100.00	99.90	99.55

资料来源：《重庆统计年鉴 1997～2013》

由上述两表可以看出，在重庆主城九区中，巴南区的广播覆盖率在 2010～2012 年维持在 98%～99%，其他如渝中、大渡口、江北等主城区县的广播覆盖率基本上都达到了 100%。在重庆其他区县中，广播覆盖率呈现不均等现象。如图 6.1 所示，以石柱县为例，2000～2009 年，除了 2004 年覆盖率达到 92.29% 外，其他年份均处于 60%～70%，与其他地方相差很大；2010～2012 年，石柱县的广播覆盖率有所改善，达到 90% 以上，覆盖程度逐渐提高，截止到 2012 年年底，达到 93.96%。另外，重庆其他区县的广播覆盖率总体呈现上升趋势，均在 2012 年达到 90% 以上。

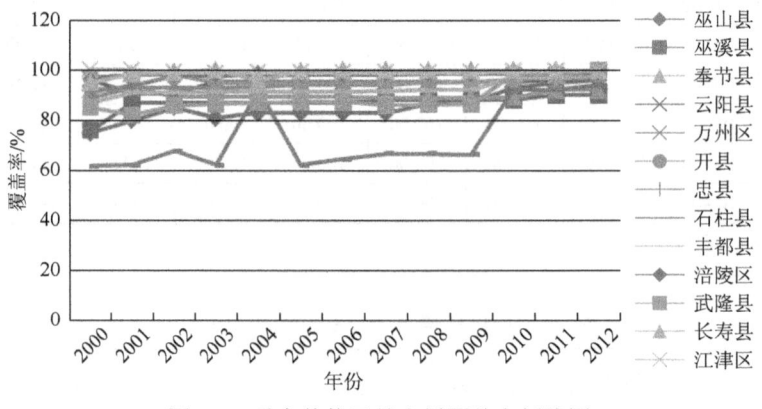

图 6.1 重庆其他区县广播覆盖率折线图

6.2.4 电视覆盖率指标分析

电视覆盖率也称电视频道覆盖率，指明确表示"能收到"该电视频道的某区域人数与该区域"电视人口"之比。公式表达为：某电视频道的覆盖率=某区域"能收到"该电视频道的人数/该区域"电视人口"×100%。由此可见，电视覆盖率是从另一个方面来考察区县公共文化服务发达程度的数据。根据重庆市统计年鉴，三峡库区重庆 22 个区县的电视覆盖率原始数据如表 6.10、表 6.11 所示。

表 6.10 三峡库区电视覆盖率统计（重庆主城九区） （单位：%）

年份\地区	渝中区	大渡口区	江北区	沙坪坝区	九龙坡区	南岸区	北碚区	渝北区	巴南区
2000	100.00	96.00	100.00	100.00	100.00	100.00	96.00	89.00	98.50
2001	100.00	100.00	100.00	100.00	100.00	100.00	96.00	97.00	98.50
2002	100.00	100.00	100.00	100.00	100.00	100.00	97.00	98.00	98.50
2003	100.00	100.00	100.00	100.00	100.00	100.00	98.20	99.00	98.00
2004	100.00	100.00	100.00	100.00	100.00	100.00	98.21	99.20	97.99
2005	100.00	100.00	100.00	100.00	100.00	100.00	98.60	99.20	98.01
2006	100.00	100.00	100.00	100.00	100.00	100.00	98.71	96.99	97.99
2007	100.00	100.00	100.00	100.00	100.00	100.00	98.72	96.99	98.00
2008	100.00	100.00	100.00	100.00	100.00	100.00	98.86	96.99	98.05
2009	100.00	100.00	100.00	100.00	100.00	100.00	98.92	96.99	98.07
2010	100.00	100.00	100.00	100.00	100.00	100.00	100.00	99.12	99.17
2011	100.00	100.00	100.00	100.00	100.00	100.00	100.00	99.48	99.25
2012	100.00	100.00	100.00	100.00	100.00	100.00	100.00	99.62	99.29

资料来源：《重庆统计年鉴 1997~2013》

表 6.11 三峡库区电视覆盖率统计（重庆其他区县） （单位：%）

年份\地区	巫山县	巫溪县	奉节县	云阳县	万州区	开县	忠县	石柱县	丰都县	涪陵区	武隆县	长寿县	江津区
2000	85.00	86.00	95.00	95.80	91.00	98.00	92.80	75.10	91.00	95.00	91.00	95.00	98.00
2001	90.00	93.00	96.50	98.00	95.00	95.00	95.10	76.20	93.00	96.00	91.70	98.40	98.00
2002	90.00	94.00	95.50	98.00	96.00	95.00	97.20	82.30	94.00	96.50	92.50	99.00	99.10
2003	94.80	94.20	97.00	98.00	96.00	95.00	97.80	79.20	95.50	96.50	93.70	100.00	99.10
2004	94.73	94.21	97.00	98.00	95.16	96.05	98.31	79.50	95.50	96.50	93.68	96.88	99.13
2005	94.74	94.49	97.50	98.00	96.06	96.06	98.40	79.59	95.51	96.50	93.67	96.88	99.13
2006	94.75	93.51	98.15	98.00	95.00	96.06	98.45	80.93	95.56	96.60	94.34	97.00	99.15
2007	93.29	93.60	97.00	97.99	96.00	96.06	98.46	83.02	95.60	96.60	94.34	97.03	99.15
2008	95.83	93.79	97.00	98.00	96.50	97.45	98.52	83.22	95.99	96.60	94.42	97.04	99.15
2009	95.83	94.10	97.00	98.00	96.50	97.65	98.52	82.64	96.51	96.80	94.61	97.04	99.15
2010	96.41	94.48	97.00	98.00	96.57	98.00	98.52	92.30	97.10	97.00	100.00	97.04	99.80
2011	96.99	98.00	98.50	99.00	98.50	98.40	98.65	92.49	97.90	97.20	100.00	99.77	99.84
2012	97.50	98.50	98.50	99.00	99.00	98.70	99.14	94.33	98.65	97.33	100.00	99.77	99.84

资料来源：《重庆统计年鉴 1997~2013》

由上述两表可以看出,在重庆主城九区中,2010~2012年,除了渝北、巴南的电视覆盖率维持在99%~100%以外,其他如渝中、大渡口、江北等区县的广播覆盖率均都达到了100%。在重庆其他区县中,电视覆盖率呈现不均等现象。如图6.2所示,以石柱县为例,2000~2009年,该区县的电视覆盖率均处于90%以下;2010年以后,石柱县的电视覆盖率有所改善并达到90%以上,覆盖程度逐渐提高,截止到2012年年底,达到94.33%。另外,重庆其他区县的电视覆盖率总体呈现上升趋势,均在2012年达到90%以上。

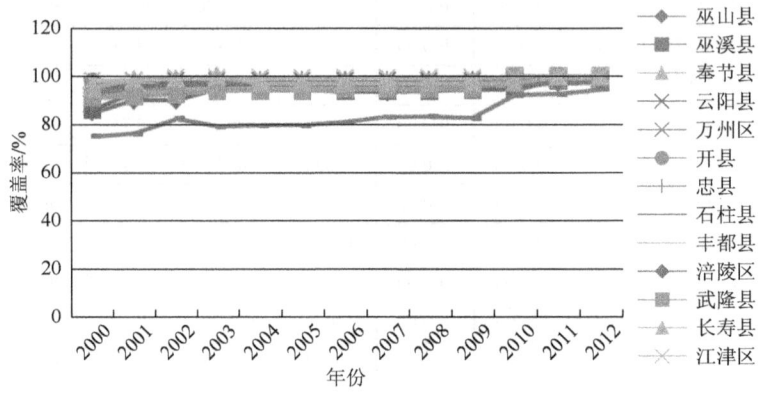

图6.2 重庆其他区县电视覆盖率折线图

6.3 三峡库区公共文化服务评价结论与政策建议

6.3.1 基本结论

由上述三峡库区公共文化服务指标原始数据分析可知,关于公共图书馆,除了渝中区、沙坪坝区和涪陵区维持在2个以外,其他区县均为1个,相差不大;关于公共图书馆藏书,沙坪坝区的公共图书馆藏书最多,云阳县的藏书最少,两者相差500多万册,差距较大;关于广播覆盖率和电视覆盖率,重庆主城九区都达到了100%或者接近100%,广播覆盖率和电视覆盖率较小的是石柱县,与其他区县相差较大。

6.3.2 政策建议

1. 加大财政资金的扶持力度

三峡库区应加快建立由政府为主导的多元投入的文化建设专项基金,进一步明确人均公共文化享受的额度，可以参照对服务业发展的扶持政策，逐年加大对群众文化建设的经常性投入，投入增幅要高于当年财政收入增长幅度。并通过冠名、捐助、共建等多种投入方式，吸纳社会资金办文化，形成"以政府投入为主、社会多渠道投入为辅"的投入机制和政府主导、社会参与、各方资助的良好发展格局。

2. 完善约束和激励机制，健全公共文化绩效评价制度

公共产品的选择必须经过一个公共决策程序，这一程序包括公共文化需求的表达、意见搜集和社会评估等环节。如果一些领导替公众决定"公共"文化需求，就可能会提供一些不受欢迎的产品，浪费公共资源。因此，尽快建立完善公共文化资金使用的约束机制，对公共文化资金支出行为过程及其效果进行科学、客观、公正的衡量比较和综合绩效评价，调动起单位加强经费使用管理、加快公共文化事业发展的主动性和积极性。

3. 建立和完善公共文化服务人才队伍保障机制

1）为公共文化培养管理人才提供制度保障

进一步健全以培养、使用、激励、评价为主要内容的人才录用和管理制度，探索建立执业资格准入制度，培养一批公共文化管理人才。加强对从业人员的规范化管理和培训，更新知识和技能，提高服务本领。

2）探索实施"基层文化人才递进培养"计划

建立重庆市基层文化人才信息库，加强对基层文化人才的培养和管理。建议将活跃在基层的众多业余文化人才，按照"优秀的文化爱好者""优秀的文化骨干""公共文化辅导员"三类培养目标进行梯度培训，力争在"十三五"期间，全市每个社区、村（居）都配备一名思想觉悟较高、业务素质较强、具有组织协调能力、能够传播先进文化的公共文化专业辅导员。

3）建立文化志愿者组织体系

高度重视文化志愿者参与公共文化服务的重要作用，成立市级文化志愿者服务中心和各区（市）县的分中心，有组织地面向社会招聘文化义工，建立文化义工服务信息库，建立文化义工认定、管理和褒扬制度，形成志愿者服务文化事业的常态化、制度化运行机制。积极开展专题性的"文化志愿者行动"，组织专家型、专业型或特长型的文化志愿者深入基层和社会特殊群体开展各类文化公益服务。

7 三峡库区社会发展现状及社会协调度评价研究

自改革开放以来,我国农民收入保持连续较快增长,农业结构战略性调整不断深入,农村经济建设取得重大进展。农村经济发展事关我国农村改革发展稳定的大局,事关农村区域经济发展的大计。但是,我们必须清醒地认识到,当前农村经济发展依然存在如农民收入低、劳动力偏多、贫富差距大、农业投入少等突出问题,严重制约着国家的经济发展。近年来,农民就业、农村土地流转、稳定农产品价格等问题得到了党和政府的高度关注。我国农业、农村发展取得极大成就的同时,也存在诸多制约"三农"发展的种种因素,只有逐步解决这些问题,才能真正实现农村社会的和谐发展。

7.1 社会发展现状

7.1.1 国内农村社会发展现状

1. 农民收入比较低

当前,农村的农产品产量递增趋势并不是很理想,一些农产品产量时高时低,农民增产增收难以得到保证。由于受到自然灾害的影响,农产品产量和农民收入无法得到保证。而且因为有的地区遭受洪涝、旱灾等,引发了农产品产量普遍持续降低的现象,导致了农产品单位产量明显降低。特别是近年来,很多农产品低价运行、频繁波动,增产不增收,甚至出现了增产减收等不良趋势。取消最低农产品保护价格收购以后,粮食价格持续走低,粮食丰收却减收。农业的整体发展已经远远不能适应市场经济的客观需要,主要由于农业产业科学技术含量比较低,既不能保证农产品的质量,也不能稳定农产品的产量。农产品进入市场的组织化程度不高，逐渐形成了恶性循环竞争，争相调低农产品价格，严重影响了农业产业的收入与效益。而且农资价格居高不下，既增加了农业生产成本，也压缩了农民增收的空间。

2. 剩余劳动力过多

剩余劳动力过多，是农村经济发展存在的突出问题。虽然我国农村资源极为丰富，可谓是地大物博，但是，由于农村人口数量比较大，人均占有资源相比较少，人多地少的矛盾尤为突出，而按照我国现有的生产技术水平和人均资源占有量，合理的农业劳动力数量比较少，必然就催生了大量的农村剩余劳动力。在今后一段相当长的时期内，农村人口只会增加不会减少。同时，由于农业生产技术水平的逐渐提高，也必然会带来农业资源总量的持续下降，而农业产业所需的劳动力也会持续减少，农村剩余劳动力的规模仍将继续扩大。这样，明显不利于提高农业劳动生产率，也不利于农业规模经营，更不利于提高农民收入水平。

3. 农民贫富差距大

农民贫富差距大，是制约农村经济快速发展的重要瓶颈。当前，我国很多农村地区贫富差距已经存在着很大的差距，发展极为不平衡，严重影响和制约着我国经济社会的持续、快速、健康、全面发展。而且即便是在同一地区的不同地方，贫富差距也在不断地扩大，财富逐渐在向少数人聚集，而多少人则生活刚刚解决温饱，甚至没有解决温饱，低收入人群依然占有相当大的比重，全面建设小康社会的任务异常艰巨。那些先富裕起来的农民，则大部分搬迁至交通便利的地区居住，严格地影响了当地农民群众共同致富奔小康的进程。

4. 农业投入相对不足

农业投入相对不足，加上其回报比较慢，除了政府对农业产业进行投入外，其他方面的资金几乎没有投入农业。因为资金的缺乏，与农村经济发展紧密相关的一些基础设施建设缓慢，农业生产、农民增收以及农村经济发展在很大程度上受到了严重的影响。此外，自然因素以及气候条件等的影响也不容忽视。同时，农业科技创新因资金投入不足而受到了限制，农业科技服务机构不能有效正常运转，导致很多农业实用技术推广运用处于被动状态，不能很好地支撑农业生产的发展，这在很大程度上影响了农村经济的发展。

5. 农业结构战略性调整不断深入

结构调整是新阶段我国农业发展的中心任务，区域化布局、专业化生产、产业化经营是农业现代化的重要标志之一。我国农业正围绕传统农业向现代农业生产方式转变，充分利用自然资源，通过发挥比较效益，农业产品品种质量进一步优化，区域结构趋于合理，这对于形成科学合理的农业生产力布局，提高农业整体素质和效益具有重要意义。

7.1.2 三峡库区经济社会发展现状

三峡库区是长江上游与长江中下游的结合部，每年从三峡流出的水量达4400多亿立方米。三峡库区生态环境问题十分严重，是我国山地自然灾害的频发区，水土流失特别严重。三峡库区农业与农村经济走上可持续发展的道路，对保证三峡工程和长江中下游地区的安全，从根本上解决好自然资源的合理开发与利用问题，把库区建设成"风景优美、环境良好、经济繁荣、人民富裕"的生态经济区有重要作用。三峡库区又是我国贫困人口的集中地区，武陵山区、鄂西山区、大巴山、大娄山区、巫山山区都是国家重点扶贫地区，农村贫困面大、贫困人口多，农业可持续发展的基本目标之一，就在于消除贫困，使广大农民走上文明富裕之路。如果说可持续发展是我国农业发展的必由之路，三峡库区农业的可持续发展就更具有特殊重要的意义与作用。

重庆既是一个大城市，又是一个大农村，而"大农村"主要集中在三峡库区。重庆三峡库区辖区面积4.62万平方公里，占重庆市辖区面积的56%。截至2005年年末，重庆三峡库区总人口1858.98万人，占重庆市总人口的58.7%。三峡库区人均国民生产总值仅为重庆市平均水平的70.78%，农业占有较大比重；城镇化率只有28.8%，绝大多数人口还生活在农村地区。2011年是三峡后续工作规划实施的第一年，重庆库区紧扣经济社会发展及移民安稳致富、生态环境建设与保护、地质灾害防治等重点任务，培育打造支柱产业，扩大移民稳定就业，经济增长呈现高位运行态势，社会事业取得长足发展，生态环境持续优化，移民生活显著提高，实现了三峡后续工作的良好开局。

1. 经济增长高位运行

2011年，重庆三峡库区15区县地区生产总值突破4000亿元，达到4000.01亿元，同比增长16.9%，高于全市平均水平0.5个百分点。其中，第一产业实现增加值为411.24亿元,年增长5.4%；第二产业实现增加值2382.29亿元,年增长21.7%；第三产业实现增加值1206.48亿元，年增长11.5%。有8个重点移民区县实现了地区生产总值1911.03亿元，年增长18.4%，增速高于全市2.0个百分点，高于库区1.5个百分点。库区经济快速发展的同时带来了良好的经济效益，库区工业企业经济效益综合指数达到276.4%，高于全市平均18.7个百分点，比上年提高33.1个百分点。工业企业主营业务收入4807.84亿元，同比增长32.9%。随着三峡库区金融生态环境建设取得实效，金融业发展势头持续向好。2011年，库区各项存款余额达到 4742.06 亿元,比年初增长 20.6%,高出全市平均增幅 2.9 个百分点；各项贷款余额 3112.54 亿元,比年初增长 30.1%,高出全市平均增幅 10.7 个百分点；存贷比达到 65.6%。

2. 特色农业稳步增长

随着柑橘产业、优质畜牧业、特色蔬菜和生态渔业等产业的逐步发展壮大,三峡库区特色农业取得明显成效,为加快建设库区现代农业、促进农业农村经济发展打下了坚实基础。2011 年,三峡库区第一产业实现增加值 411.24 亿元,占全市第一产业增加值的 48.7%,同比增长 5.4%。8 个重点移民区县第一产业实现增加值 232.07 亿元,增长 5.8%,增速高于全市第一产业增加值 0.7 个百分点,其中,巴南、武隆、万州、涪陵、奉节等区县增幅均达到或超过 6.0%。

3. 消费品市场持续旺盛

随着"万村千乡市场"和"社区商业双进"工程的加快实施和库区各项扩大消费政策作用显现,库区消费步入稳定上升通道。2011 年,库区实现社会消费品零售总额 1114.19 亿元,同比增长 23.2%,高于全市平均水平 4.5 个百分点,自 2009 年四季度以来连续 9 个季度增速保持在 20.0%以上。其中,8 个重点区县实现社会消费品零售总额 495.01 亿元,同比增长 22.0%,高于全市平均水平 3.3 个百分点。

4. 社会保障逐步完善

在社会养老保险制度逐步全覆盖及就业再就业工作扎实推进的作用下,城市享受最低生活保障补贴的人数不断减少。2011 年,库区有 29 万城镇居民和 56.95 万农村居民领取了最低生活保障补贴,同比分别下降 11.1%和 5.0%。另外,2011 年库区分别发放城市和农村居民最低生活保障金 69 375 万元和 49 464 万元。

5. 移民生活显著提高

移民安稳致富是三峡库区后续工作的重要任务。2011 年,三峡库区各级政府切实采取措施,坚定走共同富裕之路,"万元增收"工程全面推进,同时,随着国家扶持力度不减和各地对口支援力度的加大,三峡库区人民生活水平显著提高。

1) 城乡移民收入稳步提升

从城镇移民看,2011 年库区城镇移民家庭人均可支配收入为 11 207 元,同比增长 20.1%,占全市城镇居民人均可支配收入的 55.3%。其中,工资性收入、转移性收入、财产性收入和经营性收入分别同比增长 17.4%、24.6%、56.7%和 8.9%。

从农村移民看,三峡库区农村移民人均纯收入达到 7208 元,比上年同期增加 1309 元,增长 22.2%,比全市农民人均纯收入高 728 元。其中,工资性收入、转移性收入、财产性收入和经营性收入分别同比增长 25.9%、25.0%、16.7%和 16.3%。

2）城乡移民支出同步增长

随着收入的较快增长，购买力增强，城乡移民支出实现同步增长。另外，受市场主要消费品价格持续走高和服务性消费支出较快增长等因素的影响，移民各类支出有不同程度的增加。

从城镇移民看，三峡库区城镇移民家庭人均消费支出为 8738 元，同比增长 19.9%，扣除价格因素实际增长 13.9%。八大类商品消费支出全面上涨，具体为：人均食品消费支出 4020 元，同比增长 22.1%，扣除价格因素实际增长 7.0%；人均衣着消费支出 1129 元，同比增长 21.6%；人均居住消费为 702 元，同比增长 17.4%；人均家庭设备用品和服务支出 547 元，同比增长 25.7%；人均医疗保健支出 647 元，同比增长 6.1%，人均交通和通信支出 744 元，同比增长 19.4%；人均教育文化娱乐服务支出为 729 元，同比增长 25.5%；人均其他商品和服务支出为 220 元，同比增长 1.0%。

从农村移民看，库区农村移民现金支出 5655 元，比上年同期增加 1292 元，增长 29.6%。一方面，生产费用支出持续增长。生产用的种子、化肥、农药等生产成本不同程度上涨，促使农村移民人均生产费用支出同比增长 37.2%。其中，农业生产费用支出增长 40.5%，牧业生产费用支出增长 57.6%。另一方面，生活消费支出较快增长。受生存型消费支出和发展型消费支出不同程度增长的影响，2011 年农村移民人均生活消费支出 3546 元，同比增加 605 元，增长 20.6%。其中，食品、衣着、交通通信和医疗保健消费支出分别增长 21.0%、19.4%、27.8%和 26.7%。

7.2 三峡库区协调过程的问题及协调原则

7.2.1 社会协调基本原则

（1）处理好经济发展与移民稳定安置的关系，加快改善投资环境和培育特色产业，拓展移民就业空间。

（2）处理好经济发展与生态环境保护的关系，经济发展要考虑当地资源和环境的承载能力，合理、适度地开发和利用当地资源，切实保护库区生态环境特别是水环境。

（3）处理好经济发展与社会全面进步的关系，加强基础教育、公共卫生、社会保障等投入，促进社会进步和人的全面发展。

（4）处理好发挥市场机制作用与政府扶持的关系，充分发挥市场配置资源的基础性作用，将扶持重点放在基础设施、生态环境和创造产业发展环境上来。

（5）处理好重点布局与城乡、区域协调发展的关系，促进城乡统筹发展。

7.2.2　三峡库区协调发展过程中需重视与探讨的问题

在国家三峡工程建设、移民搬迁、基础设施、生态建设等方面投资的拉动下，三峡库区经济社会得到了快速发展，产业结构不断优化，人民生活水平显著提高。2002年，三峡库区实现国内生产总值800亿元，财政收入58.2亿元，按当年价计算，分别比1993年三峡工程开工时增长3.4倍和3.3倍；三次产业结构由1993年的39∶35∶26调整为2002年的22∶44∶34；2002年，城镇居民人均可支配收入和农民人均纯收入分别比1993年提高了2.0倍和2.1倍。但是，由于三峡库区人口密集、经济基础薄弱、生态环境脆弱等特殊情况，发展仍面临着人多地少、产业发展不足和移民就业困难等矛盾和压力。

1. 库区人多地少日益矛盾突出

三峡库区本身土地资源有限，再加上生态环境形势严峻，人地矛盾更加突出。据重庆市介绍，三峡库区人口密度达每平方公里354人，是全国平均数的2.1倍和同类型山地丘陵的4倍以上，再加上水库蓄水淹没、库区后靠移民、城镇基础设施建设、企业搬迁、退耕还林等，使得库区人地矛盾更加尖锐。目前，重庆库区农村移民人均耕地面积仅0.58亩，只占全市农村居民人均耕地面积0.88亩的66%；后靠农业安置的15.57万人中，人均耕地不足0.5亩的有6.3万人，人均耕地不足0.3亩的有2.8万人，许多后靠农村移民因人均耕地面积减少，粮食产量比以前减少了4~6成，从土地所获的收益大幅度下降。近些年来，三峡库区人口仍呈较快增长趋势。1992年，重庆库区总人口为1623.72万人（含主城六区），2005年本区域总人口上升为1793.56万人，净增人口169.84万人，年均新增人口13.065万人。今后的一段时间，三峡库区人口仍将会持续缓慢地增长，使得经济发展与该区域生态环境之间的矛盾更加突出。

2. 三峡库区产业发展整体实力偏弱

首先，三峡库区基础设施条件差。县乡公路密度低、断头路多；农村电网设施落后，部分农村饮水困难；电话普及率低，广播电视尚未完全覆盖。其次，三峡库区产业发展"先天不足"，长期以来，三峡库区是以种植业为主，第二、三产业发展水平较低。据了解，2008年，重庆库区规模以上工业企业1824家，占全市的38.1%；总产值1907.49亿元，占全市的34.1%；户均产值为1.05亿元，相当于全市水平的89.5%。其中，12个腹心区县规模以上工业企业1014家，占比为21.2%；总产值占比为13.6%；户均产值为0.75亿元，相当于全市水平的64.1%。从总体上看，三峡库区产业发展总量偏少、竞争力弱，呈现出小型化和分散化的特点，农业产业化水平低，工业严重"短腿"，第三产业实力弱，库区产业空虚化问题仍然十分突出。

3. 三峡库区移民就业困难

据重庆市介绍，2008 年，重庆库区 15 个区县城镇调查失业率为 8.5%，8 个重点区县城镇调查失业率达 8.95%。主要表现在：城集镇纯居民失去区位优势，收入大幅度下降；占地移民失去了土地又缺少劳动技能，成为城集镇中最为贫困的群体；淹没企业职工下岗失业多，断保现象严重；非农安置移民无稳定收入来源，就业十分困难。据统计，2008 年，重庆库区城镇移民人均可支配收入仅为 7383 元，相当于全市水平的 51.4%。其中，占地移民、淹地移民和淹没企业职工的收入更低，分别为 4747 元、4561 元和 6253 元，仅相当于重庆市水平的 33.0%、31.7% 和 43.5%。目前，重庆库区有 43.13 万城镇居民依靠最低生活保障生活，占全市人口的 54.7%；84.64 万农村居民属于贫困人口，占全市人口的 59.5%。湖北省也反映移民搬迁安置中还存在一些遗留问题。例如，少数后靠移民土地面积不足，质量不高；部分自谋职业和占地移民无生产门路；进企业安置移民下岗失业；少数城镇移民生活困难；少数外迁移民回流库区等。另外，库区基础教育水平低，部分县尚未实现"两基"达标，乡镇中小学校舍条件差。加上专业技术教育尤其是针对库区移民的劳动技能培训能力不足；人才总量不足，结构不合理，专业技术人员短缺，导致就业的恶性循环。

4. 三峡库区地域社会的城镇贫困

三峡库区是国家级集中连片贫困地区和少数民族积聚地区，库区城镇第二、三产业不发达，经济发展水平比较低。19 个县、市、区中有 12 个是国家扶贫开发工作重点县，多数县财政困难，自我发展能力弱。首先，三峡库区贫困人口规模大。其贫困总人口、城镇贫困及农村贫困人口比例等三项指标均高于全国水平，城镇贫困更超出全国平均水平 2 倍之多。其次，贫困持续时间长，经过"国家八七扶贫攻坚计划"，扶贫重点县数量不减反增为 11 个，新增丰都、巫山、奉节和开县等 4 个库区移民大县。再次，贫困人口分布地域广。库区除湖北兴山以外，其他区县的总体贫困比例均高于全国平均水平。最后，库区城镇贫困程度深。石柱等 5 个区县城镇贫困人口比例达 10%，巫山、兴山更超出 20%。三峡库区涉及重庆 15 个区县，90% 的资产、产值、职工集中在万州、涪陵、开县、丰都、忠县、云阳、奉节、巫山、巫溪等 9 个库区东部腹地重点移民区县，移民总量占三峡库区移民总量的 70%。从单位面积或人口的投入、产出、消费等指标差距可以看到，在三峡水库开建前的 1992 年，重庆库区经济发展远远落后于重庆市的平均水平，而库区 9 个重点移民搬迁区县，发展更显得滞后。

5. 三峡库区城镇化发展不均衡

三峡库区工业基础薄弱。库区大多数企业由于规模小，所以技术水平低、环境污染严重、市场竞争能力弱，而新企业成长又相对缓慢，工业支撑经济发展的能力明显不足。据了解，目前，重庆库区呈现出"库区 15 个区县经济实力弱于全市，库区 12 个腹心区县经济实力弱于库区，8 个移民重点区县经济实力弱于 12 个腹心区县"的态势，越是库区腹地的区县和城镇，经济发展越是困难。2008 年，重庆库区 15 区县中有 6 个区县人均 GDP 未达万元。经济发展水平的差距带来库区各区县财政实力的悬殊差距，例如，地方财政收入最高的涪陵区，2008 年为 23.54 亿元，是巫溪县的 17.1 倍。

7.3 社会发展协调度评价方法

在现实生活工作中，经常会遇到综合评价问题，而评价的依据就是指标。但由于影响各评价事物的因素往往是众多而复杂的，如果仅从单一指标对被评价事物进行综合评价不尽合理，所以往往需要将反映被评价事物的多项指标的信息加以收集，得到一个综合指标，从整体上反映被评价事物的整体情况，这就是多指标综合评价方法。近年来，围绕着多指标综合评价，其他领域的相关知识不断渗入，使得多指标综合评价方法不断丰富。目前，国内外提出的综合评价方法已有几十种之多，但总体上可归为两大类：主观赋权评价法和客观赋权评价法。前者多是采取定性的方法，由专家根据经验进行主观判断而得到权数，如层次分析法、模糊综合评判法等；后者根据指标之间的相关关系或各项指标的变异系数来确定权数，如灰色关联度法、TOPSIS 法、主成分分析法等。以下是对几种常见综合评价方法的概述。

7.3.1 主观赋权评价法

1. 层次分析法

层次分析法（AHP）是美国匹兹堡大学数学系教授，著名运筹学家萨迪（T. L. Satyr）于 20 世纪 70 年代中期提出来的一种定性、定量相结合的、系统化、层次化的分析方法。这种方法将决策者的经验给予量化，特别适用于目标结构复杂且缺乏数据的情况。它是一种简便、灵活而又实用的多准则决策方法。自层次分析法提出以来，在各行各业的决策问题上都有所应用。

2. 模糊综合评判法

1965年,美国加利福尼亚大学的控制论专家查德(L. A. Sade)根据科学技术发展的客观需要,经过多年的潜心研究,发表了一篇题为"模糊集合"(*Fuzzy Sets*)的重要论文,第一次成功地运用精确的数学方法描述了模糊概念,在精确的经典数学与充满了模糊性的现实世界之间架起了一座桥梁,从而宣告了模糊数学的诞生。从此,模糊现象进入了人类科学研究的领域。模糊综合评判(Fuzzy Comprehensive Evaluation,FCE)就是以模糊数学为基础,应用模糊关系合成的原理,将一些边界不清、不易定量的因素定量化,进行综合评价的一种方法。它是模糊数学在自然科学领域和社会科学领域中应用的一个重要方面。

7.3.2 客观赋权评价法

1. TOPSIS

TOPSIS(Technique for Order Preference by Similarity to Ideal Solution)法是由Hwang和Yoon于1981年首次提出的,后来Lai于1994年将TOPSIS法的观念转为应用于规划面之多目标决策(Multiple Objective Decision-Making,MODM)问题上。TOPSIS法是有限方案多目标决策分析中常用的一种科学方法。

2. 灰色关联度分析法

1982年,华中理工大学邓聚龙教授首先提出了灰色系统的概念,并建立了灰色系统理论。之后,灰色系统理论得到了较深入的研究,并在许多方面获得了广泛的应用。灰色关联度分析法(Grey Relational Analysis,GRA)便是灰色系统理论应用的主要方面之一。它是针对数据少且不明确的情况下,利用既有数据所潜在之信息来白化处理,并进行预测或决策的方法。

3. 主成分分析法

主成分分析(Principal Component Analysis,PCA)是由卡尔(Karl)和皮尔逊(Pearson)最早在1901年提出的,只不过当时应用于非随机变量。1933年,霍蒂林(Hostelling)将这个概念推广到随机向量。该方法是利用降维的思想,把多指标转化为几个综合指标的多元统计分析方法。

7.3.3 三峡库区社会协调发展定量评价理论模型

目前,对协调发展定量评价的理论模型基本分为三大块,即协调发展度模型、协调度模型和发展度模型，最终计算的发展度模型一般是是前面两项模型的结合。

1. 协调发展度模型

区域协调发展度模型一般采用非线性加权综合法，计算公式为

$$D = \sqrt{W \cdot V}$$

式中，D 为协调发展度，W 为区域内各子系统间的协调度，V 为区域复合系统的综合发展水平，通常也称为区域发展度。

2. 协调度模型

协调度模型是区域协调发展定量评价的核心内容之一。目前，应用比较广泛的协调度模型主要侧重两个方面：静态协调度和动态协调度。静态协调度主要是着重分析区域某一时点或不同时点的协调发展状况，更多的是从空间维度上展开研究；动态协调度则侧重从时间维度上连续研究区域协调度。

1）静态协调度

目前，常用的静态协调度模型主要有：离差系数协调度模型、数据包络分析协调度模型、距离协调度模型、基尼系数协调度模型。

A. 离差系数协调度模型

该模型认为区域内各子系统间的离差越小，区域越协调，因此引入子系统间的离差系数来计算各子系统间的协调度。离差系数计算公式为

$$w = \frac{s}{1/n \sum_{i=1}^{n} A_i}$$

式中，i 为区域内各子系统，A_i 为区域内各子系统的发展度，s 为各子系统发展度的标准差。将标准差带入离差系数公式，可得

$$w = \sqrt{n \left[1 - \frac{1}{C_n^2} \sum_{i \neq j} A_i A_j \bigg/ \left(\sum_{i=1}^{n} A_i / n \right)^2 \right]}$$

令 $\sqrt[k]{W} = \frac{1}{C_n^2} \sum_{i \neq j} A_i A_j \bigg/ \left(\sum_{i=1}^{n} A_i / n \right)^2$，则 $w = \sqrt{n(1 - \sqrt[k]{W})}$

式中，W 为区域协调度，k 为调节系数。依据离差系数的定义可知，离差系数 w 越小，则区域协调度 W 越大，区域内各子系统之间越协调。目前，国内采用离差系数法计算区域协调发展度最为广泛。

B. 距离协调度模型

该模型认为协调度就是定量反映系统实际状态与理想协调状态之间的距离，

因此，距离协调度模型就是引入欧式距离，测量系统实际状态与理想协调状态之间的欧氏距离。区域协调度为

$$W = \left(\sqrt{1-\overline{S'}}\right)^k$$

式中，k 为调节系数，$\overline{S'}$ 为系统实际状态与理想协调状态之间的距离，用欧式距离进行计算

$$\overline{S'} = \sqrt{\sum_{i=1}^{n}(A_i - A_i')^2 / \sum_{i=1}^{m}S_i^2}$$

2）动态协调度

目前，常用的动态协调度模型主要有隶属度函数协调度模型、灰色系统协调度模型、系统动力学协调度模型、集对分析协调度模型。

隶属度函数协调度模型是利用隶属函数模型，构建区域内各子系统对其他子系统所建立的小复合系统的相对协调度模型，再在此基础上，计算区域内各子系统间的协调度。各子系统的相对协调度公式为

$$W(i/i_{n-1}) = \exp\left[-\frac{(A_i - A_i')^2}{\sigma^2}\right]$$

式中，i_{n-1} 为除子系统 i 外的其他 $n-1$ 个子系统所建立的小复合系统；σ 为子系统 i 发展度的均方差；A_i' 为其他子系统对子系统 i 要求的协调度。其区域协调度公式为

$$W = \begin{cases} \dfrac{\min\{W(i/i_{n-1}), W(i_{n-1}/i)\}}{\max\{W(i/i_{n-1}), W(i_{n-1}/i)\}}, & m=2 \\ \dfrac{\sum_{i=1}^{n} W(i/i_{n-1})W(i_{n-1})}{\sum_{i=1}^{n} W(i_{n-1})}, & m>2 \end{cases}$$

灰色系统协调度模型主要由两部分组成：一部分是子系统的自身协调发展度 $(D_i(t))$，另一部分是子系统间的协调发展度 $D(t) = k_1 \sum_{i=1}^{n} w_i D_i(t) + k_2 D_0(t)$，式中，$w_i$ 为子系统 i 在区域中的权重，k_1，k_2 分别为区域协调度中指标协调与子系统协调的权重调节系数，k_1，$k_2 > 0$，$k_1 + k_2 = 1$，一般情况下，取 $k_1 = k_2 = 0.5$。子系统的自身协调发展度与子系统间的协调发展度都是通过其关联系数来计算的

$$D_i(t) = \sum_{k,j=1}^{m} r_{kj}(t) / \sum_{z=1}^{m-1} z, (j \neq k); \quad D_0(t) = \sum_{k,j=1}^{n} R_{kj}(t) / \sum_{z=1}^{m-1} Z, (j \neq k)$$

式中，m 为子系统 i 的指标数，$r_{kj}(t)$，$R_{kj}(t)$ 分别为各子系统指标间的关联系数和各子系统间的关联系数，z，Z 分别为指标间计算关联系数的次数和子系统间计算关联系数的次数。

3. 发展度模型

发展度模型包括各子系统发展度模型和区域综合发展度模型，是对各子系统和区域的综合评价。区域发展度的计算一般是将各子系统的发展度进行算术加权平均或几何加权平均。公式为 $V = \sum_{i=1}^{n} a_i A_i$ 或者 $V = \prod_{i=1}^{n} A_i^{a_i}$，其中，$\sum_{i=1}^{n} a_i = 1$。

7.4 协调度评价指标体系构建原则

对三峡库区社会协调度评价，指标的选取应遵循以下原则：

1. 科学全面性原则

指标的选取应从对农村经济和社会发展状况进行综合评价和比较的研究目的出发，以社会发展理论、经济理论、环境生态理论、福利经济学等相关理论为依据，全面考虑物质文明、精神文明、政治文明、生态环境及可持续协调发展等方面的内容，克服指标偏重于经济方面的弊端。

2. 可比性原则

指标的选取应从三峡库区实际情况出发，以现行的统计标准为基础，指标的设定应既能描述农村社会发展状况又能对其横向对比，并且能对未来发展趋势进行一定程度的预测。

3. 简明实用原则

社会发展协调度指标体系应尽量简单，用尽量少的指标反映尽量多的内容，同时对社会发展协调度的衡量具有实用价值，为制定社会全面协调发展提供定量化的依据。

4. 独立性、可操作性原则

指标的选取应遵循简便实用和可操作的原则，尽量采用易于数据获取的指标。因此，指标体系的设置应尽量避免形成庞大的指标群或层次复杂的指标树，指标的数据应易采集，计算公式科学合理，评价过程简单，利于掌握和操作。所构建体系中的各指标设置要尽可能地相互独立、互不包含。

5. 宏观把握结合微观调研的原则

指标的选取既要在整体上把握影响城市安全的各个方面又要落实到具体的内容上去。

7.5 三峡库区协调度测算模型构建

社会协调意为"社会和谐一致,配合得当,相得益彰",它指明了系统内部各组成因素的良性互动关系。三峡库区社会协调度是度量自三峡库区建成以来,库区经济、社会、生态等各系统之间的关系,它是以时空为参照系,用经济、社会、生态等相互作用的表现特征来说明的。具体讲,三峡库区社会协调度就是度量描述三峡库区社会发展及与经济、生态等各方面之间的耦合程度。

7.5.1 三峡库区社会发展协调度指标确定

根据三峡库区社会发展指标选取的原则,参考国内有关专家关于农村社会发展社会评价指标体系的研究成果,结合重庆三峡库区经济社会发展实际,提出三峡库区社会发展评价指标体系。该体系包括社会结构、经济状况、生活环境 3 个一级指标,下设 12 个二级指标,具体如表 7.1 所示。

表 7.1 三峡库区社会协调度评价指标体系

目标层	一级指标	二级指标
三峡库区社会协调度	社会结构	人口自然生长率/%
		乡村从业人员/万人
		社会保障和就业占地方财政支出比重/%
		教育、卫生支出占地方财政支出的比重/%
	经济状况	农民居民人均纯收入/元
		人均农业生产值/人
		农业商品率/%
		全员劳动生产率/(元/人/年)
		人均消费水平/元
	生活环境	恩格尔系数/%
		农民人均居住面积(建筑面积)/米^2
		农村用电量/(千瓦·时)

7.5.2 协调度指标权重的确定方法

区域协调发展定量评价理论模型大多都需要确定指标的权重。事实上，在多指标综合评价中，指标权数的确定是一项最基本也是最重要的工作。目前，确定指标权重的方法主要有主观赋值法和客观赋值法，前者是指根据评价者主观上对各指标的重视程度来决定权重的方法，如层次分析法、专家咨询法等；后者是指根据客观原始数据信息的联系强度或各指标所提供的信息量来决定指标权重大小的方法，如熵值法、均方差法、主成分分析法、复相关系数法等。

1. 层次分析法

求权重是综合评价的关键。层次分析法是一种行之有效的确定权系数的方法，特别适宜于那些难以用定量指标进行分析的复杂问题。它把复杂问题中的各因素划分为互相联系的有序层使之条理化，根据对客观实际的模糊判断，就每一层次的相对重要性给出定量的表示，再利用数学方法确定全部元素相对重要性次序的权系数。

2. TOPSIS 法原理及步骤

TOPSIS 法属于距离综合评价方法的一种，是以空间统计学为基础的分析方法。这种方法将统计数据转化为多维坐标系中的点，在空间中确定出参考点，即最优样本点和最劣样本点，最后计算各样本点到参考点的距离进行分析评价，具体步骤如下。

1）将数据进行归一化处理

原始统计数据矩阵 $x = \left(x_{ij}\right)_{n \times m}$ $(i=1,2,\cdots,n; j=1,2,\cdots,m)$，有 n 个评价对象、m 个评价指标。由于各评价指标的单位、量纲和数量级不同，会影响决策的结果，甚至造成决策的失误，所以就需要对原始指标值进行规范化处理，从而得到归一化矩阵 $Z = \left(Z_{ij}\right)_{n \times m}$。

具体计算公式如下

$$Z_{ij} = \frac{X_{ij}}{\sqrt{\sum_{i=1}^{n} X_{ij}^2}} \text{ 或 } Z_{ij} = \frac{1/X_{ij}}{\sqrt{\sum_{i=1}^{n} (1/X_{ij})^2}}$$

2）构造加权矩阵

权重对协调度评价的结果和质量产生决定性影响，也是评价指标重要性的度量，本书采用熵值法来确定评价指标的权重。利用协调指标的价值系数来计算其权

重，指标的价值系数越高，对评价结果的贡献就越大。第 j 项指标的信息熵值为

$$e_j = -K \sum_{I=1}^{n} Z_{ij} \ln Z_{ij}$$

式中，常数 K 与系统的评价对象 n 有关。$Z_{ij}=1/n$，此时 $K=1/\ln n$，某项指标的信息效用价值取决于该指标的信息熵 e_j 与 1 之间的差值：$h_j = 1 - e_j$，第 j 个评价指标的权重为

$$W_j = \frac{h_j}{\sum_{j=1}^{m} h_j}$$

7.6 三峡库区协调度评价

三峡库区的协调发展是经济、社会、环境等各方面的综合效益，是根据之前设立的三大系统（社会结构、经济状况、生活环境）所计算的各系统效益权重来进行协调度的测算。

7.6.1 协调度子系统效益评价

进行协调度综合评价时，由于确定的指标涉及社会结构、经济状况、生活环境三个子系统，所以应从不同的角度分别设置不同的指标。各指标的度量单位不同，无法直接比较和评价，为便于分析和比较，必须对各指标进行规范化处理。设 X_1, X_2, X_3, X_4 为描述社会结构特征的 4 个指标；设 Y_1, Y_2, Y_3, Y_4, Y_5 为描述经济状况特征的 5 个指标；设 Z_1, Z_2, Z_3 为描述生活环境的 3 个指标，为了方便将各指标进行比较，将矩阵按以下方式进行处理，评价中对各指标标准化采用的公式

$$\hat{X} = \begin{cases} \dfrac{X_i}{\lambda_{\max}} & (\text{当指标} X_i \text{越大越好时}) \\ \dfrac{\lambda_{\min}}{X_i} & (\text{当指标} X_i \text{越小越好时}) \end{cases}$$

X、Y、Z 值的处理类似于上述公式，从而得到一个标准矩阵。

用 $f(X)$ 表示社会结构系统综合承载力指数，用 $g(Y)$ 表示经济状况系统综合实力指数，用 $h(Z)$ 表示生活环境系统综合承载力指数，分别计算各子系统效益指数：

社会结构子系统综合承载力指数：$f(X) = \sum_{i=1}^{m} a_i \hat{X}_i$；

经济状况子系统综合实力指数：$g(Y) = b_i \hat{Y_i}$；

生活环境子系统综合承载力指数：$h(Z) = d_i \hat{Z_i}$。

三峡库区农村社会协调度的计算公式

$$C = \left\{ \frac{f(X) \cdot g(Y) \cdot h(Z)}{\left[\frac{f(X) + g(Y) + h(Z)}{3}\right]^3} \right\}^K$$

式中，C 为协调度，其取值范围为 $0 \leq C \leq 1$；为调节系数，一般取值 $K \geq 2$。

7.6.2　协调度综合评价

社会发展协调度类型及判断，按照协调发展度（D）的大小将社会发展协调发展状况划分为三大类 10 小类：

第一类为协调发展类，包括 $0.9 \leq D < 1$ 优质协调发展、$0.8 \leq D \leq 0.89$ 良好协调发展、$0.7 \leq D \leq 0.79$ 中级协调发展、$0.6 \leq D \leq 0.69$ 初级协调发展。

第二类为过度发展类，包括 $0.5 \leq D \leq 0.59$ 勉强协调发展、$0.4 \leq D \leq 0.49$ 濒临失调衰退。

第三类为失调衰退类，包括 $0.3 \leq D \leq 0.39$ 轻度失调衰退、$0.2 \leq D \leq 0.29$ 中度失调衰退、$0.1 \leq D \leq 0.19$ 严重失调衰退、$0 \leq D \leq 0.09$ 极度失调衰退。

经济与生态环境的综合评价指数 $f(X)$ 和 $g(Y)$ 的对比关系，确定库区社会发展协调发展状况，并根据计算结果做出相应评价。

7.7　三峡库区农村社会发展实证研究 ——以重庆市万州区为例

重庆三峡库区包括涪陵区、长寿区、武隆县、垫江县、丰都县、彭水县、梁平县、忠县、石柱县、黔江区、酉阳县、秀山县、万州区、开县、云阳县、奉节县、巫山县、巫溪县、城口县 19 个区县（自治县），该区总面积 58 102 平方千米，占全市土地面积的 70.5%，总人口接近 1570 万人，占全市人口的 51%，GDP 550 亿元，占全市总量的 30%。该区自然资源丰富，自然条件差，经济发展基础薄弱，整体社会经济发展水平与西部滞后地区相似。截止到 2008 年年底，重庆三峡库区累计搬迁安置移民 111.60 万人，完成规划任务的 99%。其中，城市和县城移民 54.71 万人，占比 49.0%；集镇移民 9.70 万人，占比 8.7%；乡村移民 47.19 万人，占比 42.3%。在重庆三峡库区 15 个区县中，移民任务最重的是万州区，累计搬迁移民 24.93 万人，占重庆三峡库区的 22.3%；其次是云阳县，累计搬迁移民 16.30 万人，占重庆三峡库区的 14.6%（图 7.1）。因此，把重庆市万州区作为三峡库区研究案例具有现实意义。

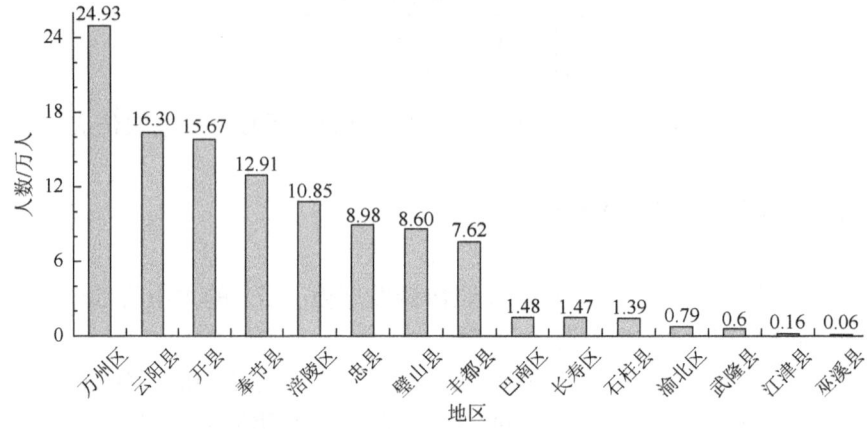

图 7.1　重庆三峡库区分区县移民数量

7.7.1　万州区社会发展现状

重庆市万州区地处三峡库区腹心，是长江中上游结合部，因"万川毕汇、万商云集"而得名，同时也是长江十大港口之一。万州区地处重庆市东北边缘，东与云阳，南与石柱和湖北利川，西与忠县和梁平，北与开江和开县接壤，东西广 97.25 公里，南北袤 67.25 公里，面积 3457 平方公里（耕地面积 100 万亩，其中田 58.49 万亩；大于 25 度坡地 50.14 万亩，其中旱地 32.49 万亩），城市面积 32.5 平方公里，直线距离重庆市 228 公里。2010 年，万州全区总人口 175 万，是重庆 38 个区县中人口最多的。城市建成区面积 65 平方公里，城区人口 82 万，城市规模除主城以外全市最大，是国家重点扶持城市。

1. 国民经济增长快速，工业经济发展迅速

2011 年，万州区实现生产总值 630 亿元，经济总量列全市第 4 位，按可比价格计算，比上年增长 20.1%，比全国、全市分别高 10.9 个和 3.7 个百分点，增速列全市第 4 位。分产业看，万州区第一产业实现增加值 42.34 亿元，比上年增长 6.1%；第二产业实现增加值 351.17 亿元，比上年增长 24.4%；第三产业实现增加值 229.09 亿元，比上年增长 15.9%。按常住人口计算，万州区人均生产总值 39 715 元；按 2011

年平均汇率计算，人均生产总值突破 6000 美元，达到 6065 美元。同时，万州区产业结构也进一步优化。

2. 农村经济稳步增长，消费品市场保持平稳较快增长

2010 年，万州区实现农林牧渔业总产值 49.88 亿元，比上年增长 6.9%。其中，种植业 26.42 亿元，增长 5.9%；畜牧业 18.1 亿元，增长 7.9%。一是粮油稳步增长。全年粮食播种面积 168.53 万亩，增长 1.1%，粮食总产量 51.79 万吨，比上年增长 1.5%，粮食平均亩产 307 公斤。油料播种面积 13.36 万亩，增长 8.1%，油料产量 1.53 万吨，增长 9.7%。蔬菜播种面积 55.01 万亩，增长 3.1%，蔬菜产量 74.8 万吨，增长 7.5%。二是畜牧业平稳增长。出栏生猪 85.52 万头，增长 0.4%。肉类总产量 7.36 万吨，增长 2.5%。三是农村劳动力转移有序推进。由于宏观经济回升企稳，农民外出务工人员比上年有所增加，全年新增转移劳动力 1.84 万人，累计转移农村劳动力 50.6 万人。四是全力助推农户实现万元增收。新发展工商注册农业企业 63 家，总数达到 744 家，新培育 9 家农业产业化龙头企业，全区龙头企业达到 84 家，带动全区 13 万农户直接参与农业产业化经营，户均增加收入 1700 多元；采取"以奖代补"政策，鼓励农户自主创业，全年自主创业农户达到 1.8 万户。新增农民专业合作社 140 个，总数达到 290 个。

3. 新农村建设扎实推进，公共服务设施得到进一步改善

到 2010 年年末，一是万州区镇乡公路通畅率达到 100%，村级公路通达率达到 100%，通畅率达到 61%，实现村村通电和城乡同网同价，人行便道硬化，农村集中供水，农民生产生活条件不断改善，农村面貌焕然一新。二是小城镇建设步伐加快。完成小城镇建设投资 3.6 亿元，新增建成区面积 0.86 平方公里，新增人口 0.9 万人，完成农民新村建设投资 3.58 亿元，规划农民新村 388 个，开工建设 133 个，建成 3996 户，改造农村危旧房 14 196 户。三是土地集约化经营取得新突破。新增土地流转面积 4.3 万亩，累计面积达到 30.8 万亩，占承包面积的 35.8%，提高 16.2 个百分点。新增土地集约化经营面积 4.1 万亩，累计面积达到 25.6 万亩，集约率达到 29.7%，提高 19 个百分点。

4. 消费品市场保持平稳较快增长

随着万州区"家电下乡、家电以旧换新"惠民政策、"万村千乡市场"工程以及两翼农户"万元增收"工程等广泛深入开展，乡村消费市场日渐活跃，与城镇消费市场呈现出双双发力、共同繁荣的格局。2010 年，万州区社会消费品零售总额 129.74 亿元，比上年增长 22.0%。分城乡看，2010 年，万州区城镇实现社会消费品零售额 123.25 亿元，增长 22.1%；乡村实现社会消费品零售额 6.49 亿元，增长 20.9%。分行业看，2010 年，万州区批发贸易业零售额 35.6 亿元，增长 56.1%；

零售贸易业零售额 72.64 亿元，增长 10.8%；住宿和餐饮业零售额 21.5 亿元，增长 19.7%。

5. 人口就业、人民生活和社会保障

至 2010 年年末，万州区户籍人口 173.32 万人，其中非农业人口 55.95 万人。常住人口为 155 万人，比上年年末增加 0.78 万人，其中城区人口为 75 万人（老口径）。全年出生人口 24 649 人，人口出生率为 1.42‰；死亡人口 20 875 人，人口死亡率为 1.21‰；人口自然增长率为 2.18‰。2010 年，万州区城乡居民收入增加，城镇居民人均可支配收入 16 633 元，比上年增长 11.5%。农村居民人均纯收入 5332 元，比上年增长 19.3%，其中，人均工资性收入为 2542 元，比上年增长 17.7%（图 7.2）。

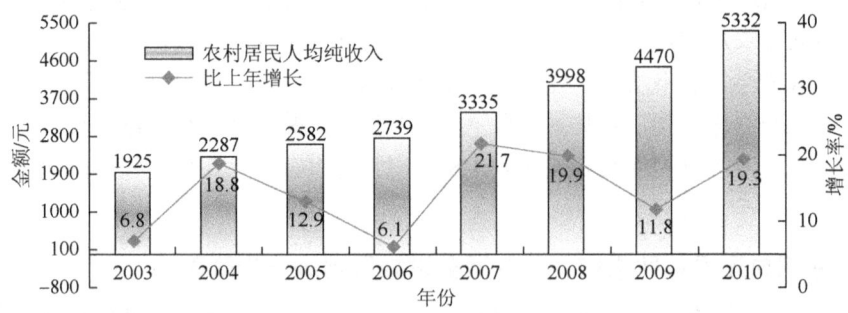

图 7.2 万州区农村居民人均收入及其增速

万州区城乡低保基本做到应保尽保，2010 年城乡居民享受最低生活保障人数 14.4 万人，发放城乡最低生活保障补助 20 421 万元；企业职工退休人员基本养老金月人均提高到 1320 元；城乡居民参加合作医疗保险 137.1 万人，比上年提高 3%；五保供养标准大幅提高，农村五保供养人数达到 8446 人；建成城镇廉租住房 10 万平方米。城乡就业水平提高：新增城镇就业岗位 35 016 个，新增城镇就业 31 098 人，城镇登记失业率 2.93%；新创建"充分就业社区" 36 个、"充分转移就业村" 71 个；新增返乡创业 2031 户，带动就业 10 175 人。

移民工程进展顺利，移民工程 2010 年完成投资 13 815 万元，移民工程资金到位率 100%，完成后期扶持项目 167 个。发放特困移民救助资金 12 282.1 万元，救助移民 17.6 万人。据统计，截止到 2013 年年底，万州农村贫困人口尚有 10.95 万人，占农业人口的 5%。其中人均收入为 638 元和 882 元的相对贫困人口有 6 万人，人均收入在 637 元以下的绝对贫困人口有 4.95 万人，其贫困人口的比重比重庆和全国的平均水平都高。万州区投入财政扶贫专项资金 4065 万元，信贷扶贫资金 6000 万元，整合社会扶贫资源 1.5 亿元，完成 14 个整村脱贫村建设和 48 个推进村的项目建设任务，启动 18 个整村脱贫村扶贫开发项目建设。万州区新修和改造贫困乡村公路 360 公里；完成扶贫移民和生态移民 5652 人；举办各类扶贫培训 5405 人次，减少农村建卡贫困人口 6500 人。该区新修和整治村社道路 350 公里，修建人饮工程 25 处，解决 13 800 人饮水困难；贫困村村级发展互助资金试点启动 28 个村。

7.7.2 万州区社会发展协调度各指标体系构建

根据之前三峡库区协调度指标的设计，从重庆统计年鉴各区县相关数据，收集了万州区 2006~2011 年 6 年相关数据，如表 7.2 所示。

表 7.2 三峡库区重庆万州区协调度各指标统计数据

一级指标	二级指标	年份					
		2006	2007	2008	2009	2010	2011
社会结构	人口自然生产率/%	4.52	6.64	−0.21	1.64	2.2	5.5
	乡村从业人员/万人	76.76	75.38	74.5	73.76	73.15	72.8
	社会保障和就业支出占地方财政支出比重/%	0.021 285	0.187 091	0.172 161	0.168 553	0.122 059	0.164 168
	教育、卫生支出占地方财政支出比重/%	0.169 955	0.226 417	0.200 644	0.224 949	0.168 796	0.232 686
经济状况	农村居民人均纯收入/元	2 739.13	3 335	3 998	4 470	5 332.48	6 591
	人均农业生产值/（人/元）	2 348.502	3 040.647	3 454.591	3 566.201	4 040.533	5 161.648
	农业商品率/%	59.2	59.2	59.7	59.5	59.7	60.3
	全员劳动生产率/（元/年/人）	74 288	86 065	164 167	212 658	237 676	226 663
生活环境	人均消费水平/（人/元）	3 301.748	3 880.909	5 032.787	6 153.674	7 485.76	9 184.097
	恩格尔系数/%	0.491 275	0.519 049	0.485 796	0.464 344	0.432 191	0.396 019
	农民人均居住面积（建筑面积）/米^2	34.46	35.28	37.55	39.73	41.69	43
	农村用电量/（千瓦·时）	12 097	12 690	12 842	13 009	13 168	14 156

从表 7.2 可以看出，万州区近几年的社会发展情况，总的来说，这 6 年万州区农民经济、社会、生活各方面都有很大程度的改善和提高。具体来说，①从社会结构上来看，万州区财政支出加大了对教育、卫生方面的支出。②就经济状况来说，农民的纯收入有很大提高，从 2006 年的 2739.13 元增加到 2011 年 6591 元，

年均增幅近 16%，农业的商品率也有大幅提高，由 59.2%上升到 60.3%；全员劳动生产率从 74 288 元每年每人增长到 226 663 元每年每人，年均增幅近 20%，消费水平也 3301.748 元提高到 9184.097 元，年均增幅为 18.6%。③农民生活水平得到很大提高，从恩格尔系数来看，其系数由 49.13%降为 39.6%，6 年降了近 10%，说明万州区的居民加大了其他方面的消费支出；农村用电供电也得到了很大改善；农民人均居住房面积也提高了近 10 平方米，这些都说明万州区农民生活环境得到了改善。

数据从总体上都显示了万州区近年的社会发展的强劲势头，各方面都有相应的改善和提高，但为了让数据能更好地说明重庆市万州区的社会发展状况，以及各系统之间是否实现了相互协调发展，社会发展协调度指标评价可以更好地说明社会发展各系统之间的关系。

7.7.3 万州区农村社会发展协调度指标权重

1. 将数据进行归一化处理

由于各评价指标的单位、量纲和数量级不同，会影响决策的结果，甚至造成决策的失误。这就需要对原始指标值进行规范化处理，原始统计数据矩阵有 n 个评价对象、m 个评价指标，矩阵为 $x=(x_{ij})_{n\times m}$ ($i=1,2,\cdots,n; j=1,2,\cdots,m$)，从而得到归一化矩阵 $Z=(Z_{ij})_{n\times m}$。

具体计算公式为 $Z_{ij}=\dfrac{X_{ij}}{\sqrt{\sum_{i=1}^{n}X_{ij}^2}}$ 或 $Z_{ij}=\dfrac{1/X_{ij}}{\sqrt{\sum_{i=1}^{n}(1/X_{ij})^2}}$，得到归一化矩阵为

$$Z=(Z_{ij})_{n\times m}=\begin{bmatrix}
0.4468 & 0.6564 & 0.1667 & 0.1621 & 0.2175 & 0.5437 \\
0.4212 & 0.4136 & 0.4088 & 0.4047 & 0.4014 & 0.3994 \\
0.0579 & 0.5085 & 0.4679 & 0.4581 & 0.3318 & 0.4462 \\
0.3375 & 0.4496 & 0.3984 & 0.4467 & 0.3352 & 0.4620 \\
0.2436 & 0.2966 & 0.3555 & 0.3975 & 0.4742 & 0.5861 \\
0.2587 & 0.3350 & 0.3806 & 0.3929 & 0.4452 & 0.5687 \\
0.4055 & 0.4055 & 0.4089 & 0.4076 & 0.4089 & 0.4130 \\
0.1691 & 0.1959 & 0.3737 & 0.4841 & 0.5411 & 0.5160 \\
0.2179 & 0.2562 & 0.3322 & 0.4062 & 0.4941 & 0.6062 \\
0.4299 & 0.4542 & 0.4251 & 0.4063 & 0.3782 & 0.3465 \\
0.3631 & 0.3717 & 0.3956 & 0.4186 & 0.4393 & 0.4531 \\
0.3796 & 0.3983 & 0.4030 & 0.4083 & 0.4133 & 0.4443
\end{bmatrix}$$

2. 构造加权矩阵

权重对协调度评价的结果和质量产生决定性影响，也是评价指标重要性的度量。本节采用熵值法来确定评价指标的权重；利用协调指标的价值系数来计算其权重，指标的价值系数越高，对评价结果的贡献就越大。第 j 项指标的信息熵值为

$$e_j = -K \sum_{I=1}^{n} Z_{ij} \ln Z_{ij}$$

对 Z_{ij} 取对数，求得 $\ln Z_{ij}$ 矩阵如下

$$\ln Z_{ij} = \begin{bmatrix} -0.8057 & -0.4211 & -1.7918 & -1.8195 & -1.5257 & -0.6094 \\ -0.8647 & -0.8828 & -0.8946 & -0.9046 & -0.9129 & -0.9177 \\ -2.8498 & -0.6762 & -0.7594 & -0.7806 & -1.1033 & -0.8069 \\ -1.0863 & -0.7995 & -0.9203 & -0.8060 & -1.0932 & -0.7722 \\ -1.4123 & -1.2155 & -1.0342 & -0.9226 & -0.7462 & -0.5343 \\ -1.3519 & -1.0936 & -0.9660 & -0.9342 & -0.8093 & -0.5644 \\ -0.9026 & -0.9026 & -0.8976 & -0.8976 & -0.8942 & -0.8842 \\ -1.7772 & -1.6300 & -0.9843 & -0.7254 & -0.6142 & -0.6617 \\ -1.5236 & -1.3620 & -1.1021 & -0.9010 & -0.7050 & -0.5006 \\ -0.8442 & -0.7892 & -0.8554 & -0.9006 & -0.9724 & -1.0598 \\ -1.0131 & -0.9896 & -0.9272 & -0.8708 & -0.8227 & -0.7917 \\ -0.9685 & -0.9207 & -0.9088 & -0.8958 & -0.8837 & -0.8113 \end{bmatrix}$$

式中，常数 K 与系统的评价对象 n 有关。$Z_{ij} = 1/12$，此时 $K = 1/\ln 12 = 0.40243$，某项指标的信息效用价值取决于该指标的信息熵 e_j 与 1 之间的差值：$h_j = 1 - e_j$ 利用第 j 个评价指标的权重为 $W_j = \dfrac{h_j}{\sum\limits_{j=1}^{m} h_j}$。

具体计算结果如表 7.3 所示。

表 7.3　三峡库区重庆万州区协调度各指标权重

年份指标	二级指标	综合权重	e_j	h_j	W_j
社会结构	人口自然生产率/%	0.381333	0.7618	0.2382	0.1305
	乡村从业人员/万人		0.8829	0.1171	0.0642
	社会保障和就业支出占地方财政支出比重/%		0.7839	0.2161	0.1184
	教育、卫生支出占地方财政支出比重/%		0.8756	0.1244	0.0682

续表

指标\年份	二级指标	综合权重	e_j	h_j	W_j
经济状况	农村居民人均纯收入/元	0.329738	0.8474	0.1526	0.0836
	人均农业生产值/（人/元）		0.8580	0.1420	0.0778
	农业商品率/%		0.8831	0.1169	0.0641
	全员劳动生产率/（人/年/元）		0.8099	0.1901	0.1042
生活环境	人均消费水平/（人/元）	0.288929	0.8309	0.1691	0.0927
	恩格尔系数/%		0.8797	0.1203	0.0659
	农民人均居住面积（建筑面积）/米²		0.8802	0.1198	0.0657
	农村用电量/（千瓦·时）		0.8821	0.1179	0.0646

7.7.4 万州区社会发展协调度各系统效益评价

进行协调度综合评价时，由于确定的指标涉及社会结构、经济状况、生活环境三个子系统，所以应从不同的角度分别设置不同的指标。因各指标的度量单位不同，无法直接比较和评价，为便于分析和比较，必须对各指标进行规范化处理。

评价中对各指标标准化采用的公式

$$\hat{X} = \begin{cases} \dfrac{X_i}{\lambda_{\max}} & \text{(当指标}X_i\text{越大越好时)} \\ \dfrac{\lambda_{\min}}{X_i} & \text{(当指标}X_i\text{越小越好时)} \end{cases}$$

X、Y、Z值的处理类似于上述公式。得到如下矩阵

$$W_i = \begin{bmatrix} 0.6807 & 1 & 0.2539 & 0.2470 & 0.3313 & 0.8283 \\ 0.9484 & 0.9658 & 0.9772 & 0.9870 & 0.9952 & 1 \\ 0.1138 & 1 & 0.9202 & 0.9009 & 0.6524 & 0.8775 \\ 0.7304 & 0.9731 & 0.8623 & 0.9668 & 0.7254 & 1 \\ 0.4156 & 0.5060 & 0.6066 & 0.6782 & 0.8091 & 1 \\ 0.4550 & 0.5891 & 0.6693 & 0.6909 & 0.7828 & 1 \\ 0.9818 & 0.9818 & 0.9900 & 0.9867 & 0.9900 & 1 \\ 0.3126 & 0.3621 & 0.6907 & 0.8947 & 1 & 0.9537 \\ 0.3595 & 0.4226 & 0.5480 & 0.6700 & 0.8151 & 1 \\ 0.8061 & 0.7630 & 0.8152 & 0.8529 & 0.9163 & 1 \\ 0.8014 & 0.8205 & 0.8733 & 0.9240 & 0.9695 & 1 \\ 0.8545 & 0.8964 & 0.9072 & 0.9190 & 0.9302 & 1 \end{bmatrix}$$

用 $f(X)$ 表示社会结构系统综合承载力指数，用 $g(Y)$ 表示经济状况系统综合实力指数，用 $h(Z)$ 表示生活环境系统综合承载力指数，分别计算社会结构、经济状况、生活环境三大子系统的效益指数，计算公式如下：

社会结构子系统综合承载力指数：$f(X) = \sum_{i=1}^{m} a_i \hat{X}_i$；

经济状况子系统综合实力指数：$g(Y) = b_i \hat{Y}_i$；

生活环境子系统综合承载力指数：$h(Z) = d_i \hat{Z}_i$。

三峡库区农村社会协调度计算公式

$$C = \left\{ \frac{f(X) \cdot g(Y) \cdot h(Z)}{\left[\frac{f(X) + g(Y) + h(Z)}{3} \right]^3} \right\}^K$$

式中，K 取 2，利用 Matlab 计算各系统的效益指数，并按上述公式计算得到如表 7.4 所示的数据。

表 7.4 三峡库区重庆万州区各系统效益指数

协调指数	2006 年	2007 年	2008 年	2009 年	2010 年	2011 年
$f(X)$	0.2131	0.3774	0.2637	0.2683	0.2339	0.3445
$g(Y)$	0.1656	0.1887	0.2383	0.2669	0.2962	0.3249
$h(Z)$	0.1943	0.2013	0.2205	0.2384	0.2598	0.2889
$f(X) \cdot g(Y) \cdot h(Z)$	0.0069	0.0143	0.0139	0.0171	0.0180	0.0323
$P=(f(X)+g(Y)+h(Z))^3$	0.1910	0.2558	0.2408	0.2579	0.2633	0.3194
P 的三次方	0.0070	0.0167	0.0140	0.0171	0.0183	0.0326
C 值	0.9684	0.7336	0.9840	0.9912	0.9723	0.9842

7.7.5 三峡库区万州区社会发展协调度确定

据对协调发展的理解，协调发展度应是度量经济与生态环境协调发展水平高低的定量指标，用 D 表示，其计算公式为

$$D = \sqrt{CT}$$

其中，$T = \alpha f(X) + \beta g(Y) + \delta h(Z)$；$D$ 为协调发展度；T 为三峡库区万州区社会协调度综合评价指数，它反映万州区社会、经济、生活环境等方面发展协调状况和水平；其中 α、β、δ 为待定权数，得到表 7.5。

表 7.5　三峡库区重庆万州区社会协调度评价指数

指标值	2006 年	2007 年	2008 年	2009 年	2010 年	2011 年
T 值	0.1920	0.2643	0.2428	0.2592	0.2620	0.3220
C 值	0.9684	0.7336	0.9840	0.9912	0.9723	0.9842
D 值	0.4312	0.4403	0.4888	0.5069	0.5047	0.5629

7.8　万州区社会发展协调度评价结果

从表 7.5 可以看出，地处三峡库区腹地的万州区农村总体上还处于过渡协调发展中，而且万州区农村社会协调分为两个时期：①2006～2008 年协调度小于 0.5，处于濒临失调衰退时期；②2009～2011 年协调度得到有效提升都大于 0.5，处于勉强协调发展阶段。这说明万州区农村社会发展协调度还是有待进一步提高。

从上文可以看出，从 2009 年开始，万州区农村居民人均收入有了跨越式提高，而恩格尔系数大幅下降，这些都说明自 2009 年以来万州区农村社会协调度得到了提高，但与城市社会发展相比较而言还有很大差距。

从表 7.5 可以看出，在社会、经济、生活环境三大子系统的综合效益指数中，这 6 年的各子系统的效益指数中社会结构系统对社会发展协调度的影响最大，其对协调发展的影响是不稳定的；其次是经济状况系统、生活环境系统，其对社会发展协调度是稳定正向发展的。

因此，在今后的三峡农村社会发展中，万州区要在保持社会结构稳定合理的基础上，提高经济发展和改善居民生活环境；加大推进农村与城市接轨，缩小城乡差距，实现农村经济、社会、生态等各方面稳定协调发展。

7.9　三峡库区农村社会发展对策研究

7.9.1　推进农业产业化进程

农业产业化是按照社会化生产和市场经济的要求，将农产品的生产、加工和销售联结为一个完整的产业系统，实行一体化经营，使农业生产过程中各个环节的利益主体之间由原来的单纯买卖关系变为以利益为联结纽带、以契约为联结方式的新经济利益共同体，形成促进农业发展的新机制。重庆三峡库区地貌特征复杂多变，人口民族聚集，人地矛盾突出，要克服小生产和农户进入市场的阻碍及抵御自然和市场风险的难度更大。因此，为了实现库区农村经社会协调发展更需要实行农业产业化，改变传统的农业生产经营方式和形式，提高生产效率，实现规模效应。

7.9.2 发展特色农业经济

特色经济就是用区域内资源，开发出区域内特有的名优产品，并将其转化为超出区域、进入广大市场的优质特色产品。以优势农产品开发为重点，关键在于构建特色农业经济主导产业，利用重庆库区农村当地资源优势，发展以适应市场需求的林果、牲畜、药材。蔬菜等特色农产品，同时加强农业技术培训和技术推广，提高农产品质量和效应，提高农村公共服务化水平，以此实现三峡库区农村经济社会协调发展。在发展过程中，要突出地方特色，大力培植地方林果业，抓品牌效益，整合林果技术和资源优势，要以闻名全国的三峡柑橘这个品牌为依托，向优势行业进行辐射，以林果业为重点，辅之以养殖业、牧业、旅游业，建设以养殖业、牧业、旅游业、林果业为依托的生态高效旅游产业链，改变以农业为主的产业结构，形成可持续发展的农业大格局。比如，重庆市奉节县是三峡库区优质脐橙的核心生产区，奉节脐橙经过 30 多年的发展，2010 年年底实现种植面积 20 万亩、产量 18 万吨、产值 7.2 亿元的产业规模，创造了"一棵树养活 20 万人的人间奇迹。推进特色脐橙产业是消除当地城乡二元经济结构的有效途径，加上由于国家为了保护库区生态，严格限制非环保产业发展，而脐橙又是不可多得的重庆经济产业，不仅顺应了国家政策，又是当地经济有效推进器。奉节县要有效利用这一有利条件，进一步促进脐橙规模化发展，建设高质量库区生产基地，完善相关配套服务，提升品牌含金量和知名度。

7.9.3 加快农村城镇建设

农村城镇化是社会发展的趋势和重要组成部分，特别是三峡库区后期存在产业"空心化"、农村劳动力转移困难、污染严重等问题，更需要加快小城镇建设和移民迁建集镇的扩大和农村富余劳动力的转移提供平台和条件，在乡镇企业结构不断优化的同时可以减轻转移农村剩余劳动力的压力。其综合效应就是农民的收入提高了，农村居民的生产生活条件得到了改善和提高，促进了城乡统筹协调发展。

7.9.4 实施异地开发扶贫战略

三峡工程浩大，所牵动的地区和影响力也是无法估量的，而与此密切相关的长期处于贫困状况的库区农民在短期内很难解决温饱问题。三峡库区居民牺牲眼前经济发展可资利用的资源支持三峡工程，是为了全局的长远发展，如果由此造成的经济损失全部由三峡库区居民来承担，显然是不公平的。我国应对全国受益主体全面开展对口支援工作。自 1992 年以来，先后有 26 个中央国家机关、20 个省（自治区、直辖市）以及省会城市、计划单列市和重庆主城七区参与对口支援重庆库区工作，初步形成了以政策支持为重点的国家部委对口支援、以招商引资为重点的兄弟省市对口支援、以解决移民就业为重点的重庆主城区对口支援"三位一体"的工作格局。截至 2009 年年底，国家部委和兄弟省市累计到位各类对口支援资金 428.9 亿元，其中社会公益类项目资金 24 亿元，实施对口支援项目 1482 个，为库区培训各类人员 10 627 人次，援建希望学校 445 所；重庆主城区对口支援集团累计到位对口支援资金 17 亿元，其中无偿援助资金和物资折合 3.7 亿元，帮助引进经济合作项目 43 个，援建学校、卫生院、村级服务中心等社会公益事业项目 478 个，有力地推动了库区经济社会发展。让库区和支援区结成利益共同体，减缓三峡库区因贫困和生存压力而破坏生态环境的经济活动，从资金上支持和保证三峡库区经济结构和生产方式的转变，为三峡库区居民提供更多的生存和发展机会，同时又显示公平和公正的原则，鼓励大家共同为社会持续协调发展作贡献。

7.9.5 坚持"教育先行"的发展战略

三峡库区各级政府及其相关部门必须创新农村教育理念，把服务于新农村建设和城乡统筹发展作为促进库区社会协调发展的根本任务；不断完善农村教育体系，创造各类教育协调配合支持三峡库区农区农业、农村发展的良好格局；深化三峡库区的教育投入体制改革，加大对农村教育的投入力度，高效整合城乡教育资源，充分释放农村教育对库区农村经济、社会发展的能动性，切实为发展库区教育提供可靠的经济基础与经济支持；不断增强农村教育扶持针对性，把促进教育发展作为三峡库区城乡统筹改革的关键措施，进一步提高教育对三峡库区社会可持续协调发展的实际贡献。

7.9.6 提高经济资源利用效率，构建三峡库区农业生态旅游带

三峡库区生产企业的污染物排放必须达到国家和地方现行污染物排放标准及相关要求的规定，从源头上控制污染物的排放。同时，逐步建立循环经济型社会，使生产企业使用的资源得到最大限度的利用，上游企业产生的废物变为下游企业的原料，以实现生产成本最低、经济效益最好、生态环境效果最佳；要使消费者

建立循环利用圈，如城市生活污水经过处理后的回收再用，生活垃圾的分类回收利用；郊区农村大力发展种、养、牧生态农业，实现综合利用，使城市的自然、经济、社会组成一个系统，使物质能量在整个经济社会活动中得到合理持久的利用，最大限度地提高资源与环境的利用率，构建节约型和谐社。

国家旅游局、国务院三峡工程建设委员会办公室、国家发展与改革委员会、国务院西部地区开发领导小组办公室、交通运输部、水利部编制的《长江三峡区域旅游发展规划纲要》将三峡库区的旅游分为核心区和辐射区两个区域，空间架构为"两极、三轴、三区、四带"。两极分别为重庆都市旅游增长极和宜昌都市旅游增长极。三轴为以长江干线航道及沿线公路和铁路等为骨架，以重庆和宜昌为两大节点，包含传统三峡旅游线路的所有旅游吸引物的主干发展轴线；以东北—西南走向的 209 国道为依托，辐射带动神农架、大宁河、恩施、张家界、湘西、铜仁等地的"湘鄂陕"旅游发展辅轴；以西北—东南走向的乌江下游和渝怀铁路及区内公路为依托，辐射带动川东、渝西、赤水河等地的"川渝黔"旅游发展辅轴。三区为重庆大都市商务旅游片区、新三峡生态·文化旅游片区、两坝一峡水电明珠旅游片区，是三峡区域旅游核心区。四带为赤水河旅游辐射带、乌江—梵净山旅游辐射带、清江旅游辐射带，是三峡区域辐射区的子区域。以三峡水、三峡草、三峡果、三峡茶作为三峡库区对外旅游的拳头品牌，突出三峡特色，进行科技推广，促进三峡库区农业和林果业的有序发展，建立起一批独具三峡库区特色的农产品及林果产品基地，以农林业促进旅游业发展，以旅游业带动农业及林果业的全面进步，将三峡品牌作为世界品牌加以推广，使可持续发展理念深入人心。

7.9.7 要探索多产品组合，创新金融服务方式

一是针对中小企业推出类似简式快速贷款、自助循环贷款等简便快捷的融资类产品；二是针对私营企业以及农产品流通户，开发专用银行卡，便捷客户；三是推进金融产品和服务品牌建设针对不同客户群体整合产品，开发系列产品，打造服务品牌。农村经济的发展，必须走产业化道路，而产业的发展，是需要资金支持的。特别是在新农村建设规划中，大量基础设施的改善，现代农业产业的发展，乡镇企业的工业化发展道路，需要大量不同性质、不同种类、不同期限、不同利率水平的贷款的支持。而库区农村经济的落后，使金融机构不愿意投入资金，致使一些好的项目不能投产或者缺乏运营资金，不能迅速打开市场，错失市场机会，使投资收益率下降，出现还贷风险。而还贷困难反过来又影响了金融机构进一步的资金投入，使农村产业发展往往因缺乏后续支持而夭折，从而使农民收入得不到改善，农村经济得不到发展。

7.9.8 加强服务培育，积极开展农村社区服务

社区服务内容广泛，从三峡库区当前农村的需求看，主要是卫生保健、文体休闲、社会教育、清洁绿化、治安法治、就业保障、养老幼托、家政购物等。因此，三峡库区要加强调查研究，制定农村社区发展规划，明确农村社区建设的主要项目、资金筹集、责任主体、推进步骤和工作抓手，借鉴城市现代社区建设理念，推动社会公共资源向农村倾斜、城市公共服务向农村覆盖，不断提高农村社区服务水平。在建设农村社区化区域上，可以先在城镇郊区和经济发达地区起步，分批分层向面上农村扩展。社区服务社会化、市场化是一个重要发展方向，鼓励社会化社区服务组织发展是三峡库区政府推进农村社区化建设的重要途径。当前，三峡库区要注重鼓励和扶持发展两类社区服务组织，一类是政府或民间组织举办的非营利服务组织，如"五保"集中供养、就业保障救助慈善服务、计生保健服务、城乡公交一体化服务，以及环卫服务下乡，建立服务热线和居家养老服务中心等；另一类是民营服务公司，如保安、道路河道与村庄保洁、绿化养护、养老、家政服务等。社区服务社会化、市场化有着广阔的发展空间，也是三峡库区区、镇（乡）两级政府未来应该着力鼓励发育的农村社区化服务的主要力量。

7.9.9 加强农村社区建设的组织领导和资金保障

农村社区化建设基础薄弱，需要加强组织协调。根据资源分布状况和农村实际，当前农村社区化建设可以采取政府、社会、农民（集体）协同参与，点、线、面分头推进的组织模式加以推进。三峡库区要发挥主导推进作用，合理划分各级职责与权利，形成上下互动机制。同时，建立各线工作协调机制，制定农村社区化建设规划、指导原则和政策原则，承担社区服务网络建设或沟通协调职责，并督促部门和地方落实建设任务，搞好非营利服务组织的组建，扶持发展各类民营社区服务组织并加强管理；镇（乡）政府直接面对农村，是农村社区建设的责任主体，可以建立综合性社区建设管理服务机构，对各线工作进行统筹安排，对社区建设进行直接指导，逐步形成区、镇（乡）、村三级管理服务网络。点、线、面分头推进就是农村社区单个点根据自身资源和能够得到的政府支持逐步健全服务项目；三峡库区各部门应根据自身职责搞好网络覆盖、提升服务水平；政府选择部分区域进行农村社区规范化建设，并逐步推开。资金是农村社区化建设推进的重要制约因素，三峡库区要走政府、村集体、农民、社会共同筹资的路子。三峡库区各级政府应区分各项社区服务的公益程度进行

资金支持；村集体根据自身经济状况开展社区内公共服务，譬如在政府驻村民警的指导下组织村民治安联防，与政府资金配套进行村落保洁和绿化养护等；社区成员对社会组织提供的代理服务和个性化服务支付报酬，同时鼓励社区内企业或社区外组织捐资改善社区建设。

总之，三峡库区要建立系统化的组织网络、多方参与的筹资机制，保障农村社区建设扎实推进，让人们在农村也能过上像现代城市社区一样的文明生活。

8 三峡库区基本公共服务均等化发展变化的综合评价

8.1 三峡库区区县基本公共服务支出的影响因素分析

本章依照现有指标对公共服务支出规模进行度量，并根据主流经济学及公共财政学基本原理，结合现有指标体系及统计数据对三峡库区区县基本公共服务支出的相关影响因素进行理论分析，最后使用各区县原始数据模型对这些影响因素进行实证检验。

8.1.1 三峡库区区县基本公共服务支出影响因素的理论分析

1. 经济发展水平

根据公共财政及发展经济学的基本理论，经济发展水平和基本公共服务支出在不同阶段表现出不同的向性关系。1960 年，惠特曼·罗斯托在 *The Process of Economic Growth* 中构建出罗斯托起飞模型（Rostovian take-off model）。其中，在准备起飞阶段，社会开始着重考虑经济变革，增强国力发展现代产业成为首要任务。经济发展开始突飞猛进，产业结构上多以第一产业或者劳动密集型、资源密集型制造业为主。与此同时，政府财政通过税收等方式得到加强，相较于传统社会阶段政府拥有更多经济力量用于公共服务设施的改造，因此多呈现出较大的正相关性。在经济发展起飞阶段，生产效率获得了全面性的改进，经济区域性开始凸显。更重要的，由于经济发展成为社会发展的首要任务，基本公共服务的支出倾向于对经济发展具有较大贡献的基础设施建设并且增长相对放缓，与经济发展的相关性减弱。在走向成熟阶段，社会完成了对现有生产部门的现代化改造，附加值不断增加。投资重点由劳动密集型、资源密集型企业转向资本密集型、技术密集型企业，国民福利、交通设施等改造较为显著，基本公共服务支出较上一阶段有所增长但仍然不够显著。在大众消费及其后阶段，经济发展较为平稳，主要经济部门从生产型企业转变为服务型企业，政府支出开始倾向于教育、社会保障等基本公共服务，基本公共服务支出占GDP比重显著增大，目前主要发达国家都已进入这一阶段。

由此可见，在不同区域不同发展阶段，经济发展与基本公共服务支出具有不同的向性关系。目前，三峡库区所在区县多处于经济发展准备起飞阶段。通过罗斯托起飞模型获知，相较于传统社会阶段，政府拥有更多经济力量用于公共服务设施的改造，因此多呈现出较大的正相关性。

2. 人口发展状况

马斯格雷夫（Musgrave）等（1973）提出公共支出三阶段理论，他认为由于人口的增加和人均生活水平的提高，公共支出的结构和规模也会发生不断扩大。在发展中国家，人口的基数较大，人口增长速度较快，相应地，教育、保健、就业及救济人口的支出也较多。人口的绝对规模是促成公共服务支出增长的重要因素。同时，人口密度也会随着人口数量的增加而增加，社会拥堵成本进一步扩大，需要更多的社会资源用于公共服务，以保证人均公共服务质量。人口增长也会影响到人口结构的变化，不同年龄结构的人口对财政支出会产生截然不同的影响。值得注意的是，公共服务的对象是人，因此对人口状况具有强烈的敏感度是无疑的。

3. 地方政府规模

地方政府规模涉及政府自身定位问题。从亚当·斯密所提倡的"守夜人"角色，到凯恩斯所提倡的政府积极干预市场，政府的自身定位经历了大小轮替的理论发展。在一般意义上，非公共服务支出的多少代表了政府规模的大小。杨宇立（2009）认为，以1998年作为分割点，在1998年之前行政管理费用与GDP属同比增长，而后增速明显超过GDP。政府行政费用等形式的非公共服务支出的扩大形成挤压效应促使公共服务支出减少。不容忽视的是，在现今中国的体制下，财政分权同样是地方政府控制力的表现。财政分权的程度高低意味着地方政府财政自主权的大小，更高的财政自主权意味着地方政府可以按自己的意愿进行财政资源的分配，进而影响到公共服务的支出。刘军民（2005）、乔宝云等（2005）认为，财政分权导致了城乡差距扩大和医疗保障的可及性降低，恶化了医疗卫生服务和教育的公平性。

4. 社会公平

社会公平是公众所关注的焦点问题之一，也必须承认在很多领域还存在着大大小小的不公平现象。不公平具体是指人们在获得资源或者将这些资源转化为一个结果的机会的不平等。更多的时候，不仅仅需要关注结果的不平等，还更需要关注过程的不平等性。政府所袭有的公权也意味着其具有消除不平等现象的义务，换言之，社会不公会加大政府公共服务领域的支出。财政支配的库兹涅茨比率是由西蒙·库兹涅茨（Kuznets，1975）在研究收入分配及其度量时提出的。财政支配的库兹涅茨比率是给地区财政收入及支出所占整片区域收入及支出比率与该地区人口所占整片区域人口的差值。

此处所选用的财政支配的库兹涅茨比率是修正后的库兹涅茨比率，其表达式为

$$R_X = \sum_{i=1}^{n} |X_i - P_i|, (i=1,2,\cdots,n)$$

$$R_Y = \sum_{i=1}^{n} |Y_i - P_i|, (i=1,2,\cdots,n)$$

5. 其他因素

影响公共支出的诸多因素中，还存在着其他特殊的因素。福利经济学认为，影响公共支出增长的关键因素在于其公共支出的收入弹性，如果某项公共支出的收入弹性大于1，则政府将倾向于增加这方面的支出，从而使得其所占比重也相应上升。除此之外，公众对于公共品的质量、效果等要求也随着经济发展而进一步提高，同样会导致公共支出的增加。公共选择学派从自身的分析框架出发，认为官僚行为是促成公共支出增长的原因之一。官僚机构习惯于依赖自身庞大的行政垄断权力，常常以机构规模最大化作为自身的效益目标，从而不断扩大公共产品的产出规模。利益集团增长理论也为公共支出的增长提供了另一种解释。戈登·塔洛克（Tullock，1967）认为，利益集团的存在和作用会导致政府规模的不断扩大。皮科克和怀斯曼（Peacock and Wiseman，1961）提出"时间形态"理论，认为公共支出增长的两个原因：首先，正常时期的内在原因，即社会正常发展时期，随着经济增长和收入上升，政府税收收入也相应增长，因而公共支出也同步增长。其次，政府在非正常时期的外在原因，如战争、恐怖袭击、自然灾害和其他社会性、自然性灾难导致私人投资和消费能力下降，为了稳固社会从而做出的增长支出的制度安排。由于意外事故所衍生的善后问题将会导致宏观赋税水平和财政开支难以回到原来的水平上，所以财政支出呈现出螺旋式上升的规律。与之相关地，便会产生替代效应、检查效应及集中效应。

政治因素对财政支出的影响因素主要体现在两个方面：地区的政局是否稳定、整体社会机构的行政效率。如果一个国家行政机构臃肿，人浮于事，效率低下，经费开支必然增长；反之，一个精炼的政府机构、高效的运行机制则可以节约经费开支。

此外，科学技术的发明和使用也会提高和改变财政配置的组合，着重体现在两方面：首先是提高财政支出的标准和数量；其次是与个人消费互补的公共物品需求增加，如私家车与公路。在更广延的理论框架上，政党制度、腐败问题、规模经济等都会成为影响政府公共服务支出的重要因素。

8.1.2 三峡库区区县基本公共服务支出影响因素的实证分析

为验证上述理论的可行性，采用计量方式对三峡库区区县基本公共服务支出的影响因素做实证分析，选取计量模型为

$$Y_i = \alpha + \beta_1 G_i + \beta_2 P_i + \beta_3 S_i + \beta_4 I_i + \beta_5 K_{1i} + \beta_6 K_{2i}(\varepsilon_i + \mu_i + \omega_i)$$

式中，Y_i 代表第 i 年三峡库区区县基本公共服务支出总额，α、β_1、β_2、β_3、β_4、β_5 及 β_6 分别代表不同变量的系数并为常数；G_i 表示第 i 年三峡库区区县 GDP 总额；P_i 代表第 i 年三峡库区区县人口总数；S_i 代表第 i 年三峡库区区县政府非公共服务类支出；I_i 代表第 i 年三峡库区区县政府总收入；K_{1i} 和 K_{2i} 分别代表第 i 年三峡库区区县财政的收入库兹涅茨比率和支出库兹涅茨比率；ε_i 代表误差项；μ_i 表示非观测因素时间总误差；ω_i 表示非观测因素地区总误差。

计量模型的数据为原始数据，时段从 1996 年开始到 2012 年结束，共 17 个年度，调查区县包括重庆主城九区（即渝中区、大渡口区、江北区、沙坪坝区、九龙坡区、南岸区、北碚区、渝北区、巴南区）、重庆其他区县（即江津区、长寿区、涪陵区、丰都区、万州区、武隆县、忠县、云阳县、开县、奉节县、巫山县、巫溪县、石柱县）及湖北相关区县（即巴东县、兴山县、秭归县、夷陵区），共 26 分块区域，全部数据来自相关统计年鉴及简单填补法（simple imputation）的计算结果，并将其绘制成表 8.1。

表 8.1 三峡库区区县基本公共服务支出的影响因素统计

项目 年份	Y_i/万元	G_i/亿元	P_i/万人	S_i/万元	I_i/万元	K_{1i}	K_{2i}
1996	334 958	777.80	3 963.84	246 885.50	288 340.00	−0.09	−0.03
1997	115 373	949.75	3 940.51	538 355.00	333 360.50	−0.09	−0.04
1998	236 568	949.35	4 461.17	408 901.50	397 083.00	−0.10	−0.05

续表

项目 年份	Y_i/万元	G_i/亿元	P_i/万人	S_i/万元	I_i/万元	K_{1i}	K_{2i}
1999	236 546	1 004.26	4 148.89	519 458.00	456 333.00	−0.09	−0.04
2000	131 378	1 085.41	3 805.97	721 115.50	520 132.00	−0.09	−0.04
2001	999 728	1 198.67	3 791.75	128 038.00	958 638.00	−0.05	−0.04
2002	1 241 823	1 328.83	3 787.54	200 856.50	775 321.50	−0.07	−0.03
2003	1 137 613	23 030.25	3 783.70	430 985.00	648 839.00	−0.09	−0.03
2004	1 620 972	23 867.65	3 841.83	280 355.00	1 350 197.00	−0.03	−0.04
2005	1 767 950	2 156.90	3 840.61	223 047.00	1 618 821.00	−0.03	0.03
2006	1 377 668	2 461.53	3 849.08	1 349 145.00	1 186 802.00	−0.07	−0.01
2007	3 429 383	700 652.67	3 865.53	54 371.50	1 631 521.00	−0.06	−0.03
2008	1 449 012	3 876.19	3 868.81	3 272 406.00	2 254 995.00	−0.06	−0.02
2009	1 165 091	5 049.53	3 888.37	5 108 630.00	2 701 530.00	−0.07	−0.03
2010	5 554 580	6 139.38	3 927.36	2 467 032.00	3 831 484.00	−0.07	−0.03
2011	4 347 225	7 760.28	3 787.08	7 409 989.00	6 584 791.00	−0.05	−0.02
2012	9 471 640	8 642.58	3 801.71	4 799 311.00	7 550 508.00	−0.05	−0.02

考虑到上述方程式所涉及的解释变量较多也部分存在相关性，为避免多重共线性所带来的副作用，对其进行被解释变量及解释变量的两两相关性比较，如表 8.2 所示。

表 8.2　解释变量及解释变量的两两相关性比较

	Y_i	G_i	P_i	S_i	I_i	K_{1i}	K_{2i}
Y_i	1						
G_i	0.155 724	1					
P_i	−0.299 83	−0.070 08	1				
S_i	0.566 969	−0.184 27	−0.224 76	1			
I_i	0.897 796	−0.030 32	−0.310 86	0.853 683	1		
K_{1i}	0.447 506	0.122 494	−0.552 35	0.279 628	0.478 462	1	
K_{2i}	0.208 866	0.023 761	−0.338 19	0.112 719	0.215 786	0.554 121	1

通过皮尔逊积矩相关系数（Pearson product-moment correlation coefficient），可以清晰地判断出解释变量和被解释变量以及解释变量之间的相关关系。根据已知的结果，三峡库区区县公共服务支出与三峡库区区县政府收入有着最为密切的正相关关系，这在逻辑上是可靠的。政府的收入是政府公共服务支出的重要经济

支柱与根本保障。尽管公共服务支出与 GDP 关系较弱，但正相关性依旧存在。这也意味着，GDP 的增长会促使政府公共服务的开支进一步增多。此外，通过分析可知，三峡库区区县公共服务支出也与非公共服务支出保持正相关关系。这样的正相关性更多表现为间接性的。简而言之，非公共服务支出与财政收入保有正相关性，而非公共服务支出与公共服务支出的相关性正是通过公共服务支出与财政收入的相关性而进行传导的。三峡库区区县公共服务支出和财政收入的库兹涅茨比率成强正相关性并且和财政支出的库兹涅茨比率成弱正相关性。这也符合理论上对于社会公平和公共服务支出之间的关系。社会不公平越是普遍，政府就越是具有扩大支出以干预的方式解决社会不公问题的倾向。社会的公平因素也是政府考虑自身定位及其保障范围的重要尺度和标杆。

8.2 三峡库区区县基本公共服务支出评价及效应分析

8.2.1 基于 DEA 模型对基本公共服务支出相对效率的评价

DEA 是一种对多指标投入和多指标产出的相同类型部门（如政府），进行相对有效性综合评价的一种技术手法，即以相对效率的概念作为基础，以凹分析和线性规划作为工具，应用数学规划模型计算比较决策单元（DMU）之间的相对效率。DEA 模型有效性与相对应的 Pareto 有效解是等价的，同时作为一种多目标决策问题的统计方法具备诸多优良的属性。DEA 模型和回归方法相比，能够完成多输入-多输出的评价方式，并针对个体决策单元进行评价而非对整体综合效应进行评价。由于 DEA 模型并不是对数据进行直接综合，所以最优效率指标与投入指标值及产出指标值的量纲选取无关，应用 DEA 模型也无须对数据进行无量纲化处理。

基于最基本的 C^2R 模型，假定具有 s 个评价决策单元，每个决策单元都具有 m 种"输入指标"和 n 种"输出指标"。据此，以 X_{ij} 作为第 j 个决策单元对第 i 种输入的投入量，其中 $X_{ij} > 0, i = 1,2,3,\cdots,m, j = 1,2,3,\cdots,s$；$Y_{rj}$ 表示第 j 个决策单元对第 r 种输出的产出量，其中 $Y_{rj} > 0, r = 1,2,3,\cdots,n$。$V_i$ 表示第 i 种输入的权重；U_r 表示第 r 种输入的权重。

通过目前所获得的统计数据，可以得到 X_{ij} 和 Y_{ij}；V_i 和 U_r 对应于权重矩阵为

$$V = (V_1, \cdots, V_m)^T, U = (U_1, \cdots, U_n)^T$$

因此，可以获得每个评价决策单元的相应效率评价为

$$h_j = \frac{\sum_{r=1}^{n} U_r Y_{rj}}{\sum_{i=1}^{m} V_i X_{ij}}, h_j \leqslant 1$$

由此可以获得在 C^2R 模型下，以所有决策单元的效率指数作为约束条件的第 j_0 个决策单元目标效率指数：

$$\begin{cases} \max h_{j0} = \dfrac{\sum_{r=1}^{n} U_r Y_{rj0}}{\sum_{i=1}^{m} V_i X_{ij0}} \\ \text{s.t.} \dfrac{\sum_{r=1}^{n} U_r Y_{rj}}{\sum_{i=1}^{m} V_i X_{ij}} \leqslant 1 \\ V = (V_1, \cdots, V_m)^{\mathrm{T}} \geqslant 0 \\ U = (U_1, \cdots, U_n)^{\mathrm{T}} \geqslant 0 \end{cases}$$

对上式进行矩阵化表述，便可以得到相关第 j_0 个决策单元目标效率指数的矩阵表达式

$$\begin{cases} \max \dfrac{U^{\mathrm{T}} Y_0}{V^{\mathrm{T}} X_0} \\ \text{s.t.} \dfrac{U^{\mathrm{T}} Y_0}{V^{\mathrm{T}} X_0} \leqslant 1 \\ V \geqslant 0 \\ U \geqslant 0 \end{cases}$$

其中，$X_j = (X_{1j}, X_{2j}, X_{3j}, \cdots, X_{mj})^{\mathrm{T}}, j=1,2,3,\cdots,n$；$Y_j = (Y_{1j}, Y_{2j}, Y_{3j}, \cdots, Y_{nj})^{\mathrm{T}}, j=1,2,3,\cdots,n$

对上式进行分式规整，使用 Charnes-Cooper 变换，得到一个等价的线性规划，令

$$t = \frac{1}{V^{\mathrm{T}} X_0}, \omega = t \cdot v, \mu = t \cdot u$$

则有等价线性规划

$$(P_{C^2R}) \begin{cases} \max \mu^{\mathrm{T}} Y_0 = h_{j0} \\ \omega^{\mathrm{T}} X_j - \mu^{\mathrm{T}} Y_j \geqslant 0 \\ \omega^{\mathrm{T}} X_j = 1 \\ \omega \geqslant 0, \mu \geqslant 0 \end{cases}$$

进一步引入对偶变量 λ_j 和系数 θ，可以得到 (P_{C^2R}) 的对偶规划为

$$(P_{C^2R}) \begin{cases} \min \theta \\ \sum_{j=1}^{n} X_j \lambda_j \leqslant \theta X_0 \\ \sum_{j=1}^{n} Y_j \lambda_j \leqslant Y_0 \\ \lambda_j \geqslant 0, j=1,2,3,\cdots,n \end{cases}$$

对偶规划下 C^2R 式 DEA 模型，θ 能够用来衡量被评价部门的相对效率值，若 $\theta=1$，则被评价的决策单元为 DEA 有效；若 $\theta \leqslant 1$，则被评价的决策单元为非 DEA 有效，即综合效率无效；λ_j 代表了决策单元的输入及输出权重。

引入松弛变量 $S^+ = (S_1^+, S_2^+, \cdots, S_n^+)^T \in E^n$、剩余变量 $S^- = (S_1^-, S_2^-, \cdots, S_m^-)^T \in E^m$ 及无穷小量 ε，则将不等式 C^2R 模型转化为等式形态的 C^2R 模型为

$$(D_{\varepsilon}) \begin{cases} \min \theta - \varepsilon \left(\sum_{i=1}^{m} S_i^- - S_r^- \right) \\ \sum_{j=1}^{n} X_j \lambda_j + S^- = \theta X_0 \\ \sum_{j=1}^{n} Y_j \lambda_j + S^+ = Y_0 \\ \lambda_j \geqslant 0, j=1,2,3,\cdots,n \\ S^+ \geqslant 0 \\ S^- \geqslant 0 \end{cases}$$

对于 D_{ε} 而言，若 $\theta^*=1$，且 $S^{+*}=S^{-*}=0$ 时，DMU_j 为 DEA 有效，此时，DMU_j 规模效益不变，各项输入都是有效的，无须进行优化和改进；否则，DMU_j 为非 DEA 有效（若 DEA 有效即有 $\theta=1$，同属非 DEA 有效），换言之，DMU_j 未能实现规模收益不变与效率，可在输出不变的情况下，将输入调节为 $X_0 \theta^* - S^{-*}$，以达成 DEA 有效。θ^* 与 1 的关系决定了决策单元是否还能通过减少输入以达成相同的输出，换言之，其自身用于判断规模效益的具体情形。

三峡库区区县基本公共服务支出的评价对于整体经济判断具有积极作用。不同的公共服务支出对经济发展、社会和谐起到的作用大不相同。据此可知，对三峡库区区县的基本公共服务效率进行度量和评价具有重要意义。需要说明的是，DEA 模型中判断是否有效的依据在于样本组之间的相互比较，换言之，在所选取年份的比较中，必然有决策单元达到 DEA 有效，从而才能确认其他年份的效率不及此决策单元，进而得出 DEA 无效的结论，但无法通过 DEA 模型来论证有效的决策单元一定是绝对有效的。

同样的，选择 1996 年开始到 2012 年结束，共 17 个年度，调查区县包括重庆主城九区（即渝中区、大渡口区、江北区、沙坪坝区、九龙坡区、南岸区、北碚区、渝北区、巴南区）、重庆其他区县（即江津区、长寿区、涪陵区、丰都区、万州区、武隆县、忠县、云阳县、开县、奉节县、巫山县、巫溪县、石柱县）及湖北相关区县（即巴东县、兴山县、秭归县、夷陵区），全部数据来自相关统计年鉴及简单填补方法的计算结果。

考虑到统计年鉴可获知数据的限制及政策操作的可导向性，本书选取了 GDP（Y_1），年末就业人数（Y_2）作为输出变量，以公共服务支出中的教育支出（X_1）、文化支出（X_2）、社保支出（X_3）及医疗支出（X_4）作为输入变量，这几项均是以万元计算，具体数据如表 8.3 所示。

以 17 个年度作为决策单元，分别通过作为输出变量的 GDP（Y_1）、年末就业人数（Y_2）及作为输入变量的公共服务支出中的教育支出（X_1）、文化支出（X_2）、社保支出（X_3）及医疗支出（X_4）进行单纯形法的计算，构造 17 个线性规划模型。使用 Matlab 2013a 分别求出各个模型的最优解，以便得到各个决策单元的最优系数和解放系数。

根据 DEA 模型计算结果可以较为清晰地观察到近 17 年来三峡库区各区县的效率变化趋势。总体而言，三峡库区各区县在公共服务效率上呈现出时序上的递减态势。在时间分布上，2006~2007 年度是一个至关重要的转折点：1996~2006 年，三峡库区各区县在公共服务上的效率变化较为平稳，在时序上的波动较为不显著；2006~2007 年，三峡库区各区县在公共服务上的效率变化较大；2008~2012 年，三峡各区县在公共服务支出上的效率变化再一次趋于平缓，平缓位位于低效率区（即 DEA 效率值为 0~0.2）。

其中，九龙坡区在 1996~1998 年度，渝北区在 1996~1998 年度及 2000 年度，开县在 1996~1998 年度，奉节区在 1996~1998 年度及 2007 年度，兴山县在 1999 年度、2002 年度及 2004 年度，秭归县在 2003~2004 年度的公共服务支出效率达到 100%，成为最具有效率的决策单元。同期比较之下，渝中区、夷陵区等区县的公共服务支出效率在各个时期均较低。

8.2.2　基本公共服务支出的效应分析

1. 基本公共服务支出的经济效应

政府基本公共服务支出将为政府带来一系列的经济效应。凯恩斯的宏观经济模型就主张通过扩大政府财政支出，以货币政策和财政政策为手段，积极影响经济发展并在危机时期帮助国家渡过危机。由此可见，在凯恩斯的宏观经济模型中，

表 8.3 三峡库区各区县 17 个年度 4 输入变量 2 输出变量相对效率表

年份	1996	1997	1998	1999	2000	2001	2002	2003	2004	2005	2006	2007	2008	2009	2010	2011	2012
渝中区	0.405802	0.405867	0.405894	0.410102	0.366906	0.296445	0.270686	0.236427	0.18983	0.173622	0.192604	0.147382	0.094275	0.088098	0.068326	0.05294	0.05161
大渡口区	0.491719	0.491818	0.491783	0.407819	0.420813	0.391803	0.3443	0.301774	0.30225	0.238191	0.19726	0.136485	0.100356	0.071877	0.062137	0.033597	0.034671
江北区	0.54919	0.549247	0.54927	0.511519	0.418896	0.356573	0.319573	0.273488	0.223652	0.204215	0.108528	0.072251	0.056237	0.043229	0.041956	0.032537	0.027096
沙坪坝区	0.683062	0.683084	0.683123	0.4907	0.358401	0.309101	0.286775	0.268919	0.24881	0.2125	0.213096	0.141115	0.076004	0.061193	0.054889	0.049162	0.025125
九龙坡区	1	1	1	0.791445	0.710816	0.506807	0.528732	0.717744	0.426178	0.406003	0.305455	0.179869	0.141814	0.096233	0.059568	0.049337	0.037051
南岸区	0.471083	0.471121	0.471141	0.394046	0.321649	0.267531	0.27947	0.322201	0.289569	0.16171	0.141724	0.069527	0.046745	0.043796	0.032411	0.021981	0.015909
北碚区	0.649312	0.64939	0.649357	0.61415	0.509799	0.524164	0.513501	0.459078	0.375157	0.352976	0.377217	0.165543	0.090712	0.071103	0.050454	0.038768	0.027757
渝北区	1	1	1	0.989748	1	0.996176	0.96521	0.460784	0.346766	0.311521	0.238616	0.13034	0.100423	0.079422	0.061105	0.042239	0.02879
巴南区	0.814066	0.814115	0.814142	0.77662	0.686654	0.664787	0.625978	0.636752	0.507864	0.475226	0.344098	0.167499	0.100752	0.092476	0.070874	0.040467	0.035293
江津区	0.824275	0.824355	0.824355	0.777394	0.650098	0.623954	0.627622	0.603439	0.493209	0.405423	0.335701	0.149208	0.116487	0.087168	0.07314	0.05342	0.04157
长寿区	0.762044	0.762044	0.762044	0.654773	0.561121	0.507171	0.501547	0.557023	0.415185	0.353091	0.255333	0.126768	0.109837	0.080836	0.049921	0.053775	0.03276
涪陵区	0.714601	0.556309	0.556309	0.600299	0.527312	0.422443	0.328636	0.313134	0.303911	0.314561	0.278825	0.132599	0.097453	0.075771	0.060917	0.049041	0.02754
丰都区	0.984331	0.984331	0.984331	0.969505	0.969505	0.962511	0.955371	0.844071	0.790466	0.679145	0.592854	0.114256	0.087914	0.059981	0.058552	0.050079	0.023925
万州区	0.697719	0.325683	0.325683	0.867744	0.631505	0.43529	0.384941	0.386361	0.390133	0.350119	0.316258	0.137978	0.103987	0.075233	0.072098	0.051961	0.031155
武隆县	0.67443	0.67443	0.67443	0.677131	0.622427	0.523647	0.52324	0.522417	0.521384	0.456974	0.359436	0.154612	0.135779	0.085919	0.075267	0.055457	0.033255
忠县	0.873788	0.873788	0.873788	0.774474	0.785957	0.755365	0.759932	0.761812	0.687423	0.733459	0.599381	0.147666	0.10872	0.082868	0.079298	0.057766	0.036296
云阳县	0.811426	0.811426	0.811426	0.745392	0.614653	0.607091	0.59886	0.602804	0.669421	0.657771	0.512456	0.149317	0.108998	0.083734	0.069581	0.053921	0.033866
开县	1	1	1	0.981439	0.982556	0.951755	0.939397	0.959199	0.960458	0.850977	0.578891	0.134669	0.079792	0.068655	0.060173	0.048053	0.031623
奉节县	1	1	1	0.814838	0.833197	0.785339	0.785347	0.808205	0.734123	0.561123	0.692294	1	0.170331	0.081102	0.06439	0.038888	0.029075
巫山县	0.823163	0.823163	0.823163	0.773516	0.651928	0.670126	0.659545	0.695731	0.672515	0.634826	0.348347	0.15318	0.082173	0.063558	0.053035	0.039389	0.024181
巫溪县	0.918788	0.918788	0.918788	0.800163	0.759134	0.699528	0.696614	0.716534	0.59706	0.623514	0.469073	0.127628	0.099639	0.067728	0.060907	0.043861	0.029449
石柱县	0.962891	0.962891	0.962891	0.848072	0.712525	0.699527	0.696614	0.514846	0.520285	0.609664	0.414098	0.116967	0.086323	0.066583	0.049776	0.037938	0.034718
兴山县	0.967935	0.967935	0.967935	1	0.945595	0.553334	0.551382	0.897328	1	1	0.690839	0.301026	0.230716	0.163472	0.128902	0.117117	0.122768
秭归县	0.739204	0.739441	0.739208	0.763694	0.722049	0.725258	0.746086	1	1	0.660846	0.499465	0.17219	0.115436	0.106262	0.078491	0.063205	0.069235
夷陵区	0.435157	0.435297	0.435297	0.449575	0.425059	0.427028	0.507916	0.456796	0.501484	0.424105	0.296993	0.106477	0.080332	0.057533	0.051366	0.044129	0.047284

暗含政府基本公共服务支出和经济增长水平正相关的理论假设，因此基本公共服务支出的变化首先将对地区经济总量产生深刻的影响。但在计量意义上实证并未确切给出相关的趋向，美国经济学家对政府公共服务支出的总量与国民经济增长进行分析，并得出了正相关的结论；但需要注意的是，公共财政支出的扩大也会导致占用过多税收，从而使得效率下降，尤其在超出限度后将成为经济发展的阻力。

除了以上直接的经济效应外，政府扩大基本公共服务支出还在无形中稳定了居民的消费预期，提高了居民边际消费倾向，也进一步增强了乘数效应，从而达成了进一步扩大产出的目的。由此可见，在更深层次的意义上，政府基本公共服务的支出将有助于优化经济发展结构，促进地区内部的自平衡。在区域内部，缩小城乡差距、产业差距，也有助于减少二元经济体制下的发展阻力。

2. 基本公共服务支出的社会效应

基本公共服务支出，特别是基本公共服务支出的均等化水平，是衡量社会平等的重要内容。在借鉴西方福利经济学、社会学、公共财政学等理论下，可以明确的是由于公共财政具有无歧视性、基础性等特征，公共财政支出将会促使社会服务均等化进一步实现，从而最终实现社会公平。所以，基础公共服务支出在社会保障、基础设施建设及环境保护等方面的公平性也会更加明显。

参 考 文 献

蔡秀云. 2011. 社会基本公共服务均等化标准探析[J]. 经济研究参考, (22): 32-36
曹爱军. 2009. 基层公共文化服务均等化——制度变迁与协同[J]. 天府新论, (4): 103-108
重庆市财政局. 2014. 重庆市试点农村基本公共服务标准化示范建设[OL]. http://www.cq.gov.cn/zwgk/zfxx/2013/9/12/1053858.shtml[2014-08-23]
重庆市统计局. 2013. 经济发展态势良好 移民生活显著改善[OL]. http://www.cqtj.gov.cn/html/tjfx/12/04/5914.html[2013-12-18]
陈第华. 2008. 基本公共服务均等化的正义性探析——基于罗尔斯正义第二原则的视角[J]. 山东科技大学学报（社会科学版）, 10 (6): 66-71
陈海威, 田侃. 2007. 我国基本公共服务均等化问题探讨[J]. 中州学刊, (3): 31-34
陈际华, 韩振燕. 2009. 论构建城乡统筹的公共就业服务体系——以农村剩余劳动力转移为视角[J]. 甘肃社会科学, (1): 212-215
陈建刚. 2005. 完善我国就业公共服务体系的几点建议[J]. 中国行政管理, (5): 108
陈立旭. 2011. 推动基本公共文化服务均等化[J]. 浙江社会科学, (12): 4-7
陈良谨. 1990. 社会保障教程[M]. 北京: 知识出版社
陈敏. 2011. 重庆三峡库区统筹城乡社会保障制度构建研究[J]. 特区经济, (6): 207-208
陈澍, 等. 2015. 重庆文化强市评估指标体系及模型构建、现状评估和思考[OL]. http://www.cqztzx.net/info/1113/1535.htm[2015-11-18]
陈天祥. 2007. 论治理范式转型中的政府绩效评估[J]. 广东行政学院学报, (4): 5-9
陈天祥, 陈芬. 2007. 影响政府绩效评估指标体系设计的多维因素[J]. 中国人民大学学报, (6): 88-93
陈锡文. 2003. 全面建设小康社会的关键是统筹城乡发展[J]. 中国党政干部论坛, (1): 12-14
陈小平, 卓晓奕. 2012. 公共就业服务满意度调查研究[J]. 人力资源管理, (1): 59-60
邓广山, 苏维词, 赵国军. 2011. 重庆农村经济社会发展水平评价[J]. 重庆师范大学学报, (2): 28-34
丁元竹. 2008. 我国基本公共服务均等化过程中标准建设问题[J]. 甘肃理论学刊, (3): 46-48
丁元竹. 2009. 界定基本公共服务及其绩效[J]. 国家行政学院学报, (2): 18-21
冯宗容, 杨明洪. 2014. 财政学. 第二版[M]. 成都: 四川大学出版社
高志刚, 王垚. 2011. 基于组合评价的中国区域协调发展水平研究[J]. 广东社会科学, (1): 19-26
葛寿昌. 1990. 社会保障经济学[M]. 上海: 复旦大学出版社
郭斌, 薛冰. 2009. 回顾与反思: 政府公共服务评价指标体系研究进展[J]. 理论导刊, (3): 53-55
郭庆军, 赛云秀. 2011. 西部地区工业化与城市化协调发展水平及趋势研究——以陕西为例[J]. 城市发展研究, (4): 40-46

国务院三峡工程建设委员会办公室. 2014. 对口支援概况[OL]. http：//www.3g.gov.cn/3Gxxxq.ycs？GUID=4509[2014-08-19]

果佳, 唐任伍. 2013. 均等化、逆向分配与"福利地区"社会保障的省际差异[J]. 改革, (1)：141-148

韩莹莹. 2009. 基本公共服务均等化的政治哲学解读[J]. 西北师大学报(社会科学版), (2)：75-78

郝文武. 2011. 义务教育均衡发展的本质特征和量化测评[J]. 教育与经济, (4)：1-6

贺晟晨, 王远, 高倩, 等. 2009. 城市经济环境协调发展系统动力学模拟[J]. 长江流域资源与环境, (8)：698-703

胡税根, 徐元帅. 2009. 中国政府公共服务标准化建设的价值研究[J]. 甘肃行政学院学报, (5)：48

黄勇, 史靖塬, 汪洋. 2010. 重大移民工程区域社会问题及规划理论研究——以三峡库区为例[J]. 城市规划, (8)：29-35

贾旭东. 2009. 文化创新的政府干预与公共财政[M]. 北京：社会科学文献出版社

江红莉, 何建敏. 2010. 生态环境系统动态耦合协调发展研究——基于江苏省的数据[J]. 软科学, (3)：63-68

江明融. 2007. 公共服务均等化问题研究[J]. 经济研究参考, (58)：2-36

蒋建梅. 2008. 政府公共文化服务体系绩效评价研究[J]. 上海行政学院学报, (7)：61

蒋小平. 2012. 城市经济与生态环境协调发展评价指标体系的构建研究——以郑州市为例[J]. 中州大学学报, (2)：19-23

金莹, 宋玉波. 2010. 移民心态特征与三峡库区后期扶持对策——以重庆市为例[J]. 农业现代化研究, (4)：416-420

柯健, 李超. 2005. 基于DEA聚类分析的中国各地区资源、环境与经济协调发展研究[J]. 中国软科学, (2)：144-148

雷波, 周谐, 吴亚坤. 2012. 重庆市主城区生态环境质量评价及对策建议[J]. 环境科学与技术, 35(4)：200-205

李景国. 2007. 重庆三峡库区生态经济区农业和农村经济状况评价[J]. 安徽农业科学, (8)：8390-8392

李孔珍. 2010. 对义务教育均衡发展评价的思考[J]. 教育发展研究, (9)：15-18

李泓, 孟春, 李晓玉. 2008. 公共服务均等化中的服务标准：各国理论与实践[J]. 财政研究, (10)：79-80

李泉. 2010. 社会保障是促进三峡库区移民安置稳定的重要措施[J]. 世纪行, (2)：25

李蓉, 李宇. 2006. 基与主成分分析与聚类分析方法的我国西部区域划分问题的研究[J]. 科技广场, (5)：66-67

李孝坤, 苏维词, 凌洁. 2008. 重庆三峡库区全面建设小康社会评价指标体系的探讨[J]. 安徽农业科学, 36(1)：350-352

李友元, 姜竹, 马乃云. 2006. 财政学[M]. 北京：机械工业出版社

李云晋. 2005. 非标准化数据的聚类分析方法[J]. 昆明冶金高等专科学校学报, (1)：34-36

李允杰, 丘昌泰. 2003. 政策执行与评估[M]. 台北：元照出版公司

林毅夫. 2004. 解决三农问题的关键在于发展农村教育、转移剩余劳动力[J]. 职业技术教育, (9)：33-35

刘德吉. 2010. 公共服务均等化的评价体系构建[J]. 江西行政学院学报,（1）：12-16

刘军民. 2005. 转轨过程中政府卫生投入与体制改革的评价及建议[J]. 当代财经,（12）：49-55

刘琴,汪洋,李革. 2008. 三峡库区就地后靠移民心理特征及问题分析[J]. 现代预防医学,（2）：280-283

柳成洋等. 2009. 服务标准化导论[M]. 北京：中国标准出版社

卢洪友等. 2012. 中国基本公共服务均等化进程报告[M]. 北京：人民出版社

吕新发. 2011. 我国基本公共服务均等化的标准设计[J]. 改革与战略,27（4）：18-21

毛少莹. 2007. 公共文化服务绩效评估指标体系的建构[M]. 北京：社会科学文献出版社

彭国甫,盛明科. 2007. 政府绩效评估指标体系三维立体框架的结构与运用研究[J]. 兰州大学学报,35（1）：40-46

乔宝云,范剑勇,冯兴元. 2005. 中国的财政分权与小学义务教育[J]. 中国社会科学,（6）：37-46

任旺兵,屠新署. 2004. 经济社会协调发展及其协调度测度研究[J]. 市场论坛,（4）：5-8

申金山,赵瑞. 2006. 城市复合系统协调发展定量评价[J]. 科技进步与对策,（2）：127-138

深圳市文化局公共文化服务体系课题组. 2006. 深圳市公共文化服务体系研究[J]. 特区理论与实践,（3）：18-22

沈有禄,谯欣怡. 2009. 基础教育均衡发展：我们真的需要一个均衡发展指数吗？[J]. 教育科学,（6）：9-15

孙敬水,董亚娟. 2006. 人力资本与农业经济增长：基于中国农村的Panel data模型分析[J]. 农业经济问题,（12）：12-16

孙元明. 2008. 三峡库区进入"后移民时期"面临的难题——"库区社会心态环境脆弱"、"库区产业空虚化综合症"和"移民利益群体初步形成"[Z]. 第18届中国社会学年会,"当代中国移民问题研究"论坛

孙元明. 2010. 三峡库区"后移民时期"的概念、定义及其意义[J]. 重庆行政,（1）：12-13

王芳,高倩,贺晟晨,等. 2012. 基于TOPSIS方法的苏州市循环经济发展绩效评价研究[J]. 四川环境,（6）：102-106

王国升,陈源泉,高旺盛. 2007. 中国区域农村社会发展差距变化趋势分析[J]. 中国农学通报,23（10）：258-262

王洛忠,李帆. 2013. 我国基本公共文化服务：指标体系构建与地区差距测量[J]. 经济社会体制比较,（1）：185-195

王垚. 2010. 中国区域协调发展的测度方法及实证分析[D]. 新疆财经大学硕士学位论文

王桢桢,郭正林. 2009. 公共服务均等化的影响因素及标准化体系建构[J]. 学术研究,（6）：59-63

王志锋,张天. 2009. 中国医疗卫生服务均等化的地区比较及体制改革研究[J]. 经济社会体制比较,（6）：69-75

魏权龄. 1988. 评价相对有效性的DEA方法[M]. 北京：中国人民大学出版社

魏艳春. 2008. 我国人才就业服务供给体系的构成要素初探[J]. 中国人才,（4）：501

魏勇,杨刚. 2008. 三峡库区城市生态环境动态研究——以万州为例[J]. 重庆社会科学,（1）：69-71

温涛,冉光和,张波. 2003. 科技提升中国畜产品质量的几点建议[J]. 农业技术经济,（6）：24-27

吴碧英,吴晓琪. 2008. 失业者再就业行为差异分析[J]. 东北师大学报（哲学社会科学版）,（3）：58

吴凯. 2006. 浅论瓦格纳法则在中国的适用性[J]. 财经论丛,（3）：36-43

吴康宁. 1998. 教育社会学[M]. 北京：人民教育出版社

吴良镛, 赵万民. 1998. 三峡库区人居环境的可持续发展[M]. 上海：上海教育出版社

徐婕, 张丽珩, 吴季松. 2007. 我国各地区资源、环境、经济协调发展评价——基于交叉效率和二维综合评价的实证研究[J]. 科学学研究,（12）：282-287

徐双敏. 2014. 公共管理学. 第二版[M]. 北京：北京大学出版社

杨晓霞, 刘晖. 2013. 生均教育经费：义务教育均衡发展核心指标及其修正[J]. 教育发展研究,（2）：21-25

杨宜勇, 刘勇涛. 2008. 我国省级公共卫生和基本医疗服务均等化问题研究[J]. 经济与管理研究,（5）：11-17

杨宇立. 2009. 公共财政框架内的行政支出变化趋势研究[J]. 上海经济研究,（11）：46-53

翟博. 2006. 教育均衡发展：理论、指标及测算方法[J]. 教育研究,（3）：16-28

张海枝. 2013. 我国公共就业服务均等化水平的统计评价[J]. 统计与决策,（24）：44-46

张华新, 刘海莺. 2010. 公共就业服务体系满意度的测评及实证[J]. 统计与决策,（9）：92-93

张杰. 2011. 国外公共服务创新理论与实践对中国的启示[J]. 大连海事大学学报（社会科学版）,10（2）：30-34

张丽琴, 王勤, 唐鸣. 2007. 医疗卫生服务的差异分析与均等化对策[J]. 社会主义研究,（6）：110-114

张文礼, 侯蕊. 2013. 甘青宁地区基本医疗卫生服务均等化的实证分析[J]. 西北师大学报（社会科学版）,（4）：111-116

张兴华. 2014. 农村还有多少剩余劳动力？[OL]. http：//www.farmer.com.cn/xwpd/jjsn/201402/t20140212_937825.htm[2014-12-20]

张雪平. 2012. 浙江省基本公共服务均等化地区差异性研究[M]. 北京：经济科学出版社

赵涛. 2006. 管理学常用方法[M]. 天津：天津大学出版社

赵文婷, 苏维词. 2010. 重庆三峡库区生态经济区县域社会经济发展水平评价[J]. 广东农业科学,（11）：299-301

郑功成. 2000. 社会保障学[M]. 北京：商务印书馆

中国农工民主党重庆市委员会. 2013. 重庆市城市医疗卫生若干问题的调研建议[OL]. http：//www.cqngd.org.cn/news.php? no=20070807225605[2013-12-15]

周金燕. 2006. 我国教育公平指标体系的建立[J]. 教育科学,（1）：13-15

周凯. 2006. 政府绩效评估导论[M]. 北京：中国人民大学出版社

周宗成. 2008. 论三峡库区社会保障体系的构建[J]. 重庆三峡学院学报,24（112）：11-14,115

卓越. 2007. 政府绩效评估指标设计的类型和方法[J]. 中国行政管理,（2）：25-28

Dorfman M, Hinz R, Robalino D. 2008. The Financial Crisis and Mandatory Pension Systems in Developing Countries: Short-and Medium-term Responses for Retirement Income Systems[R]. The World Bank

Kuznets S. 1975. Fertility differentials between less developed and developed regions-components and implications[J]. Proceedings of the American Philosophical Society, 119（5）：363-396

Musgrave R A, Musgrave P B. 1973. Public Finance in Theory and Practice[M]. New York: McGraw-Hill Inc.

刘德吉. 2010. 公共服务均等化的评价体系构建[J]. 江西行政学院学报，（1）：12-16

刘军民. 2005. 转轨过程中政府卫生投入与体制改革的评价及建议[J]. 当代财经，（12）：49-55

刘琴，汪洋，李革. 2008. 三峡库区就地后靠移民心理特征及问题分析[J]. 现代预防医学，（2）：280-283

柳成洋等. 2009. 服务标准化导论[M]. 北京：中国标准出版社

卢洪友等. 2012. 中国基本公共服务均等化进程报告[M]. 北京：人民出版社

吕新发. 2011. 我国基本公共服务均等化的标准设计[J]. 改革与战略，27（4）：18-21

毛少莹. 2007. 公共文化服务绩效评估指标体系的建构[M]. 北京：社会科学文献出版社

彭国甫，盛明科. 2007. 政府绩效评估指标体系三维立体框架的结构与运用研究[J]. 兰州大学学报，35（1）：40-46

乔宝云，范剑勇，冯兴元. 2005. 中国的财政分权与小学义务教育[J]. 中国社会科学，（6）：37-46

任旺兵，屠新署. 2004. 经济社会协调发展及其协调度测度研究[J]. 市场论坛，（4）：5-8

申金山，赵瑞. 2006. 城市复合系统协调发展定量评价[J]. 科技进步与对策，（2）：127-138

深圳市文化局公共文化服务体系课题组. 2006. 深圳市公共文化服务体系研究[J]. 特区理论与实践，（3）：18-22

沈有禄，谯欣怡. 2009. 基础教育均衡发展：我们真的需要一个均衡发展指数吗？[J]. 教育科学，（6）：9-15

孙敬水，董亚娟. 2006. 人力资本与农业经济增长：基于中国农村的 Panel data 模型分析[J]. 农业经济问题，（12）：12-16

孙元明. 2008. 三峡库区进入"后移民时期"面临的难题——"库区社会心态环境脆弱"、"库区产业空虚化综合症"和"移民利益群体初步形成"[Z]. 第 18 届中国社会学年会，"当代中国移民问题研究"论坛

孙元明. 2010. 三峡库区"后移民时期"的概念、定义及其意义[J]. 重庆行政，（1）：12-13

王芳，高倩，贺晟晨，等. 2012. 基于 TOPSIS 方法的苏州市循环经济发展绩效评价研究[J]. 四川环境，（6）：102-106

王国升，陈源泉，高旺盛. 2007. 中国区域农村社会发展差距变化趋势分析[J]. 中国农学通报，23（10）：258-262

王洛忠，李帆. 2013. 我国基本公共文化服务：指标体系构建与地区差距测量[J]. 经济社会体制比较，（1）：185-195

王垚. 2010. 中国区域协调发展的测度方法及实证分析[D]. 新疆财经大学硕士学位论文

王桢桢，郭正林. 2009. 公共服务均等化的影响因素及标准化体系建构[J]. 学术研究，（6）：59-63

王志锋，张天. 2009. 中国医疗卫生服务均等化的地区比较及体制改革研究[J]. 经济社会体制比较，（6）：69-75

魏权龄. 1988. 评价相对有效性的 DEA 方法[M]. 北京：中国人民大学出版社

魏艳春. 2008. 我国人才就业服务供给体系的构成要素初探[J]. 中国人才，（4）：501

魏勇，杨刚. 2008. 三峡库区城市生态环境动态研究——以万州为例[J]. 重庆社会科学，（1）：69-71

温涛，冉光和，张波. 2003. 科技提升中国畜产品质量的几点建议[J]. 农业技术经济，（6）：24-27

吴碧英，吴晓琪. 2008. 失业者再就业行为差异分析[J]. 东北师大学报（哲学社会科学版），（3）：58

吴凯. 2006. 浅论瓦格纳法则在中国的适用性[J]. 财经论丛,（3）：36-43
吴康宁. 1998. 教育社会学[M]. 北京：人民教育出版社
吴良镛，赵万民. 1998. 三峡库区人居环境的可持续发展[M]. 上海：上海教育出版社
徐婕，张丽珩，吴季松. 2007. 我国各地区资源、环境、经济协调发展评价——基于交叉效率和二维综合评价的实证研究[J]. 科学学研究,（12）：282-287
徐双敏. 2014. 公共管理学. 第二版[M]. 北京：北京大学出版社
杨晓霞，刘晖. 2013. 生均教育经费：义务教育均衡发展核心指标及其修正[J]. 教育发展研究,（2）：21-25
杨宜勇，刘勇涛. 2008. 我国省级公共卫生和基本医疗服务均等化问题研究[J]. 经济与管理研究,（5）：11-17
杨宇立. 2009. 公共财政框架内的行政支出变化趋势研究[J]. 上海经济研究,（11）：46-53
翟博. 2006. 教育均衡发展：理论、指标及测算方法[J]. 教育研究,（3）：16-28
张海枝. 2013. 我国公共就业服务均等化水平的统计评价[J]. 统计与决策,（24）：44-46
张华新，刘海莺. 2010. 公共就业服务体系满意度的测评及实证[J]. 统计与决策,（9）：92-93
张杰. 2011. 国外公共服务创新理论与实践对中国的启示[J]. 大连海事大学学报（社会科学版），10（2）：30-34
张丽琴，王勤，唐鸣. 2007. 医疗卫生服务的差异分析与均等化对策[J]. 社会主义研究,（6）：110-114
张文礼，侯蕊. 2013. 甘青宁地区基本医疗卫生服务均等化的实证分析[J]. 西北师大学报（社会科学版）,（4）：111-116
张兴华. 2014. 农村还有多少剩余劳动力？[OL]. http：//www.farmer.com.cn/xwpd/jjsn/201402/t20140212_937825.htm[2014-12-20]
张雪平. 2012. 浙江省基本公共服务均等化地区差异性研究[M]. 北京：经济科学出版社
赵涛. 2006. 管理学常用方法[M]. 天津：天津大学出版社
赵文婷，苏维词. 2010. 重庆三峡库区生态经济区县域社会经济发展水平评价[J]. 广东农业科学,（11）：299-301
郑功成. 2000. 社会保障学[M]. 北京：商务印书馆
中国农工民主党重庆市委员会. 2013. 重庆市城市医疗卫生若干问题的调研建议[OL]. http：//www.cqngd.org.cn/news.php？no=20070807225605[2013-12-15]
周金燕. 2006. 我国教育公平指标体系的建立[J]. 教育科学,（1）：13-15
周凯. 2006. 政府绩效评估导论[M]. 北京：中国人民大学出版社
周宗成. 2008. 论三峡库区社会保障体系的构建[J]. 重庆三峡学院学报，24（112）：11-14，115
卓越. 2007. 政府绩效评估指标设计的类型和方法[J]. 中国行政管理,（2）：25-28
Dorfman M，Hinz R，Robalino D. 2008. The Financial Crisis and Mandatory Pension Systems in Developing Countries：Short-and Medium-term Responses for Retirement Income Systems[R]. The World Bank
Kuznets S. 1975. Fertility differentials between less developed and developed regions-components and implications[J]. Proceedings of the American Philosophical Society，119（5）：363-396
Musgrave R A，Musgrave P B. 1973. Public Finance in Theory and Practice[M]. New York：McGraw-Hill Inc.

Peacock A T, Wiseman J. 1961. Determinants of Government Expenditure[M]. Princeton: Princeton University Press

Pinheiro V C. 2005. Pension Funds for Government Workers in OECD Countries[R]. Financial Market Trends, (89): 151

Rostow W W. 1962. The Process of Economic Growth[M]. New York: W. W. Norton & Company

Tapia W. 2009. Impact of the Financial Crisis on Pension Systems in LAC: OECD/IOPS Global Forum on Private Pensions: Pension Reform and Developments in Latin America[R]. Rio Janeiro, Ekim, 14-15

Tullock G. 1967. The welfare costs of ariffs, monopolies, and theft[J]. Economic Inquiry, 5 (3): 224-232